리스크 관리 펀드멘탈

The Failure of RISK Management

리스크 관리의 실패 원인과 대책

리스크 관리 펀드멘탈

더글러스 W. 허버드 지음 | 노동래 옮김

THE FAILURE OF RISK Management

연암사

리스크 관리의 실패 원인과 대책

리스크 관리 펀드멘탈

초판 인쇄 2013년 5월 1일
초판 발행 2013년 5월 10일

지은이 더글러스 W. 허버드
옮긴이 노동래
발행인 권윤삼
발행처 도서출판 연암사

등록번호 제10-2339호
주소 121-826 서울시 마포구 망원동 472-19
전화 02-3142-7594
팩스 02-3142-9784

ISBN 978-89-86938-91-3 03320

값은 뒤표지에 있습니다. 잘못된 책은 바꿔드립니다.

연암사의 책은 독자가 만듭니다.
독자 여러분들의 소중한 의견을 기다립니다.
트위터 @yeonamsa
이메일 yeonamsa@gmail.com

이 도서의 국립중앙도서관 출판시도서목록(CIP)은 e-CIP 홈페이지
(http://www.nl.go.kr/cip.php)와 국가자료공동목록시스템
(http://www.nl.go.kr/kolisnet)에서 이용하실 수 있습니다.
(CIP제어번호: CIP2013002554)

고형석 하나SK카드 CFO, 본부장

이 책을 처음 접했을 때, 『The failure of risk management』의 원제에서 알 수 있듯이 수많은 경제 위기가 반복되는 가운데 많은 학자들과 다양한 기법이 동원되었음에도 불구하고 세계경제는 리스크 관리에 실패 했으며 그래서 원인을 분석하고 보다 개선된 방안을 제시하는 책일 것이라는 선입견이 있었다. 그러나 이 책은 선입견과는 달리 흥미를 가져다주었다.

저자는 리스크 관리 실패의 원인을 매우 다양하고 계량화된 모형들의 한계와 가설과 현상의 추정 오류에서 찾기보다는 보다 근본적인 개념의 혼란, 객관화된 주관적 오류, 오류를 정당화시켜 주는 상식적이고 정교한 모델 등 조금은 철학적인 사고에서 원인을 찾도록 기술하고 있었기 때문이었다. 그래서 아주 흥미롭고 재미있었다. 결론적으로 '리스크 분석 및 관리에 조직적인 경험과학을 추가하라' 로 감히 말미를 요약할 수 있다면, 그간 리스크 관련 업무에 종사해 온 많은 전문가들에게 사고의 전환을 줄 수 있는 좋은 단초가 될 수 있을 것이다.

고수로서 리스크 전문가의 의견은 중요하다. 그러나 앞서 언급한 대로 지속적으로 반복되는 예측이 가능했고 사전적으로 예방할 수 있었던 리스크가 재연되고 있는 현실에서는 리스크 전문가들도 스스로를 되돌아 볼 때가 되었다. 전문가로서 정의한 독창적인 개념과 그로 인하여 발생되는 상식적인 오류, 모델에 대한 편견이 리스크 관리의 장애물이지 않았을까?

이 책에서는 그에 대한 개선방안을 말미에 제시하고 있다. 그러나 당연히 완전한 방법을 언급한 것이 아니라 보다 나은 방법을 찾기 위하여 철학적인 사고의 전환과 체계적이고 과학적인 경험의 반영을 추천하고 있다. 그에 대한 판단은 리스크 전문가인 독자들의 몫이며, 그래서 전문가라면 한번은 읽어봐야 할 책이라 생각한다. 전통적인 가설과 과거 데이터, 그리고 모형에 대한 합리적인 신뢰를 가지고 있는 리스크 전문가들에게 추천한다. 그래서 과거보다는 미래에 발생이 예상되는 리스크에 대하여 관리를 할 수 있다면 저자, 역자 그리고 독자들에게 모두 의미 있는 책이 될 것이다.

오우택 한국투자 증권 CRO, 전무

2008년 세계 금융 위기 후 많은 사람들이 리스크 관리의 계량적 접근 방법에 대하여 회의적이었다. 그러나 그들 중 누구도 대안을 제시하지 못하고 있다. 그런 시점에 이 책은 왜 우리가 과학적인 리스크 관리에 계속적으로 노력해야 하는지를 방대한 내용들을 토대로 일깨워 주고 있다. 리스크 관리 담당자로서 다시 한 번 긴장의 끈을 조일 수 있도록 이 책을 적극 권한다.

이상철 전 외환은행 부행장(Chief Risk Officer),
현 연세대학교 겸임 교수 및 중앙대학교 강사,
고용노동부 리스크관리위원

지난 8년 동안 은행에서 리스크 업무를 담당해 오면서 느꼈던 점은 리스크 관리 기법의 눈부신 발전이었다. 그것은 뛰어난 분들의 깊은 탐구심과 학문의 발전과 실무에서의 경험들이 어우러져서 이루어 낸 업적들이다. 이제 우리에게 주어진 과제는 그러한 발전된 기법들의 한계를 정직하게 직시하고, 그 한계를 보완하고, 그 기법들의 목적이 무엇이었는지를 다시 한 번 생각해 보는 것이다. "모델들은 사용하기 위한 것이지, 신봉하기 위한 것이 아니다"라는 본문 가운데 인용된 말이야말로 현재 우리가 가슴 깊이 새겨야 할 참된 지혜이다. 이 책은 진정으로 리스크 관리를 잘하려는 사람들이 꼭 읽어야 할 필독서라고 생각한다.

역자 서문

누군가가 리스크 관리자에게 요구되는 덕목을 세 가지만 꼽아보라고 말한다면 저는 주저하지 않고 겸손과 기본, 그리고 점검하는 자세라 말하겠습니다.

리스크 관리는 장래의 불확실성을 다루는데, 인간이 신이 아닌 이상 언제 어떤 일이 일어날지 알 수 없으니 과도한 확신을 피하고, 어떤 일이 일어나도 대처할 수 있는 유연성과 복원력을 갖춰야 할 것입니다.

리스크는 늘 다른 모습으로 다가오는데, 여러 구성 요소들이 뒤엉켜 나타나면 그 정체를 파악하는 것조차 힘들 때가 있습니다. 저는 복잡한 리스크를 이해하고 관리할 수 있는 최선의 방법은 기초를 튼튼히 하고, 기본으로 돌아가는 것이라고 생각합니다. 기초가 닦여 있지 않은 상태에서 응용 기술을 구사하다 큰코다치는 경우가 생길 수 있기 때문입니다.

선무당이 사람 잡듯이 말입니다.

그리고 리스크 관리에 사용하는 모델의 가정 사항이나 입력 사항 등이 건전한지, 구축 당시뿐 아니라 지금도 여전히 유효한지, 의도한 대로 효과를 발휘하고 있는지, 개선할 여지는 없는지 등에 대해 끊임없이 점검해야 합니다.

이 책은 제가 위에 열거한 요소들에 대해 탁월하게 설명하고 있습니다. 리스크와 리스크 관리의 정의에 관한 보편적인 오류를 바로잡아 주고, 리스크 분석자들이 자신의 능력은 과대평가하고 리스크는 과소평가하는 경향에 대한 이유와 해결책을 제시하며, 현재 널리 쓰이는 방법론들이 과연 보다 나은 경영 의사 결정에 도움이 되는지 판단하는 방법을 가르쳐 줍니다. 그리고 어떻게 하면 리스크 분석을 개선하여 리스크 관리를 향상시킬 수 있는지에 대해 몇 가지 귀중한 통찰력도 제공해 줍니다. 그러니, 리스크 관리에 관심 있는 분이라면 이 책을 꼭 읽어보기를 간곡히 권합니다.

이 책의 한 장chapter이 번역될 때마다 번역된 분량을 함께 토론하며 번역상의 오류를 지적해 주고 교정에 힘을 쏟은 동양증권 리스크관리팀 직원들에게 감사드립니다. 또한 번역된 원고를 꼼꼼하게 읽고 서평을 써주신 하나SK카드 CFO 고형석 본부장님, 한국투자증권 CRO 오우택 전무님, 그리고 외환은행 전 CRO였고, 지금은 연세대학교 겸임교수이신 이상철 교수님께도 감사드립니다.

번역하느라 틈만 나면 컴퓨터 앞에 앉아 자판기를 두드린다고 해서 집에서의 제 별명이 닥고닥치고 두드리기가 되어 버렸지만, 이를 이해하고 자랑스러워 하며 격려해 준 아내 문미라와 두 아들 희중, 희찬이에게도 감사의 말을 전하고 싶습니다.

출판 시장에 불황의 골이 깊어가고 있는 현 시점에 선뜻 이 책을 출판하기로 결정한 연암사 대표와 멋진 책을 만들어 준 편집부에도 감사드립니다. 연암사와 함께하는 작업은 제게는 늘 오랜 지기와 담소를 나누는 것처럼 즐거운 일입니다.

마지막으로, 제게 이 일을 할 수 있는 열정과 체력과 여건을 허락해 주신 하나님께 감사드립니다. 고백하건대, 번역 일은 하나님께서 제게 주신 작은 재능으로 이 사회에 조금이나마 기여하겠다는 제 신앙 고백의 발로입니다.

노동래

저자 서문

나는 가장 심각했던 금융 위기가 시작되기 한참 전인 2008년 초에 이 책을 쓰기 시작했다. 당초 계획은 12월에 원고를 넘겨 줄 생각이었지만, 경제 위기가 진행되자 출판사가 리스크 관리 실패에 관한 책이 독자들에게 더 유용하겠다는 제안을 했다. 그래서 12월까지 5만 자의 원고를 쓸 예정이었는데 10월까지 8만 자의 원고를 쓰는 것으로 계획이 변경되었다.

금융 위기가 이 책의 중요한 배경이 되기는 했지만, 나는 가장 최근의 재앙에 대한 반응보다 훨씬 범위가 넓은 책을 쓰고 싶었다. 앞으로는 대형 자연재해, 제품의 안전상 이유에 따른 대규모 리콜 또는 재앙적인 산업 재해가 발생하더라도 이를 설명할 수 있어야 한다. 하지만 이보다 더 좋은 것은 이러한 사건들이 발생하기 전에 독자들이 이 책을 참고 서적으로 인식하게 되는 것이다. 단순히 어제의 뉴스에 반응하는 리스크 관리는 효과적인 리스크 관리가 아니다.

나는 첫 번째 저서인 『How to Measure Anything: Finding the Value of Intangibles in Business』에서 리스크에 대해 다루었다. 리스크는 내게 경영진이 일관되게 비가시적intangible이라고 인식하는 항목들 중 하나로 다가왔다. 어떤 면에서는 그들이 옳다. 뭔가가 일어날 수 있는 리스크, 즉 어떤 미래 사건의 확률은 건축 프로젝트의 진척도나 발전소의 산출물처럼 가시적인 것tangible이 아니다. 그러나 리스크도 측정할 수 있다. 내 첫 번째 책의 첫 두 장은 온전히 불확실성과 리스크의 측정에 할애되었다.

하지만 대부분의 산업에서 실제 리스크 측정에 기반한 리스크 관리가 대세는 아니다. 나는 매우 중요한 문제들의 리스크 관리에 사실상 점성술보다 나을 것이 없는 방법이 사용된다고 생각한다. 내가 취하고 있는 이러한 입장은 논쟁의 여지가 있는 것이 아니다. 이러한 방법에 내재되어 있는 결함들은 연구자들에게는 널리 알려져 있지만 많은 관리자들에게는 알려져 있지 않을 뿐이다.

나는 1994년에 응용 정보 경제학Applied Information Economics이라 일컫는 방법을 개발했다. 또한 컨설턴트들이 통계학이나 의사 결정 과학의 명백한 토대도 없이 리스크 평가, 성과 측정 그리고 포트폴리오 우선순위 책정 등에 관한 설익은 기법을 추천하는 것을 지켜봐 왔다. 독단적인 스코어링 기법이 사실상 경영에 있어서의 공식화된 의사 결정 프로세스의 일부 측면을 장악하게 되었다. 견고한 과학적 및 수학적 토대를 지니고 있는 일부 방법들이 일관되게 오해되거나 잘못 적용되고 있는 분야도 있다.

리스크 분석, 리스크 관리 및 의사 결정 과학에 관한 훌륭하고 견고한 과학적 연구 및 교과서들 가운데 그 어떤 것도 이 분야의 가짜 과학이 확산되는 문제를 직접적으로 다루고 있지 않는 듯하다. 나심 탈렙Nassim Taleb의 유명한 책 『Fooled by Randomness』국내에는 행운에 속지 마라로 번역됨와 『The Black Swan』국내에는 블랙 스완으로 번역됨은 심각한 문제들이 있음을 지적해 왔다. 그러나 이 책들에는 리스크 관리에 대한 실제적인 조언은 적고, 금융 부문 이외의 리스크 측정에 관한 정보는 별로 없었다. 따라서 다양한 리스크에 대해 관심이 있는 보다 넓은 독자층에게 이러한 문제들을 지적해 줄 필요가 있다.

이 책은 나의 첫 번째 책보다 더 도발적이다. 명백히, 널리 사용되는 방법들이들 중 일부는 국제적인 표준에 따라 만들어졌다의 옹호자들 중에는 내가 이 책에서 취하고 있는 입장 중 일부에 대해 화를 내는 사람도 있을 수 있다. 따라서 나는 내가 일부 방법의 약점들에 대해 제기하는 주장들은 단지 내 의견만이 아니라 다른 사람들의 철저한 연구에 의해 지지되도록 주의를 기울였다. 이 연구 결과들은 리스크 관리에 사용되는 많은 방법들이 객관적으로 평가될 경우 리스크 관리라는 이슈에 아무런 기여도 하지 못한다는 사실을 압도적으로 보여 준다. 이 방법들은 실제로는 사태를 악화시킬 수도 있다.

대부분의 경우, 계량 분석을 더 잘하면 리스크 관리를 더 잘할 수 있음에도 불구하고 수학적 리스크 분석 및 관리 전문서적은 충분히 읽혀지지 않고 있다. 이미 출간된 이에 관한 많은 책들이 경영진에게 파고들지 못한 듯하며, 내 책도 이와 다르지 않을 것이다. 내가 여기에서 취하고 있는 접근법은 독자들에게 리스크 관리에 대해 180도 방향 전환을 하기에 충분할 만큼의 기술적 정보만을 제공하는 것이다. 따라서 독자들은 리스크 관리에 있어서 최소한 점성술과 다름없는 방법의 사용을 중지하고, 보다 나은 방법으로 나아가는 길로 들어설 수 있다. 리스크 관리자들이 이러한 방법에 숙달되려면 장기간의 경력과 연구가 필요할 것이다. 그러나 이것은 이 책의 범위를 넘어선다.

이 책은 미몽에서 깨어나는 점성술사들에게 있어서 최초의 천문학 서적과 유사하다. 우리는 옛것의 정체를 밝히고 새로운 것을 도입할 필요가 있다.

더글러스 W. 허버드

감사의 글

이 책을 쓰는 데 많은 사람이 다양한 도움을 주었다. 어떤 이는 면담에 응해 주었고, 또 어떤 이는 자신의 연구 결과를 제공해 주었으며심지어 자신의 연구가 출판되기도 전에 그렇게 한 사람도 있다, 내 원고를 검토하고 개선을 위해 많은 제안을 해 준 사람도 있다. 특히 스탠포드 대학교의 샘 새비지Sam Savage에게 감사드리고 싶다. 그는 아래에 열거한 모든 사람들 중에서도 이례적인 도움을 주었다.

Daniel Kahneman
David Bearden
Bill Panning
Tony Cox
Jim Franklin
Yook Seng Kong
Christopher "Kip" Bohn
John Schuyler
Allen Kubitz
Jim Deloach
Dennis William Cox
Andrew Braden

Stephen Wolfram

Bob Clemen

Robin Dillon-Merrill

Karen Jenni

Rick Julien

David Budescu

Ray Covert

Jim Dyer

Steve Hoye

John Spangenberg

Jason Mewes

Dan Garrow

Reed Augliere

Fiona MacMillan

Rob Donat

Diana Del Bel Belluz

Andrew Freeman

Thompson Terry

Vic Fricas

Dr. Sam Savage

David Hubbard

차례

ONE

PART ONE

위기의 개요
An Introduction to the Crisis

1
리스크 관리를 위한 건강한 회의론懷疑論

망상이 아무리 만족스럽고 안도감을 준다 할지라도 이에 집착하는 것보다는
우주를 실제 모습 그대로 파악하는 것이 훨씬 낫다. –카를 사강(Carl Sagan)

오늘 모든 것이 다 잘되어 가고 있다고 생각하는 것이야말로 우리의 환상이다. –볼테르(Voltaire)

경영 관리 방법에서 새롭고 급속히 성장하고 있는 어떠한 경향에 대해서도 건강한 회의론을 지녀야 한다. 특히 이 방법이 중요한 투자 방향을 정하고 투자를 보호하려 할 때와 주요 공공 정책에 대해 알려 주려 할 때에는 더욱 그렇다. 지금이야말로 모든 종류의 주요 리스크를 평가하고 이를 경감輕減하려는 "리스크 관리 방법"에 대해 이러한 회의론을 적용할 때이다. 리스크 관리 방법들 중 상당히 새롭고, 인기를 얻고 있는 방법들이 많다. 잘 확립되어 있고 높게 평가되는 방법들도 있다. 매우 부드럽고, 질적인 접근법을 취하는 방법이 있는가 하면, 엄격하게 계량적인 방법들도 있다. 그러나 이러한 모든 방법들에 대해서 다음과 같은 동일한 기본적인 질문들을 던져야 한다.

- 리스크 관리 방법들 중 효과가 있는 방법이 있는가? 조직 내에 리스크 관리 방법들이 효과가 없다는 것을 아는 사람이 한 명이라도 있는가?
- 이러한 방법들이 효과가 없다면, 그 결과는 무엇이겠는가?

대부분의 기관들에게 있어서 이러한 질문에 대한 대답은 모두 부정적이다. 21세기의 처음 몇 년 동안에 발생한 자연적, 지정학적 및 금융상의 재앙들은 일시적으로 일반 대중, 기업체 및 법률 제정자들 사이에 새로운 인식을 불러일으켰다. 이는 금융 부문과 비금융 부문 모두에 있어서 몇 가지 리스크 관리 방법의 개발에 박차를 가했다. 하지만 이러한 방법들이 엄격하게 측정될 경우 효과가 없는 것으로 나타났다. 새로운 비 재무적인 방법의 대부분은 리스크 분석의 어떠한 기존 이론들에도 근거하고 있지 않으며, 이러한 방법들이 측정할 수 있을 정도의 리스크 감소나 의사 결정 개선을 가져온다는 실제적이고 과학적인 증거가 전혀 없다.

과학적인 데이터가 존재하는 경우, 이 데이터는 대부분의 방법들이 리스크 분석에 있어서 알려진 오류의 원천을 고려하지 않거나, 더 심하게는 이들 방법론 자체의 오류를 덧붙인다는 것을 보여 준다. 가장 세련되고 계량적인 방법을 사용하는 금융 기관 및 기타 분야에서조차 특정한 유형의 체계적인 오류들이 여러 해 동안 이 방법들의 타당성을 손상시켜 왔다는 점이 점점 더 인식되고 있다.

두 번째 질문리스크 관리 시스템이 실패했다는 점을 아는 사람이 있는지 여부에 대한 답 역시 '아니오' 이다. 대부분의 관리자들은 특정 리스크 관리 방법을 평가하기 위해 어디를 봐야 할 필요가 있는지 모르며, 이 방법에 관한 일종의 "위약僞藥: placebo 효과”[1])와 집단 사고group think에 속기 쉽다. 리스크 관리 방법의 유효성이 주의 깊게 추적 관리되고 객관적으로 측정되는 최상의 상황하에서도 상당 기간 동안 적정한 증거를 구하지 못할 수도 있다. 그러나 가장 주의 깊고 매트릭스 지향적인 조직에서조차 리스크 관리 방법 자체의 성과를 측정하지 않는 것이 보다 일반적인 상황이다. 때로는 효과가 있는 방법과 효과가 없는 방법들 사이의 미묘한 차이를 구분하지 못하는 상황이 만연한다는 것은 비효과적인 방법들이 퍼질 가능성이 있음을 의미한다. 심지어 비효과적인 방법들이 “모범 관행”으로 각광을 받을 수도 있으며, 오랜 잠복기를 지닌 위험한 바이러스와 같이 너무 늦어질 때까지 악영향에 대한 조기 징후를 보이지 않은 채 이 회사에서 저 회사로 퍼져 갈 수도 있다.

공통 모드 장애Common Mode Failure

마지막으로, 불건전한 리스크 관리 방법의 영향이라는 문제에 대하여 답하기 위해 나는 과거의 한 항공 사고의 예를 사용하여 공통 모드 장애common mode failure. 보다 과학적인 접근방법으로부터 리스크 분석에 차용한 개념라 불리는 개념을 설명하고자 한다.

1989년 7월에 나는 아이오와 주 수 시티Sioux City에 있는 어느 예비군 부대의 사령관으로 재직하고 있었다. 그날은 2주간의 연례 훈련 첫날이었는데, 나는 이미 소수의 지원 요원“선발대”과 함께 위스콘신 주 포트 맥코이Fort McCoy를 향해 떠났다. 우리 부대의 잔여 인원들은 우리보다 약 5시간 늦은 그날 오후에 출발할 예정이었다. 그러나 본대가 연례 훈련을 위해 출발하기 직전에 우리 부대는 지역의 중요한 비상사태에 배치되었다.

필라델피아 행 유나이티드 항공 232편이 심각한 기계적 결함으로 수시티Sioux City 공항으로 회항 도중 추락하여 112명의 승객과 승무원이 사망했지만, 조종사의 빠른 대처와 구조 대원들의 신속한 구출로 184명의 탑승객을 구할 수 있었다. 내 부대원의 대부분은 연례 훈련의 첫날을 공항의 에이프런tarmac과 인근의 옥수수 밭에서 시신을 수습하며 보냈다.

이 항공기는 비행 중에, DC-10 기종의 꼬리에 탑재한 엔진이 고장 나서 고속 회전 터빈의 날개 깃blade이 포탄 파편처럼 사방으로 튀었다. 이 터빈의 파편이 조종면을 움직이는 여분의 유압라인 3개를 끊어버려 통제 불능이 된 것이다. 조종사는 조종간 대신 2개의 엔진 레버를 양손으로 잡고 상하좌우로 움직이는 비행기를 간신히 공항으로 인도할 수는 있었지만 꼬리가 통제되지 않았기 때문에 정상적인 착륙은 불가능했다.

항공 관계자들은 이를 "십억 중에 한 번 일어나는"[2] 사건이라고 부르고 대중 매체는 이러한 주장을 되풀이할 것이다. 그러나 수학적인 오해가 흔하기 때문에, 누군가가 방금 일어난 어떤 일이 거의 십억 번 만에 한 번 일어날 가능성이 있다고 말할 경우 그 사람이 확률을 부정확하게 계산했을 가능성을 고려해 봐야 한다.

하나의 사건이 특정 시스템에서 여러 구성 요소들의 고장을 야기해 발생한 이 비행기 추락 사고와 같은 유형의 사건을 공통 모드 장애라 부른다. 만일 이 구성 요소들이 각자 독립적으로 고장이 났더라면, 3개 모두 고장 나는 것은 극히 드문 일이었을 것이다. 그러나 3개의 수압 시스템이 모두 꼬리 엔진 근처에 라인을 두고 있었기 때문에, 하나의 사건이 이들 모두에 손상을 입힐 수 있었다. 공통 모드 장애가 여분의 이점을 없애 버린 것이다.

이제 국립운송안전위원회National Transportation Safety Board; NTSB가 "인간적 요소에 대한 고려 미흡"이라 부른 것이 없었더라면 터빈 날개깃의 균열이 발견될 수도 있었음을 생각해 보자. 인간의 실수가 십억 번 중 한 번보다 더 자주 일어날 것 같은가? 물론이다. 이는 어떤 면에서는 시스템에서 훨씬 보편적인 공통 모드 장애more common mode failure가 된다.

그러나 공통 모드 장애의 층이 보다 더 깊이 뿌리를 내리고 있을 수도 있다. 리스크 관리 방법 자체에 근본적인 결함이 있었다고 가정해 보자. 그럴 경우에는 설계나 검사 절차의 문제들을 발견하기가 매우 어려울 것이다. 따라서 후에 이 문제들이 실제로 발생할 가능성이 훨씬 더 높을 것이다. 이제 한 항공사에서뿐만 아니라 대부분의 업종에서 대부분의 조직에 리스크 관리 방법의 결함이 있다고 가정해 보자. 오로지 리스크 평가에 사용되는 방법들이 잘못된 이유로 카트리나와 2008/2009년의 금융위기 같은 재앙의 영향이 부적절하게 예측될 수 있다. 여러 기구들이 표준으로 채택한 비효과적인 리스크 관리 방법들이, 그들이 다루는 모든 것에 대한 이러한 취약성을 확산시킨다.

> 궁극적인 공통 모드 장애는 리스크 관리 방법 자체의 실패이다. 사실상 취약한 리스크 관리 방법론이 조직 안에서 가장 큰 리스크이다.

최초의 리스크 평가가 의미 있는 측정에 입각하지 않을 경우, 리스크 경감 방법들은 설사 효과를 발휘하였다 하더라도 잘못된 문제들을 다루게 되어 있다.

리스크 평가가 실패작이라면, 궁극적으로 의사 결정이 개선되지 않기 때문에 리스크 관리 노력은 시간과 돈의 낭비일 뿐이다. 최악의 경우, 잘못된 결론이 해당 조직을 보다 위험한 길로 이끌어 간다.

내가 이 책을 쓰고 있는 동안 진행된 금융 위기도 AIG, 리먼 브라더스, 베어 스턴스와 같은 회사와 이들의 감독기관으로 지정된 연방 기구들의 리스크 관리 실패로 거슬러 올라가는 공통 모드 장애에 대한 또 하나의 실례實例가 된다. 이전의 느슨한 여신與信 관행과 과도하게 레버리지를 일으킨 포지션이 경기 침체와 결합하여 연쇄적인 대출부도, 금융기관들의 신용 축소 및 더 깊은 경제 침체를 야기했다. 설상가상으로 취약한 리스크 관리 방법들은 정부 및 기업들이 수십억 또는 수조 달러에 달하는 리스크 의사 결정을 내릴 때 사용될 뿐만 아니라, 인간의 건강과 안전에 영향을 주는 의사 결정에도 사용된다.

과거에 일어난 일은 이미 지난 일이다. 그러나 현재에도 의문스러운 리스크 평가 방법을 통해 중요하고 위험한 의사 결정이 이루어지고 있는 사례가 몇 가지 더 있는데, 이 중 몇 가지에 대해서는 뒤에서 보다 자세히 논의할 것이다. 아래와 같은 기업, 정부 또는 개인의 의사 결정들 중 일부는 큰 재앙을 당한 뒤에야 비로소 리스크 평가 방법이 잘못되었음이 드러날 것이다.

- 미국의 주요 기업들의 투자 및 프로젝트 포트폴리오에 대한 승인 및 우선순위 결정
- 기업 및 정부에 대한 주요 안전 위협 평가
- 우주왕복선 발사 결정

• 수십억 달러가 소요되는 정부 프로그램 승인
• 오래된 교량에 대한 추가 보수 공사 필요 시기 결정
• 의료 분야의 환자 리스크 평가
• 전국적인 바이러스에 기인한 공급 체인 리스크 파악
• 의약품 제조를 중국에 외주를 주기로 한 결정

리스크를 잘못 파악하면 확실히 커다란 문제로 발전될 수 있는데, 이런 일은 이미 여러 번 발생하였다. 리스크 평가에 사용되는 개별적인 방법들은 "공식적이고 구조화된structured" 것으로 판매될 수 있으며, 심지어 "입증된" 것이라고 주장될 수도 있다. 조직들에 대한 조사 결과는 리스크 관리 프로그램이 "성공적"이었다고 말하는 사람들의 비율이 상당히 높다는 것을 보여 주기도 한다이에 대해서는 뒤에 더 논의한다. 아마도 리스크 관리 프로그램이 "합의를 이루고", "리스크에 대해 소통하거나", "문화를 바꾸는 데" 도움이 되었다는 이유로 성공적이라고 주장하는 것 같다.

하지만 사용된 방법들이 리스크를 실제로 수학적이거나 과학적인 방식으로 측정하지 않기 때문에, 경영진은 특정 방법이 효과가 있는지 결정할 근거조차 갖지 못하고 있다. 리스크 관리 방법의 채택 및 성공에 관한 조사는 거의 조사 대상 조직에 의한 자체 평가이다. 이는 성공적인 리스크 감소 여부에 대한 독립적이고 객관적인 척도가 아니다. 프로세스가 리스크를 정확하게 평가하여 경감시키지 않는다면, 합의를 이루고, 소통하거나, 문화를 바꾸는 것이 무슨 가치가 있겠는가? 설사 의견 일치에 이른다 해도, 그릇된 해결책에 입각한 소통 및 의견 일치는 보다 신속하고 효율적으로 커다란 실수를 저지르게 할 뿐이다.

하지만 이 문제를 수정하는 비용은 늘 위험에 처하게 되는 대상의 규모에 비해 지극히 작은 부분에 지나지 않는다. 예를 들어, 1억 달러가 넘는 대규모 IT 포트폴리오의 리스크를 보다 현실적으로 평가하는 데 소요되는 비용은 5십만 달러를 넘지 않을 것이며, 아마도 이보다 훨씬 덜 소요될 것이다. 불행한 일이지만 보다 엄격하고 과학적인 리스크 관리 방법의 채택은 아직 대중화되지 않았다. 그리고 앞의 목록에서와 같은 중요한 리스크들에 대해서는 그것이 기업의 이익, 국가 경제, 대중의 안전, 국가안보, 그리고 당신에게 있어서 커다란 문제가 된다.

리스크 관리란 무엇인가

리스크 관리라는 넓은 범주에는 많은 주제들이 있지만, 이 말은 흔히 마땅히 그래야 하는 것보다 훨씬 더 좁은 의미로 쓰인다. 이 용어가 지나치게 좁게 사용될 경우는 리스크가 너무 좁게 사용되거나, 관리가 너무 좁게 사용되거나, 두 단어 모두 너무 좁게 사용되기 때문이다.

리스크의 정의를 찾아보면, 결국은 많은 어구들이 같은 것을 일컫고 근본적으로 다른 점이 별로 없는 정의들을 만나게 될 것이다. 이제 나는 리스크가 무엇을 의미하는지에 관한 보다 심오한 철학적 문제들이에 관한 다소의 논의는 뒤에 하게 될 것이다과, 특수한 용도에 독특해 보이는 정의들을 피할 것이다. 이 책의 5장은 왜 내가 제안하려고 하는 정의가, 자신들의 정의가 "단 하나의 진정한" 정의라고 단정하는 옹호자들이 있는, 다양한 상호배타적인 대안들보다 더 나은지에 대해 할애될 것이다.

이제 나는 비록 일부 다른 정의들과 상충되기는 하지만, 모든 영어 사전과 이 용어를 사용하는 평범한 대중들뿐만 아니라 이 용어에 대해 잘 확립된 수학적 처리 방식예컨대 보험 통계 과학에서 사용되는 정의를 가장 잘 나타내는 정의에 초점을 맞추고자 한다아래의 표를 보라.

리스크의 정의

긴 정의 : 특정 손실, 재앙 또는 기타 바람직하지 않은 사건의 확률 및 그 규모

보다 짧은(상응하는) 정의 : 일어날 가능성이 있는 뭔가 좋지 않은 일

두 번째 정의가 보다 더 요점을 잘 나타내지만, 첫 번째 정의는 리스크를 어떻게 계량화할 수 있는지에 대해 암시해 준다. 먼저, 바람직하지 않은 사건이 발생할 확률을 말할 수 있다. 또한, 재정적 손실, 사망자 수 등의 견지에서 이 사건의 손실 정도를 측정할 필요가 있다.

바람직하지 않은 사건은 자연재해, 대규모 제품 리콜, 주요 채무자의 부도, 해커의 민감한 고객 정보 공표, 해외 사무소 소재지의 정치 불안정, 작업장에서의 사고로 인한 부상, 또는 전국적인 독감 바이러스로 인한 공급 체인 마비 등 어느 것이라도 될 수 있다. 또한 출근길의 자동차 사고, 실직, 심장 발작 등 개인적 불행을 의미할 수도 있다. 잘못될 수 있는 모든 것이 리스크이다.

리스크 관리는 일반적으로 특정 조직에서의 관리 과정에 적용되기 때문에 개인적인 리스크에는 중점을 덜 둘 것이다. 물론 내가 심장 발작을 일으킬 가능성은 평가해야 될 중요한 리스크이며, 나는 틀림없이 이 리스크를 관리하기 위해 노력할 것이다. 그러나 이 책의 제목이 보여 주는

바와 같이, 내가 리스크 관리 실패에 대해 얘기할 때에는 개인들이 심장 발작을 피하기 위해 체중을 줄이는 것과 같은 개인적인 리스크 관리를 더 잘할 수 있는 방법에 초점을 맞추고 있는 것이 아니다확실히, 대부분의 사람들을 그렇게 해야 할 것이다. 나는 중요한 비즈니스 및 공공 정책 관련 의사 결정을 위해 사용하는, 외관상으로는 공식적인 리스크 관리 방법론을 채택한 주요 기관들에 대해 말하고 있다.

이제 리스크 관리라는 어구의 두 번째 부분에 대해 논의해 보자. 리스크에서와 마찬가지로 나는 관리라는 말에 대해 장황한 정의들을 만났지만, 아래의 정의가 훌륭한 원천들을 대표하며 또 이를 결합한 듯하다.

관리의 정의

긴 정의 : 정해진 목표를 향한 기획, 조직화, 조정, 통제 및 자원의 배치

보다 짧고 소박한 정의 : 필요한 것을 얻기 위해 가지고 있는 것을 사용하기

리스크와 관리를 합칠 때에는 아주 명백하지만, 그래도 말해 둘 가치가 있는 몇 가지 주의할 점이 있다. 어느 임원이 리스크를 관리하고자 할 경우 실제로 이를 감소시키거나, 최소한 더 나은 기회를 추구하는 과정에서 이를 지나치게 증가시키지 않기를 바란다. 그리고 현재의 리스크 양 및 그 원천이 즉각적으로 명백히 알려지는 것은 아니기 때문에, 리스크 감소 또는 최소화의 중요한 부분 중 하나는 리스크가 어느 곳에 존재하는지를 알아내는 것이다. 또한, 리스크 관리는 리스크는 비즈니스에 내재되어 있으며 리스크 감소는 일정 지점까지만 실제적이라는 점을 받

아들여야 한다. 리스크 관리는 모든 관리 프로그램과 마찬가지로, 한정된 자원을 효과적으로 사용해야 한다. 이 모든 것을 합치면, 하나의 정의가 나온다이 또한 다른 자료들에 나오는 많은 정의들의 정신과 크게 다르지 않다.

리스크 관리의 정의

긴 정의 : 리스크를 식별, 평가하고 이에 우선순위를 부여하여 불행한 사건들의 확률 및/또는 그 영향을 최소화하고, 모니터하며, 이를 통제하기 위해 조정되고 경제적인 방식으로 자원을 사용하는 것

보다 짧은 정의 : 모험을 걸어 보는 것에 관해 똑똑해지기

리스크 관리 방법에는 여러 형태가 있지만, 궁극적인 목표는 주어진 자원 제약 하에서 추구하는 기회 대비 회사의 특정 분야에서의 리스크를 최소화하는 것이다. 리스크 관리의 일부 명칭들은 거의 모든 기업에서 예술적인 용어가 되었다. 리스크에 대한 해당 회사의 포괄적인 접근법임을 나타내기 위해 리스크 관리라는 말 앞에 전사적이라는 말을 두는 것이 인기 있고 칭찬할 만한 추세가 되었다. 많은 리스크 관리 방법들이 전사적 리스크 관리enterprise risk management; ERM라는 제목을 들고 나온다. 리스크 관리가 이 용어의 깃발 아래 알려지는 경우가 흔하기 때문에, 나는 ERM을 리스크 관리 프로그램 중 하나의 유형이라고 부를 것이다. 또한 ERM은 부드러운soft 방식이든 계량적인 방식이든 전혀 다른 방법으로 실행될 수 있기 때문에 나는 프로그램과 실제 방법도 구분할 것이다.

아래의 목록들은 다양한 유형의 리스크를 관리하기 위한 다양한 관리 프로그램에 대한 몇 가지 예에 지나지 않는다주: 이들 중 일부는 다른 프로그램의 구성

요소일 수도 있으며 동일한 프로그램이 다양한 다른 방법들을 포함할 수도 있다.

- 전사적 리스크 관리ERM
- 포트폴리오 관리 또는 프로젝트 포트폴리오 관리PPM
- 재해 복구 및 비즈니스 연속성 계획DR/BCP
- 프로젝트 리스크 관리PRM
- 거버넌스, 리스크 및 컴플라이언스GRC
- 비상사태/위기 관리 프로세스

리스크 관리는 물리적 보안, 제품 하자 책임, 정보 보안, 다양한 형태의 보험, 투자의 변동성, 감독 규정 준수, 경쟁자의 행동, 작업장 안전, 납품업자 또는 고객에게 리스크를 분담하게 하기, 외국 정부에서의 정치적 리스크, 자연재해로부터 비즈니스 복구, 기타 심각한 손실을 초래할 수 있는 다른 모든 불확실성과 관련된 리스크 분석 및 경감輕減을 포함한다.

일화: 의약품 제조 외주外注 리스크

소비자건강제품협회제약 산업의 한 협회가 주최한 어느 컨퍼런스에서 나는 한 화학 기술자가 자사를 위해 개발한 새로운 리스크 관리 프로세스를 설명하는 것을 들었다. 그 리스크 분석 방법은 이 분야에서 중요하고 새로 떠오르고 있는 리스크를 평가하기 위한 것이었다.

이 대형 제약회사는 비용을 통제하기 위해서 특정 배치batch 프로세스를 자주 중국에 외주를 주고 있었다. 실제적으로 이 회사의 거의 모든 경쟁자들도 그렇게 하고 있었다. 그러나 그들은 중국에서의 배치는 비용은 상당히 낮은 반면, 미국에서 제조된 배치에 비해 더 큰 추가적인 품질관리 문제가 있을 수도 있다는 점을 우려했다. 이러한 우려는 매우 정당한 것이었다.

이 컨퍼런스는 2007년 10월에 열렸는데, 당시에 이미 중국에서 생산된 제품의 안전사고들이 여러 건 발표되고 있었다. 6월에는 중국에서 생산된 치약에서 독성 물질이 발견되었고, 장난감에서는 납이 발견되었다. 다음에는 오염된 애완동물 사료로 4천 마리의 애완동물이 죽었다. 심지어 아이들이 여러 모양을 만드는 공작 구슬인 "아쿠아 다트Aqua Dots"와 관련된 충격적인 사건도 있었다. 이 구슬의 코팅은 위장 속에서 대사작용을 하여 데이트 약물 강간에 사용되는 화학 물질인 감마 수산화 부티르산염gamma hydroxyl butyrate을 만들어 낼 수도 있었다.

청중은 나를 제외하면 거의 모두가 화학자, 화학 기술자, 산업 기술자였다. 그들은 이전 시간에 다양한 프로세싱 장비 안에서의 입자들의 극심한 스트레스, 수익률 곡선 및 약품 포장에 관한 기술적인 세부 사항에 관한 극히 기술적인 강의를 듣고 있었다. 나는 그곳에 과학적으로 생각하는 사람들이 부족하지 않았으며, 그들은 수학적인 모델에 관해서도 두려움이 없었다고 말할 수 있다.

그럼에도 불구하고, 그 발표자가 중국에 외주한 배치의 리스크 분석에 관한 자사의 새로운 방법에 관한 세부 사항을 설명할 때, 나는 다른 시간에는 보편적인 것으로 보였던 과학적이고 회의적인 동료의 검토peer-review가 전혀 없음을 알 수 있었다. 그는 주관적인 "가중 스코어"[3]에 기초한 방법을 설명하고 있었다. 그 방법론에서는 몇 개의 "리스크 지표 risk indicator"들이 1에서 5까지의 척도에 따른 스코어를 부여 받는다. 예를 들어, 만일 해당 제조업체가 유사하지만, 동일하지는 않은 약품을 생산하고 있다면, 이는 "입증된 기술적 숙련도"라는 지표에서 2점이라는 낮은 리스크 스코어를 받을 수 있다. 중국의 보건 당국에 의해 검사를 받고 긍정적인 평가를 받았지만 아직 식품 의약청FDA의 검사를 받지 않았다면 "공식적인 검사" 지표에서 4점을 받을 수 있다. 의약품의 성분이 외주가 더 어려운 특별한 안전 조치를 요구할 경우, 다른 지역에서 제조되는 약품은 더 리스크가 높은 스코어를 받게 될 것이다. 이러한 스코어들은 이 평가를 위해 모인 팀의 판단에 기초하였다.

그 후에 이들 스코어에 0.1에서 1까지의 가중치를 곱한 후 가중 스코어 합계가 구해졌다. 어느 외주 전략에는 17.5점의 가중 스코어가 부여되고, 다른 전략에는 21.2점이 부여되는 식으로 말이다. 스코어를 선택한 바로 그 팀이 가중치도 선택했는데, 이번에도 가중치는 오직 주관적인 판단에 기초하였다.

이 팀은 이 최종 스코어를 다양한 등급으로 추가적으로 분류했는데, 이 결과는 분명히 특정 약품에 대한 중국 외주에 관한 의사 결정에 영향을 줄 터였다. 예를 들어 20점을 초과하는 리스크 스코어는 "극단적인 고 위험: 다른 대안을 찾을 것", 10점~19점은 "고 위험: 품질관리 강화 조건하에서만 진행할 것" 등을 의미할 수 있다.

이 기술자가 그 방법론에 대한 설명을 마쳤을 때, 나는 그 회의실 안에 있던 여러 사람이 내 반응을 기대하며 내게 고개를 돌리는 것을 알아차렸다. 그날 나는 무엇보다도 리스크가 어떻게 수학적으로나 과학적으로 의미 있는 방식으로 계량화될 수 있는지에 관해 기조연설을 했었다. 아마도 자사에서 유사한 방식을 사용하고 있어서 내가 그 방법을 지지하는지 궁금해 하는 사람들도 있었을 테지만, 그보다는 비판을 기대하고 있었을 거라 생각한다.

나는 그 방법론을 노골적으로 지지하지도 않고, 이를 거절하지도 않았다. 완전하게 공정하려면 그 방법은 내가 뒤에 설명할 가중 스코어의 많은 결함을 공유할 가능성이 크기는 하지만 그 방법의 세부 내용을 더 알지 못하는 그 시점에서는 어느 입장도 정당화될 수 없었다. 나는 단순히 이렇게 물어보았다. “그 방법이 효과가 있는지 어떻게 아나요?” 이는 리스크 분석 및 리스크 관리 방법론에 관해 우리가 물을 수 있는 가장 중요한 질문이다. 이 질문에 대한 답을 알면, 나는 정당한 입장을 취할 수 있을 것이다.

긴 침묵이 이어졌다. 그들은 그 질문에 어떻게 답해야 할지 고려하지 않고 있음이 분명했다. 그래서 나는 다른 질문으로 그들을 자극하는 것이 도움이 될 거라고 생각했다. “당신은 이를 과학적이라고 하겠습니까?” 다시 한 번 침묵이 이어진 후에 나는 다음과 같이 질문했다. “보험계리사나 통계학자가 왜 이를 리스크 분석이라 하지 않는지 아시겠습니까?” 이때 나는 이 질문들이 도움이 되기보다는 위협적이라는 점을 알아차렸다.

그러자 나는 발표자에게 이 분야의 기술자들은 다른 모든 전문 영역에서와 마찬가지로 이 문제에 대해서도 과학적으로 접근할 수 있다고 제안했다. 우선, 나는 무無로부터 시작할 필요가 없음을 지적했다. 만일 그들이 의약품 제조를 위한 새로운 프로세스를 개발하고 있다면, 그들은 분명히 이 분야의 기존 리서치를 조사할 것이다. 마찬가지로, 수학적 또는 과학적으로 리스크를 평가하는 일반적인 분야에 상당히 많은 문헌들이 있다. 리스크 평가에 있어서의 근본적인 개념들에 대해 새로 만들어 낼 필요가 없다는 점을 알면 도움이 될 것이다.

이어서 나는 약품 생산 프로세스 설계에 있어서 그들이 일단 특정 주제에 관한 문헌을 철저하게 검토하고 난 후에는 의심할 여지없이 이 프로세스 안에 있는 다양한 구성 요소들에 대한 경험적인 테스트들을 설계할 것이고, 동료들이 검토한 학술지 및 FDA의 검사관들을 만족시킬 방식으로 이를 측정할 것이라고 지적했다. 이와 동일한 철학이 리스크에도 적용될 수 있다.

실상, 제약업에서는 여러 리스크 평가에 이미 훨씬 정교한 방법들이 사용되고 있다. "정지 문stop-gate" 분석을 사용하여 신약 후보 개발 후 동물 실험으로 진행할지, 동물 실험에서 인간 대상 임상 실험으로 나아갈지와 최종적으로 출시할지를 결정한다. 많은 제약 회사들이 정지 문 분석의 각 단계마다 입증된 통계적 방법을 사용한다. 그런데, 웬일인지 중국의 외주 생산 리스크 평가에는 정지 문 분석의 기본 개념 중 그 어느 것도 사용되지 않았다.

발표자에 대한 내 질문들은 예의상 해 본 것이었다. 나는 이미 그들에게 이 방법의 유효성에 대한 객관적인 척도가 없었음을 확신하고 있었다. 그들이 그런 척도를 만들어 내는 법을 알았더라면, 애초부터 매우 다른 접근법을 채택했을 것이다. 리스크 평가 및 관리 방법을 설계할 때, 과학자나 기술자들은 과학적 엄밀성에 있어서 고대의 무당들이 어디로 사냥하러 가야 할지를 결정하기 위해 염소의 내장을 살펴보는 것과 비슷한 방법론을 개발했다. 그들 대부분의 업무에서는 엄격함의 결여가 직무

소홀로 여겨지는 반면, 과학적 근거가 전혀 없는 리스크 평가 방법 사용은 수용될 수 있었다.

사실상, 그들은 이 새로운 리스크를 규제가 심한 산업에서 약품을 제조하기 위해 그들이 사용하는 물질 및 프로세스에 대해 생각하는 것과 같은 방식으로 생각하지 않았다. 기술자들에게는 그들이 처리하는 화학 물질과 그들이 사용하는 용기들은 구체적이고 유형의 물질인 반면, 리스크 관리는 추상적인 관념처럼 보일 수도 있다. 그들이 정지 문 분석에 사용하는 방법들조차도, 이제 그들이 이 문제에 관한 많은 데이터를 갖고 있다는 이유만으로 구체적이라는 인상을 줄 수 있다. 아마도 그들에게는 익숙하지 않은 리스크 관리 프로세스는 FDA의 승인을 받기 위해 약품 제조 프로세스가 거쳐야 하는 것과 동일한 검증 방법을 적용할 수 없는, 실체가 없는intangible 것처럼 보일 수도 있다. 동일한 약품을 중국에서 생산할 때의 리스크 분석에 특정 약품 생산에 사용하는 과학적 추론 및 테스트를 적용한다는 것은, 그들이 생각해보지 못한 사고의 도약이었다.

발표자와 청중들은 그들이 설명한 가중 스코어 방법이 해당 업계에서 "모범 관행"에 가까운 것으로 생각했다. 내가 질문했을 때 회의실에 있던 어느 누구도 보다 더 정교한 접근법을 가지고 있다고 말하지 않았다. 대부분은 이 문제에 관해 아무런 리스크 분석도 하지 않았던 것이다.

자사의 리스크 관리 방법을 발표했던 회사는 불건전한 리스크 분석으로 초래될 수도 있는 최악의 상황은 아직 당하지 않았다. 그러나 업계 전체가 외주 문제에 비과학적인 리스크 분석 방법으로 접근하거나, 리스크를 전혀 분석하지 않는 이상 최악의 사례는 불가피했다. 이 컨퍼런스가 개최된 지 불과 몇 개월 후에 이 문제에 관해 유사한 주관적 리스크 관리 방법을 사용하던 주요 제약 업체 중 하나가 외주 결정및 이에 적용된 취약한 리스크 분석에 의해 얼마나 큰 위험이 초래되었는지를 발견하게 되었다.

백스터 인터내셔널 사Baxter International, Inc.는 중국에서 제조된 혈액 응고 방지제인 헤파린heparin의 위험한 부작용에 대해 보고를 받았다. 2008년 1월 중순에 백스터가 수회 분량의 이 약병을 자발적으로 리콜한 것은 잘한 일이었다. 그 무렵에 FDA는 강제 리콜을 고려하고 있었지만, 다른 공급자들이 이 중요한 약의 수요를 충족시키지 못할 수도 있다고 생각해 그렇게 하지 않았다. FDA는 헤파린을 필요로 하는 환자들에 대한 공급 부족 리스크가 더 클 거라고 생각한 것이다나는 그 결정에 얼마나 많은 리스크 분석이 이루어졌는지 전혀 모른다.

2월이 되자 FDA는 다른 제약사들의 헤파린 공급은 적정하며 백스터가 여러 유형의 헤파린 제품의 리콜을 진행해야 한다고 결정했다. 리콜을 시작하자 FDA는 중국에서 제조된 헤파린과 관련하여 4명이 사망했다고 발표했는데, 3월까지는 이 숫자가 19명으로 늘어났다. 2008년 5월까지는 FDA가 이 약품과 "명백히 관련이 있는" 사망자는 81명이며 785명은 이 약품에 심한 알레르기 반응을 보인다고 발표하였다. 물론, 이 책을 쓰고 있는 당시 막 시작된 다양한 개별적 소송 및 집단 소송에서 부작용을 경험한 사람이 훨씬 더 많다고 주장될 가능성이 있다.

약품의 중국 외주 생산 리스크는 항상 높았으며 일부 회사들이 그 유효성 여부를 불문하고 특정한 리스크 관리 방법을 개발하려고 했다는 사실은 제약 업계가 최소한 이 리스크를 인식하였음을 시사한다. FDA는 해외의 공장을 포함하여, 미국에서 판매되는 의약품 제조 회사의 운영을 조사하라는 임무를 부여 받았으나, 2008년 3월까지 FDA는 566개의 중국 제약회사들 중 16개 사에 대한 검사만을 완료했다. 미국은 약 40%의 약품을 해외에서 수입한다. 이 규모 자체가 최상의 리스크 분석이 이용될 수 있어야 하는 정당한 이유가 된다.

확실히 이 정보만으로는 해외 약품 제조에 관한 업계의 보다 정교한 리스크 관리 결여가 헤파린 사고의 직접적인 원인이었는지에 대해 확신할 수 없다. 만일 제약 업계가 정지 문 분석에 이미 사용하고 있는 것과 같은 보다 정교한 방법을 사용했다 하더라도, 유사한 문제가 일어나지 않았을 거라고 확신할 수도 없다. 또한, 업계 전체가 이 영역의 리스크 관리에 있어서 허점이 많기 때문에, 확실히 백스터만 나쁘다고 말할 수도 없다. 이 일화는 정의상, 일어날 수 있는 사건의 유형에 대한 하나의 예에 지나지 않으며, 그 자체로는 과학적으로 정당화될 수 있는 결론을 이끌어 내기에 충분하지 않다.

제약 업계나 다른 산업에서 사용하는 리스크 관리 방법에 대해서도 "그것이 효과가 있는지 어떻게 알 수 있는가?"라는 질문을 해야 한다. 만약 그 질문에 답하지 못한다면 대답할 방법을 찾아야 하고 효과가 있는 리스크 평가 및 리스크 경감 방법을 채택하는 것이 가장 중요한 리스크 관리 전략이 되어야 한다.

실패가 의미하는 것

이 책의 서두에서 우리는 리스크 및 리스크 관리에 대해 정의를 내렸다. 이제 내가 리스크 관리의 실패라고 말할 때 이 말이 무엇을 의미하는지 논의할 필요가 있다. 몇 가지 예외가 있기는 하지만, 이 말이 그다지 명확하지 않을 수도 있다. 그리고 바로 그것이 문제의 일부분이다.

먼저, 내가 방금 전에 사용한 일화들에 대해 몇 가지를 지적해 보자. 나는 유나이티드 항공은 그들이 신중한 리스크 관리 방법이라고 믿고 있던 바를 적용했을 것으로 생각한다. 또한 전체 제약 업계 및 특히 백스터사가 중국의 외주 리스크를 관리하기 위한 선의의 노력을 기울이고 있었을 것으로 생각한다. 내가 "리스크 관리의 실패' 라고 말할 때, 그저 노골적인 태만을 일컫는 것이 아니다. 예를 들어, 엔론이 무너지지 않도록 해 주었을 수도 있는 회계 상의 통제 미실시는 내가 이 책에서 살펴보려는 유형의 실패가 아니다. 장차 소송이 제기될 경우 달리 주장할 수 있음을 알지만, 나는 많은 조직에서 리스크를 관리하려는 진지한 노력이 실패하고 있다고 주장하기 때문에, 이에 대해 더 중점을 둘 것이다. 또한 나는 효과적인 리스크 관리 방법을 채택했다고 믿고 있지만 자신의 상황을 조금도 개선시키지 못하고 있는 조직들에 초점을 맞추고 있다.

둘째, 나는 부분적으로는 리스크 관리의 실패 또는 성공을 보여 줌에 있어서 일화들의 한계에 관해 언급하고자 이 일화들을 사용하였다. 오염된 혈액 응고 방지제 사건 하나가 발생했다 해서 반드시 리스크 관리가 실패했다고 말할 수는 없다. 또한 운 좋게도 오랫동안 재해가 발생하지 않았다 해서 리스크 관리가 효과가 있음을 시사하는 것도 아니다. 의약품 외주 일화는 기껏해야 일어날 수 있는 시나리오 중 하나를 보여 줄 뿐이다.

나는 리스크 관리 성공 여부를 특정 사건 발생 여부와 결부시키는 것은 리스크 관리 논의에 대한 접근법에서 벗어나는 것이라 생각한다. 나는 재미있게 말하는 강사들이 회사의 다양한 일화적인 불행한 사건들을 리스크 관리가 실패한 증거라고 얘기하는 것을 들어 왔다. 나는 이 이야기들 중 일부는, 특히 상황이 매력적이고 그 결과가 재앙적이었을 경우, 아주 흥미가 있을 수 있음을 인정한다. 그러나 나는 부동산 저당 대출 mortgage 위기, 9·11, 사기꾼 트레이드, 허리케인 카트리나 또는 스리마일 아일랜드Three Mile Island; 펜실베이니아 주에 속해 있는 스리마일 섬의 원자력 발전소에서 가압 냉각수형 원자로의 노심 파손 사고가 일어났다.에 관한 세부 사항들은 리스크 관리에 관해서 정보를 제공해 주기보다 병적인 호기심을 조장한다고 생각한다. 아마도 이러한 이야기들은 관리자들에게 자신들은 아직 이러한 큰 실수를 저지르지 않았다는 사실에 관해 다소 기분이 좋아지게 했을 것이다.

이러한 예들은 개념과 연결시키는데 도움이 되기 때문에 나는 이 예들을 계속 사용할 것이다. 그러나 우리는 하나의 일화보다 리스크 관리의 성공 또는 실패에 관한 보다 나은 척도를 필요로 한다. 대부분의 경우에 리스크 관리에 관한 일화는 특정 요지를 증명하기 위해서가 아니라 예시로서만 사용되어야 한다.

따라서 내가 리스크 관리가 실패했다고 주장할 때는 반드시 불행한 일이 일어났던 개별적인 일화에 근거를 두고 있는 것은 아니다. 결국 재앙이 발생하지 않았던 기관은 단지 운이 좋았을 뿐일 수도 있다. 그들은 재앙이 발생했던 기관들과 본질적으로 똑같았을 수도 있다. 내가 리스크 관리가 실패했다고 말할 때에는, 최소한 다음의 세 가지 이유 중 하나 때문인데, 이들은 모두 개별적인 일화들과는 무관하다. (1) 방법론 전반 또는 일부에 대한 측정 및 검증 실패, (2) 효과적이지 않은 것으로 알려진 구성 요소 사용, (3) 효과적인 것으로 알려진 구성 요소 사용 결여.

1. **특정 산업에서의 특정 계량적 방법을 제외하면, 리스크 관리의 유효성은 결코 측정되지 않는다.** 리스크 관리의 가장 큰 실패는 사용되는 리스크 관리 방법들, 특히 보다 부드러운soft 그리고 훨씬 더 보편적인 방법들이 리스크 평가나 경감을 개선시킨다는 데 대해 실험을 통해 확인할 수 있는 증거가 거의 없다는 점이다. 애초에 그 방법을 옹호한 관리자가 주관적으로 성공적이라고 인식하는 것이 유일한 "증거"라면, 이 리스크 관리 방법에 부정적인 결과가 없을 거라고 믿을 이유가 없다. 리스크 관리와 같이 매우 중요한 문제에 대해서는 그것이 효과가 있다는 긍정적인 증거를 요구해야 한다. 어느 조치든 그것이 성공이라고 말할 수 있으려면, 성공 여부에 대해 측정 가능한 증거가 있어야 한다. 리스크 관리 자체의 리스크에 대해 아무 것도 모른다는 것도 일종의 리스크이다. 또한 리스크 관리가 그 목적과 달리 리스크를 피하지 못하게 되는 것도 피할 수 있는 리스크 중 하나이다.
2. **측정되어 온 일부 방법은 효과가 없다.** 리스크 관리의 특정 측면에 관한 실험상의 증거는 심각한 오류 및 편견bias이 있음을 시사한다. 많은 리스크 관리 방법들이 인간의 판단에 의존하기 때문에, 우리는 인간이 어떻게 오해하며 리스크를 체계적으로 과소평가하는지를 보여 주는 조사 결과를 고려해야 한다. 이러한 문제들이 파악되고 교정되지 않으면, 결국 부분일지라도 인간의 평가에 기초한 리스크 관리 방법을 무효화할 것이다. 임의의 척도scale나 과거 데이터의 순진한 사용을 통해 오류를 더하는 방법들도 있다. 계량적으로 가장 엄격한 일부 방법들조차도 역사적 데이터에 잘 부합하는 결과를 내지 못한다.
3. **효과가 있는 일부 방법은 사용되지 않는다.** 통제된 실험실에서뿐 아니라 현실

에서도 효과가 있는 것으로 입증되었음에도 불구하고, 대부분의 리스크 관리 프로세스에서 사용되지 않는 방법들이 있다. 이 방법들은 현실 세계에서 매우 실제적이며, 비록 보다 어려울 수는 있지만, 리스크 관리가 영향을 줄 의사 결정의 중요성을 감안할 때 쉽게 정당화될 수 있다. 그렇게 하리라고 합리적으로 기대할 수 있는 것에 훨씬 미치지 못하는 것도 또 하나의 실패 형태이다.

전체적으로, 우리가 리스크 관리 자체 내에서 아직도 불필요한 리스크를 부담한다는 사실에 위와 같은 실패가 더해진다. 이제 리스크 관리가 어디에서 붕괴되는지, 그리고 이를 어떻게 고칠 수 있는지를 보다 정확하게 파악하기 위해 리스크 관리 자체를 의미 있는 방식으로 평가하여야 할 때이다.

이 책의 범위 및 목표

이 책에 대한 내 목표는 다음과 같다. (1) 가급적 많은 리스크 관리자 및 분석자에게 읽히도록 한다. (2) 효과적이지 않은 방법은 중단하도록 충분한 정보를 제공한다. (3) 그들에게 보다 나은 해법을 얻을 수 있도록 한다.

첫째 목표인 보다 많은 독자에게 다가가려면 리스크 관리를 특정 산업의 견지에서 근시안적으로 다루어서는 안 된다. 내가 중요한 고전으로 여기는 리스크 관리 서적들이 많지만, 다양한 방법이나 문제, 각각의 이점을 폭넓게 설명하는 책은 한 권도 보지 못했다. 즉, 재무 분석자들이나 경제학자들을 위해 특별히 쓰인 재무 리스크 평가 서적들이 있는가 하면, 기술자와 과학자들을 위한 엔지니어링 및 환경 리스크 서적들도 있다. 소프트웨어 프로젝트, 컴퓨터 보안 또는 재난 복구 관리자들을 위해 쓰인 리스크 관리 방법들도 많다. 이들 중 많은 자료들은 마치 자신의 방법이 리스크 관리의 모든 주제들을 포함하고 있다고 말하는 듯하다. 하지만 아무도 다른 분야에 대해 모르는 것 같다.

"넓은 독자층"이라는 목표는 또한 내가 최근의 재앙에 대해서만 쓸 수 없다는 것도 의미한다. 최근에 이 책을 선택하는 독자는 내가 말하려는 리스크가 재무 리스크라고 생각할 수도 있다. 만일 내가 허리케인 카트리나 발생 직후에 이 책을 썼더라면 그 독자에게는 리스크가 매우 다른 것을 의미할 수도 있었을 것이다. 그러나 리스크는 그런 식으로 선택할 수 있는 것이 아니며, 최상의 방법은 한 가지 범주의 리스크에만 특유한 것이 아니다. 리스크에 대해서 생각한다는 것은 과거의 뉴스뿐만 아니라 아직 일어나지 않은 사건들에 대해 생각하는 것을 의미한다.

마지막으로, 넓은 독자층에게 다가가려면 소수의 전문가 사회를 위한 계량적인 방법론에 대한 난해한 책을 쓰지 말아야 한다. 이 분야에는 이미 뛰어난 자료들이 많기 때문에 나는 이러한 책을 재생산하지 않을 것이다. 다소 기술적인 문제에 대해 약간은 논의하겠지만, 중요한 개념을 소개하기에 충분할 정도로만 할 것이다.

마지막 두 목표인 리스크 관리자들이 비효과적인 방법 사용을 중단하게 하고, 그들이 더 나은 길을 시작하도록 하는 것 또한 문제에 대해 "꼭 필요한 정도로만 기술적인" 접근 방법을 통해 만족될 수 있다. 이 책이 대부분의 리스크 관리자들을 보다 계량적이고 과학적인 리스크 관리의 거장으로 만들어 주지는 못하겠지만 그들이 지금 사용하고 있을 법한 방법들로부터 근본적인 방향 전환을 하도록 납득시키기를 원한다.

이 목표들을 달성하기 위해, 이 책의 나머지 부분은 제목이 시사하는 바에 따라 다음과 같이 나누어진다.

- **1부: 위기에 대한 소개** 이번 장인 1장에서는 문제 및 그 심각성에 대해 소개했다. 2장은 리스크 평가 및 경감을 위한 다양한 접근 방법을 대략적으로 설명하고 리스크 관리자들이 이 영역에서 자신의 회사에 어떤 등급을 부여하는지 논의한다. 3장은 리스크 관리 방법을 어떻게 평가해야 하는지 조사한다.
- **2부: 왜 리스크 관리에 실패하는가** 리스크 관리에 관한 4가지 기본적인 학파學派에 대해 소개한 후, 다양한 리스크 관리 분야의 기본 용어에 있어서 혼란스러운 차이들에 대해 논의한다. 그 후에 유행 중인 방법들 사이에 아직 교정되지 않고 남아 있는 몇 가지 근본적인 오류의 원천에 대해 소개한다. 또한 더 나은 방법을 채택하지 못하도록 하는 몇 가지 그릇된 생각들을 나열한다. 마지막으로, 현재 사용되고 있는 가장 계량적인 방법에조차 존재하고 있는 몇 가지 심각한 문제들을 개략적으로 설명한다.
- **3부: 이를 어떻게 시정할 것인가** 마지막 부분에서는 리스크 관리 방법의 오류의 원천에 대해 앞에서 언급한 각각의 문제를 다루는 방법을 소개한다. 또한 확률에 대해 어떻게 생각해야 하는지 및 과학적 방법 및 측정을 어떻게 리스크 관리에 도입하는지 등 더 나은 방법의 기초가 되는 기본 개념에 대해 논의한다. 마지막으로, 조직 및 정부 내에 더 나은 리

스크 관리를 촉진하고 이에 대해 동기를 부여하는 문화 조성에 관련된 몇 가지 문제들에 대해 얘기할 것이다.

이 책을 통해 보다 쉽게 사용할 수 있는 예를 원하는 사람들을 위하여 웹사이트 www.howtofixriskmgt.com에 표본 스프레드시트를 제공할 것이다. "대략적인 윤곽"을 선호하는 사람들은 기술적인 세부 사항에 매몰되지 않고서도 관련 이슈들에 대한 좋은 아이디어를 얻을 수 있으며, 더 많은 정보를 선호하는 사람들도 특수한 사례의 계산 방법을 구할 수 있을 것이다. 또한 이 웹사이트는 이 책이 출간된 후에 진전된 리스크 정보에 접근할 수 있도록 해 줄 뿐만 아니라 다른 리스크 관리자들과 교류할 수 있는 길도 열어 줄 것이다.

이 책의 내용에 대한 상세한 예, 토론 그룹 및 리스크 관리에 대한 최신 뉴스를 원할 경우, 이 책의 웹사이트 www.howtofixriskmgt.com을 방문하기 바란다.

2

리스크 관리: 과거 및 현재의 상태라고 생각하는 것에 대한 간략한 소개

리스크를 부담하지 않는 사람들은 일반적으로 일 년에 약 두 번의 큰 실수를 하고,
리스크를 부담하는 사람들도 일반적으로 일 년에 약 두 번의 큰 실수를 한다.
– 피터 드러커(Peter Drucker)

리스크 관리는 매우 오래된 아이디어인데, 상대적으로 최근에야 다소 새로운 성격을 띠게 되었다. 모든 아이디어의 역사에는 원하든 원하지 않든 흔히 이 개념에 대한 현재 우리의 사고를 제약하는 특정한 사고방식이 따라 오는데, 리스크 관리도 예외는 아니다. 기관들이 발달하고, 표준이 정해지며, 전문가들이 대거 등장하여 필요 이상으로 생각을 제한하게 한다. 이러한 관례를 모두 무시해 버릴 필요는 없지만, 애초에 이러한 것들이 왜 존재했는지에 대해 알아 둘 필요는 있다.

(800단어 내외로 설명한) 리스크 관리의 전체 역사

조직체의 리스크 관리는 늦어도 어떤 왕이나 지도자가 최초로 성벽을

쌓거나, 안전 동맹을 맺거나, 기근에 대비하여 여분의 식량을 비축하기로 결정한 때부터 존재해 왔다고 말할 수 있다. 당사자 간의 합의에 의한 공식적인 리스크 관리조차도 가장 초기 문명의 특징인 듯하다. 고대 바빌론 시대 이후, 무역업자들은 구매자들이 판매자들에게 물품이 안전하게 도착할 경우에만 이자를 붙여 상환하는 대출을 해 주게 함으로써 원거리 물품 운송 리스크를 관리했다. 바빌론의 한 왕은 함무라비 법전에 강도나 홍수 피해를 입은 사람들에 대한 보상 또는 배상에 대해 기록했다. 바빌론은 또한 은행업이 탄생한 곳이기도 했는데, 이곳의 대여자貸與者들은 채무자를 주의 깊게 선택함으로써 리스크를 관리했다.

그러나 인류 역사의 대부분의 기간 동안에는 기껏해야 리스크 관리 문제의 절반만을 다루고 있었다. 바빌론 시대부터 중세까지의 리스크 관리는 오도된 리스크 경감輕減이었다. 어떤 리스크에 대비할지 선택하는 것은 언제나 직감의 문제였다. 리스크에 대한 보다 체계적인 접근법이 계몽 시대가 시작된 이후의 리스크 관리를 차별화시키는 요소 중 일부였다. 17세기의 확률 이론 및 통계학의 발달이 리스크를 의미 있는 방식으로 계량화할 수 있게 해 주었다. 그러나 새로운 강력한 도구들은 특정 산업에서 특정한 용도에만 채택되어 왔다.

18세기부터 20세기까지의 리스크에 대한 계량적 평가는 보험, 은행, 금융시장 및 대중의 건강을 다루는 특정 정부 기관들에서 그 예를 찾아볼 수 있다그리고 이들에게만 한정되었다. 그 시기의 대부분은 소매업자나 제조회사가 유사한 방법을 사용하여 오퍼레이션, 신상품, 마케팅 캠페인 또는 중요한 인수 합병의 리스크를 평가한다는 생각은 진지하게 고려되지 않았다. 이런 이유로 많은 회사의 임원들은 리스크 관리를 보험이나 금융 포트폴리오 관리로 여겨 왔을 수도 있다오늘날에도 많은 사람들이 여전히 그렇게 생각하고 있다.

1940년대에는 보다 정교한 리스크 평가가 원자력 및 석유 탐사에 적용되어 한층 더 발전되었다. 이는 컴퓨터의 출현 및 계량적인 방법으로 수천 개의 무작위random 시나리오를 생성할 수 있는 능력에 의해 촉진되었다. 그러나 20세기 말까지도, 리스크 관리는 거의 모든 기관의 시야에 들어오지 않았다.

내가 이번 장의 첫 번째 문장에서 리스크 관리의 "새로운 성격"이라고 한 것은 공식적인 리스크 관리 방법을 채택하라는 새로운 일련의 압력과 다양한 표준 설정 기관 및 회사들에 의해 개발된 많은 솔루션들을 의미한다. 실망스러운 신기술 투자 결과, 글로벌 시장에서의 오퍼레이션, 9·11 테러 및 일반적인 경기 부진 등이 이사회와 경영진에게 리스크를 관리하도록 압박했다. 또한, 그들에게 리스크를 관리할 더 많은 인센티브가 필요하기라도 했다는 듯이 새로운 규제의 물결이 추가적인 압력을 가했다. 사베인-옥슬리법은 유가증권거래위원회SEC 설립 이후 가장 중요한 기업 개혁 조치이다. 바젤Ⅱ 협약은 은행업에서의 리스크 관리에 대한 새로운 국제 표준 및 요건들을 정했다. 미국 정부는 부시 행정부의 행정개혁추진계획President's Management Agenda: PMA에서 모든 주요 정부 프로그램의 리스크 분석에 대한 광범한 요건들을 발표했다. 이 기준들의 법적 의무에 직접적인 영향을 받지 않는 회사들조차 "리스크 문화"에 대해 새롭게 인식하게 되었다.

이에 대응하여, 일부 주요 컨설팅 회사와 국제 표준 설정 기관들은 다양한 "공식적인 방법들"을 들고 나왔다. 많은 회사들은 자신의 방법론을 만들기로 결정하였다. 2008/9년의 금융 위기와 그 이전의 많은 위기들에 비춰 보니, 금융 분야에 사용된 가장 잘 확립되고 "보다 정교한" 리스크 관리 방법에도 결함이 있는 것으로 드러나게 되었다.

또한 가장 많이 사용되고 있고, 보다 새로운 방법이라 해서 반드시 과학적 정밀 조사를 거치고 역사적으로 검증된 이전의 방법들을 토대로 개발된 것은 아니다. 그것은 골드러시 시기 동안 미국 서부에서 멋진 외관을 재빨리 세워 놓고는 건물의 나머지 부분의 구조적인 질에 대해서는 그다지 주의를 기울이지 않은 급속한 탄광촌 건설과 같았다. 그렇게 해 놓고서는 누구나 자신이 리스크 관리 전문가라는 간판을 내걸 수 있다.

이제 이처럼 급속히 확장하고 있는 리스크 관리 솔루션의 "서부 황야" 지대에 대해 자세히 살펴보기로 하자. 상황이 빠르게 변하고 있어서, 이 설명도 아마 머지않아 불충분하게 될 것이다. 현재로서는 리스크 관리가 현대의 조직에 어떻게 채용되었는지와 사용되는 리스크 평가 방법, 그리고 사용되는 리스크 경감 형태에 대해 조사해 볼 수 있다.

리스크 평가 방법

외주 문제에 대해 일부 제약회사들이 사용한 것과 같은 가중 스코어 리스크 평가 방법은 리스크를 평가하는데 사용되는 많은 방법들 중 하나에 지나지 않는다. 이 책을 고른 독자들 중 일부는 내가 현대 포트폴리오 이론, VaRvalue at risk, 또는 옵션option 이론과 같은 개념에 대해 말할 것으로 생각했을 것이다. IT 보안이나 일부 전략 기획가들이 사용하는 "리스크 지도risk map"에 대해 말할 것으로 생각하고서 이 책을 구입한 독자들도 있을 것이다. 위에서 말한 어느 것에도 연결시키지 않고 리스크 관리에 대해 생각하는 사람들도 있을 것이다. 그러나 나는 그 어느 것도 배제하지 않을 것이다.

나는 이 모두를 서로에게 소개시켜 줄 요량으로 이 책을 쓰고 있다. 당신은 이러한 다른 접근방법이 있다는 것을 몰랐을 수도 있고, 또는 알기는 하지만 그 방법들이 바보 같다고 생각했을 수도 있다. 또는 다른 방법들이, 그 자체의 세계에서는 타당하지만 당신에게는 전혀 적용되지 않는다고 믿을 수도 있다. 그러나 거의 모든 사람들이 자신의 방법과는 완전히 다른 리스크 관리 학파로부터 무언가 배울 점은 있다.

아래의 방법들은 기업체 및 정부에서 실제로 사용되는 거의 모든 리스크 분석 방법을 구성하고 있다. 이 방법들은 모두 내가 나중에 얘기하려는 바와 같이 뭔가 중요한 면에서 흠이 있으며, 대부분은 점성술보다 나을 게 없다. 리스크는 적절하게 분석되지 않으면 적절하게 관리될 수도 없다.

이 중에 리스크 분석 또는 리스크 관리 이외의 영역에 사용되는 방법들도 있지만, 이 방법들이 리스크에 관한 문제에 적용되고 있기 때문에, 나는 이 방법들을 리스크의 맥락에서 평가한다는 점을 주의하기 바란다. 또한, 아래에 기술하는 일부 항목들은 상호 배타적이지 않으며, 컨설팅 회사와 표준 설정 기관들이 제안하는 많은 리스크 관리 솔루션들은 다소간 이 방법들을 결합했다는 점도 명심하기 바란다. 그러나 아래의 모든 방법들은 누군가에 의해 사용되고 있으며, 그 중에는 자신의 솔루션이 유일한 해법이라고 맹신하는 열정적인 추종자들을 두고 있는 방법도 있다. 또한 내가 알기로는 이 방법들 모두에 대해 동일하게 열성적으로 비난하는 사람들도 있다.

다음은 몇 가지 리스크 관리 방법들이다.

- **전문가의 직관** 이는 리스크 관리 방법에 대한 일종의 기준선으로서, 어느 구조화된structured 등급이나 평가 시스템에도 얽매이지 않는 순수한 직감이다. 스코어, 확률, 척도scale, 심지어 표준화된 범주도 없다. 다른 방법들이 조금이라도 가치가 있으려면, 그 방법들이 직감보다 개선된 방법임을 측정 가능한 방식으로 보여주어야 한다.
- **전문가의 감사**audit 이는 직관 위에 세워지지만 보다 체계적이다. 대개 회사 외부의 전문가들이 종합적인 체크 리스트check list를 개발하려고 하는데, 아래에서 설명하는 공식적인 스코어 부여 또는 계층화를 사용할 수도 있고 사용하지 않을 수도 있다.
- **간단한 계층화**stratification **방법** 이 방법은 여러 위험한 영역에 대한 "초록–노랑–빨강" 또는 "높음–중간–낮음"의 등급 척도rating scale를 사용한다. 이 용어들이 발생 가능성likelihood 및 영향consequence에 독립적으로 사용되어 2차원 지도 위에 배열될 수도 있다. 이 지도는 때로는 온도 지도heat map, 빨강이 가장 뜨거운 영역임로 불리며, 리스크 매트릭스risk matrix, 리스크 지도risk map 등으로 불리기도 한다. 때로는 스코어 척도예컨대, 1–5까지의 척도에서는 5가 최고 스코어임를 사용하여 확률 및 영향을 평가하여 그 값을 곱한 다음, 특정 "리스크 스코어risk score"를 구하기도 한다말로 설명하는 범주 및 숫자로 된 스코어 모두에 대한 리스크 지도에 대한 예로는 보기 2.1을 참조하기 바란다.

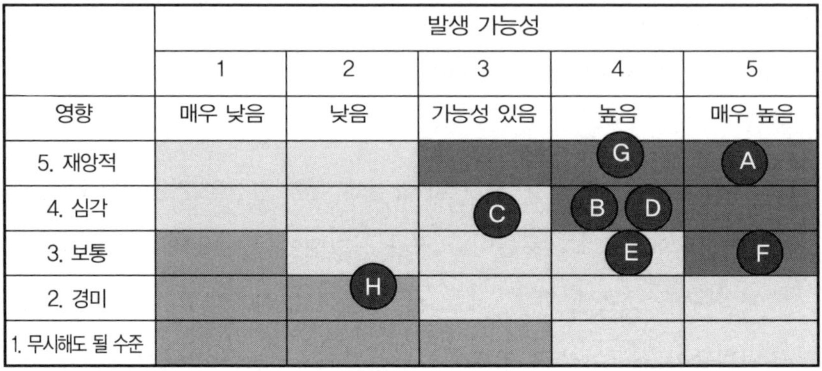

[보기 2.1]

이것이 효과가 있는가? 숫자 또는 구두 척도를 이용한 리스크 지도의 한 버전

- **가중 스코어**weighted score 수십 개의 "리스크 지표risk indicator"의 크기에 "가중치"를 곱해서 이를 합산한 후 "가중 리스크 스코어"를 구할 수 있는 보다 정교한 스코어링 방법들도 있다.
- **전통적인 재무 분석**즉, 확률을 사용하지 않는 분석 때로는 전통적인 재무 분석 도구의 테두리 안에서 리스크 분석을 수행하려는 시도도 있다. 예를 들어, 위험한 투자의 보다 낮은 가치를 반영하기 위해 "할인율"을 이용하여 미래의 현금 흐름을 조정한다. 다양한 의사 결정의 비용 및 효용에 "최상의 경우"와 "최악의 경우"를 상정해 볼 수도 있다.
- **선호도 계산법**Calculus of preference 다중 속성 효용이론multi-attribute utility theory: MAUT, 다중 기준 의사 결정multiple-criteria decision making: MCDM, 분석적 계층 프로세스analytic hierarchy process: AHP 등과 같은 방법들은 가중 스코어보다 구조화되었지만, 궁극적으로는 여전히 전문가의 판단에 의존한다. AHP의 경우, 보다 정교한 방법을 사용하여 전문가의 판단이 최소한

내적으로 일관성이 있는지 결정한다. 이제까지 열거된 다른 방법들과 마찬가지로, 이 방법들은 엄격히 말하면 리스크 평가가 아닐 수도 있는 여러 의사 결정 분석에 사용되어 왔다. 그러나 리스크에 따라서는 특정 의사 결정을 평가하는데 이 방법들을 사용하고 있기 때문에, 이 방법들을 이곳에 포함시켰다.

- **확률적 모델들** 가장 정교한 리스크 분석가들은 궁극적으로는 다양한 손실 확률 및 손실 규모가 수학적으로 계산되는 일정 형태의 확률적 모델을 사용하게 되어 있다. 이 방법은 보험 산업 및 금융 산업의 리스크 분석 모델을 만드는 기초이다. 이 자체에도 결함이 있지만, 뉴턴Newton이 아인슈타인Einstein의 출발점이었던 것처럼, 이 방법은 지속적인 개선을 위한 최상의 기회이다. 이 방법도 다른 방법들처럼 주관적인 입력 정보input를 사용할 수도 있지만, 이 방법은 과거의 데이터나 경험적 측정 결과를 받아들이는 데에도 적합하다. 금융 및 보험에서 사용되는 계량적인 방법뿐 아니라 엔지니어링에 사용되는 "확률적 리스크 분석"도 이에 포함된다. 이 방법은 이 목록에 있는 하나의 범주에 지나지 않지만, 그 자체가 충분한 내용을 갖고 있어서 이를 훨씬 더 상세하게 분류할 수도 있다.

만일 이러한 방법들이 회사 응접실에 있는 예술 작품을 평가하거나 회사의 소풍을 어디로 갈지를 결정하는 수준에서만 사용된다면, 이 평가의 절박함은 그리 높지 않을 것이다. 그러나 이미 지적한 바와 같이, 이 방법들은 회사 및 정부의 가장 크고 위험한 많은 의사 결정에 사용되고 있다. 다행히, 이들 방법 중 일부는 "즉흥적으로 하는" 기본적인 상태에 비해 의미 있는 개선을 보여 줄 수 있는 접근 방법을 만들어 내도록 수정할 수 있다. 그렇지 않은 다른 방법들은 완전히 버려져야 한다.

리스크 경감

리스크를 경감한다는 것은 리스크를 누그러뜨리거나 완화한다, 즉 어떻게든 이를 줄인다는 뜻이다. 보다 큰 기회를 위해 일부러 보다 큰 리스크를 수용할 수도 있지만, 이러한 경우에도 의사 결정자들은 필요 이상의 리스크를 받아들이는 것은 원하지 않을 것이다. 리스크 관리자들은 보편적으로 특정 리스크를 관리함에 있어서 아래의 4가지 기본적인 대안 중 하나를 생각한다.

1. **회피**avoid 특정 종류의 익스포져를 만들어 내는 행동을 취하지 않기로 결정할 수 있다. 합병, 신기술 투자, 열등한 등급의 주택 담보 대출sub-prime mortgage 시장 등을 피할 수 있다. 이 대안을 선택할 경우 사실상 해당 특정 리스크는 없애지만, 다른 분야에서의 리스크를 증가시킬 수도 있다예를 들어, 연구개발 투자 리스크를 떠안지 않아서 회사의 경쟁력을 약화시킬 수도 있다.
2. **축소**reduce 관리자는 어느 정도의 리스크가 있는 투자나 특정 활동을 수행하지만, 리스크를 완화할 수 있는 조치를 취한다. 관리자는 새로운 화학 공장에 투자하지만, 주요 안전 리스크를 다루기 위해 보다 나은 화재 안전 시스템을 실행하기로 결정할 수 있다.
3. **전가**transfer 관리자는 리스크를 다른 사람에게 넘겨줄 수 있다. 보험은 이에 대한 가장 좋은 예이다. 관리자는 해당 사건의 리스크를 줄이기

위한 다른 조치들을 취하지 않고서도 보험에 가입할 수 있다 예컨대 고성능 화재 예방 시스템에 투자하는 대신 화재 보험에 가입하기. 또한 리스크는 계약에 의해 고객이나 다른 이해관계자들에게 전가轉嫁될 수도 있다 예. "고객은 회사가 …에 대해 책임을 지지 않기로 동의한다"라고 명시하는 계약.

4. **보유** retain 이는 모든 리스크 관리의 기본적인 대안이다. 리스크를 있는 그대로 받아들인다.

나를 포함한 많은 리스크 관리자들은 위의 항목들 사이의 경계가 다소 모호하다는 점을 알고 있다. 리스크 전가는 리스크를 전가해서 없애는 사람에게는 리스크 축소 또는 회피이다. 리스크 축소는 실상은 보다 범위가 넓은 리스크의 구성 요소인 특정 리스크에 대한 회피이다. 일부 리스크가 다른 리스크와 상쇄되어 없어지는 투자의 포트폴리오에서는 특정 리스크 보유조차도 전체적으로 총 리스크 total risk의 축소를 가져 올 수도 있다. 결국, 리스크 관리의 궁극적인 목표는 리스크 전가나 회피 또는 특정 리스크의 축소를 통해 일정한 예상 수익 하에서 회사에 대한 총 리스크를 축소시키는 것이 되어야 한다. 총 리스크가 그대로 보유된다면, 리스크를 전혀 관리하지 않는 것과 같다.

하비 HAVI 그룹의 리스크 여과기 Filters

Y. S. Kong은 40여 개국에 사업장을 둔 주요 유통 서비스 회사들의 컨소시엄인 일리노이 주州 소재 하비 그룹의 회계 관리자이자 최고 전략 수립가이다. Kong은 리스크 관리 활동을 자신이 리스크 여과기 risk filters라고 부르는 특수한 리스크 경감 조치에 의해 분류하는 것을 선호

한다. Kong은 "우리에게는 전가, 오퍼레이션, 보험 및 보유라는 4개의 순차적인 '리스크 여과기' 가 있습니다"라고 설명한다. 가장 선호되는 것은 계약을 통해 리스크를 고객이나 공급업자들에게 전가시키는 것이다. 두 번째 여과기인 오퍼레이션은 보다 나은 시스템, 절차, 역할 등을 통해 리스크를 다루는 것이다. 세 번째 여과기는 리스크에 보험을 드는 것이다기술적으로는 이 또한 리스크를 전가시키는 것이다. 마지막으로, 리스크 보유는 여과기라기보다는 리스크가 걸러내 지지 않을 경우 회사 안에 남아 있게 되는 것을 의미한다. 그럴 경우에도 Kong은 회계 관리자로서 마지막까지 남아 있는 이러한 리스크들을 흡수할 수 있는 적절한 자산 포지션을 확보할 책임을 지고 있다.

하비 그룹의 회계 관리자는 자신이 리스크 여과기위의 상자를 보라라고 부르는 특정 행동 지향적인 용어를 선호한다. 나는 아래의 목록에서 그의 목록에 몇 가지 항목을 추가하고 가급적 일반화하기 위해 이들 각각을 확장한다. 하비의 리스크 여과기와는 달리, 이 목록의 순서는 미리 정해진 우선순위가 있음을 시사하지 않는다.

다음은 리스크 경감에 대한 목록이다그러나 모든 리스크 경감 방법을 나열한 것은 아니다.

- **주요 익스포져에 대한 선택 프로세스** 이는 새로운 잠재적 손실의 원천을 만들어 내는 의사 결정에 대해 분석하여, 떠안으려 하는 리스크가 기대 수익에 의해 정당화되게 하는 것이다. 예를 들면 다음과 같다.
  - 주요 테크놀로지 투자, 신상품 등에 대한 리스크/수익 분석

▫ 은행의 대출 대상 선정, 은행 이외의 회사들의 받을 어음 선정

- **보험** 이에는 여러 범주가 있지만, 여기에서는 일반적인 여러 유형 중 몇 개만을 나열한다.
    - ▫ 화재 보험, 홍수 보험 등 특정 재산이나 기타 자산 손실에 대한 보험
    - ▫ 제품 책임 보험 등 다양한 책임 보험
    - ▫ 해상 보험 또는 통신 위성 발사 등과 같은 특정 무역 또는 상품 운송 보험
    - ▫ 핵심 책임자에 대한 사망 보험
    - ▫ 특정 지역에 집중될 수 있는 리스크를 인수할 때 일반적으로 보험회사들이 가입하는 재보험플로리다의 허리케인 보험, 캘리포니아의 지진 보험 등
- **계약에 의한 리스크 전가** 공급자, 고객, 직원, 파트너 및 기타 이해관계자들과의 계약에 "X는 회사가 Y에 대해 책임이 없음을 인정한다"는 식의 다양한 조항을 포함하도록 한다.
- **운영상의 리스크 축소** 이에는 아래의 항목 등과 같이 회사가 경영진의 조치를 통해 리스크를 축소시키기 위해 내부적으로 취할 수 있는 모든 사항이 포함된다.
    - ▫ 안전 절차
    - ▫ 연수
    - ▫ 보안 절차 및 시스템
    - ▫ 비상사태 대응 계획
    - ▫ 복수의 IT 오퍼레이션 사이트, 새로운 보안 시스템 등 여분 및/또는 고도로 신뢰할 수 있는 프로세스에의 투자
    - ▫ 특정 리스크 유형에 대한 명확한 책임 및 권한을 정하는 조직 구조

또는 역할교대 근무 안전 담당 책임자, 최고 정보 보안 책임자 등

- **유동성이 있는 자산 포지션** 이는 리스크를 보유하면서도 유동성이 있는 준비금즉, 현금이나 특정 재고 자산 등을 이용하여 다소의 영향을 흡수하여 손실이 회사에 치명적이지 않도록 하려는 방법이다.
- **컴플라이언스 교정** 이는 위에서 언급한 항목들의 어떠한 조합과도 관련이 있을 수 있기 때문에 그 자체로는 리스크 경감 수단이라 하기가 무색하다. 그러나 이는 많은 현행 리스크 경감 수단의 핵심 동인driver이기 때문에 언급할 가치가 있다. 이는 부분적으로는 점증하는 규제상의 요건에 세심한 주의를 기울이는 문제이다.
- **법률적 구조** 이는 회사를 설립함으로써 소유주들의 책임을 제한하는 고전적인 사례이다. 그러나 이미 기존의 회사들도 자회사로 별도 법인을 설립하여 다양한 리스크에 칸막이를 치거나, 완전히 독립적인 분사로 법적 책임으로부터 보다 효과적으로 단절시킴으로써 리스크를 한층 더 경감시킬 수 있다.
- **행동주의**activism 이는 상대적으로 소수의 회사에만 해당하기 때문에 가장 드문 리스크 경감 형태이겠지만, 그럼에도 중요한 리스크 경감 수단이다. 새로운 입법을 옹호함으로써 특정 산업에서 회사들의 책임을 제한하려는 노력이 성공을 거두어 왔다. 증권회사에 대한 손해 배상을 제한하는 1995년의 비상장 증권회사 소송 개혁법, FDA가 승인한 약품의 제품 책임을 제한하는 미시간 주의 1996년 'FDA 방어" 법, 데이터 이동 통로를 제공하는 회사에 대해 해당 데이터의 원천에 의해 야기된 손해 배상 책임을 제한하는 1998년의 디지털 밀레니엄 저작권법Digital Millennium Copyright Act들은 이에 대한 사례들이다.

언제나 그렇듯이 자세한 정보에 기초한informed 리스크 경감은 식별identification 및 리스크에 대한 몇 가지 유형의 평가로부터 시작된다. 리스크 관리자가 무엇이 리스크인지 알게 되면, 어떤 방식으로든 이를 다루기 위한 조치를 취할 수 있다. 극단적으로 명백한 일부 리스크들은 그다지 큰 평가 노력 없이도예컨대, 백업 및 복구 설비가 없는 데이터 센터에서 완전한 백업 및 복구 설비를 운영하기, 주요 보석상에 보안 시스템 설치하기 등 이를 관리할 수 있다고 생각할 수도 있다. 그러나 대부분의 경우 수많은 리스크들이 있는데, 이들 각자에 대해 복수의 리스크 경감 전략들이 있으나 사용할 수 있는 자원은 제한되어 있다. 우리는 최초의 리스크뿐만 아니라, 다양한 수단들이 취해진 뒤에 이 리스크들이 얼마나 많이 변할지에 대해서도 평가해야 한다. 그다음에는 선택된 리스크 경감 조치들에 대해 동일한 방식으로 모니터해서 리스크 관리 사이클이 다시 시작될 수 있다보기 2.2를 참조하기 바란다. 리스크에 대한

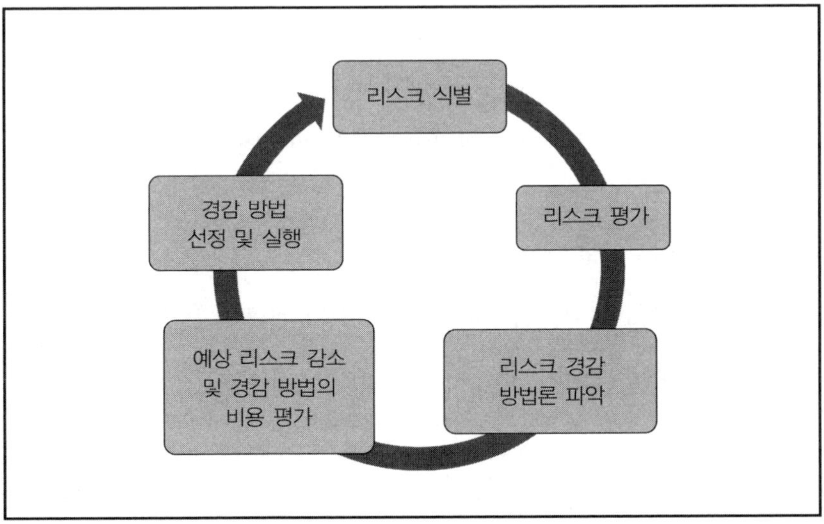

[보기 2.2]
(단순화한) 리스크 관리 사이클

평가는 리스크 경감 방법의 선택에 앞서, 또한 이의 일환으로 나타남을 주목하기 바란다.

조사 결과로 본 리스크 관리 실태

일부 벤더vendor나 컨설팅 회사의 주장과는 달리, 리스크 평가 방법이나 리스크 경감 방법 중 어느 것도 수십 년 동안 별로 발전하지 않았다. 어떤 방법들은 새로운 것처럼 보이지만, 그저 오랫동안 존재해 왔던 기본적인 도구tool들을 재포장한 것에 지나지 않는다. 최근에서야 보다 자주 사용되는 일부 방법들에 관해서도 약간의 예외를 제외한다면, 그 근저根底를 이루는 방법들은 해당 회사보다 더 오래된 경우도 있을 수 있다. 변화된 것은, 그리고 계속해서 빠르게 변하고 있는 것은, 회사 내에서 리스크 관리의 역할이다.

어떤 리스크 평가나 리스크 경감 전략이 사용되는지는 흔히 리스크 관리가 조직의 어느 곳에 위치하느냐에 좌우된다. 일부 회사에서는 리스크 관리가 재무부서나 때로는 심지어 법무부서나 인사 부서의 일부인 경우도 있다. 회사 내 리스크 관리부서의 지위는 해당 회사가 리스크 경감이 무엇을 의미한다고 생각하는지를 말해 주며, 사용되는 방법도 이러한 가정에 의해 제약을 받는다. 리스크 관리자의 영향력 수준도 리스크 관리자의 권고사항이 회사에서 어떻게 이용되는지 또는 실제로 이용되는지를 결정한다.

리스크 관리의 역할이 어떻게 변하고 있는지를 가늠하기 위해, 몇몇 회사들이 리스크 관리에 대한 정규적인 조사를 실시하고 있다. 2007

년에 실시한 이러한 조사들 중 3대 주요 원천에는 잘 알려진 비즈니스 정기 간행물 중 하나와 리스크 관리에 특화된 2개의 주요 회사들이 포함되어 있다.

1. 보험 브로커 및 리스크 관리 회사인 아온 코퍼레이션Aon Corporation은 연간 매출액이 십억 달러를 넘는 29개국의 320개 회사를 조사했다.[4] 아온은 또한 전사적 리스크 관리ERM를 담당하는 103명의 리스크 관리자 또는 임원들도 조사했다. 아온은 ERM을 "전형적인 리스크 관리의 초점을 넓혀서 회사의 운영에 포괄적인 관점을 취하는" 비즈니스 접근법이라고 묘사한다.[5]
2. 리스크 관리 컨설팅 회사인 프로티비티Protiviti는 150명의 최고위급 임원들CEO, CFO 등을 대상으로 조사를 수행했는데, 그 중 절반은 포춘Fortune 1,000 기업 출신이었고, 모두 포춘 2,000 기업 출신이었다.[6]
3. 이코노미스트 정보 부문The Economist 지紙의 리서치 부서, EUI은 대부분 최고위급인 218명의 임원에 대한 국제적 조사를 수행했다.[7]

물론, 이 조사들은 서로 다른 용어들을 사용했고, 리스크의 범주도 다르게 나누어졌으며 참여 기관들의 표본도 똑같은 것은 아니어서 결과에는 다소 차이가 있을 것이다. 그럼에도 불구하고 다소 흥미로운 일관성이 있다. 이 4개의 조사아온의 조사는 2개임로부터 알 수 있는 몇 가지 요점을 아래에 요약한다.

• 리스크 관리 부서에 의해 다루어지는 주요 위협은 조사마다 다르다. 그

러나 많은 기업들이 리스크 관리 부서를 두는 이유는 그렇게 하라고 요구되고 있기 때문이라고 응답했다.

- 가장 높은 순위를 차지한 리스크는 조사마다 달랐다아온: 평판 손상, 이코노미스트 지: 인적 자본 리스크, 프로티비티: 경쟁자 리스크.
- 최고 순위 리스크의 순서는 상당히 달랐지만, 평판 손실 리스크, 규제 환경, 시장의 변동성 및 인적 자본이 모든 조사에서 높은 우선순위를 지닌 리스크로 평가됐다.
- 규제 리스크는 어느 조사에서도 최고 순위의 리스크라고 응답되지 않았지만, 평균적으로는 가장 높은 순위의 리스크인 듯하다. 아온의 연구에서는 규제 리스크가 주요 리스크 중 6위에 그쳤다. 그런데 보다 나은 리스크 분석 방법을 채택하고 리스크에 대한 전사적 관점을 채용했을 때에는 그러나 아직 손실 예방 조치를 취하기 전의 시점에서는 규제 의무 준수가 리스크 관리의 두 번째로 높은 우선순위임을 보여 준다.

• 리스크 관리는 이미 보편화되었으며, 용도, 다루어지는 리스크, 조직 내 리스크 관리부서의 위상 및 권한이 점차 증대되고 있다.

- 많은 기관들이 공식적인 리스크 관리 프로세스라고 믿고 있는 바를 시행하고 있으며, 그 수는 점점 증가하고 있다. 아온의 연구는 응답한 회사 중 90%가 리스크 관리 담당 부서를 두고 있음을 보여 준다. 이 비율은 미국과 유럽에서는 다소 높지만 아시아에서는 68%에 지나지 않는다.
- 점점 더 많은 조직들이 최고 리스크 책임자chief risk officer: CRO와 같은 리스크 관리 전담 임원을 임명하고 있지만, 그 정도에 대해서는 일치하지 않는다. EUI 보고서에서는 60%의 응답자가 CRO를 두고 있거

나 그럴 계획이라고 응답한 반면, 아온 보고서에서는 35%만이 CRO를 두고 있거나 그럴 계획이라고 응답했다. 또한 아온 보고서는 보험, 은행, 투자 금융 및 전기 · 수도 · 가스에서만 대부분의 기관들이 CRO를 두고 있으나, CRO의 역할은 "이들 부문 이외의 분야에서도 서서히 입지를 넓혀 가고 있다"고 한다.

◦ 아온의 ERM 조사에 따르면 50%의 회사가 현재 ERM 부서를 두고 있으며 추가적으로 19%가 이러한 부서를 둘 계획이다.

◦ 리스크 관리 부서는 이사회에까지 닿아 있다. 아온 보고서는 이사회가 리스크 관리에 관여하는지 여부에 대해서도 조사했다. 이 보고서에 따르면 조사 대상 회사의 88%는 이사회가 "리스크 관리 이슈들에 대한 검토에 관여한다"고 답했으며, 78%는 이사회가 "리스크 감독에 관한 방침을 정했다"고 했다. 자산 규모 250억 달러를 초과하는 회사들 중에서는 52%가 그들의 이사회가 "체계적으로 참여한다"고 답했다.

• 리스크 관리 기법을 사용하는 기업들 중 다수가 이를 잘하고 있다고 믿고 있으며, 그렇게 믿는 비율도 증가하고 있다.

◦ 3개의 조사 중 2개는 응답자들에게 자신의 조직이 리스크를 얼마나 효과적으로 관리한다고 생각하는지 물었다. 프로티비티 조사는 약 절반이 리스크 관리에 "매우 효과적"이라고 응답했으며, "리스크 관리의 유효성이 해마다 개선된다는 점을 분명히 인식"하고 있음을 보여 주고 있다. 이코노미스트 지는 약 절반이 자신들은 다양한 리스크 관리 범주에 있어서 효과적이거나 매우 효과적이라는 등급을 부여하고 있음을 발견할 수 있었다.

◦ 프로티비티 조사에서는, 포춘 1,000 기업의 57%가 "가능한 최대로" 리스크를 계량화한다고 답했는데, 이는 2006년의 41%에 비해 증가한 것이다.
◦ 아온 조사에서 파악된 상위 10개 리스크 중 8개에 대해, 대다수의 기업들은 이 리스크를 "관리할 준비가 되어 있다"고 생각했다.

요약하자면, 때로는 규제 상의 필요에 의해 자극을 받기는 하지만, 대부분의 회사들은 리스크 관리를 채택하고 있거나 채택할 계획이며, 자신들은 이 영역에서 상대적으로 성공적이라고 생각하고 있다. 확실히, 그들의 회사에 리스크 관리와 관련된 역할, 기능 및 프로세스들을 만드는데 많은 시간과 노력이 소요되었다. 그리고 현재 리스크 관리의 외견상의 위상에 비추어 볼 때, 리스크 관리 부서의 권고사항이 회사의 주요 의사 결정에 영향을 주고 있는 듯하다.

이코노미스트 지의 보고서는 리스크 관리의 유효성에 대한 자체 평가 self-assessment로부터 가장 큰 확신을 도출하는 듯하다. 그들은 이 조사 결과는 리스크 관리가 "시장 우위에 대한 핵심 기여자"가 되었다고까지 말한다. 이는 확실히 리스크 관리 업계가 성장하고 있다고 떠벌이고 있는 것과도 일치한다.

그러나 이코노미스트 지의 이러한 주장은 실제로 발견되는 현상들로써 뒷받침되는 것 같지 않다. 리스크 관리가 "시장 우위에 대한 핵심 기여자"였음을 보여 주기 위해서는, 리스크 관리 방법의 사용과 주주 수익률, 시장 점유율 등의 외부 성과 척도 사이의 관련성을 보여 주는 데이터가 있어야 한다. 이코노미스트 지의 보고서는 그러한 데이터를 보여 주려는 시도를 전혀 하지 않고 있으며, 다른 보고서들도 마찬가지이다. 반면에 아온과 프로티비티는 그들의 보고서에서 훨씬 더 조심스러운 태도를 보인다. 그들은 아무도 이 조사 결과들이 리스크 관리가 진정으로 회사의 성과 측정 결과에 기여했다는 증거라고 주장하지 않는다. 프로티비티는 유효성에 대한 결과는 단지 자체 평가임을 분명히 밝히고 있다. 아온은 자체 평가에 대해 전혀 묻지 않으며, 회사들이 실제로 하고 있는 것들만을 묻는다.

자체 평가가 정직한지 여부보다 더 큰 문제가 있다. 리스크 관리가 "성공적"인지에 대해 알려면 회사가 성공 여부를 측정할 수 있어야 한다. 이는 기업들이 규제상의 요건을 충족시키는지 질문하는 것과는 다름에도 불구하고, 나는 어떤 회사가 자신의 리스크 관리가 성공적이라고 말할 때 바로 이것을 의미한다고 확신한다. 물론 규정을 준수하는 것도 중요하지만, 우리가 필요로 하는 성공에 대한 측정은 리스크가 실제로 축소되었는지, 또는 최소한 리스크 관리 노력을 통해 최소화되었는지 여부이다.

감독 규정은 때로는 리스크 관리 방법에 관해 모호할 때도 있으며, 어떤 규정도 계량적인 리스크 감소 수단에 대해 명시적인 정의를 내리지 않는다. 리스크 관리가 측정 가능한 방식으로 리스크를 감소시키지는 않으면서 단지 최소 규제 기준이 충족되었음을 보여 주기만 하는 것이라면, 승인권자로부터 도장을 받는 요식 절차에 지나지 않는다. 투자자, 직원, 고객 및 때때로 일부 회사들을 구제해 줄 필요가 있는 납세자들은 감독 규정 준수를 실제적인 리스크 관리 향상으로 혼동할 수 있다.

3

효과가 있는지 어떻게 아는가?

지도자들은 스스로를 판단하는 기준과 자신들이 기꺼이 이에
판단 받을 용의가 있는 기준들을 높임으로써 앞장을 서고, 그 자리를 고수한다.
–프레드릭 스미스(Fredrick Smith), 페덱스 CEO

"우리의 리스크 관리 노력이 효과가 있음을 어떻게 아는가?"라는 질문은 리스크를 관리하는 모든 사람들에게 있어 가장 지속적인 질문이어야 한다. 이 질문에 답할 수 없다면, 리스크를 관리하려는 노력이 효과가 있다고 믿을 근거가 없으며, 또한 그들이 올바른 리스크에 집중하고 있다고 믿을 근거도 없다. 효과적인가의 여부에 대한 판단 기준은 해당 조직 내의 다른 이해관계자나 외부 감사에 의해 확인 가능한 객관적인 척도여야 한다.

대신에 "귀하는 귀하의 리스크 관리가 성공적이라고 생각하십니까?" 라고 물었다면, 앞 장에서 살펴본 바로는 일반적으로 리스크 관리가 성공적이거나, 최소한 절반은 그렇다고 말할 것이다. 그러므로 왜 자가 진단이 별로 믿을 게 못 되는지, 자가 진단 대신 사용할 수 있는 객관적인

척도에는 무엇이 있는지, 그리고 객관적인 척도를 사용할 경우 발견하게 되는 것은 무엇인지에 대해 살펴보기로 하자.

자가 진단에 대한 평가

널리 사용되는 관리 도구에 무슨 이점이 있는가에 대한 회의론懷疑論은 정당할 뿐만 아니라 관리를 잘하기 위해 요구되는 사항이기도 하다. 그리고 이들 방법의 시행에 대한 자체 평가 결과는 한층 더 의심의 눈초리로 보아야 한다. 그러한 의심은 때로는 테스트되기도 하고, 때로는 확인되기도 한다. 2003년 7월에 하버드 비즈니스 리뷰Harvard Business Review: HBR는 TQM, ERP 등 200개가 넘는 인기 있는 관리 도구들의 유효성을 측정하기 위해 160개의 기관들을 대상으로 한 연구 결과를 발표했다.[8] 다양한 관리 도구 시행 정도에 관한 독립적인 외부 검토가 5년 동안의 주주 수익률과 비교되었다. "진정으로 효과가 있는 것What Really Works"이라는 제목의 논문에서 저자들은 이렇게 서술했다.

> 우리들이 발견한 내용에 매우 놀랐다. 우리가 연구한 대부분의 관리 도구 및 기법들은 우수한 비즈니스 성과와 직접적인 인과 관계가 없었다.

특정 관리 도구가 효과적일 수 있다고 할 경우에도, 자가 진단에 기초를 둔 연구들은 다른 문제를 제기한다. 우리들 중 대부분이 자신에 관해 조금이나마 부풀려진 의견을 지니는 경향이 있다는 것은 놀라운 일이 아니다친구들과 가족들은 나도 예외가 아님을 확인해 줄 것이다. 예를 들어, 스탠포드 대학교 MBA 과정 학생들의 87%는 자신들의 학교 성적을 자기 반에서 상위 50%에 드는 것으로 평가한다.[9] 다른 조사에 의하면 과반수가 훨씬 넘는 사람들이 최소한 인구의 절반보다는 자신이 더 인기가 있고[10], 보다 잘 생겼으며[11], 더 건강하고[12], 더 운전을 잘한다[13]고 생각한다.

코넬 대학교의 심리학자 저스틴 크루거Justin Kruger와 데이비드 더닝David Dunning은 "미숙하면서도 이를 모른다: 자신의 무능을 인식하지 못할 때 자가 진단이 어떻게 부풀려지는가"라는 혹독한 제목을 단 글에서 자가 진단 분야에 관한 그들의 연구를 발표했다. 그들은 전체 모집단의 약 3분의 2는 자신들이 추론 기술, 유머 및 문법 면에서 대부분의 사람들보다 낫다고 생각함을 보여 준다. 내가 방금 언급한 위의 몇 가지 연구들은 경영진에 중점을 두지는 않았지만, 만일 당신이 최고위급 임원들과 훈련된 비즈니스 전문가들은 보다 현실적이며 그들의 확신은 보다 더 정당화된다고 생각한다면, 6장을 읽고 나서 다시 생각해 보라.

리스크 관리에 측정이 관여하는 정도가 유효성에 대한 자가 진단이 현실적인지에 관하여 한 가지 시금석이 될 수 있다. "측정할 수 없는 것은 관리할 수 없다"는 오래된 경영의 격언이 있다이 말은 흔히 W. E. 데밍(Deming)의 말이라고 잘못 알려져 있지만, 그럼에도 불구하고 맞는 말이다. 경영의 거장 피터 드러커Peter Drucker는 측정을 "관리자의 일 중 4번째 기본 요소"로 간주했다. 리스크 관리의 핵심 목표리스크 축소 또는 최소한 주어진 기회에 대한 리스크 최소화는 육안으로는 분명해 보이지 않을 수도 있기 때문에, 오직 사려 깊은 측정만이 이를 탐지해 낼 수 있다. 자신들이 리스크 관리에 있어 "매우 효과적"이라고 말하는 기관들은 리스크를 매우 잘 측정하고 있어야 할 것이다.

그러나 프로티비티와 아온앞 장의 조사를 수행한 두 회사이 조사한 리스크 전문가들에게는 뭔가 앞뒤가 맞지 않는 구석이 있다. 프로티비티의 상무인 짐 드로우치Jim Deloach는 해당 조사의 자가 진단에 대해 회의적이었다. "리스크 관리에 있어서 '매우 효과적' 이라고 말하는 회사의 수는 우리가 예상한 것보다 훨씬 많았습니다." 드로우치는 자신들을 "매우 효과적"이라고 표시한 그룹의 63%는 리스크를 "현재 측정 가능한 최대 수준까지" 계량화한다고 주장하고 있다고 말한다. 그러나 이는 드로우치가 다양한 조직들의 리스크 관리를 조사할 때 직접 관찰한 바와는 다르다. "우리의 경험에 의하면 대부분의 회사들이 리스크를 계량화하지 않고 있습니다…. 저는 그들이 말하고 있는 바와 같이 리스크를 계량화하고 있다고 믿기 어렵습니다."

보험 계리사이자 사상자보험통계협회Casualty Actuarial Society 회원이고 아온 글로벌 리스크 컨설팅의 이사인 크리스토퍼 본Christopher Bohn도 마찬가지로 아온 글로벌 리스크 조사의 결과를 조심스럽게 해석한다. 조사한 모든 회사들의 거의 절반과, 연 매출액이 250억 달러를 넘는 기업들의 절반 이상이 리스크 관리에 있어서 어떤 형태로든 계량적인 분석을 사용한다고 주장했다. 그러나 드로우치의 경우와 마찬가지로, 본이 개인적으로 관찰한 바는 이와 다르다. "대부분의 기관들에 있어서, 그들이 하고 있는 최고 수준은 기껏해야 질적 분석에 지나지 않습니다. 그들은 조사와 워크샵을 하고, 리스크 목록들을 늘어놓습니다. 그들은 빈도 및 영향에 대해, 예를 들어 1에서 5까지의 척도에 따라 값을 매기는 등급 시스템을 보유하고 있습니다." 이는 본과 같은 보험 계리사가 계량적 리스크 분석이라고 여기는 것과는 다르다.

나의 경험도 자가 진단에 대한 조사 결과보다는 드로우치와 본의 개인적 관찰 내용과 일치한다. 나는 많은 관리자들에게 리스크 관리에 관해 강의할 때마다 정의된 리스크 관리 방법론을 가지고 있는 사람은 손을 들어 보라고 요청한다. 그러면 평균적으로 절반쯤은 손을 든다. 그러면 나는 그들이 리스크를 측정할 경우에만 계속 손을 들고 있으라고 말한다. 많은 사람들이 손을 내린다. 나는 그다음에 그들의 리스크 측정에 있어서 확률이 사용될 경우에만 계속 손을 들고 있으라고 요청한다우리가 말한 리스크의 정의에 비추어 볼 때, 이것이 얼마나 필수적인지 주목하기 바란다. 사람들이 추가로 손을 내리고, 한두 명만 남을 수도 있다. 그러면 나는 남은 사람들에게 자신의 확률 및 손실 측정이 통계적 분석이나 보험 계리 과학에 사용되는 방법에 근거하고 있다고 생각할 경우에만 계속 손을 들고 있으라고 말한다. 이 말을 하고 나면 모두 손을 내린다. 내가 제안하는 방법들은 실제성이 떨어지는 것이 아니다. 나는 다양한 문제에 이러한 방법을 사용해 오고 있다그러한 방법이 실제적이지 않다는 근거 없는 통념(通念)에 대해서는 뒤에 더 자세하게 논의할 예정이다.

물론, 리스크 관리 평가를 위해 내가 제안하는 표준이 부당하다고 주장하는 관리자들이 더러 있었으며, 그들은 아직도 자신들의 리스크 관리 프로그램이 성공작이라고 주장할 것이다. 성공의 구체적인 증거가 뭐냐고 물으면, 그들은 현재 사용하고 있는 리스크 관리 방법에 대한 재미있는 방어 논리들을 제시할 것이다. 그러나 이러한 방어 논리들 중에는 특정한 방법이 효과를 발휘하고 있다는 증거가 되지 못하는 것들이 많이 있을 것이다. 나는 이러한 방어 논리들이 보편적이라고 생각하는데, 이는 내가 이런 얘기들을 자주 듣기도 하지만, 많은 것들이 아온, 이코노미스트 지, 프로티비티의 조사에서 리스크 관리의 이점으로 인용되기 때문이기도 하다.

다음은 리스크 관리가 성공적이라는 증거로 주어지는 몇 가지 보편적이지만 타당하지 않은 주장들이다.

- 리스크 관리자들이 질문을 받으면 이 프로세스에 관여하는 다른 이해관계자들이 리스크 관리 노력이 하나의 성공작이라고 한다고 말할 것이다. 그들은 심지어 공식적인 내부 조사를 실시했을 수도 있다. 그러나 앞의 연구들이 보여 주는 바와 같이, 자가 진단은 믿을 수 없다. 더구나 리스크 관리에 대한 독립적이고 객관적인 척도 없이는 성공적이라는 인식은 그저 일종의 위약僞藥 효과에 지나지 않을 수도 있다. 즉, 그들은 단지 자신들이 뭔가를 하고 있다는 사실 그 자체로 인해 자신들의 상황을 괜찮다고 생각할 수도 있다.
- 그 방법의 옹호자들은 그 방법이 "체계적으로 구조화되었다structured"고 언급할 것이다. 하지만 체계적이지만 효과가 없는 것으로 판명된 방법들이 많이 있다예를 들어, 점성술은 체계적으로 짜여졌다.
- "문화의 변화"가 리스크 관리의 주요 이점으로 자주 인용된다. 관리자들이 이를 리스크 관리 노력의 주요 이점 중 하나로 간주하고 있음을 보여 주는 조사 결과가 있기는 하지만, 문화의 변화 그 자체는 리스크 관리의 목표가 아니다. 하지만 어떤 유형의 변화인지가 중요한데, 그 문화가 실제로 리스크를 축소하거나 측정 가능한 방식으로 더 나은 결정으로 이끌지 않는다면, 이는 문제가 있는 것이다.
- 이 방법의 옹호자들은 이 방법이 "합의를 이루는데 도움이 되었다"고

말할 것이다. 그러나 이는 마치 실제로 더 나은 분석 및 리스크 관리가 아니라 합의 자체가 목표이기라도 한 듯이 말하는, 이상하게도 보편적인 응답이다. 참혹한 재앙으로 가는 길로 이끄는 합의 도출은 해당 조직이 그릇된 길로 훨씬 더 빨리 가도록 재촉할 뿐이다.

- 옹호자들은 근저를 이루는 이론들이 수학적으로 입증되었다고 주장할 것이다. 이 방법의 사용자들은 이를 스스로 검증할 수 없기 때문에, 이런 주장은 뱀 장수들이 말하는 의학적 주장보다 나을 것이 없다. 나는 이런 주장이 이용되는 대부분의 경우에, 이렇게 주장하는 사람들이 실제로 수학적 증거를 내놓거나 이를 설명하지 못할 뿐 아니라, 그들에게 이렇게 말해 준 사람도 마찬가지임을 발견했다. 많은 경우에, 그것이 의문을 제기 받지 않은 채 다른 사람에게 전해지고 있는 것 같다. 이 이론의 창시자들이 1997년에 노벨상을 받은 옵션 이론이나 1990년에 노벨상을 받은 현대 포트폴리오 이론과 같이 널리 알려진 이론에 기초한 방법조차도, 수학적으로 건전한 방법이기는 하지만 잘못 적용되는 경우가 아주 흔하다. 또한 이러한 유명한 방법들 자체에 모든 리스크 관리자들이 알아야 하는 중요한 단점들이 있다.
- 이 방법의 벤더들은 위의 논거 중 한두 개에 의지하면서, 다른 기관들에서 이를 구매했다는 사실 자체가 이 방법이 효과가 있다는 증거라고 주장할 것이다. 나는 이를 "추천장 증거"라 부른다. 그러나 이 방법을 앞서서 사용하는 사람들이 위에서 열거한 것보다 나을 것이 없는 기준을 사용하여 이를 평가했다면, 이 추천장은 유효성의 증거가 아니다.
- 최종적이고 가장 필사적인 방어는 다음과 같은 주장이다. "하지만, 어쨌든 우리는 무언가를 하고 있습니다." 마치 그 "무언가"가 상황을 개

선시키거나 악화시키는 게 문제가 되지 않기라도 하다는 듯이, 말하는 것을 너무도 많이 듣는다. 어떤 환자가 귀가 아프다고 호소하는데, 의사가 이 문제를 해결할 수 없게 되자 그 환자의 발을 검사하기 시작한다고 상상해 보라. 그러면서 의사가 자기를 방어하며 "저는 최소한 뭔가를 하고 있습니다"라고 말한다고 가정해 보라.

다소의 예외가 있기는 하지만예컨대, 보험, 일부 금융기관 등, 리스크 관리는 표준화된 자격증 요건이나 엄격한 과학적 검증이나 수학적 증거를 통해 개발된 방법이 있는 직업이 아니다. 따라서, 우리는 앞 장의 조사에 응답한 모든 사람들이 실제로 자신들의 성공 여부를 가늠하는 타당한 기준을 사용했다고 확신할 수 없다. 그러나 리스크 관리자들이 전문 자격증을 보유하고 있다 할지라도, 리스크 관리자들에 대한 조사는 여전히 리스크 관리의 유효성에 대한 타당한 수단은 아니다. 이는 마치 아스피린의 유효성을 임상 실험이 아닌 개업의開業醫에 대한 설문 조사에 의해 측정하는 것과 같은 격이다.

우리에게 필요한 것은 리스크 관리의 성공에 대한 객관적인 척도이다.

리스크 관리의 객관적 평가 가능성

자가 진단이 충분하지 않다면, 리스크 관리에 어떤 객관적인 척도가 가능한가? 근본적으로 리스크 관리의 객관적 척도는 리스크가 실제로 축소되었는지, 얼마나 축소되었는지, 그리고 주어진 수익에 대한 리스크가 수용할 만한지에 기초를 두어야 한다. 이를 위해서는 리스크 관리 방법이 리스크를 적절히 평가하는 방법론을 가져야 한다. 리스크 관리의 유효성을 측정하기 위해서는 리스크 자체를 측정해야 한다.

1장에서 말한 바와 같이 리스크는 특정 사건의 발생 확률 및 그 심각성에 의해 측정될 수 있음을 상기하기 바란다. 둘 중에 심각성은, 사건이 발생한 뒤에 더 명확히 알 수 있다. 가령, 결함이 있는 제품을 리콜recall할 경우, 관련 비용의 많은 부분이 직접적으로 관찰 가능할 것이다. 리콜된 제품의 원래 제조 비용과 유통 비용은 허비된 돈이다. 여기에 광고 캠페인 등 리콜 제품 수거와 관련된 비용도 있다. 평판 손상과 같이 덜 명확한 비용은 이에 따른 시장 점유 손실 비용이나 이를 상쇄하기 위해 들인 마케팅 노력 비용에 의해 추정될 수 있다. 심각성의 측정에도 많은 오류가 있을 수 있지만, 심각성은 확률보다는 훨씬 더 가시적이다.

확률의 측정은 리스크 관리자들을 포함한 많은 사람들에게 어려운 부분이다. 이는 우리가 직접적으로 만지고 느낄 수 있는 것이 아니기 때문이다. 이는 많은 사람들을 혼동하게 하는 추상적인 관념이다. 우리는 특정한 조건 하에서 해당 사건이 얼마나 자주 일어나는지 관찰하는 것과 같이 간접적인 확률 측정치를 사용할 수 있을 뿐이다. 문제가 되는 사건이 너무 흔해서 변화가 짧은 시간 안에 발견될 경우에는 확률을 측정하기가 쉽다. 대규모 소매업자가 좀도둑으로 인한 손실매장당 매월 100번도 더 넘게 일어날 수 있는 사건임 리스크를 줄이고자 할 경우에는, 보안 조치 개선 전의 재고 자산과 이 조치 실행 1개월 후의 재고 자산을 비교해 보면 그 변화를 충분히 감지할 수 있다.

그러나 리스크 관리자는 일반적으로 좀도둑과 같은 고빈도高頻度, 저비용 사건에 관심을 두지 않는다. 리스크에는 비용뿐 아니라 불확실성도 있음을 기억하기 바란다. 시어스Sears나 월마트 같은 소매업자에게는 절도가 흔하다 보니 이는 리스크라기보다 충분히 예견된 비용으로 간주된다. 마찬가지로 60와트 GE 백열등이 품절되거나, 특정 품목에 가격표를 잘못 붙이는 "리스크들"은 리스크 관리자들이 가장 중요하게 여기는 유형의 리스크가 아니다. 가장 큰 리스크들은 드물지만 재앙일 수도 있는 아마도 이 조직에서 아직 발생하지 않았을 수도 있는 사건들인 경향이 있다.

예를 들어, 한 소매업자의 IT 부서에서 POSpoint-of-sales와 재고 관리 시스템의 신뢰성 개선을 위한 프로젝트에 착수했다고 가정해 보자. 만일 이 시스템이 한 시간 이상 작동하지 않을 가능성이 연 20%에서 연 5%로 감소되었다고 할 경우, 단지 첫해의 결과만으로 이를 어떻게 알겠는가? 특정 사건이 발생할 확률은, 해당 사건이 일단 발생하고 난 뒤의 비용처럼 쉽게 관찰할 수 있는 것이 아니다.

다행스럽게도, 리스크 관리의 유효성을 결정하는 몇 가지 방법들이 있다. 다음의 4가지 방법은 관리되는 리스크들이 상당히 드물게 발생하는 경우에도 효과가 있다.

1. 큰 표본에 기초한 통계적 추론: 이는 동일한 프로세스에 대해 이미 발표된 리서치가 없으면 사용하기 어려운 방법이다.
2. 인과 관계에 관한 직접적인 증거: 이를 발견할 수 있으면 좋지만, 그래도 여전히 통계적 검증을 필요로 할 수도 있다.
3. 리스크 관리의 구성 요소 검증component testing: 이는 리스크 관리 방법의 구성 부분들에 대한 기존의 리서치를 사용할 수 있게 해 주는데, 이들

중 일부는 수십 년 동안 철저하게 검증되어 왔다.

4. "완전성completeness 여부 점검": 이는 단순히 특정 리스크 관리 시스템 안에서 평가되는 항목들을 해당 회사에 알려진 리스크 목록들과 비교해 보는 것이다. 이는 리스크 관리가 너무 좁은 영역에 중점을 두고 있는지 결정하는데 도움이 된다.

큰 표본에 기초한 통계적 추론

먼저, 리스크 관리의 유효성을 측정하기 위한 "어려운 방법"에 대해 논의해 보자. 만일 너무 희귀해서 실제 결과로는 결론을 도출하기에 충분하지 않은 사건의 리스크를 줄이려고 할 경우, 리스크 관리는 한 조직의 단기간의 역사를 사용할 수 없다. 리스크 관리의 개선이 다양한 리스크로부터의 손실 감소에 큰 영향을 주고 있다 할지라도, 리스크 관리가 효과를 발휘하고 있다고 확신하기 위해서는 많은 표본이 필요하다. 이는 많은 기업들을 대상으로 장기간에 걸쳐 다양한 경영 기법과 주주 수익률 사이의 상관관계를 파악함으로써 이러한 기법들의 유효성을 평가한 하버드 비즈니스 리뷰HBR의 연구와 유사하다. 리스크 관리가 시장 우위에 대한 핵심 기여자가 되었다는 이코노미스트 지 보고서의 주장을 뒷받침하려면 다양한 HBR 연구가 절실히 필요하다.

앞에서 살펴본 제약사의 외주 사례에 적용해 보자. 제약 회사들이 의약품 임상 실험 시에 이미 익숙해져 있는 방법을 적용한다고 상상해 보라. 중요한 리스크 관리 실험을 위해 거의 모든 주요 건강 관련 제품 회사들이에는 의약품, 의료 기기, 병원 공급 물자 등이 포함된다이 모집되었다고 가정하자. 중국에 외주를 줄 예정인 총 100개의 서로 다른 생산 라인에 사용될 특정한 리스크 관리 방법도 주어졌다고 가정하자. 그리고 또 다른 100개의 생산 라인은 다른 리스크 관리 방법을 사용한다. 5년 동안, 각각의 생산 라인은 새로운 방법을 사용하여 다양한 외주 전략의 리스크를 평가한다. 이 기간 동안 첫 번째 집단은 총 12건의 해외 생산과 관련된 문제에 기인한, 건강에 악영향을 주는 사건을 경험했다. 두 번째 집단은 제조 비용이 크게 증가하지 않으면서 그러한 사건을 4건밖에 경험하지 않았다.

이 경우, 특정 리스크 관리 방법이 다른 방법보다 훨씬 낫다는 점을 보여 주는 상당히 좋은 증거가 될 것이다. 수학적 계산을 해 보면나는 이를 웹사이트 www.howtofixriskmgt.com에서 보여 준다, 사건이 발생할 확률이 사실상 다르지 않을 경우, 이러한 결과가 순전히 우연에 의해 나올 가능성이 별로 없다는 것을 알게 될 것이다. 두 집단에서 불운한 사건을 경험한 회사도 있고, 그렇지 않은 회사도 있다. 따라서 우리는 그들이 경험한 모든 것의 합산치를 살펴야만 리스크 관리 방법의 성과에 관해 무언가를 추론할 수 있다.

표본의 크기가 작으면 아무 것도 말해 주지 못할 수도 있다. 만일 각각의 집단에 겨우 20개씩의 서로 다른 생산 라인이 있는데, 조사 결과 첫 번째 집단에서는 2건의 사건이 있고 두 번째 집단에는 1건이 있다면, 한 방법이 다른 방법보다 낫다고 확신할 수 없을 것이다. 이를 좀 더 확대하여 일화逸話에 기반한 방법론에서와 같이 표본이 겨우 1, 2개에 불과하다면, 우리는 불운한 사건 경험 여부에 관계없이 리스크 관리의 유효성에 대해 실질적으로 아무 것도 알 수 없게 될 것이다. 불운한 사건들이 아주 희귀할 경우, 이에 관한 어떤 결론을 도출하기에 충분한 관찰치를 얻으려면 큰 표본을 필요로 할 것이다. 다행히도, 극히 희귀한 사건들로부터도 추론을 가능하게 해 주는 몇 가지 수학적 방법이 있다리스크 관리자들은 이에 대해 사실상

들어 보지 않았겠지만 말이다. 이에 관해서는 이 책의 3부에서 설명한다.

인과 관계에 관한 직접적인 증거

물론 대규모 실험은 대개 실제적이지 않다. 다행히도, 반드시 대규모의 통제된 실험을 수행하지 않고서도 이 문제에 답할 수 있는 몇 가지 다른 방법들이 있다. 새로운 플라스틱 폭발물 냄새 탐지 장치를 도입한 덕에 서류 가방 안에 든 폭탄을 탐지한 사례와 같이, 리스크 관리를 통해 명백히 재앙이 되었을 사건을 탐지하는 경우가 있다. 또 다른 사례로는 IT 보안 감사가 정교한 횡령 기법을 밝혀내는 경우를 들 수 있다. 이러한 경우, 우리는 특정 기법이나 프로세스가 없었더라면 이러한 리스크가 발견될 그리고 해결될 가능성이 매우 낮았을 것이라는 점을 안다. 마찬가지로, 몇 가지 신중한 리스크 관리 방법이 실행되었다면 명백히 피할 수도 있었던 재앙적 사건들도 있다. 예를 들어, 만일 어느 은행이 부실 대출에 과도하게 노출되어 있었는데, 합리적인 절차가 있어서 그러한 과도한 노출이 허용되지 않았을 경우라면, 그 문제에 대해 리스크 관리 절차또는 그러한 절차 결여를 비난할 수 있다.

그러나 인과 관계에 대한 직접적인 증거는 보기보다 간단하지 않을 수도 있다. 특정 리스크 관리 노력이 하나의 리스크는 피하게 했지만, 탐지하기가 더 어려운 다른 리스크를 악화시킨 경우가 있다. 예를 들어, 미연방 항공국FAA은 현재 2살 미만의 유아乳兒를 대동한 부모에게 성인표 한 장만 구입하면 유아를 안고 탈 수 있도록 허용한다. FAA가 나이에 관계없이 모든 유아에게 좌석표를 구입하도록 요구한다고 가정해 보자. 특정 비행기 추락 사고를 조사해 보니 별도 좌석표를 구입한 모든 유아들이 생존했을 경우, 이것이 새로운 정책으로 리스크가 줄어들었다는 증거가 되는가? 실제로는 그렇지 않다. 어느 특정 유아가 새로운 규칙 때문에 살아남았다는 것이 명백하다고 가정할 경우에도 말이다. FAA가 이미 수행한 연구에 의하면, "안고 타는 아이는 무료"라는 규칙을 바꾸면 여행하는 가족 당 평균 185달러의 총 요금 인상 효과가 발생하고, 이에 따라 이들 중 5분의 1은 비행기를 타는 대신 손수 운전하게 될 것이다. 운전의 교통사고 사망자 비율이 더 높은 점을 고려할 때, 규칙 변경은 이로 인해 생명을 구하게 되는 수보다 생명을 희생하게 하는 수가 더 많아지게 하는 것으로 밝혀졌다. 외견상으로는 인과 관계가 명백해 보이는 경우에도 전체적인 리스크에 대한 독립적인 다른 측정치에 대해 점검할 필요가 있다.

리스크 관리의 구성 요소 테스트

대규모 통제된 실험이나 명백한 인과 관계 사례가 없는 경우에도, 리스크 관리 방법의 타당성을 평가할 수 있는 방법이 있다. 구성 요소 테스트 접근법은 리스크 관리의 기계 "전체"가 아니라 "기어gear"만을 살펴본다. 방법 전체에 대해 과학적으로 테스트해 보지 않는다 해도, 최소한 그 방법의 특정 구성 요소들이 통제된 실험 하에서 어떤 성과를 내는지 살펴볼 수 있다. 데이터가 다른 업종이나 실험실에서 나온 것이라 해도, 여러 개의 원천으로부터 일관적인 결과를 얻게 되면, 해당 사안에 대해 어느 정도의 정보를 얻을 수 있다.

사실, 보다 큰 리스크 관리 방법의 개별적인 구성 요소들 중 상당히 많은 부분이 철저한 테스트를 거쳤다. 특정 요소가 리스크 평가에 오류를 더하거나 전혀 개선시키는 것이 없음을 확실하게 보여 줄 수 있는 경우도 있다. 또 다른 경우에는, 이러한 구성 요소들에 대한 대안들이 강력한 이론적 배경을 갖고 있으며, 객관적이고 과학적인 방법으로 반복적으로 테스트되어 왔음을 보여 줄 수도 있다. 다음은 이에 대한 몇 가지 사례이다.

- 전문가 의견에 의존하여 특정 사건의 발생 가능성을 평가할 경우, 전문가들이 사건의 발생 가능성을 어떻게 평가하는지에 관한 연구 결과에 관심을 가질 수 있을 것이다. 조사 결과는 전문가들은 일관되게 특정한 오류를 저지르지만, 훈련, 인센티브 시스템 및 수학적 조정을 통해서 이를 시정할 수 있음을 보여 준다.
- 다양한 스코어링 또는 등급 분류 방법예컨대 1에서 5까지의 척도나 높음/중간/낮음 등에 의존할 경우, 이러한 방법들이 어떻게 이용되는지와 심지어 선의의 분석자들에 의해 어떻게 오용되는지에 관한 조사 결과를 고려해야 한다.
- 보다 계량적인 모델 및 컴퓨터 시뮬레이션을 사용할 경우, 그러한 모델에 가장 흔하게 알려져 있는 오류들을 주의해야 한다. 또한 해당 모델의 데이터 원천이, 현실적인 예측을 한다고 입증된 실적이 있는 방법에 기초한 것인지의 여부도 점검할 필요가 있다.
- 리스크 평가에 계층 분석 프로세스Analytic Hierarchy Process: AHP, 다중 속성 효용 이론Multi-Attribute Utility Theory과 같은 모델 또는 유사한 의사 결정 분석 시스템을 사용할 경우, 이들 또한 믿을 만한 예측을 한다는 측정 가능한 실적이 있는가라는 동일한 기준을 만족시켜야 한다.

완전성 점검

리스크 관리의 평가에 대해 내가 언급하려는 마지막 요점은 실상은 특정 방법의 타당성에 대한 척도라기보다는, 그 방법이 합리적 범위 내에서 완전한 리스크 목록들에 적용되는지 여부이다. 어느 회사가 리스크 관리를 "전사 리스크 관리"라고 생각한다면, 그 회사는 단지 법률 리스크, 투자 포트폴리오 리스크, 제품 책임, 종업원 안전, 보안 리스크 등만이 아니라, 자신의 주요 리스크를 모두 고려해야 한다. 그러나 이 기준은 가능한 모든 리스크를 식별할 때에만 리스크 관리가 성공할 수 있다고 말하는 것과는 다르다. 가장 신중한 회사들도 고려할 수 없었던 리스크들은 관리 대상에서 제외할 것이다.

그러나 단지 조직의 업무 영역이나 리스크 관리자의 배경이라는 이유만으로, 널리 알려진 리스크들이 관리 대상에서 제외되는 경우가 있다. 회사의 리스크 관리 범위가 법률적 관점 또는 보안 관점의 리스크만 고려하는 방식으로 발전할 경우에는 다수의 중요한 리스크들을 체계적으로 무시하고 있는 것과 같다. 주시注視조차 하지 않는 리스크는 전혀 관리될 수 없다.

앞에서 언급한 조사들과 많은 "공식적인 방법론들"은 고려해야 할 리스크에 대한 상세한 분류법을 만들었는데, 각각의 분류법은 사용자마다 다르다. 그러나 리스크 관리에 있어서 완전성은 정도의 문제이다. 상세한 분류를 사용하면 도움이 되지만, 그렇다고 관련 있는 리스크들의 식별이 보장되지는 않는다.

리스크 관리자는 언제나 고려되는 리스크 목록이 아무리 광범위하다 할지라도 완전하지 않다고 가정해야 한다. 우리는 여러 각도에서 리스크를 계속 평가함으로써 완전성을 높여 갈 수 있을 뿐이다. 아래에서 나는 실제적인 분류법은 아니지만, 분류법을 발전시킬 때 고려해야 할 4가지 각도를 제시할 것이다주요 리스크에 대해 제시되고 있는 분류법에 대해서는 www.howtofixriskmgt.com을 참고하기 바란다.

– 리스크 관리에 있어서 완전성에 대한 4가지 관점

1. 내부적부서적 완전성: 리스크를 파악할 때 조직의 모든 부서와 각 부서의 모든 계층의 사람들이 포함되어야 한다. 그리고 임의의 특정 부서나 사람에게 리스크 평가를 일임하지 않아야 한다. 그럴 경우 리스크 평가가 한 방향으로 기울어져서 다른 부분이 제외될 수 있다. 기술자는 산업 재해와 관련된 리스크에, 법률 고문은 소송 리스크에, IT 요원은 IT 리스크에만 초점을 맞추는 식으로 말이다.
2. 외부적 완전성: 벤더와 고객은 리스크 분석에 있어서 수도 · 가스 · 전기, 지방 자치단체, 주 및 정부 기관들처럼 특별한 위치를 차지한다. 재앙에 대해 생각할 때 각자 다른 사건들을 떠올리는 것처럼, 당신의 조직은 각자에게 다른 방식으로 의존한다. 당신과 별로 관련이 없는 조직에서 일어난 사건들에 대한 연구를 통해서도 교훈을 얻을 수 있다. 예를 들어, 인터넷에서 "재앙"과 관련된 뉴스 기사를 검색해 보면, 다른 기관에서 발생했던 많은 사건들이 당신의 회사에서도 일어날 수 있었던 유형의 사건이라는 것을 알게 될 것이다. 이와 유사한 방식으로 나는 암이 발병한 적이 없지만, 내가 가입한 보험회사는 내가 암에 걸릴 가능성을 결정하기 위해 더 많은 집단의 개인을 조사한다.
3. 역사적 완전성: 당신이 생각하는 "최악의 상황 시나리오"는 실제로 최

악인 경우가 극히 드물다. 많은 리스크 관리자들이 과거 10년 내지 20년 안에 일어나지 않았던 사건에 대해서는 실제적으로 발생할 수 없는 것으로 간주한다. 지난 세기 동안의 주요 재앙들을 생각해 보라. 어느 누가 이 사건들이 발생하기 몇 년 전에 이런 일들이 일어날 수 있다고 상상이나 했겠는가? 전염병, 지진, 해일, 주요 산업 재해, 경제 침체 및 주요 거대 도시의 며칠 간의 정전 등이 과거에 일어났었다. 이런 일들이 재발하지 않으리라고 믿을 이유가 전혀 없다전염병과 같은 리스크들은 국제적 여행 및 약품에 내성이 생긴 병원균의 증가로 실제로 더 커졌을 수도 있다.

4. 조합 상의 완전성: 리스크 관리자들이 위에 열거한 원천들로부터 발생하는 사건들의 조합을 고려하기 시작하면, 조합 상의 완전성이 증가된다. 일반적으로 모든 조합을 고려하는 것은 불가능하겠지만, 보다 가능성이 높은 사건들의 결합만으로도 다른 종류의 리스크로 진행될 수 있다. 어느 사건이 발생할 경우, 다른 사건의 발생 가능성과 영향을 얼마나 증가시키는지 질문해 보라. 232편 항공기에서 발생했던 유형의 공통 모드 장애common mode failure나 2008년의 주요 은행들의 연쇄 도산일종의 도미노 효과은 이런 유형의 분석을 통해서만 밝혀질 수 있다.

발견할 수 있는 것

리스크 관리자들이 자신의 리스크 관리 프로세스에서 구성 요소 테스트를 사용하기만 해도, 자신들의 현행 접근법에 심각한 결점이 있음을 발견할 가능성이 높아진다. 널리 사용되는 리스크 관리 방법의 많은 구성 요소들은 효과가 있는지의 여부에 대한 증거를 가지고 있지 않으며,

일부 구성 요소들은 오류를 더한다는 명백한 증거를 보여 주었다. 그러나 비록 널리 사용되지는 않지만, 다른 대안에 비해 확실한 개선을 가져올 수 있음을 보여 주는 다른 구성 요소들도 있다.

회사들은 유효성에 대한 진정한 증거가 없다 보니, 앞에서 나열된 "방어 논리"의 주장 중 하나를 사용할 수도 있다. 그러나 이러한 논거들은 점성술, 수점數占, 수정水晶 요법의 "타당성" 부여에도 사용될 수 있다. 관리자들이 점성술과 천문학을 구분할 수 있을 때에야 비로소 효과가 있는 방법을 채택할 수 있다. 그러나 그렇게 하려면, 통계학자들과 보험계리사들이 사용하는 용어와 개념들 중 일부를 채택해야 한다.

많은 회사들이 자사의 리스크 평가 완전성을 평가해 보면, 평가된 리스크들이 너무도 제한된 영역에 머물고 있음도 알게 될 것이다. 리스크는 일반적으로 다른 영역과 분리된 주제로 생각되고 리스크 관리의 보다 큰 그림에 대해서는 별로 인식하지 못한다. 예를 들어, 인터넷을 검색해 보면, "XXX 리스크 관리 회사"예컨대, 한국 리스크 관리, ABC 리스크 관리 등와 같이 일반적인 이름을 지닌 많은 기관들을 찾을 수 있을 것이다. 그러나 어느 기관이 리스크 관리를 지원해 줄 벤더를 찾고 있다면, 인터넷에 일반적인 이름을 올린 벤더가 단지 보안 경비 서비스, 화재 보험 중개, 환경 규제 준수 감사를 수행하는 컨설팅 회사 또는 PC 네트워크 감사 도구를 판매하는 소프트웨어 회사 등임을 알고 실망하게 될 것이다. 그런데 이처럼 과장된 이름을 사용하는 것은 벤더에게만 한정된 것이 아니다. 나는 심지어 실제로는 내부 감사 또는 IT 보안 전문가이면서 회사 내에서 "리스크 분석자"라고 부르는 이상한 관행도 목격했다. 리스크에 대한 총체적인holistic 접근법을 사용하려는 선의의 노력도 모든 리스크를 다루지는 못한다.

리스크 관리에 대한 보다 광범위한 해법이 필요하다는 것을 인식함에 따라, 많은 조직에서 몇 가지 변화가 일어나고 있다. 연구 조사들이 보여준 바와 같이, 일부 기관들은 전사적 리스크 관리enterprise risk management: ERM를 채택하고 있다. ERM에 대한 접근법은 부드럽고soft 비공식적인 것에서부터 정교하게 계량적인 것에 이르기까지 다양하다. 회사들은 또한 일종의 "리스크 수장"으로서의 최고 리스크 책임자chief risk officer: CRO를 임명하기 시작했다.

위에서 설명한 방법들을 사용하여 자신을 정직하게 평가하는 회사는 자신이 성공과 실패의 전체 분포 범위 상의 어느 지점에 위치하는지 발견하게 될 것이다. 내가 앞에서 설명한 리스크 관리의 성공 여부 판단 기준에 비추어 볼 때, 이에 대한 해법은 보다 정교하고 계량적인 방법에 기초해야 한다고 믿고 있음을 독자들은 이미 눈치챘을 것이다. 당신은 아직 그러한 방법이 최상이라거나 또는 실제적이라는 것에 확신하지 못할 수도 있다. 하지만 이 책을 계속 읽다 보면 그렇게 될 것이다. 지금은, 제안된 성공/실패의 분포 범위를 살펴보기로 하자리스크 관리 성공/실패의 분포 범위 상자를 보라.

리스크 관리 성공/실패의 분포 범위

1. **최고**best 회사는 계량적인 모델을 구축하여 시뮬레이션을 실시함. 모든 입력 자료들을 입증된 통계적 방법으로 검증하고, 추가적인 경험적 측정이 최적인 경우 그렇게 하며, 포트폴리오에 대한 리스크/수익 분석을 이용함. 항상 모든 모델에 대해 의심해 보고, 모델 설계자

들은 현실에 비추어 점검하며, 객관적인 리스크 척도를 사용하고, 리스크 관리 모델을 계속 개선시킴. 회사 내의 모든 리스크들을 체계적으로 파악하려는 노력을 기울임.

2. **양호** better 최소한 몇 가지 입증된 구성 요소를 이용하여 계량적인 모델을 구축함. 더 많은 리스크를 포함하기 위하여 리스크 관리의 범위를 확대함.
3. **기본** baseline 경영진의 직관이 리스크 평가 및 경감 전략을 좌우함. 공식적인 리스크 관리가 시도되지 아니함.
4. **불량** worse "단순히 소용없을 뿐임" 상세한 "부드러운soft" 방법이나 "스코어링" 방법이 사용되거나, 아마도 잘못 적용된 계량적 모델이 사용됨. 그러나 경영진이 이를 신뢰하지는 아니함. 이는 시간과 돈을 낭비했다는 점을 제외하면 3번보다 나쁘지 아니함.
5. **최악** worst "소용없는 것보다 나쁨" 비효과적인 방법이 평가에 오류를 더하고 있음에도 불구하고 이를 확신하며 사용함. 외관상 정교해 보이는 방법에 많은 노력을 기울이지만, 이 방법이 직관보다 낫다는 객관적이고 측정 가능한 증거가 없음. 이러한 "정교한" 방법들은 아무것도 안 하는 것이나 비효과적인 방법에 돈을 낭비하는 것보다 훨씬 나쁨. 이 방법을 사용하지 않았더라면 내리지 않았을 잘못된 결정을 내리게 함.

이 분포 범위에서 리스크 관리에 대해 아무 것도 하지 않는 것이 최악의 상황이 아니라는 것에 주목하기 바란다. 이는 중간은 된다. 리스크 관리 프로세스에 대해 "최소한 우리는 뭔가를 하고 있다"는 궁색한 변명을 늘어놓는 회사들은 불량에 해당할 가능성이 높다. 아무 것도 안 하는 것은 최악의 리스크 관리가 아니다. 최악의 리스크 관리는 부드러운 스코어링 방법이나, 입증되지는 않았지만 외관상 정교해 보이는 방법이를 "광적인 엄격함"이라 부른다을 사용하면서, 이를 확신하며 이에 기초하여 행동하는 것이다.

TWO

PART TWO

리스크 관리 실패 원인

Why It's Broken

4

리스크 관리의 "4인의 기수騎手": 종말을 예방하기 위한 몇 가지 진지한 시도들

역사는 교육과 재앙 사이의 경주이다.
–H. G. 웰스(Wells)

2008년에 시작된 시장의 동요와 다른 주요 재앙들에 대해 전문가들은 다양한 이론들을 제시한다. 이 이론의 대부분은 주관적인 판단으로 가득 차 있다. 진실에 더 가까울 수도 있는 보다 복잡한 설명들보다는 공모, 탐욕, 심지어 어리석음과 관련된 설명이 만들어 내기도 더 쉽고 받아들이기도 더 쉽다. 핸런의 면도날Hanlon's Razor이라 불리는 작은 지혜 하나는 우리에게 다음과 같이 충고한다. "어리석음에 의해 적절하게 설명될 수 있는 것을 절대로 악의惡意의 탓으로 돌리지 마라."[14] 나는 이보다 서투르지만 더 정확한 추론을 덧붙여야겠다. "복잡한 상호작용 시스템 안에서 동기incentive에 따라 행동하는 적당히 합리적인 개인들에 의해 설명될 수 있는 것을 절대로 악의나 어리석음 탓으로 돌리지 마라." 중앙의 조정coordination이 없이 처신하며 자신의 최상의 이해관계에 따라 행동하는 사람들도, 어떤 사람들에게는 공모나 무지의 만연에 대한 분명한 증거로 보이는 결과들을 만들어 낼 수 있다.

이를 염두에 두고서, 매우 다른 강조점들이 어떻게 우리가 현재 보고 있는 상태의 리스크 관리 방법으로 발달하게 되었는지 이해할 필요가 있다. 대부분의 시스템, 문화 및 습관들과 마찬가지로, 현재의 리스크 관리 상태도 점진적인 압력 및 그 과정에 발생했던 갑작스러운 사건들의 결과이다. 좋은 아이디어를 가진 영향력 있는 사람들이 나타나는 장소와 시기도 다소 무작위적이다. 전시戰時에 필요했던 기술들이 오늘날의 리스크 관리에 영향을 준 다른 발전을 이끌었다. 특정 방법들을 사용할 동기를 가진 기관들이 생겨나서 이 방법들에 대한 계기가 만들어졌고, 서로 다른 연구 목표와 방법들은 같은 문제에 대해 상이한 관점을 지닌 학파들을 만들어 냈다. 이 방법들을 적용하려는 사람들이 우연한 연관으로부터 영향을 받는 경우가 계획적으로 이 방법들을 사용한 것만큼이나 빈번했다.

현재의 리스크 관리 상태를 자세히 나타내기 위해서, 나는 이들이 중점을 두는 문제의 유형과 사용하는 방법에 따라 리스크 관리를 4개의 일반적인 그룹으로 나누었다. 이 분류에는 중복되는 점이 많이 있으며, 나는 다른 사람들은 이와는 다르지만 똑같이 타당한 분류법을 들고 나올 수 있다고 확신한다. 그러나 나는 리스크 관리자라고 생각하는 사람들은 자신을 이 그룹이나 이 그룹에 의해 개발된 방법들 중 하나와 관련지으려는 경향이 있다고 생각한다.

–리스크 관리의 "4인의 기수"

1. **보험 계리인** 이들은 원래의 전문적인 리스크 관리자들로서 다양한 과학적 및 수학적 방법들을 사용하지만, 보험 및 연금에서의 리스크 평가 및 관리에 중점을 둔다.
2. **전쟁 수리분석자** war quant 세계 2차 대전 중에 엔지니어와 과학자들은 시뮬레이션을 사용하여 대부분의 의사 결정을 특별한 유형의 수학적 게임으로 다루었다. 오늘날, 그들의 계승자들은 "확률적 리스크 분석", "의사 결정 분석" 및 "경영과학"의 사용자들이다.
3. **경제학자** 세계 2차 대전 이후, 다양한 투자 및 포트폴리오의 리스크와 수익을 평가하고 관리하는 일련의 새로운 금융 분석 도구들이 개발되었다. 오늘날, 다양한 종류의 재무 분석가들이 이 방법의 주된 사용자들이다.
4. **경영 컨설턴트** 대부분의 관리자와 그들의 자문역들은 개인의 경험에 크게 의존하는, 보다 직관적인 리스크 관리 접근법을 사용한다. 그들은, 특히 정보 기술을 다루는 관리자들의 영향력이 증대된 이후, 이들 부드러운soft 방법들에 대한 상세한 "방법론들"도 개발했다. 이 방법의 사용자와 개발자들은 비즈니스 관리자이거나 비기술적인 비즈니스 분석가인 경우가 많다.

당신은 이들 집단 중 어디에 속하는가? 경영 컨설팅 지향적인 사람은 다른 엔지니어나 보험 계리사들이 사용하는 방법에 대해 들어 보지 않았을 수도 있고, 들어 보았을 경우에도 그러한 방법들은 비실제적이라고 생각할 것이다. 이 책을 읽는 엔지니어는 내가 언급하려는 방법이 아주 실제적이라는 점을 이미 알고 있지만, 자신의 방법이 체계적인 오류를 포함하고 있다는 것은 알지 못할 수도 있다. 재무 분석가나 경제학자라면 다른 분야에서의 이런 해법들 중 일부에 대해 어렴풋이 알 수는 있지만, 모두를 알지는 못할 것이다. 이 방법들의 여하한 조합에 초점을 둔 연구를 했을 수도 있는 학술적 연구자들이 자신이 연구한 방법이 현실에서 얼마나 잘 사용되고 있는지에 대해서는 후속 연구를 하지 않을 수도 있다. 당신이 어느 부류에 속하건, 최소한 당신이 중점을 두고 있는 분야 이외의 몇 가지 문제에 대해 논의할 좋은 기회를 얻게 될 것이다.

보험 계리인

실로 리스크 관리 분야에서 가장 오래된 전문가는 보험업의 보험 계리인들이다. 현재 보험업은 상당히 계량적인 리스크 분석의 모범이 되어 있지만, 아주 오래전에는 보험업에 오늘날 우리가 보험 계리인이라 알고 있는 사람들이 없었던 시기가 있었다.

1800년대 중반 이전에는, 보험회사에 소유 지분을 보유한다는 것은 투자라기보다는 도박에 더 가까웠다 2008년의 AIG 주주들은 지금도 상황이 변하지 않았다고 주장할지도 모르지만 말이다. 또한 보험 가입은 해당 보험회사가 합법적인 보험금 청구 시 보험 가입자의 손실을 보전해 줄 수 있을 거라는 보장이 되지 못했다. 보험업에서의 보험 계리인을 일반적으로 수용하기그리고 법률에서 요구하기 전에는, 리스크 평가에서 계량적인 방법을 사용한다는 것은 일종의 경쟁 우위였으며, 통계적 방법을 사용하지 않는 보험회사는 혹독한 대가를 치렀다. 예를 들어, 영국에서는 1844년부터 1853년 사이에 149개의 보험회사가 설립되었는데, 19세기 말에는 그 중 59개 회사만 살아남았다.[15] 이는 현대, 심지어 2008년의 보험사 파산 비율보다 훨씬 안 좋은 수치이다. 파산한 회사들은 수학적으로 유효한 보험료 계산법을 사용하지 않은 회사인 경향이 있었다. 국제 보험 계리인 협회International Actuarial Association에 의하면, 에퀴터블Equitable이라는 한 보험회사는 이 시기 동안에 "과학적인 방법을 채택한 덕에 재무 상태도 양호했으며 사업도 번창하였다."[16]

보험업에서 일부 통계적인 방법들은 17세기부터 사용되기는 했지만, 보험 계리는 19세기에야 전문 직업이 되었다. 1848년에 런던에서 보험 계리인 단체로 보험 계리 협회Institute of Actuaries가 설립되었으며, 곧 다른 나라에서도 보험 계리인 협회가 뒤를 이었다. 오늘날, '계량적인 방법이 가치를 부가附加하는가' 라는 질문에 관해서는, 보험업에서는 별다른 논쟁이 없다. 보험 계리 방법 없이 영업하는 것은 불법이지만, 설혹 합법이라 할지라도 건전한 보험 계리 방법 없이 보험업에서 경쟁하려고 시도하는 것은 일반적으로 어리석은 일로 간주된다. 예를 들어, 보험회사들은 우발 손해contingency loss에 대해 추정하고, 보험금이 청구되면 이를 지불하기에 충분한 준비금reserve을 보유해야 한다. 이를 정확하게 계산하지 않은 회사들은 궁극적으로는 재해가 발생할 때 보험금을 지불할 수 없게 되거나, 다른 극단으로는 준비금을 너무 많이 유지하여 투자자들에게 배당금을 너무 적게 지급하게 될 것이다배당금을 갈망하는 투자자들은 후자의 경우가 거의 발생하지 않도록 압력을 행사할 터지만 말이다.

그러나 2008/9년의 금융 위기와 같은 사건이 발생한 뒤에는, 보험 계리인들이 다른 사람들보다 실제로 더 많은 대답을 갖고 있었는지에 대해 궁금해 할 것이다. 보험 계리 과학이 보다 더 효과적이었더라면, 보험업의 거인 AIG가 지급 불능의 위험에 처해 미국 정부가 이를 인수했었겠는가? 이는 리스크 관리 방법론을 평가할 때, 특히 사실 관계가 오해될 때 일화逸話들이 도움이 되지 않는다는 또 다른 사례가 된다. AIG는 신용 부도 스왑credit default swap: CDS이라는 금융상품에 거액의 포지션을 취하고 있었다. CDS는 부동산 저당 대출mortgage을 해준 은행들이 차주들의 대출 부도 위험을 상쇄하기 위해 구매한다. CDS는 계약 당사자들이 서로 다른 조건 및 지불 스케줄에 따라 현금을 교환하기 때문에 금융계에서 스왑이라고 불린다. CDS에서는 보장 매입자가 계약 체결 시에 보장 매도자에게 현금을 지급하는 대신, 향후 특정 차주가 대출을 부도낼 경우 일정 금액을 받게 된다. 대부분의 사람들에게는 CDS가 보험과 매우 유사해 보일 수도 있다. 하지만 대출자는 차주가 상환하지 않을 경우를 대비해 일종의 보험에 가입하는 것이다.

이는 보험처럼 보이고, 보험처럼 들리고, 보험처럼 생각되지만, 보험처럼 규제를 받지는 않는다. 이 상품이 보험이었더라면 AIG의 보험 계리인들은 다른 보험회사처럼 회사가 보험금 지급 책임을 충족할 수 있도록 자사가 쌓아 둔 지급 준비금의 타당성을 검증했을 것이다. 그러나 CDS는 법률적으로는 보험이 아니기 때문에, 보험 계리인들은 이 리스크를 검토할 책임이 없다. 보험 계리인들이 검토했던 AIG의 사업 부문은 이 회사를 침몰시킨 사업 부문이 아니었다. 불행하게도, 보험 계리인들은 좁은 분야에 초점을 맞춘다. 엄격하게 보험으로 간주되는 영역밖에서는 보험 계리와 같이 규제를 받는, 공인된 전문가가 없다.

보험 계리인의 기본 아이디어는 건전하다. 그들은 과학적으로나 수학적으로 건전한 방법들을 사용하는 리스크 관리자들이며, 높은 윤리 기준을 유지하고 있다. 보험 계리인이 특정 보험회사가 우발 채무를 충족시킬 수 있으며, 가장 희귀한 재앙의 경우를 제외한 모든 재앙들을 견딜 수 있다고 주장하는 진술서에 서명할 때, 그녀는 자신의 업무 수행 자격증을 거는 것이다. 엔지니어, 의사, 감사인들과 마찬가지로 보험 계리인들은 진실에 관한 자신의 최선의 판단을 보고하고, 달리 행동하도록 압력을 받을 경우 사임할 의무가 있다.

유서 깊은 다른 기관들과 마찬가지로, 보험 계리인 협회들도 관련 분야에서 최신의 발전 내용들을 항상 따라가지는 않는 것으로 알려져 있다. 보험 계리 과학이라는 이름은 논외로 하고, 보험 계리인들은 일차적으로 과학자가 되도록 훈련 받지 않는다. 일부 보험 계리인들은 독창적인 연구에 관여할 수도 있지만, 대부분은 이미 확립된 방법들을 적용하는 엔지니어 및 회계사에 보다 가깝다. 그들은 필연적으로 보수적인 사람들이라서, 보험 계리인들이 새로운 아이디어를 채택하는데 조심스러운 것도 이해할 만하다. 세계 2차 대전으로 생겨난 많은 새로운 발전 사항들조차도 보험 계리인들이 채택하는 데에는 상당한 시간이 소요되곤 했다. 그러나 이제 전시戰時의 필요에 의해 개발된 새롭고 강력한 방법들이 보험 계리 과학에서 표준 리스크 분석으로 간주되고 있다.

전쟁 수리분석자

처칠Churchill은 독일의 폭격기로부터 영국의 시민들을 지켜낸 영국 공군의 조종사들에 대해 "많은 사람들이 소수의 사람들에게 그렇게 많은 빚을 진 적은 없다"고 말했다. 물론 영국 공군은 충분히 이런 인정을 받을 자격이 있지만, 처칠이 전쟁 수행 중의 중요한 문제들을 풀어낸 보다 소수의 수학자, 통계학자, 경제학자 및 과학자에게 이 말을 했어도 좋았을 것이다. 수학자들과 과학자들은 수 세기 동안 기업과 정부에 어느 정도 영향을 주긴 했지만, 2차 세계 대전은 그러한 방법의 힘과 실용성을 여실히 보여 주었다. 전쟁 기간 동안에 학자들은 리스크 분석을 포함하여 향후 수십 년 동안 기업과 정부 운영에 영향을 주게 될, 재미있는 문제 해결 방법을 개발하게 되었다.

이러한 전시 수학자 집단 가운데에는 콜롬비아 대학교의 통계적 연구 그룹Statistical Research Group: SRG이 있었다. SRG 및 연합국의 유사한 집단들은 공격 작전의 유효성 추정 및 대 잠수함 작전 개선 전술 개발과 같은 복잡한 문제들과 씨름하고 있었다.[17] 군사 정보에서는, 독일의 월간 탱크 생산량 추정에 있어서 그러한 통계적 분석의 추정이 일관되게 간첩들의 첩보보다 정확했다.[18] 이러한 일련의 다양한 문제와 방법들이 경영 과학operations research: OR 분야의 기원이었다.

전쟁의 막바지에 맨해튼 프로젝트Manhattan Project에서 일했던 일군一群의 과학자들은 매우 어려운 문제에 직면했기 때문에 진정으로 혁명적인 해법이 필요했다. 그 문제는 핵분열fission reaction을 모델링하는 방법이었다. 우라늄이나 플루토늄과 같은 방사성 물질은 서서히 붕괴하여 더 가벼운 원소와 중성자를 만들어 낸다. 우라늄과 같은 무거운 원소의 원자 하나가 분열되면즉, 분열fission 과정을 거치면, 에너지와 더 많은 중성자를 방출한다. 이 중성자들은 다른 원자들을 분열시킨다. 이 과정이 지속적이고 일정한 비율로 발생하면, 이를 임계critical라 하며, 이때 생성되는 열로 전기를 생산해낼 수 있다. 만일 연쇄 반응이 급속히 가속되면, 초과 임계supercriticality

라 부르는 런어웨이 효과runaway effect를 만들어 낸다. 이 과정에서 갑자기 방출되는 열이 다소 강력한 폭발이나 최소한 용해meltdown를 일으킨다. 짐작할 수 있는 바와 같이, 이를 올바로 구별하는 것이 중요하다.

문제는 많은 요소들이 핵반응률에 영향을 준다는 점이다. 일정 용량에 얼마나 많은 핵분열성 물질이 있는가가 하나의 요소이다. 또 다른 요소로는 이 반응이 일어나게 될 용기container가 중성자를 흡수하거나 반사하는 물질로 만들어졌느냐인데, 이에 따라 반응이 감속하거나 가속된다. 또한 연료와 용기의 생김새도 반응의 비율에 영향을 준다. 심지어 이상적인 상황 하에서도, 물리학자들은 중성자들의 정확한 궤도trajectory를 계산할 수 없었다. 그들은 간신히 이를 확률로 모델링할 수 있을 뿐이었다. 전통적인 수학적 방법으로는 이 시스템의 행태에 대한 모델링이 불가능한 것으로 판명되었다. 이에 대한 해결책으로 과학자들, 특히 스타니슬라브 울람Stanislaw Ulam과 니콜라스 메트로폴리스Nicholas Metropolis 및 이와 별개로, 엔리코 페르미Enrico Fermi는 존 폰 노이만John Von Neumann이 개발한 성능이 뛰어난 새 컴퓨터를 이용하여 무작위로 생성된 중성자를 모델링한다는 아이디어에 입각하여 작업을 수행하였다. 그들은 이를 상습 도박꾼이었던 메트로폴리스의 삼촌이 자주 다녔던 모나코에 있는 한 카지노를 지칭하는 몬테카를로 시뮬레이션이라 불렀다.

전후戰後에 몬테카를로 시뮬레이션은 관련 분야에서 달리 적용된다. MIT의 노만 C. 라스무센Norman C. Rasmussen은 원자력 안전에서의 리스크 관리를 위한 하나의 토대로서 확률적 리스크 분석Probabilistic risk analysis: PRA을 개발했다. PRA는 처음에는 몬테카를로 모델들을 핵반응의 상세한 구성 요소와 이들 사이의 상호 작용을 모의 실험하려는 제한된 범위[19)]에 이용했다. 이 아이디어는 만일 어떤 복잡한 시스템에서 각 구성 요소들의 실패 확률을 알 수 있다면, 전체 시스템의 실패 리스크즉, 방사능 냉각수 누출, 용해 등도 계산할 수 있다는 것이었다. 이는 해당 사건이 발생한 적이 없거나, 특정 원자로가 아직 건설되지 않은 경우에도 적용될 수 있다. 몬테카를로 시뮬레이션을 이용한 PRA는 원자력 안정 리스크 관리에 있어서 그 범위, 복잡성 및 영향 면에서 계속 성장했다. PRA는 현재 이 분야에서 필수 불가결한 요소로 여겨진다.

노이만은 몬테카를로 시뮬레이션이라는 아이디어 개발 및 장려를 돕고 있던 것과 거의 동시에, 자기가 게임 이론game theory이라고 부른 모든 종류의 게임에 대한 수학적 설명 이론을 개발했다. 노이만의 팬 중에 통계적 연구 그룹Statistical Research Group: SRG의 회원인 에이브러햄 왈드Abraham Wald라는 젊은이가 있었다. 왈드와 그의 동료들은 그들이 "자연 대 1인의 게임"이라 부른 특수한 형태의 게임과 관련한 이론을 개발했다.

이 유형의 게임은 참가자에게 경쟁자는 없지만, 불확실성 하에서 결정을 내려야만 한다. 어떤 면에서는 자연이 상대방이었다. 경쟁적 게임과 달리, 이 게임에서는 자연이 합리적으로 행동할 것으로 기대하지 않는다. 자연은 예측할 수 없도록 행동할 뿐이다. 신기술의 투자 여부 결정은 이런 방식으로 모델링할 수 있는 의사 결정 사례가 될 것이다. 어느 관리자가 투자하고, 그 투자가 성공하면, 그 관리자는 일정한 보상을 받는다. 그러나 그 투자는 내세울만한 성과가 전혀 없이 손실로 끝날 수도 있다. 그러나 해당 관리자가 이 기회를 기각하면, 투자 자체로 잃을 것은 없겠지만 커다란 기회를 놓칠 수 있다.

기업과 정부에서 상당수의 의사 결정들이 자연 대 1인의 게임 유형임

이 밝혀졌다. 이는 의사 결정 이론decision theory으로 진화했다. 전후에는 의사 결정 배후의 아이디어가 기업이나 정부를 위한 실용적인 도구들로 바뀌었다. 전쟁 직후에 설립된 란드 사RAND Corporation는 이 이론과 몬테카를로 시뮬레이션 및 다양한 다른 방법들을 사회 복지 정책 분석에서부터 냉전 시대의 핵전략에 이르기까지 모든 것에 적용하기 시작했다. 또한 이 회사는 20세기의 나머지 시기의 의사 결정 및 리스크 평가 분야에 영향을 끼치게 될 다양한 사상가들을 끌어 모았다.

1968년에 스탠포드 대학교의 론 호워드Ron Howard가 이러한 도구들을 현실 문제에 실제적으로 적용하는 것을 일컫는 말인 '의사 분석'decision analysis: DA이라는 용어를 만들어 냈다. 게임 이론과 의사 결정 이론의 중점 분야와 마찬가지로, 호워드가 의사 분석이라는 말을 최초로 사용했을 때에는 이 말은 규범적prescriptive이었다.[20] 즉, 이는 의사 결정자가 어떻게 해야 하는지를 특정하려 했으며, 반드시 그들이 어떻게 할 것인지를 설명하려는 것은 아니었다그 이후, 양자를 포함하도록 이 용어를 확장시킨 사람들도 있다.

개인용 컴퓨터PC의 도입으로 몬테카를로 시뮬레이션 방법의 실용성이 크게 증진되었다. 1990년대에 현재는 오라클 사가 소유한 디시저니어링Decisioneering 및 팔리사드Palisade와 같은 회사들이 사용자들이 PC에서 몬테카를로 시뮬레이션을 수행할 수 있도록 해 주는 소프트웨어 도구를 개발하였다. 세계 2차 대전 연구팀의 지적 후손들은 이 도구들이 리스크를 모델링하는 실제적이고도 이론적으로 건전한 방법이라며 이 도구들을 장려하였다.

그런 사람들 중 한 사람인 스탠포드 대학교의 샘 새비지Sam Savage 교수는 세계 2차 대전 연구팀원 중 한 명의 실제 후손이다. 그의 아버지 레오

나르도 "지미" 새비지Leonardo Jimmie Savage는 SRG의 일원이었으며 또한 노이만의 수석 통계 컨설턴트였다이것만으로도 내가 들어 본 통계학자들 중 가장 인상적이었다. 지미 새비지는 더 나아가 『통계학 기초』The Foundations of Statistics라는 책을 썼는데, 이 책에는 게임 이론의 실제적 적용과 확률적 추론 일반에 관한 내용이 포함되어 있다. 아들 새비지는 몬테카를로 도구에 관한 책의 저자이며, 자기 나름대로의 모델링 방법에 관한 혁신가이다.

이것이 많은 엔지니어, 과학자, 그리고 일부 재무 분석가 및 계량적 배경을 지닌 사람들의 리스크 관리 문화이다. 리스크는 흔히 시뮬레이션 시스템을 이용하여 계량적으로 모델링될 수 있는 것이다. 보험 계리인들도 몬테카를로 시뮬레이션을 리스크 분석의 표준적인 도구로 채택해 왔다.

이 집단은 일반적으로 다른 사람들이 수행하는 어떤 활동이 "리스크 관리"로 통용되고 있는지 알게 되면 가장 놀랄 사람들이다. 그들은 일상적으로 계량적인 방법에 깊이 젖어 있고, 흔히 수학 지향적인 동료 집단의 검토를 받으며, 그들의 강조점은 다른 사람들이 사용하는 비계량적인 방법을 연구하기보다는 자신의 계량적인 모델을 개선하는 것이다. 내가 그들에게 보다 부드러운soft 방법들을 설명하자, 그들은 머리를 흔들며 어떻게 그런 방법이 효과가 있으리라고 믿을 수 있는지 의아해 했다. 리스크 분석에서 보다 널리 사용되는 방법들 중 몇 가지를 접하게 되자, 그들은 천체 물리학자가 사이비 점성술사에 의해 제안된 이론에 대해 반응할 법한 의아함을 보여 주었다.

나는 또한 계량적인 리스크 분석가들이 다음의 질문에 긍정적으로 반응하는 경향이 있음도 알게 되었다. "당신은 당신의 모델링 방법을 통해 의사 결정이 조금이라도 나아진 것을 어떻게 압니까?" 나는 지금까지는, 그 질문에 대해 방어적인 반응보다는 진지한 관심을 더 많이 보았다. 그들 대부분은 모델의 타당성을 검증하기 위한 데이터를 수집하지 않고 있었지만, 그러한 질문에 대답하는 것이 중요하다는 데 동의하고, 이 질문에 대답하기 위한 데이터를 모으려는 노력에 도움을 주고 있다. 내가 몬테카를로 시뮬레이션에 사용되는 일반적인 방법에 드러나 있는 문제들을 지적하자, 그들은 진지하게 이를 개선시키려는 듯했다. 과학 지향적인 집단으로서, 그들은 모든 모델의 약점에 대해 주의하고 있으며 심지어 가장 기본적인 가정조차도 철저히 조사할 정도로 마음이 열려 있었다. 나는 이러한 사고 학파로부터 리스크 관리의 개선을 위한 최상의 기회를 찾게 될 것으로 믿는다.

경제학자

1990년대 이전의 노벨 경제학상은 일반적으로 인플레이션, 생산 수준, 실업, 화폐 공급 등 거시경제 현상에 대한 설명에 수여되었다. 대부분의 경제학 역사에 있어서, 리스크나 확률적 방법들은 피상적으로 취급되었다. 이 주제에 관한 2차 세계 대전 전 경제학 분야의 중요한 학문적 성취는 프랑크 나이트Frank Knight의 리스크, 불확실성 및 이익Risk, Uncertainty and Profit[21]이라 할 수 있는데, 이 책은 어떠한 공식이나 리스크, 불확실성, 이익 또는 그 어떤 것에 관한 계산도 사용하지 않았다. 경제학자 존 메이나드 케인즈John Maynard Keynes가 1921년에 펴낸 책 『확률 연구』Treatise on Probability는 공식을 환기시키기는 했지만, 의사 결정에 있어서 리스크에 관한 책이라기보다는 철학과 순수한 수학에 관한 것이었다.

또한 경제학자들은 왈드의 자연 대 1인의 게임과 같은 개인을 위한 "최적화" 문제즉, 특정 개인이 주어진 상황에서 어떻게 행동하는 것이 이상적인지에도 별 관심을 기울이지 않았다. 2차 세계 대전 후에야 전쟁 수리분석자의 간접적인 영향으로 경제학자들은 리스크 문제를 수학적으로 고려하기 시작했다. 그제야 경제학자들은 특정한 "자연 대 1인의 게임"에 대한 해법을 경제학의 일부로 받아들이기 시작했다. 그리고 경제학자들은 아주 최근에야 불확실성 하의 의사 결정에 관한 인간 행태의 측정 문제를 과학과 유사한 것으로 간주하게 되었다.

투자자들은 항상 불확실성 하에서 결정을 내려야 했다. 미래의 수익에 관한 불확실성은 투자자들이 어떤 주식에 얼마의 가치를 부여하는지, 손실에 대해 어떻게 헤지hedge하는지, 어떻게 투자 포트폴리오를 선택할지에 영향을 준다. 그러나 오늘날의 시각으로는 믿지 못하겠지만, 투자의 경제 이론에 관한 문헌은 1950년대까지 리스크라는 문제에 대해 침묵을 지킨 것이나 다름없었다. 1952년에, 전에는 새비지의 학생이었고 당시에는 RAND 사의 신입직원이었던 25살의 해리 마코위츠Harry Markowitz는 투자 이론에 리스크가 빠져 있음을 알아차렸다.

마코위츠는 RAND 사에서 조지 단치히George Dantzig를 만나게 되는데, 단치히는 새비지와 마찬가지로 전쟁 수리분석자로서의 특질을 지닌 사람이었다단치히는 미국 공군의 통계 통제국에 근무했다. 연장자인 단치히는 마코위츠에게 강력한 경영 과학OR 최적화 방법들을 소개해 주곤 하였다. 단치히는 선형 계획법linear programming이라 불리는 방법을 개발했는데, 이 방법은 향후 수십 년간 경영 과학 분야에 큰 영향을 끼쳤으며, 마코위츠에게 포트폴리오 다각화를 수학적으로 어떻게 접근할지에 대한 아이디어를 제공하였다. 마코위츠가 RAND 사에 입사하던 해에 그의 아이디어가 저널 오브 파이낸스Journal of Finance 지에 실렸다.[22)]

마코위츠는 새로운 이론에서 투자 포트폴리오는 이를 구성하는 개별 투자 자산들과 마찬가지로 자신의 분산 및 수익을 지닌다고 설명하였다. 특정 포트폴리오에서 다양한 투자 종목의 구성 비율을 변경함으로써, 다양한 수익 및 수익 변동성의 조합을 만들어 낼 수 있다. 더구나 일부 투자는 수익이 서로 독립적으로 변하기 때문에, 원칙적으로 포트폴리오의 변동성이 어떤 하나의 투자 종목의 변동성보다 작을 수 있다. 비유하자면, 주사위를 한 번 굴릴 때의 결과는 불확실하지만, 주사위를 100번 굴릴 때의 평균에 대한 불확실성은 훨씬 적어지는 것과 같다. 포트폴리오 내에서 각 투자 종목의 비중을 유연하게 조정할 때의 다각화 효과는 투자자들에게 주어진 일련의 리스크 대 수익 선호도에 대해 포트폴리오를 최적화할 수 있게 해 준다. 마코위츠의 접근법은 난치히의 선형 계획 방법을 이용하여, 투자자가 주어진 수익 하에서 얼마나 많은 리스크를 수용할 용의가 있는지에 따른 최적 투자 조합을 발견하려는 것이었다.

마코위츠가 1955년에 이 해법을 자신의 박사 학위 논문으로 제출했을 때, 밀톤 프리드만Milton Friedman, 1976년에 노벨 경제학상을 받게 된다이 논문 심사 위원회 위원 중 한 명이었다. 마코위츠에 따르면, 프리드만은 처음에는 마코위츠의 현대 포트폴리오 이론Modern Portfolio Theory: MPT이 경제학의 분야가 아니라고 주장했다.[23)] 마코위츠가 구술口述 테스트를 성공적으로 통과한 것을 볼 때 프리드만이 그다지 심각하지 않았을 수도 있으나, 진실을 알기는 어렵다. 종전에는 리스크가 있는 의사 결정을 내리는 개인의 선택의 최적화 문제는 경제학 분야가 아니었다. 프리드만은 몇 가지 경제학적인 주제에 관한 수학적 모델을 개발할 때 계산이 모두 결정론적인 것으로 처리했다. 확실히, 리스크를 계량적인 의미로 논하는 것은 많은 경제학자들에게는 생소한 것이었다.

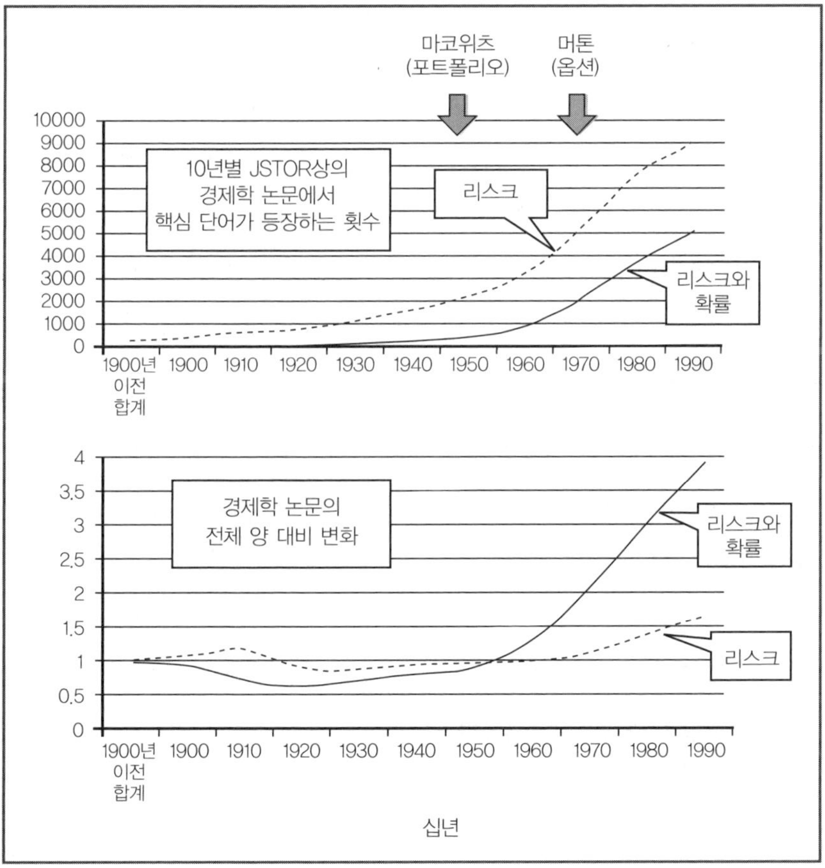

[보기 4.1] 경제학 문헌에서 사용한 리스크와 확률

이로써 경제학에서 리스크를 확률적 용어로, 그리고 단지 다소 막연한 거시 경제적 힘이 아니라 개별 의사 결정 주체들을 위한 문제로 다루는 추세가 시작되었다. 보기 4.1은 내가 20세기 전체의 경제학 문헌에서 리스크와 확률이라는 용어 사용에 대해 연구한 결과를 보여 준다. 나는 JSTOR이라 불리는 학문 연구 데이터베이스를 이용하여 리스크라는 용어가 얼마나 자주 등장하는지 찾아보았다. 물론, 이에는 이 용어를 비계량적으로 사용한 많은 사례가 포함되어 있다. 이 탐구를 보다 더 명확히 하기 위해서 나는 리스크와 확률을 함께 찾아보았다. 동일한 논문에서 두 용어가 함께 사용될 경우, 이 논문은 일반적으로 해당 주제에 대해 보다 더 계량적인 경향이 있을 거라는 것이 내 추론이었다. 위의 도표는 이 검색에서 찾아낸 해당 용어의 실제 등장 횟수를 보여 주고 있으며, 아래의 도표는 1900년 이전의 모든 경제학 논문과 대비한 이 용어의 상대적 빈도 및 경제학 논문 증가량을 반영하여 조정된 모든 경제학 논문 확실히 전반적인 경제학 논문의 양은 20세기에 크게 증가했다과 대비한 이 용어의 상대적 빈도를 보여 준다. 확실히, 1950년대 이후에는 리스크가 양으로 취급되는 경우가 더 많아졌다.

마코위츠가 MPT를 최초로 발표한 지 약 20년 뒤에, 옵션 가격 결정에 투자의 리스크를 이용한 또 하나의 영향력 있는 이론이 제안된다. 옵션은 그 보유자에게 미래의 특정 시점에 미리 정해진 가격으로 옵션의 종류에 따라 특정 금융 상품을 사거나 팔 수 있는 권리를 부여하는 그러나 그렇게 할 의무는 없는 파생 상품의 종류이다. 옵션으로 매입되거나 매도되는 상품을 기초자산underlying asset이라 부르는데, 기초자산은 주식, 채권 또는 상품commodity 등이 될 수 있다. 이 미래 시점을 옵션의 만기일expiration date이라 하며, 정해진 가격은 행사 가격exercise price이라고 한다. 옵션은 계약의 양 당사자들에게 미래의 날짜에 미리 정해진 가격으로 거래하도록 의무를 부과하는 선물futures과 다르다.

풋put 옵션은 보유자에게 특정 주식을 특정일에 특정 가격으로 팔 권리를 준다. 콜call 옵션은 보유자에게 기초 자산을 특정일에 특정 가격에 살 권리를 준다. 옵션의 만기일에 기초자산의 가격에 따라 옵션 보유자는 큰돈을 벌거나, 전혀 벌지 못할 수 있다.

콜 옵션 보유자는 기초자산의 매도 가격이 옵션의 행사 가격보다 높을 경우에만 이 옵션을 행사할 것이다. 옵션 만기일에 기초자산이 100달러에 거래되고 있는데 옵션 행사 가격이 80달러라면, 이 옵션 소유자는 100달러짜리 주식을 80달러라는 싼 가격에 살 수 있다. 옵션은 기초자산 가격과 행사 가격 사이의 차이, 즉, 이 경우 20달러의 가치가 있게 될 것이다. 그러나 해당 주식이 겨우 60달러에 거래되고 있는 경우라면 이 옵션은 아무런 가치가 없을 것이다특정 상품의 현재 가격이 60달러라면, 이를 80달러에 살 수 있는 권리는 아무 가치가 없다.

그러나 여러 달 후일 수도 있는 옵션 만기일의 기초자산 가격은 불확실하기 때문에, 특정 옵션의 가격을 어떻게 결정할지가 항상 명확한 것은 아니었다. 1973년에 로버트 C. 머튼Robert C. Merton이 이 문제에 대한 해법을 제안하였는데, 그는 MIT에서 경제학 박사 학위를 받기 전에 응용 수학자, 엔지니어, 과학자로 교육을 받았다. 이 아이디어는 또 다른 응용 수학자 피셔 블랙Fisher Black과 마이론 숄즈Myron Scholes 이들 중 유일하게 경제학 분야에서 학위만 보유한 사람이었음에 의해 심화되었다. 머튼과 숄즈는 옵션 이론 개발로 1997년에 노벨 경제학상을 받게 된다블랙도 2년 전에 사망하지 않았더라면 이 상을 공동 수상했을 것이다. 노벨상은 사망자에게는 수여되지 않는다. 이 모델은 현재 옵션 가격 결정을 위한 블랙-숄즈 공식으로 알려져 있다.

경제학에서 그 다음의 주요한 발전은 경험적 관찰empirical observation이라는 아이디어이다. 어떤 이들은 이로써 경제학이 비로소 정당하게 과학이라고 불릴 수 있게 되었다고 말할 것이다. MPT와 옵션 이론은 이상적인 상황에서 사람들이 어떻게 해야 하는가에 관한 것이었다. 이전의 경제학은 단순히 시장 참가자들이 합리적으로 행동했다고 가정하고, 이 가정을 사용하여 시장에서 작용하는 힘들을 설명하고자 했다. 이를 호모 이코노무스Homo economus, 경제적으로 합리적인 인간라 불렀다. 그러나 1970년경에 일련의 연구자들이 이러한 상황에서 시장 참가자들이 실제로 어떻게 행동하는지를 질문하기 시작했다. 이 연구자들은 경제학자가 아니었으며, 오랫동안 경제학 분야에 어떤 영향도 주지 못했다. 그러나 1990년대가 되자, 행동 경제학behavioral economics이라는 아이디어가 경제학적 사고에 영향을 주기 시작했다. 이 분야에서 개발된 도구들은 가장 발전된 확률적 리스크 분석PRA, 이에 대해서는 뒤에서 자세히 설명함 이용자들도 사용한다.

옵션 이론과 현대 포트폴리오 이론MPT에는 원자력에서 수행되는 PRA와는 최소 한 가지의 중요한 개념적 차이가 있다. 경제학자들은 PRA를 구조적 모델structural model이라 부른다. 이 시스템의 구성 요소와 그들의 관계는 몬테카를로 시뮬레이션에서 모델링된다. 만일 밸브 X가 고장 나면, 이는 펌프 Y에 작용하는 배압背壓, back pressure이 사라지고, 이에 따라 용기 Z의 흐름이 감소하는 식으로 진행된다.

그러나 블랙-숄즈 공식과 MPT에서는 가격 변화의 근본적인 구조를 설명하려고 시도하지 않으며, 다양한 결과에 대해 단순히 일정한 확률들이 주어진다. 또한 PRA와는 달리 유동성 위기와 같은 특정한 시스템 차원의 사건이 일어난 적이 없을 경우에는 이러한 사건의 발생 확률을 계산할 방법이 없다. 만일 핵 엔지니어들이 리스크 관리를 이런 식으로 수행한다면, 그들은 동일한 설계의 원자로에서 유사한 사건이 여러 차례 발생하기 전에는 결코 특정 발전기에서의 용해 확률을 계산할 수 없을 것이다.

물론, 금융 분야에서 특정 주식의 가격 및 이 가격이 유가油價나 다른 주식의 가격에 대해 어떻게 움직였는지와 같은 다양한 요소들 사이의 상관관계를 발견하려고 시도하고 있다. 그러나 상관관계조차도 근저의 작용 방식에 대해 이해하려는 노력은 별로 없이 역사적 움직임을 단순히 선형으로 설명하는 것이다. 그것은 기상학과 지진학 사이의 차이와 유사하다두 시스템 모두 매우 복잡하지만 전자前者는 최소한 주요 작용(예. 폭풍의 전면)을 직접 관찰하고 모델링한다. 지진학자는 단순히 지진의 통계적 분포를 설명할 수는 있지만, 특정 시점에 지구 심층부深層部에서 무슨 일이 일어나고 있는지에 대해서는 별로 할 말이 없는 경우가 흔하다. PRA는 기상학과 더 유사하고, MPT나 OT는 지진학과 더 유사하다.

OT와 MPT의 아이디어에 대해 특별히 새롭게 개선한 것은 없지만, 이 이론들로부터 다른 방법들이 발달되었다. 예를 들어, 많은 금융기관들이 리스크를 계량화하기 위해 Value at RiskVaR를 널리 사용한다. VaR는 주어진 확률 하에서 자본 손실에 대한 최악의 시나리오다예를 들어, 1% 유의수준 VaR는 100개의 시나리오 중 최악의 경우의 추정치이다. *엄밀히 말하면 VaR에 대한 저자의 설명에는 다소 오류가 있음. 예컨대, 일정 신뢰 수준 (확률) VaR는 해당 확률 범위 내에서의 최대 손실 가능액이라 할 수 있으나, 모든 경우의 수에서의 최악의 상황은 아님. 예를 들어 100개의 시나리오 중 1% 유의 수준 VaR는 99번째에 해당하는*

시나리오의 손실액임–역자 주.

VaR는 PRA와 유사한 방법을 포함한 다양한 방법으로 계산될 수 있기 때문에 리스크 계산 방법이라기보다는 리스크 표현 방법에 더 가깝다. 이러한 도구들로부터 다른 많은 난해한 방법들도 나타났는데, 이에 대해 자세히 나열할 생각은 없다. 만일 집의 기초를 닦을 필요가 있을 경우라면, 아직 커튼에 대해 염려할 필요는 없는 법이다.

OT, MPT, VaR가 널리 이용되기는 하지만, 이들은 2008/9년의 금융 위기 훨씬 이전부터도 비판의 대상이었다금융 위기 후에는 더욱더 그러했다. 나중에 보다 더 자세히 설명하겠지만, 이 모델들은 관찰된 실제reality와 어울리지 않는 가정들을 한다. 중대한 손실들은 이 모델들이 예측하는 것보다 훨씬 더 흔하게 발생한다. 또한 그들은 PRA라면 수행했을 방식으로 금융 시장의 구성 요소들예컨대, 개별 은행, 주기적인 주요 부도 등을 모델링하려고 시도하지 않기 때문에 이 모델들은 공통 모드 장애를 낳을 수 있는, 알려진 상호작용들을 설명하지 못할 수 있다.

2008/9년의 금융 위기로 인해, 많은 사람들이 이 금융 도구들을 가장 개선이 필요한 리스크 관리 기법이라고 생각하게 되었다. 확실히 리스크 관리에는 많은 개선의 여지가 있다. 그러나 단순히 최근의 사건에 반응하는 것은 좋은 리스크 관리에 역행한다. 리스크 관리는 다음번의 위기에 관한 것이다. 이미 인기 있는 금융 도구들에 대하여 개선 요구가 들리고 있다. 참으로 더 큰 문제는 "4인의 기수" 중 최고의 판매원인 경영 컨설턴트들에 의해 조장되는, 더 인기 있는 리스크 관리 방법론에 있을 수도 있다.

경영 컨설턴트: 권력과의 연줄과 양호한 상술이 리스크 관리를 어떻게 변화시켰는가

1980년대 후반에, 나는 특히 중서부의 작은 대학교 출신 신참 MBA에게는 "꿈의 직업"이라고 생각되었던 일을 시작했다. 이때는 "빅 8Big 8"의 시대였는데, 엔론Enron과 아더 앤더슨Arthur Andersen이 문을 닫기 훨씬 전이었던 당시에는 모든 주요 회계 법인들이 한 지붕 아래 경영 컨설팅 부문을 두고 있었다. 나는 쿠퍼스 앤 라이브랜드Coopers & Lybrand 사의 경영 컨설팅 서비스management consulting service: MCS 부문에 채용되었는데, 상대적으로 소규모의 오마하 사무소에 있다 보니 그곳에는 전문가가 없었다. 그래서 나는 많은 기관에서 다양한 문제에 관한 일을 할 수 있었다.

나는 우리가 다루고 있던 문제들을 근본적으로 계량적인 것으로 정의하는 경향이 있었는데, 이는 또한 내 핵심 관심 분야이자 재능이기도 했다. 그러나 이는 내가 본 대부분의 경영 컨설턴트들이 일하는 방식이 아니었다. 내 상사들 중 어떤 이들은 내가 지금은 "파워포인트적 사고"라 부를 만한 것들을 가치 있게 여기는 경향이 있었다. 그들은 내용은 다소 경박하더라도 그들이 만든 도표들을 시詩처럼 아름답게 보이도록 노력했다.

이 도표들은 검토 위원회에서 손질되곤 했기 때문에, 차트가 최초에 어떤 의미를 지녔건 이 의미가 더욱더 희석되는 경우도 있었다. 많은 경영 컨설팅 계약이나 심지어 대규모 컨설팅에서조차도 파워포인트 슬라이드 및 구두口頭 발표가 유일한 산출물deliverable이었다. 다른 주니어급 컨설턴트들과 나는 마치 발표의 실제 내용보다는 멋진 도표와 유행어의 올바른 조합이 중요한 듯해서, 이 프로세스를 무작위 산출물 생성 장치

random deliverable generator: RDG라고 농담 삼아 말했다. 다행스럽게도 쿠퍼스에는 실제적인 관리자들과 파트너들이 있어서, 이 RDG가 제멋대로 날뛰지 못하도록 제지되었다. 그러나 나를 가장 놀라게 했던 것은 아주 빈번하게 이 RDG가 실제로 고객을 만족시키는 산출물deliverable이라는 단어는 1980년대 이전에는 존재하지도 않았다을 만들어 내는 듯했다는 것이다. 아마도 빅 8이라는 이름의 신뢰도로 인해 일부 고객들은 그렇지 않았을 경우에 비해 덜 비판적이었을 수도 있다.

내가 이 분야에 대해서 합리적으로 완전하게 설명할 수 있다고 주장하면, 사람들은 내가 피터 드러커Peter Drucker나 W. E. 데밍W. E. Deming의 영향에 대해 쓸 것이라고 기대할 수도 있을 것이다. 그러나 나는 내가 있던 곳에서 톰 피터스Tom Peters, 마이크 해머Mike Hammer, 그리고 소프트웨어 엔지니어인 제임스 마틴James Msrtin 등에게서 더 큰 영향을 받은 또 다른 중요한 경향을 보게 되었는데, 이 사람들이 훨씬 더 현란한 선전을 해댔다.

전통적으로 경영 컨설턴트들은 경험이 있는 관리자로서 대개 가장 좋은 대학의 MBA 학위를 갖고 있었다. 그러나 정보 기술IT과 관련한 새로운 종류의 경영 컨설팅이 이 업계를 바꿔놓았다. 지금은 경영 컨설턴트들이 실제로는 전혀 컨설팅 관리자가 아닌 경우가 보다 보편적이다. 때로는 그들이 정보 기술로 고객의 문제를 해결하려는 소프트웨어 개발자나 프로젝트 관리자인 경우도 있다성공 정도는 매우 다르다.

내가 쿠퍼스 앤 라이브랜드에 처음 입사했을 때에는 IBM PC가 불과 몇 년 전에야 나왔으며, 많은 대형 기관들은 아직 이를 진지하게 고려하지 않고 있었다. 가장 중요한 소프트웨어 응용 프로그램application은 관계형 데이터베이스와 컴퓨터 본체 및 COBOL이었다. 빅 8과 소프트웨어 개발업의 다른 회사들은 이질적인 개발 프로젝트들을 이론적으로는 비즈니스의 필요를 우선하는 방식으로 조직화하도록 도와주는 서비스를 제공하였다. 이 분야에서 비즈니스의 필요를 체계적으로 문서화하는 방식에 기초한 시스템 개발을 대중화한 전직 IBM 임원 제임스 마틴James Martin이 큰 영향을 끼쳤다.

그러나 제임스 마틴과 같은 혁신가들은 빅 8에 훨씬 더 중요한 아이디어를 제공했다. 고객을 위해 소프트웨어를 개발하는 것은 위험할 수도 있다. 뭔가가 잘못되면 작동이 지연되고, 잘못된 데이터가 생성될 수 있으며, 고객이 심각한 손해를 입을 수도 있다. 컨설턴트들은 소프트웨어의 리스크와 책임을 전혀 부담하지 않으면서도 이와 동일하게 수익성이 좋은 IT 컨설팅 비즈니스즉, 오랜 기간에 걸쳐서 많은 직원들을 투입하고, 소요 시간당 고율의 비용을 청구하는 비즈니스를 수행하는 방법을 찾아냈다.

그들은 소프트웨어 대신 방법론을 개발할 수 있었다. 하지만 그들은 소프트웨어 개발에 그 노력을 사용하는 대신, 가령 대규모 소프트웨어 프로젝트 수행과 같은 몇 가지 경영 관리 업무에 관해 상세하게 문서화된 절차를 개발하는데 그 시간을 사용했다. 그러한 방법론이 특허를 받는 경우도 있었으며, 이를 구매한 고객 회사는 광범위한 연수와 지원이 필요하다고 판매 컨설팅 회사에게 요구하는 경우도 흔했다. 제임스 마틴은 이와 동일한 방식으로 자신의 "정보 엔지니어링" 방법론을 인가 받고, 이를 지원해 주었다.

빅 8은 이런 방법론을 팔 수 있다는 것을 알게 되었다. 만일 소수의 수퍼스타 컨설턴트를 복제해 낼 수 없으면, 몇 가지 "체계적으로 구조화된 방법론"을 문서화하고, 일단의 평균적인 경영 컨설턴트들에게 이를 실행하게 한다. 컨설팅 회사에게 이상적인 상황은 어느 고객에게 많은 주니어 컨설턴트들을 장기간 투입해 두고, 이들에 대해 빅 8의 이름에 걸맞는 높은 일당을 청구하는 것이다. 이를 비즈니스와 컴퓨터 사이의 "정렬alignment"을 이루게 하는 비즈니스로 포장하면 쉽게 팔렸다.

경영 컨설턴트들은 "4인의 기수들" 중 가장 쉽고, 효과적인 판매원들이며, 다른 사람들에게 조언을 제공하는 비즈니스에서 전체적으로 가장 돈을 잘 버는 사람들이다. 명백한 요소는 개별 컨설턴트들의 투입 시간 및 시간당 금액이다. 그러나 돈을 번다는 것은 또한 그리 화려하지 않은 경력을 지닌 컨설턴트들을 많이 사용하는 대규모의 컨설팅을 수주할 수 있다는 것을 의미한다. 이는 또한 다른 비용들을 낮추는 것을 의미한다. 그 결과 리스크 관리나 다른 분야에서 가장 성공적인 경영 컨설턴트들을 위한 일련의 전략들이 자연스럽게 발달되었다뱀 기름을 파는 방법을 보라.

– 뱀 기름을 파는 방법

1. **공포, 불확실성과 의심을 팔아라.** 어떤 것을 팔고자 할 때에도 공포fear, 불확실성uncertainty과 의심doubt (FUD)이 도움이 되지만, 이는 특히 리스크 관리 서비스를 파는데 도움이 된다. 모든 판매원들은 구매는 궁극적으로 감정적이며 FUD만큼 감정을 자극하는 것도 없다는 주문을 되풀이한다. 역사상 가장 비참했던 사건들에 대하여 자세한 내용을 말할 수 있는 능력이 핵심 기술이다. 듣는 사람들은 사실은 아무 것도 배우지 않았으면서도 뭔가를 배웠다고 생각할 것이다.
2. **"구조화된" 접근법을 팔아라.** 1~2주가 소요되는 컨설팅 서비스를 파는 것

은 일 년 또는 그 이상이 소요되는 서비스를 파는 것만큼이나 많은 노력이 필요하기 때문에 컨설팅을 팔려거든 오랜 기간이 소요되면서도 높은 보수를 정당화해 주는 것을 팔아라. 그렇게 하는 방법 중 하나는 당신이 많은 상세한 산출물이 있는 구조화된 접근법을 따른다고 말하는 것이다. 이러한 것들은 그 방법이 과학적인 방식으로 입증되었는지 여부에 관계없이 그 자체의 가치가 있는 것으로 인식된다. 대부분의 경영 컨설팅은 잠재 고객들에게 실제 내용이 없는 것으로 인식될 위험이 있다. 그들은 정확히 무엇을 얻게 될지 모른다. 구조화된 접근법을 갖고 있으면, 고객들에게 그들이 최소한 무언가 미리 정해진 산출물들을 갖게 될 거라고 말할 수 있게 해 준다. 이는 또한 이전에 해본 적이 있다는 인상을 준다. 구조화된 접근법은 실제로 컨설팅 팀의 개별 전문가의 경험만큼이나 권위가 있다. 이는 또한 주요 컨설팅 회사를 차별화시켜 주는 요소이기도 한데, 이는 오직 그들만이 상세한 방법을 개발할 자원을 보유하고 있기 때문이다.

3. **직관적인 접근법을 팔아라.** 그것이 효과가 있는지는 염려하지 마라. 무언가를 팔려면, 사려는 회사의 경영진이 이를 이해해야 한다. 보다 과학적인 것은 다 제쳐 두라. 컨설턴트들은 다른 모든 사람들과 마찬가지로, 공격을 방어하고 교의dogma의 수용을 보상해 주기 위해 자체 강화 신념 체계를 구축한다. 보다 정교한 계량적인 방법들은 아무리 적절하다 해도, 흔히 비실제적일 정도로 복잡하다거나 너무 이론적이라며 무시된다. 보다 과학적 근거를 갖춘 방법들은 이를 위한 절차 개발에 더 많은 비용이 소요되며 보다 특별한 기술을 지닌 컨설턴트들을 필요로 할 것이다이런 사람들은 아주 적다.

4. 괜찮다고 생각되는 것을 팔아라. 고객들은 대부분의 리스크 관리 방법에 있어서 진정한 가치와 위약僞藥 효과를 구분할 수 없을 것이다. 아래의 꼼수들이 가치가 있다는 느낌을 만들어 내는 듯하다.

- 아무리 억지스럽더라도 모든 것을 숫자로 전환하라. 경영진에게는 숫자가 더 친숙하게 들린다. 이를 스코어score라고 부르면 골프처럼 들릴 것이고, 경영진에게는 더 재미가 있을 것이다.
- 최소한 한 사람이라도 증거가 있으면, 입증된이라는 말을 마음껏 자유롭게 사용하라.
- "공감대 형성"을 위한 "촉진된 워크숍facilitated workshop"이라는 말을 많이 사용하라.
- 당신의 절차를 다른 프로세스나 기준과 "연결map"하는 거대한 매트릭스를 만들어라. 이 연결 지도의 용도가 무엇인지는 관계없다. 이를 위한 노력을 알아줄 것이다.
- 선택 사항: 이를 위한 소프트웨어 응용 프로그램을 개발하라. 만일 당신이 그들이 이해하지 못하는 장면 뒤에서 어떤 계산을 수행할 수 있으면, 이는 보다 더 마술처럼 보일 것이고, 따라서 더 정당화될 것이다.
- 선택사항: 소프트웨어 루트로 가게 될 경우, "거미줄 도형"이나 "물방울 차트"를 만들어라. 이는 보다 진지한 분석처럼 보이게 해 줄 것이다.

이렇게 한 결과 오늘날 가장 인기 있는 리스크 관리 방법론들은 보험 계리인, 엔지니어 및 재무 분석가들과는 완전히 분리되어 개발되었다. 이들 계량적인 방법에도 다소의 결함이 있기는 하지만, 어떠한 이론적 또는 경험적 분석에서도 경영 컨설턴트들에 의해 개발된 방법들이 가장 지지를 받지 못하고 있다. 경영 컨설턴트들이 개발한 구조화된 방법들은 그 방법론이 아무리 정교하고 상세하다 할지라도, 단순한 스코어링 방법에 기초를 두고 있을 가능성이 높다. 일부 소형 컨설팅 기관들은 대부분의 분야에서 이를 사이비 솔루션이라고 간주할, 간단한 스프레드시트 계산에 기반한 어설픈 변종들을 개발했다. 그러나 그들은 아직도 이를 파는 사업을 잘하고 있다.

또한 리스크 관리 솔루션을 올바른 기업 경영 소프트웨어, 특히 전사적 리스크 관리ERM에 의해 관리해야 될 문제로 보는 추세도 있다. ERM에 채택된 특정 방법은 어떤 소프트웨어가 사용되었는지에 관계없이 앞에서 논의한 보험 계리인, 전쟁 수리분석자, 재무 분석 도구들과는 별 관련이 없다. ERM에 채택된 방법들은 경영 컨설팅이나 때로는 IT 컨설팅에 의해 훨씬 많은 영향을 받았다. ERM 소프트웨어가 사용될 경우, ERM은 기관들이 데이터베이스에서 이미 수집하고 있는 모든 데이터를 수집하는 문제로 여겨지며, 단지 또 하나의 주요 소프트웨어 도구로 간주된다. 따라서 다른 분야에서 사용되는 계량적인 방법들은 결코 고려되지 않는다.

보다 부드러운 이 방법의 영향은 과소평가될 수 없다. 이 방법들이 모든 종류의 중요한 의사 결정에 사용된다. 이 방법들은 또한 존경 받는 표준 설정 기관들에 의해 장려된 "모범 관행"이 되었으며, 자신들은 최소한 관행을 따른다고 말하기를 원하는 전 세계의 기관들이 이를 재빨리 채택하였다. 아래에 어떤 계량적인 방법보다도 내가 설명했던 컨설팅 방법들과 더 많은 공통점을 갖고 있는 몇 가지 예를 제시한다.

- **정보 및 관련 기술을 위한 통제 목표**Control Objectives for Information and Related Technology: CobIT. 이는 정보 시스템 감사 및 통제 협회Information Systems Audit and Control Association: ISACA 및 IT 거버넌스 협회IT Governance Institute: ITGI에 의해 개발된 표준이다. 이 표준에는 IT 리스크에 대한 스코어링 방법이 포함되어 있다.
- **프로젝트 관리 지식체**The Project Management Body of Knowledge: PMBoK. 이 표준은 프로젝트 관리 협회Project Management Institute: PMI에 의해 개발되었다. CobIT와 마찬가지로, 이 표준은 프로젝트 리스크를 평가하기 위한 스코어링 방법을 포함하고 있다.
- **정보 기술 시스템을 위한 800-30 리스크 관리 가이드**The 800-30 Risk Management Guide for Information Technology Systems. 이는 전국 표준 기술 협회National Institute of Standards & Technology: NIST에 의해 개발되었다. 이는 발생 가능성 및 영향에 대한, 높음/중간/낮음에 기초한 또 하나의 스코어링 방법을 옹호한다.

모든 표준 설정 기관들은 스코어링 접근법에 기초한 상세한 방법들을 개발했다. 어느 기관도 더 나은 방법이 적용될 수 있다는 사실을 인식조차 하지 않는 듯하며, 조금이라도 더 과학적인 방법은 비실제적일 수밖에 없다고 가정한다. CobIT 접근법에 대한 기여자들 중 한 명은 내게 "실제 숫자는 구하기 불가능하기 때문에" 스코어링 방법만이 타당하다고 말했다. 나는 이 기관들 중 일부가 리스크 관리라는 특수 영역에서는 차치하고라도, 자신의 분야에서의 모범 관행을 대표하기까지 한다는 것을 믿기 어렵다. PMI 자신의 조직 프로젝트 관리 성숙도 모델Organizational Project Management Maturity Model: OPM3은 이 매뉴얼을 제작하는데 3년이 지연되었다고 말한다. 그런데, PMI는 과업을 어떻게 제때에 마치는지에 대한 최고의 프로젝트 관리 권위자이다.

다른 표준 설정 기관들은 특정 방법을 권고하지는 않지만, 보다 부드러운 스코어링 방법을 적정한 해법이라며 이를 명시적으로 눈감아 준다. 국제 표준 협회International Standard Organization: ISO 31000 표준은 단지 "분석은 상황에 따라 질적이거나, 부분적으로 계량적이거나, 계량적이거나 또는 이들의 조합일 수 있다"[24]고만 규정한다.

이 표준은 "가급적 후속 조치로서 보다 더 구체적이고 계량적인 리스크 분석을 수행해야 한다."고 덧붙이지만, 무엇이 "계량적인" 분석인지는 밝히지 않는다. 이는 이 표준 채택자들에게 많은 해석의 여지를 준다. 스코어링 방법들을 시행하기가 보다 용이하기 때문에, 이는 실제적으로는 그런 방법들이 이 표준을 준수하기 위해 채택되는 지배적인 접근방법이 될 것임을 보장한다.

"뱀 기름을 파는 방법"의 세 번째 요점이 나타내는 바와 같이 경영 컨설턴트들이 보다 더 정교한 방법들을 직면하게 되면, 그들이 보이는 자연스러운 반응은 이 방법에 대해 전혀 경험이 없는 경우에도 이 방법들이 실제적이지 않다며 기각하는 것이다. 나는 정부 계약자들에게 몬테카를로 시뮬레이션을 포함하여 리스크를 계산하기 위해 내가 사용하는 계량적인 방법들을 설명한 적이 있다.

IT 투자 관리에 관한 책을 공동으로 저술했던 한 컨설턴트는 이 아이디어를 기각하며 자신은 몬테카를로 시뮬레이션이 IT 프로젝트에 성공적으로 사용되는 것을 본 적이 없다고 말했다. 나는 내가 분석했던 대부분의 IT 투자에서 몬테카를로 시뮬레이션을 수행했는데, 그 당시까지 과거 12년 동안 50건이 넘는 리스크/수익 분석을 했음을 지적했다. 그는 당황해서 이후에는 입을 다물었다. 그는 얼마나 오랫동안 자신이 전혀 경험해 보지 않은 방법을 실제적이지 않다고 사람들에게 말하고 다녔을까? 동료들에 의하면 상당히 긴 시간이었다. 컨설팅에는 이러한 일이 흔하다. 누군가가 도전하지 않는 한, 당신이 이에 익숙하지 않다면 자신의 방법보다 복잡해 보이는 방법을 "비실제적"이라고 치부하는 것은 일리가 있다.

이 책의 많은 부분은 가장 정교한 방법들이 실상은 매우 실제적이며, 약간의 개선이 이루어지면 대부분의 주요 의사 결정에 사용되는 것이 정당화될 수 있다고 주장한다. 동시에, 나는 인기가 있지만 비효과적인 스코어링 방법이 아무리 실제적으로 보일지라도 사용을 중단하라고 주장할 것이다.

기수들의 비교

"4인의 기수"들은 관련이 있는 경우도 있지만, 서로 다른 네 부류의 리스크 관리 방법을 대표한다. 이들 모두 서로 다른 도전 과제들을 갖고 있는데, 그 중 일부는 더 많은 과제들을 갖고 있다. 보기 4.2는 이 이슈들을 요약해 보여 준다.

기수	이용자/용도	간략한 설명	도전 과제
보험 계리인	대부분 보험회사 및 연금(일부는 다른 영역으로 가지를 넓히고 있음).	고도로 규제되고 구조화된 프로세스, 확립된 방법 위에 세워지며, 보수적임.	(새로운 방법 등을) 늦게 받아들이는 경향이 있음. 다른 리스크를 다루는 데 있어서는 권위가 없음.
전쟁 수리분석자	엔지니어, 소수의 비즈니스 분석가 및 일부 재무 분석가.	리스크 관리 문제를 엔지니어링 문제로 보는 경향이 있음. 상세한 시스템의 구성 요소들 및 그들의 상호 관계가 모델링됨.	주관적인 입력 자료가 요구될 때, 알려져 있는 체계적(systemic) 오류들이 조정되지 아니함. 경험적 분석은 좀처럼 모델링에 통합되지 아니함.
경제학자	재무 분석가, 비금융 부문의 투자(프로젝트, 설비 투자 등)에 적용되기도 함.	(예외가 있기는 하지만)구조화된 상세한 모델 대신 과거 데이터의 통계적 분석에 집중함.	여전히 극단적인 시장의 변화에 관해 오류라고 알려진 가정을 함. 구조화된 모델을 회피하거나, 그러한 모델들을 불가능한 것으로 보는 경향이 있음.
경영 컨설턴트	위에 열거되지 않은 거의 모든 사람.	대부분 경험에 기반함. 많은 컨설턴트들이 상세하고 문서화된 분석 절차를 갖고 있음. 스코어링 방법을 사용함.	방법들이 타당성 검증을 받지 아니함. 주관적인 입력 사항들로 인해 오류가 들어오고, 스코어링 방법에 의해 더욱더 확대됨.

[보기 4.2] "4인의 기수"들에 대한 요약

다른 분야에도 인상적인 인물들이 있지만, 보험 계리 분야는 공식적이고 전문적인 표준과 윤리를 갖고 있는 분야이다. 보험 계리인들은 궁극적으로는 다른 분야로부터 최상의 계량적인 방법들을 받아들이는 경향이 있지만, 불행히도 AIG가 보여 준 바와 같이, 가장 큰 리스크들은 종종 보험 계리인들의 법률적 및 전문적 책임 영역밖에 놓이게 된다.

PRA 및 전쟁 수리분석자들로부터 물려받은 다른 방법들을 사용하는 핵 엔지니어 등은 최상의, 그리고 가장 과학적인 접근법을 갖고 있을 수 있다. 그러나 그들에게도 다소의 오류가 있으며, 그들의 강력한 방법들은 아직도 난해하며 이용하기 너무 어렵다고 여겨진다. 이러한 단점을 극복할 수 있는 방법과 도구가 있기는 하지만, 대부분의 리스크 분석가들은 이를 알지 못한다.

일부 재무 분석가들은 이례적으로 재능이 있는 수학자이자 과학자인 반면, 그들이 사용하는 재무 모델들의 많은 기본 가정들은 검증을 받지 않는 듯하다. 누군가가 보다 상세한 PRA의 모델링 접근법을 구축했더라면, 2008/9년의 금융 위기를 초래했던 공통 모드 장애와 연쇄 효과와 같은 것들이 이 방법에 의해 사전에 포착되었을 것이다또는 누군가가 구축했을지라도, 경영진에게 영향을 주지 못했을 수도 있기는 하다. 그렇게 하는 대신에 재무 모델들은 이러한 종류의 시스템 실패를 무시하는, 시장에 대한 간단한 통계적 설명을 사용한다.

마지막으로, 경영 컨설턴트들은 중요한 모든 리스크 관리 학파 중 가장 부드럽고, 손쉬우며, 성공적으로 팔리고 있다. 불행하게도, 그들은 또한 리스크 관리 과학으로부터 가장 멀리 떨어져 있으며, 도움이 되기보다는 해를 끼치고 있을지도 모른다.

다루어져야 할 주요 리스크 관리 문제들

이 책의 나머지 부분에서는 이러한 4가지 학파들이 당면하고 있는 문제들을 분석하고 이를 시정하기 위한 방법들을 제안할 것이다. 이에 관한 7개의 도전 과제들이 아래에 요약되어 있다. 이 중 처음의 5개 사항은 이 책의 2부실패 원인의 나머지 부분에서 다루어진다. 마지막 2개 사항은 이 책의 마지막 부분인 3부에 도달할 때까지 미뤄두기로 한다.

-리스크 관리에 대한 7가지 도전 과제

1. **리스크의 개념에 대한 혼란** 리스크 관리의 다양한 전문가들 사이에서 분석가들과 관리자들은 리스크라는 말로 매우 다른 것들을 의미한다. 보다 협력을 잘하는 것이 해법의 일부가 될 수 있기 때문에, 우리는 같은 악보를 보고 있을 필요가 있다.
2. **리스크에 대한 주관적인 판단에 있어서 완벽하게 피할 수 있는 인간적 오류들** 대부분의 리스크 평가 방법은 최소한 어느 정도의 전문가의 주관적 판단에 의존해야 하지만, 특별히 주의하지 않으면, 전문가들은 불확실성과 리스크에 대한 판단에 있어서 놀랍게도 일관적인 유형의 오류를 범한다. 연구 조사 결과들은 사람들이 저지르는 특정한 체계적 오류들을 시정할 수 있음을 보여 주고 있지만, 이러한 오류를 시정하는 사람들은 극소수에 지나지 않으며, 그 결과 거의 모든 분야에서 리스크를 과소평가하게 된다.
3. **완전히 비효과적이지만 인기 있는 주관적 스코어링 방법** 스코어링 방법에서 만들어지는 많은 임의의 규칙들과 값value들은 주관적인 리스크 평가의 문제들위의 2를 보라을 고려하지 못할 뿐 아니라, 자신들의 오류까지 도입하며 실제로 보다 열악한 의사 결정을 내리게 할 수도 있다. 대규모의 중요한 의사 결정은 모두 스코어링 방법이 아닌 다른 접근 방법으로 더 잘 지원될 수 있다.

4. **더 나은 기존 방법들의 사용을 가로 막는 오해들** 경험이 있는 일부 리스크 분석가들조차도 더 나은, 정교한 방법들이 효과가 없을 거라 주장함으로써 비효과적인 방법의 사용을 방어한다. 그러나 이러한 주장들은 계량적인 리스크 분석의 특성에 대한 근본적인 오류에 기초하고 있다.
5. **가장 정교한 모델에서도 반복되는 오류들** 대부분의 보다 계량적인 방법 사용자들은 모델의 결과와 과거 데이터의 비교를 통한 자신의 모델의 신뢰성 측정을 시도하지 않는다. 널리 사용되는 계량적인 모델링 도구들에 대한 품질관리는 대개 존재하지 않으며, 실제 관측치를 사용하는 경우는 너무도 드물다. 이들은 모두 피할 수 있는 문제들이며, 더 나은 리스크 분석 방법 사용에 대한 장애물로 여겨져서는 안 된다. 일부 분석가들은 자신의 모델이 권위와 "진리"의 수준에 도달했다고 생각하는데, 이는 전혀 정당화되지 않는다. 절반쯤 이해된 모델들이 다양한 상황에 잘못 적용된다.
6. **조직의 요인** 동일한 조직 내와 기관들 사이에서 리스크 분석을 불필요하게 격리하면, 중요한 공통적인 리스크와 관계들이 지나치게 전문화된 모델에서 무시당하게 된다.
7. **비생산적인 인센티브 구조** 더 나은 의사 결정을 내리고 리스크를 더 잘 관리하도록 할 인센티브가 향상되지 않는다면, 어떤 리스크 관리 방법을 사용하는지는 중요하지 않을 것이다. 대부분의 임원들의 상여금 계산에서 리스크 최소화는 고려 요소가 아니다. 전문가들에게는 신뢰할 만한 예측을 할 인센티브가 주어지지 않았으며, 과거의 예측을 실제 관측치와 대조 확인할 인센티브가 거의 없다. 2장의 조사들이 설명한 바와 같이, 핵심적인 동기 중 하나는 법규 준수 및 소위 모범 관행의 사용

이다. 만일 어떤 배가 가라앉을 경우, 선장은 최소한 자신은 확립된 절차를 따랐다고 말할 수 있다. 이는 선장의 입장에서는 비합리적인 동기가 아니지만우리는 모두 비난 받는 리스크를 줄이려 한다, 승객의 눈에는 적정하지 않을 수도 있다.

5
바벨의 상아탑:
리스크에 관한 혼란 바로잡기

소통을 하려면 눈높이를 맞춰라.
–볼테르(Voltaire)

리스크의 개념이나 심지어 리스크라는 단어 자체까지도 이 주제에 대한 전문가 사이에서도 상당한 혼란의 근원이 되고 있다. 리스크 및 리스크 관리에 대해 깊게 뿌리 박혀 있고 상호 배타적인 여러 아이디어들이 있기 때문에 조금이라도 더 진전을 이루려면 이 차이들을 해소해야 한다.

리스크라는 단어가 무엇을 의미하는지에 대한 합의는 상대적으로 단순하며, 오래전에 해결되었어야 한다고 생각할 수도 있다. 사실이 그러하다면 얼마나 좋을까. 전문가들 사이에서 많은 정의가 등장했다. 설상가상으로, 자신이 리스크라는 말을 다른 사람들과는 다른 의미로 사용하고 있다는 사실조차 모른 채 다른 리스크 전문가들과 명확하게 의사소통하고 있다고 오인할 수도 있다. 리스크 관리에 관해 깊이 논의하기 전에 우리가 사용하는 단어와 개념을 견고한 기반 위에 올려놓을 필요가 있다. 먼저, 리스크라는 단어가 서로 다른 분야에서 어떻게 사용되고 있는지에 관한 몇 가지 혼란을 걷어 내기로 하자. 1장에서 리스크에 대한 분명한 정의를 제공했지만, 여기에서 다시 언급할 가치가 있다. 이곳에서는 리스크와 관련된 불확실성이라는 개념을 명확히 하고 이들 용어의 질적qualitative 및 계량적quantitative 사용에 대해서도 구분하기로 하자이는 내가 전에 쓴 책 『How to measure anything: Finding the Value of Intangibles in Business』에서 내렸던 구분과 동일한 구분임을 주목하기 바란다.

이러한 정의는 사실상 보험업 및 다른 유형의 전문가 집단 및 연구 분야에서 사용되고 있을 뿐 아니라, 일반 대중이 이 용어를 사용하는 의미와도 가장 가깝다. 이 용어의 사용에 있어서 리스크 전문가들은 일반 대중들보다는 다소 정밀할 필요가 있지만, 이 정의들은 모든 주요 영어 사전들이 제공하는 정의들과도 완벽하게 일치한다.

그러나 리스크 관리자는 이 특수한 정의가 널리 채택되지 않는다는 점을 알 필요가 있다. 리스크 전문가와 학자들 사이에서도 용어의 정의에 대한 합의가 이루어져 있지 않다. 어떤 사람들은 자기 자신의 용어를 사용하면서, 다른 전문가들도 다른 정의들에 대해 그렇게 하고 있다는 사실을 모른 채, 자신들의 정의가 "공식적"이라거나 전문가들 사이에서 "받아들여지고" 있다고 주장할 것이다. 리스크 관리자는 다른 정의 및 그 출처, 그리고 우리가 왜 그 정의를 사용할 수 없는지에 대해 숙지할 필요가 있다.

불확실성과 리스크, 그리고 각각의 측정

- 불확실성. 완벽한 확실성의 결여. 즉, 복수의 가능성의 존재. "진정한" 결과/상태/값 등이 알려져 있지 아니함.
  - 불확실성 측정. 일련의 확률 사건들에 대한 일련의 확률들의 할당. 예를 들어, "내일 비가 올 확률은 60%이고, 비가 오지 않을 확률은 40%이다."
- 리스크. 손실, 상해, 재앙 또는 기타 바람직하지 않은 결과를 가져올 가능성이 있는 불확실성의 상태.
  - 리스크 측정. 계량화된 확률 및 계량화된 손실을 지니는 일련의 가능성들. 예를 들어, "제안된 유전에 석유가 매장되어 있지 않아서 시추 비용으로 1,200만 달러의 손실을 초래할 가능성이 40%이다."

프랭크 나이트의 정의

『리스크, 불확실성 및 이익』1921이라는 책을 쓴 프랭크 나이트Frank Knight는 20세기 초의 영향력 있는 경제학자였다. 1917년의 그의 박사 학위 논문을 확장한 이 책은 많은 경제학자들에게 고전으로 여겨지게 되었다. 이 책에서 나이트는 불확실성과 리스크를 다음과 같이 구분하였는데, 이 구분은 오늘날에도 많은 학자들과 전문가들에게 영향을 주고 있다.

> 측정할 수 있는 불확실성과 측정할 수 없는 불확실성을 구분하기 위하여, 전자에 대하여는 "리스크"라는 용어를, 그리고 후자에 대해서는

"불확실성"이란 용어를 사용할 수 있다.

나이트에 의하면, 다양한 결과들의 확률을 계량화할 수 없을 때에는 불확실성에 직면해 있는 것이고, 리스크는 일어날 수 있는 다양한 결과들의 발생 가능성을 알 수 있을 때에 적용된다. 그러나 나이트의 정의는 과거에도 일반적인 용례用例 및 보험, 통계, 엔지니어링, 공공의 건강 및 리스크를 다루는 사실상의 다른 모든 분야에서 실제로 사용되는 의미에서 크게 벗어났으며, 현재에도 크게 벗어나 있다.

첫째, 나이트는 손실 가능성이 리스크가 의미하는 바의 일부라는 점을 전혀 언급하지 않는다. 이 정의는 우리가 리스크에 대해 필요로 하는 모든 것은 결과들outcomes의 확률을 계량화할 수 있다는 것이라고 말하지만, 이는 모든 분야에서 사용하는 거의 모든 용례의 의미와 어긋난다. 나이트의 정의에서는 이 결과들 중 어떤 식으로든 바람직하지 않은 결과가 발생할 수 있는지 여부는 관련이 없다.

둘째, 불확실성에 대한 나이트의 정의는 다양한 결과들에 확률을 적용함으로써 "불확실성을 계량화하기"에 대해 말하는 연구자들과 전문가들에 의해 일상적으로 반박되는 듯하다. 사실상 나이트의 리스크에 대한 정의는 대부분의 다른 사람들이 불확실성이라 부르는 것이다.

나이트는 책의 서문을 다음과 같이 시작한다. "이 책에 근본적으로 새로운 것은 거의 없다." 그러나 불확실성과 리스크에 관한 그의 정의는 아주 새로울 뿐만 아니라 사실상 유례없는 주장이다. 나이트가 아직까지도 리스크를 불확실성과 구분하는 적절한 정의가 없다고 믿었던 점으로 볼 때, 그도 틀림없이 자기가 신천지를 개척하고 있음을 알고 있었을 것이다. 그는 같은 책에서 이렇게 썼다. "불확실성은 어떤 면에서는 리스크에 대한 익숙한 정의로부터 적절히 분리된 적이 없던 것으로부터 철저하게 구분되어야 한다."[25]

실제로는, 이미 많은 분야에서 이 용어들을 매우 일관되고, 때로는 수학적으로 모호하지 않은 방식으로 사용하고 있었다. 경제학에서도 일반적으로 불확실성은 확률에 의해 계량적으로 나타내어질 수 있으며 리스크는 손실을 포함해야 한다는 점이 이해되고 있다. 경제학 잡지에서 인용한 아래의 구절을 읽어 보라. 하나는 나이트의 책이 출판된 직후에 나온 것이고, 다른 하나는 그보다 훨씬 이전에 나온 것이다.

- "그렇다면 확률은 명백히 **불확실한** 강조는 저자가 첨가함 판단에 관련된다."[26]
- "리스크라는 말은 경제학에서 어떠한 기술적 의미도 부여 받지 못했다. 그러나 여기서는 **다른 곳에서와 마찬가지로**강조는 저자가 첨가함 피해 또는 손실 가능성을 의미한다."[27]

첫 번째 인용문은 경제학, 수학 및 통계학에서 하나의 수치quantity로 널리 이해되고 있는 용어인 확률이 판단에 있어서의 불확실성에 적용되는 그 어떤 것이라고 말한다. 두 번째 인용문은 리스크가 일반적으로 손실 가능성으로 이해되고 있음을 인정한다.

내가 앞에서 리스크와 불확실성에 대해 제시한 정의들은 나이트가 그의 책을 쓰기 훨씬 이전에 수학, 특히 확률 게임과 관련하여 일관되게 사용되어 왔다. 1900년도 이전에, 베이즈Bayes, 포아송Poisson과 베르누이Bernoulli는 불확실성을 확률로 계량화함으로써 표현되는 것으로 설명하였다. 이는 나이트가 불확실성이라는 말을 측정할 수 없는 그 무엇으로 사용하는 것과 정면으로 배치된다. 그리고 1900년도 이전의 불확실성의 측정에 관해 책을 한 권 쓸 수 있을 정도로 이에 관한 사례가 많이 있다. 다행히도, 어떤 사람이 이미 그 일을 해 줘서 나는 그럴 필요가 없다스테펜 스트길러Stephen Stigler, 통계학의 역사: 1900년도 이전의 불확실성 측정, 하버드 대학교 출판부, 1986년.

나는 도박 심리학이 분야에서도 불확실성이 계량화된다 분야에서 불확실성에 대한 아주 재미있고 짧은 정의 하나를 접하게 되었다. 클레멘스 J. 프랑스Clemens J. France는 1902년에 미국 심리학 저널에 게재한 「도박의 충동」이라는 그의 논문에서 불확실성을 "미결정 상태a state of suspense"라고 정의했다. 불확실성에 대한 도박에서의 이러한 개념이 아주 보편적으로 사용되어서, 이 개념이 1903년의 「국제 윤리 저널」에도 등장한다. "어느 정도의 불확실성, 따라서 이 리스크를 감수하려는 자세가 내기bet에는 필수적이다."[28]

나이트가 그의 정의를 제안한 직후에도, 다른 분야에서는 계속해서 불확실성을 측정하였으며 리스크를 손실이나 부상 가능성으로 다루었다. 1925년에 베르너 하이젠베르크Berner Heisenberg는 유명한 불확실성 원리를 개발했는데, 여기서 그는 한 입자의 위치와 속도의 불확실성의 최소값minimum uncertainty을 측정하였다. 불확실성 하에서의 의사 결정을 다룬 수학자들은 계속해서 불확실성과 리스크를 우리가 정의한 바와 같이 정의했다. 또한 보험업계도 나이트가 제안한 다른 정의에 전혀 아랑곳하지 않고 그들이 해 오던 대로 비즈니스를 계속 수행했다.

간단한 테스트를 해 보면 불확실성이라는 단어에 대한 나이트의 정의는 우리가 이 말을 상식적으로 사용하는 것과 다르다는 것을 보여 줄 것이다.

1. "동전을 한 번 던질 때, 동전을 던지기 전에는 그 결과가 불확실하겠는가?"
2. "뒷면이 나올 확률은 얼마인가?"
3. "당신이 동전 던지기나 다른 여하한 방식으로든 동전 던지기와 유사한 방식의 결과에 대해 아무 것도 걸지 않는다고 가정하자. 그럴 경우 당신은 이 동전 던지기에 리스크를 갖고 있는가?"

거의 모든 사람은 "예, 50%, 아니오"라고 대답할 것이다. 나이트의 정의대로라면 "아니오, 50%, 예"라고 대답해야 할 것이다. 위의 2번 질문에 대한 답은 그 확률을 측정할 수 있음을 시사하기 때문에, 거의 모든 사람들이 동전 던지기의 결과가 불확실하다고 말함에도 불구하고, 나이트는 동전 던지기는 불확실하지 않다고 해야만 할 것이다그는 불확실성은 측정할 수 없다고 말한다. 또한 동전 던지기는 리스크에 대한 그의 유일한 기준확률을 계산할 수 있다는 기준을 만족시키기 때문에, 결과에 아무 이해관계가 없을 경우 우리들 대부분은 리스크가 없다고 말하게 될 것임에도 불구하고 그는 위의 3번 질문에 "예"라고 답해야 한다.

나이트의 정의는 많은 리스크 관리 전문가들의 정의와 상당히 다르지만, 오늘날에도 이 주제에 대해 영향을 주고 있다. 나는 갓 박사PhD 학위를 받은 어떤 사람과 접촉하고 있었는데, 그는 주요 정부 프로그램에서 자신이 "계량 전prequantitative" 리스크 분석이라 부르는 것을 수행했었다.

리스크에 대해 토의하는 동안에, 우리는 다른 용어를 사용하고 있음이 명백해졌다. 그는 나이트가 그랬던 것처럼, 불확실성을 측정할 수 없는 무작위無作爲라는 의미로 사용하고 있었다. 그는 특별히 나이트를 지칭하지는 않았지만, 그것이 보편적인 용법이 아님에도 불구하고, "문헌들에 그렇게 정의된다"고 주장했다. 그는 이에 대한 증거로, 의사 결정 과학에서 상당히 중요한 글인 판단과 의사 결정: 많은 학문 분야에 관련이 있는 독자Judgment and Decision: An Interdisciplinary Reader의 편집자들이 제안한 정의를 인용했는데, 그들은 이 용어를 나이트처럼 정의했다.[29] 나는 우연히 그 책을 가지고 있었는데, 5분도 안 되어서 같은 책의 다른 논문에서 불확실성이 어떻게 "확률의 관점에서 표현되는지"에 대해 논의하는 다른 논문Fischhoff, 362쪽을 발견했다. 그것은 내가 발견한 거의 모든 다른 자료들과 일치했다.

나이트 자신도 이 용어들에 대한 자신의 정의는 보편적으로 사용되는 정의와 다르다는 점을 알고 있었다. 그러나 어떤 이유에서인지, 리스크와 불확실성 모두를 계량화했던 이전의 많은 연구들에도 불구하고, 그는 리스크의 본체proper를 정의할 필요를 느꼈다. 불행하게도, 나이트의 관점이 많은 경제학자들과 경제학자가 아닌 사람들에게 큰 영향을 주었으며, 현재까지도 리스크 관리의 진전에 혼란을 조성하고 있다. 그러니 그 정체를 분명히 하자. 즉, 큰 실수였다고 말이다. 이럴 경우 전설적인 경제학자의 팬들은 나를 이단자라 낙인찍겠지만이보다 더 한 일을 당할 수도 있을 것이다, 그것은 잘못된 생각이었으며, 아무 것도 명확히 해 주지 않았다.

리스크를 변동성으로 보는 견해

금융계에서는 변동성volatility, 분산variance, 그리고 리스크가 거의 동의어로 사용된다. 가령, 어떤 주식의 가격이 큰 폭으로, 그리고 자주 변할 경우, 그 주식은 변화가 심하고, 따라서 위험하다고risky 여겨진다. 이는 때로는 현대 포트폴리오 이론MPT으로 노벨 경제학상을 받은 해리 마코위츠와 관련되기도 한다. 4장에서 간략히 설명한 바와 같이, MPT는 합리적인 투자자라면 해당 포트폴리오에 대해 최선의 리스크와 수익을 가져다주는 방식으로 포트폴리오 내의 개별 투자들을 어떻게 선택할지를 정의하려 한다.

실제로 마코위츠는 결코 명시적으로 그러한 정의를 장려하지 않았다. 그는 단지 대부분의 재무 논문들에서 일반적으로 "만일… '리스크'가 '수익의 분산'으로 대체된다 해도, 명백한 의미에 큰 변화를 가져오지 않을 것이다"라고 했을 뿐이다. 그는 변동성을, 리스크와 마찬가지로, 수익이 충분히 높을 경우 받아들일 수 있는 어떤 것으로 취급한다. 그러나 실제로는, MPT를 사용하는 분석가들은 흔히 수익의 역사적 변동성을 리스크와 동일시한다.

역사적으로 높은 수익 변동성을 지니는 주식은 위험한 주식일 수도 있다는 것이 사실이기는 하지만, 이것이 내가 앞에서 제안한 정의들과 어떻게 다른지에 대해 주의해야 한다. 첫째그리고 이는 너무도 명백해서 거의 언급할 가치조차 없는 것처럼 보일 수도 있다, 주식의 변동성은 당신이 그 주식을 보유하고 있을 때에만 당신에게 위험하다. 나는 대개 슈퍼볼의 결과에 대해 전혀 확신할 수 없지만특히 내가 여기에 별 관심을 두지 않기 때문에 그렇다, 내가 거기에 돈을 걸지 않는 한, 내게는 아무런 리스크도 없다.

둘째, 내게 약간의 이해관계가 있는 경우라 할지라도, 변동성이 반드시 리스크와 동일시되는 것은 아니다. 예를 들어, 주사위를 한 번 굴려서 어떤 결과가 나오든 내가 그 숫자에 100달러를 곱해서 당신에게 그 금액을 준다고 가정하자. 따라서 당신은 주사위를 한 번 굴릴 때 100달러에서 600달러를 받는다. 당신이 이 게임을 하고 싶으면 내게 100달러만 내면 된다. 주사위 굴리기의 결과에 불확실성즉, 분산 또는 변동성이 있는가? 그렇다. 당신은 이 게임에서 돈을 한 푼도 벌지 못할 수도 있고 500달러를 벌 수도 있다. 당신에게 리스크가 있는가? 아니다. 당신은 밑져야 본전이고, 손해를 볼 가능성이 전혀 없다.

물론, 시장에서는 일반적으로 그런 게임은 존재하지 않으며, 그래서 변동성이 리스크와 동의어로 쓰일 수도 있겠다는 점을 이해할 만하기는 하다. 활발하게 거래되는 시장에서는 그런 게임의 가격은 최소한 어느 정도의 손실 가능성이 있을 때까지 "올라가게bid up" 될 것이다. 내가 이 동일한 게임을 당신에게만 제안하는 것이 아니라, 누구든 가장 높은 가격을 주는 사람에게 제안한다고 가정하자. 여러 사람들 중에서 누군가는 주사위를 한 번 굴릴 때 100달러보다는 더 높은 가격을 지불할 가능성이 높으며, 그럴 경우 그 사람은 손실을 입을 가능성을 받아들이게 될 것이다. 시장은 결과에 대한 불확실성이 높은 투자의 비용이, 손실을 입을 가능성, 따라서 그에 투자하려는 사람에 대한 리스크가 생기게 될 정도로 충분히 높아지게 할 것이다.

그러나 금융시장에서 통하는 것이 한 회사의 경영에 대한 투자를 다루는 관리자들에게 항상 적용되는 것은 아니다. 만일 당신에게 회사 건물을 위해 더 좋은 단열 창에 투자할 기회가 있다면, 당신은 손쉽게 투자 금액 이상의 비용을 절약할 수 있을 것이다. 에너지 비용은 불확실하지만, 장래의 에너지 비용이 현재보다 낮다면, 당신은 새로운 창이 비용 면에서 효율적이지 않다고 판단할 수 있다. 이것과 주식 사이의 차이는 이 투자에는 당신과 경쟁할 기회를 지니는 보다 넓은 시장이 없다는 점이다. 당신은 이 투자를 할 배타적인 권리를 가지고 있으며, 다른 투자자들은 이 가격을 끌어 올릴 수 없다궁극적으로는 창의 가격이 수요에 의해 인상될 수는 있지만 말이다.

투자의 기대 수익이 너무 작아서 조금만 변동성이 있어도 이 투자가 바람직하지 않게 될 수 있는 경우, 변동성이 거의 없는 투자도 위험할risky 수 있다. 당신은 아마 그러한 투자를 거절하겠지만, 시장에서는 누군가에게는 매력적이 될 때까지 그 투자의 가격이 내려갈 것이다.

요약하자면, 변동성은 그 결과의 일부가 손실과 관련이 있을 때에만 리스크를 수반한다. 리스크에 대한 우리의 정의는 해당 투자가 시장에서 거래되든 또는 경영상의 투자가 한 회사의 경영진에게만 배타적으로 제공되든 어느 곳에나 잘 적용된다.

건축 공학에서의 정의

나는 공학 건축 업계에서 리스크 분석에 대한 컨설팅을 하고 있을 때 리스크라는 용어가 또 다른 의미로 사용되는 것을 목격했다. 기술자들은 종종 공학 프로젝트의 비용에 범위를 설정하는데, 그들은 이를 분산 모델variance model이라 부른다. 건축 기간 동안에 철강 가격이 변할 수 있으므로, 그들은 이에 일정한 범위를 두어야 한다. 다양한 노무비勞務費 범주의 시간급이나 각각의 범주에 대한 노동력 투입량에 대해서도 마찬가지였다. 이러한 항목들에 대한 불확실성은 "이 노무비 항목의 내년도 비용은 시간당 40달러에서 60달러가 될 것이다" 또는 "이 구조를 완성하는 데에는 75일에서 95일이 소요될 것이다"와 같은 범위로 고려되었다.

이에 대해서는 충분히 수긍할 만하다. 그러나 그들은 이를 해당 프로젝트의 리스크로 여기지 않았다. 별도의 "리스크 모델"은 "현장 사고 발생으로 작업이 중단될 확률이 10%이다" 또는 "전기 기술자들이 파업할 확률이 20%이다"와 같이 일어날 수도 있고 그렇지 않을 수도 있는 특정 사건들의 목록이었다. 리스크를 이와 같이 정의하면 불확실성의 원천이 범위인지 특정 사건인지에 따라 리스크를 임의로 구분하게 된다.

내가 리스크에 대해 제안하는 정의에서는 철강 가격 및 노무비가 예상보다 훨씬 높아지는 것은 리스크에 대한 정당한 원천이 될 것이다. 건축 프로젝트에는 상당한 기대 효용이 있는 바, 비용 상승 및 공기工期 지연이 이 효용을 갉아 먹고 심지어는 해당 프로젝트를 순 손실이 되게 할 수도 있다. 일부 불확실한 결과는 손실로 귀결되기 때문에 그러한 손실 가능성만을 리스크라 부를 필요가 있다.

리스크를 예상 손실로 보는 견해

나는 때로는 리스크를 "불행한 사건이 일어날 확률 곱하기 그러한 사건이 일어났을 때의 비용"으로 정의하는 것을 접하게 된다. 나는 이러한 용례를 원자력, 많은 정부 기관 및 때로는 IT 프로젝트에서 만나 보았다. 특정 사건의 확률과 해당 사건 발생 시의 손실을 해당 사건의 예상 손실이라 부른다.

의사 결정 과학에 낯선 독자들은 리스크 분석가들이나 의사 결정 과학자들이 예상expected이라는 말을 사용할 때, 그들은 "확률 가중 평균"을 의미한다는 점을 주의하여야 한다. 예상 손실은 각각의 가능한 손실의 확률에 손실의 크기를 곱하여 이를 합계한 수치이다이 수치는 가장 가능성이 높은 손실액과는 매우 다를 수도 있다.

이 정의는 바른 길로 잘 가다가 불필요하게 방향을 틀었다. 이 정의는 불확실성을 측정할 수 있다는 점과 리스크가 있으려면 손실이 필요함을 인식한다. 그러나 이 정의는 의사 결정자에 관한 불필요한 가정을 필요로 한다. 이 정의는 의사 결정자를 대부분의 사람들이 그렇듯이 "리스크를 싫어하는" 존재로 보지 않고 "리스크에 대해 중립neutral"인 것으로 가정한다. 리스크 중립적인 사람은 언제나 어느 것에 대해서든 예상 가치, 즉 모든 결과들의 확률 가중 평균과 동일한 가치를 부여한다. 예를 들어, 당신이라면 다음 중 어느 것을 선호하겠는지 생각해 보라.

- 동전 던지기에서 앞면이 나오면 당신이 2만 달러를 받고, 뒷면이 나오면 당신이 1만 달러를 지불하는 경우
- 무조건 당신이 5천 달러를 받는 경우

리스크에 중립적인 사람에게는, 양쪽 모두 동일한 예상 가치를 갖고 있기 때문에, 이들은 동등하다앞의 경우의 예상 가치는 (\$20,000× ×0.5) + (−\$10,000×0.5) = \$5,000이다. 그러나 대부분의 사람들은 리스크에 대해 중립이 아니기 때문에, 예상 손실만을 계산하고 이를 사람들의 리스크 선호preference와 동등하게 보는 것은 주제넘은 일이다.

그런데 왜 리스크를 하나의 수치로 축소시켜야 하는가? 관리자가 주어진 리스크에 어떤 가치를 부여하는지즉, 관리자가 이를 피하기 위해 얼마를 지불할 용의가 있는지는 관리자의 리스크 혐오도aversion에 좌우된다. 그런데, 이는 단순히 관련 사건의 확률 및 손실을 아는 것만으로는 결정할 수 없다. 위의 예에서 확실한 지불액이 2천 달러라면 양자가 동등하다고 생각하는 사람이 있을 수도 있다. 또 어떤 사람들은 1만 달러의 손실을 피하기 위해, 동전을 던지지 않아도 된다면 기꺼이 일정 금액을 지불하려 할 수도 있다. 리스크 회피의 계량화에 대해서는 나중에 언급할 것이다.

대신에, 리스크를 혐오하는 의사 결정자가 활용할 때까지 이를 각각의 분리된 구성 요소 그대로 놓아 둘 수 있다. 벡터량vector quantity은 둘 이상의 차원dimension으로만 묘사될 수 있는 양인데, 물리학에서는 흔한 개념이다. 질량이나 전하電荷와 같은 단일 차원인 양들은 "질량 11.3킬로그램" 또는 "전하 0.005쿨롬"과 같은 하나의 숫자로 표현된다. 그러나 속도나 각 운동량angular momentum과 같은 벡터량은 이들을 완전히 묘사하려면 크기 및 방향 모두를 필요로 한다.

물리학에서 벡터량과 마찬가지로 우리는 손실의 크기 및 손실의 가능성을 하나의 숫자로 압축시킬 필요가 없다. 각각의 확률과 손실을 갖고 있는, 훨씬 더 많은 가능한 결과들이 있을 수 있다.

많은 부정적인 결과들이 있고, 그 결과들이 각자 손실 확률 및 크기를 갖고 있다면, 데이터 표 전체가 리스크이다보기 5.1을 보라. 물론, 손실 및 확률들은 연속된 값을 갖고 있는 경우가 흔하다. 주요 설비에서 화재가 발생할 경우, 가능한 손실 범위가 있고, 각각의 범위에 이와 관련한 확률이 있다.

사건	확률	손실
완전한 프로젝트 실패	4%	5백만 – 12백만 달러
부분적 프로젝트 실패	7%	1백만 – 4백만 달러

(표 전체가 리스크 벡터이다–이는 하나의 리스크 수치로 압축되지 않는다)

[보기 5.1] 벡터량으로 표시된 프로젝트 실패 리스크의 예

리스크를 "확률/가능성 및 크기/금액/위험의 심각성/피해/손실/부상"이라고 말하는 정의는 모두 묵시적으로 리스크를 하나의 벡터량으로 취급하는 것이다인터넷을 검색해 보면 과학 논문 등에서 그러한 정의를 상당히 많이 보여 줄 것이다. 이 정의는 단순히 리스크가 확률 및 그 결과라고만 말하며, 이들이 반드시 곱해져야 한다고는 말하지 않는다.

리스크를 좋은 것으로 보는 견해

대부분의 사람들이 리스크를 무언가 부정적인 결과를 가져올 수 있는 것을 일컬을 때 사용한다는 점은 명백하다. 그런데 리스크가 좋은 일이 일어날 가능성을 의미할 수 있을까? 참으로 희한하게도, 프로젝트 관리라는 신흥 직업에서는 리스크를 이런 의미로 사용하는 사람들도 있다.

프로젝트 관리 협회PMI에서 발간한 "프로젝트 관리 지식체PMBoK"에 대한 가이드 2000년 판은 프로젝트 리스크를 "발생할 경우 프로젝트 목표에 **긍정적 또는 부정적**강조는 저자가 덧붙였음 영향을 주는 불확실한 사건 또는 상태"라 정의한다.

이 정의는 프로젝트 관리 분야의 많은 사람들에게 인정받는다. PMI

는 1969년에 설립되었으며, 2008년 현재 전 세계적으로 265,000명이 넘는 회원을 보유하고 있다. 이 협회는 PMBoK 발간 외에도, 프로젝트 관리 전문가Project Management Professional: PMP 자격을 수여하고 있다. PMI는 모든 분야에서의 모든 종류의 프로젝트를 다루고자 하고 있지만, 회원들은 정보기술IT 프로젝트 분야의 비중이 높다.

영국에서도 리스크를 이런 식으로 정의하는 기관들이 있다. 영국 프로젝트 관리 협회Association for Project Management: APM의 프로젝트 리스크 분석 및 관리 가이드Project Risk Analysis & Management Guide: PRAM Guide, 1997는 리스크를 "발생할 경우, 목표 달성에 영향을 주게 될 불확실한 사건 또는 일련의 상황들"이라고 정의하며, 더 나아가 "영향은 긍정적일 수도 있고 부정적일 수도 있다"고 언급한다. 또한 영국 표준 BS6079-1: 2002년판 프로젝트 관리 가이드 및 BS6079-2: 프로젝트 관리 용어는 리스크를 "정의된 위협이나 **기회**강조는 저자가 덧붙였음가 발생할 확률 또는 빈도와, 발생 시 그 영향의 크기의 결합"으로 정의한다.

나는 리스크에 대한 이 정의에 대해 PMI에서 공인한 PMP와 토론하면서, 긍정적인 결과를 리스크의 한 구성 요소로 포함시키는 것은 의사결정 과학, 보험, 엔지니어링에서의 확률적 리스크 분석 및 수십 년간 리스크를 다뤄 온 다른 전문가들이 이 용어를 사용하는 것과 아주 다름을 지적했다. 그는 내게 왜 리스크의 구성 요소로 단지 부정적인 결과만이 아니라, 모든 가능한 결과를 포함시키려 하지 않느냐고 물었다. 나는 이렇게 말했다. "그것은 이미 불확실성이라는 단어에 들어 있기 때문입니다."

나는 또 다른 프로젝트 관리자가 "무언가를 얻으려면 때로는 리스크를 부담해야만 하기" 때문에 리스크는 좋은 것일 수 있다고 하는 말도 들었다. 무언가 보상을 받으려면 리스크를 받아들여야만 하는 경우가 있다는 것은 사실이다. 그러나 당신이 더 적은 리스크로 동일한 보상을 얻을 수 있다면, 당신은 그렇게 할 것이다. 이는 기업을 운영하려면 비용이 필요하기 때문에 비용 그 자체가 좋은 것이라고 하는 것과 마찬가지이다. 그러나 여기에서도 만일 당신이 지출을 덜 하면서도 기업을 운영하거나 이를 개선할 수 있다면, 당신은 틀림없이 그렇게 하려고 할 것이다. 보상이 흔히 희생을 요구한다 해서 희생 그 자체가 좋은 것은 아니다. 당신이 원하는 다른 무언가를 얻기 위해 이를 견딜 용의가 있기 때문에 이를 희생이라 부르는 것이다. 만일 희생이 좋은 것이라면, 당신은 다른 모든 것이 동일하게 유지될 경우에도 그것을 더 원할 것이다. 그러나 당신은 무언가 다른 것을 더 얻을 거라고 생각할 경우에만 더 많은 비용이나 더 많은 리스크를 수용한다.

이 정의는 이 용어에 대한 나이트의 용법과 다소 연결되어 있다고 할 수 있는데, 이는 나이트도 손실에 대해 아무런 구분을 하지 않았기 때문이다그는 단지 결과에 대해 측정할 수 있는 확률을 요구했을 뿐이다. 이는 또한 불확실성이 부정적인 결과를 포함하고 있지 않을 경우도 리스크를 단순히 변동성을 의미하는 것으로 사용한 것에도 영향을 받았을 수 있다. 그러나 PMBoK의 일부 편집자들조차도 이 말에 대한 나이트의 용법用法을 모르는 것 같다. 그들은 명백히 그들 스스로 이 정의를 만들어 냈다.

실상은 당신이 찾아볼 수 있는 모든 영어 사전들미리암-웹스터 사전, 아메리칸 헤리티지 사전, 옥스포드 영어 사전, 또는 Dictionary.com까지도은 리스크를 위난peril, 위험danger, 손실 · 부상 또는 피해 가능성의 견지에서 정의한다. 어떠한 사전도 리스크를 긍정적인 결과만 있을 가능성을 포함하는 것으로 언급하지 않는다. "기회"로서의 리스크는기회에 대한 대가로 감수하고자 하는 어떤 것에 반대되는 개념으로서의 리스크는, 본질적으로, 그리고 자동적으로 보험업의 실무 세계 및 의사 결정 이론의 이론 세계에서 확립된 용례用例에도 어긋난다.

보편적인 단어의 일반 용법으로부터 그처럼 이상하게 벗어나는 것은 그러한 개념을 재정립해야 한다고 느끼는 격리된 집단에서만 발생할 수 있다. 그리고 리스크 관리에 대한 PMI의 접근법에는 리스크의 의미에 관한 혼란이라는 문제만 있는 것이 아니다. PMI에 대해서는 그들의 리스크 평가 방법의 문제들에 대해 말할 때 다시 언급할 것이다. 그러나 우리가 "새로운" 리스크 관리 방법을 만들어 내기 전에 이 주제에 관한 다른 연구들에 익숙해진다면, 어휘는 그리 큰 문제가 되지 않을 것이다.

PMI의 문제는, 자체적으로 만들어 낸 다른 많은 리스크 및 리스크 관리 방법version들과 마찬가지로, 리스크는 거의 사후에 추가적으로 덧붙여졌다는 것이다. 그들의 내용을 보면, 그들의 위원회에 의사 결정 과학, 보험 계리 과학 또는 확률적 리스크 분석 배경을 지닌 인물이 전혀 없음을 알 수 있다. 기특하게도, 누군가가 프로젝트 관리의 일정 부분은 리스크 관리여야 함을 깨달았다. 그러나 명백히, 그들은 가만히 앉아서 이 주제에 관한 기존의 문헌을 전혀 참조하지도 않은 채 리스크 관리및 새로운 정의들를 만들어 냈다.

리스크 분석 및 리스크 관리 vs 의사 결정 분석

리스크 분석 및 리스크 관리에 기회와 효용을 포함시키려는 것은 부분적으로는 이미 이들을 포함하고 있는 분야에 대해 익숙하지 못하기 때문일 수도 있다. 4장에서 소개된 의사 결정 분석decision analysis: DA은 불확실성 하에서의 의사 결정을 다루는 광범위한 이론적 및 응용 작업이다. DA는 불확실한 비용, 불확실한 효용 및 기타 리스크들 사이에서 교환tradeoff이 이루어져야 하는 의사 결정을 다룬다.

리스크 관리와 관련된 문제의 일부는, 적어도 일부 기관에서는, 의사 결정 분석에서 발견되는 것과 같이 잘 발달된 계량적 방법들로부터그리고 대부분은 이와 동떨어진 채로 급속히 성장했다는 점이다. 그러나 이제 리스크 관리라는 용어에 추가적으로 함축된 의미를 고려할 필요가 있다. 관리management라는 말 자체가, 의사 결정 및 리스크 관리는 분석을 포함함을 나타낸다. 명백히, 거의 모든 경영 의사 결정에는 리스크가 있다. 리스크 관리가 이제 회사의 모든 의사 결정 분석의 본산인가?

하나의 해법을 제안하겠다. 리스크 관리자들은 비즈니스에 고유한 리스크들을 추적 관리하고 축소시키는 것과 관련된 의사 결정을 다룬다. 만일 리스크 관리자가 다른 비즈니스 운영에 간섭하지 않고, 또한 자신의 예산 범위 내에서 리스크를 경감할 수 있는 보다 값싼 방법을 찾아낼 수 있다면, 그는 그렇게 할 권한이 있다.

만일 다른 비즈니스 기회에 관한 의사 결정을 평가하는데 리스크가 하나의 요인이라면, 리스크 전문가는 단지 의사 결정 분석에 사용되도록 리스크 평가 자료를 제공할 뿐이다. 리스크 분석, 리스크 관리 및 의사 결정 분석이 어떻게 합쳐져야 하는지에 대해서는 뒤에 더 자세히 설명한다.

어휘 사전 풍부하게 하기

리스크 용어를 요약하고, 어휘 사전에 몇 가지 항목을 추가하기로 하자. 우리는 리스크에 대한 몇 가지 정의를 살펴보았다. 이 중 많은 정의들이 서로 배타적이고, 이 말의 상식적인 용례에 어긋나며, 그러한 정의를 내릴 당시에 나와 있었던 연구 문헌들과도 상치된다. 재무, IT 및 엔지니어링 분야의 전문가들로 구성된 대기업의 리스크 관리자들은 자신의 회사 내에서 이러한 정의들을 쉽게 만나게 된다. 리스크 관리자가 이러한 단어들을 다른 의미로 사용할 경우, 우리는 다음과 같이 반응해야 한다.

- 리스크는 다소의 손실 가능성을 포함해야 한다 – 이는 나이트의 정의를 배제한다.
- 리스크는 손실과만 관련이 있다이익과는 관련이 없다 – 이는 PMI의 정의를 배제한다.
- 금융 이외의 분야에서는 변동성이 반드시 리스크를 수반하는 것은 아니다 – 이는 변동성 그 자체를 리스크와 동의어로 보는 견해를 배제한다.
- 리스크는 단순히 확률과 손실의 곱이 아니다. 이들을 곱하는 것은 의사 결정자가 리스크에 대해 중립적이라는 불필요한 가정을 하는 것이다. 의사 결정자의 리스크 혐오도와 비교할 때까지는 이를 손실 확률과 크기가 따로 표시되는 벡터량으로 놔두라.
- 리스크는 이산적discrete이거나 연속적인 손실 및 관련 확률로 이루어질 수 있다. 건축 공학에서 때때로 리스크를 이산적 사건으로만 다루는 식으로 볼 필요가 없다.

이 용어에 대해 마지막으로 주의할 점은 리스크 분석은 보다 넓은 의사 결정 분야의 일부로 고려되어야 한다는 것이다. 리스크 관리가 조직 관리의 부분 집합인 것과 마찬가지로 리스크 분석은 의사 결정 분석의 부분 집합이어야 한다. 의사 결정은 전적으로 리스크 분석에만 근거할 수 없고, 경영진이 특정 리스크를 받아들이기로 결정할 경우의 잠재적 효용에 대한 분석을 필요로 한다. 이것이 회사의 다양한 의사 결정에 무엇을 시사하는지에 대해서는 뒤에 논의하겠지만, 지금으로서는 몇 가지 추가로 필요한 용어와 함께 기본적인 아이디어를 소개하고자 한다.

내용이 풍부해진 전문 어휘는 PMI가 리스크에 대해 그렇게 하는 것처럼 서로 별개의 개념을 하나의 단어에 억지로 밀어 넣는 것을 의미하지 않는다. 서로 다른 개념들에 대해 서로 다른 용어들이 있는데, 내게는 이것이 낮과 밤의 차이처럼 명확한 것이 아니라 궤변에 지나지 않는 것으로 보인다. 우리가 방금 검토했던 몇 가지 정의들을 만들어 낸 사람들에게 유용했었을 수도 있는, 몇 가지 명확한 정의와 새로운 용어들을 아래에 제시한다.

- **불확실성** 이 말은 부정적 결과이건, 긍정적 결과이건 모든 종류의 불확실성을 포함한다. 이는 또한 이산 값프로젝트 기간 중 파업이 발생할 지 여부 등 또는 연속 값프로젝트가 1개월에서 6개월 지연될 경우 이 프로젝트의 비용이 얼마가 될 지 등을 모두 포함한다. 불확실성은 나이트가 이 말을 사용하는 바와는 달리 다양한 결과들의 확률을 할당함으로써 측정될 수 있다.
- **엄밀한 불확실성** 이는 현대의 많은 의사 결정 과학자들이 나이트가 말하는 불확실성을 일컬을 법한 말이다. 엄밀한 불확실성은 가능한 결과들이 무엇인지는 알 수 있지만, 그 각각의 확률은 모르는 경우를 의미한다.

그러나 뒤에 말하게 될 이유로 인해 이런 경우는 결코 없다.

- **리스크/보상**reward **분석** 이는 투자에서 불확실한 좋은 면뿐 아니라 불확실한 나쁜 면도 고려한다. 이 분석에서 긍정적인 결과도 포함시키고 있음을 명시적으로 인정한다 해도, 긍정적인 결과에 리스크라는 단어를 억지로 끼워 넣음으로써 정의를 흐릴 필요는 없다. 리스크/수익 분석의 일부는 의사 결정자의 리스크 혐오도의 고려 사항이기도 하며, 리스크는 손실 곱하기 확률이라고 가정할 때와 같이 의사 결정자가 리스크에 대해 중립적이라 가정할 필요가 없다.
- **무지**ignorance 무지 상태에서는 확률은 고사하고 가능한 결과가 무엇인지도 모르기 때문에 무지는 엄밀한 불확실성보다 나쁘다. 이는 도널드 럼스펠드Donald Rumsfeld 전 미국 국방장관 등이 "모른다는 것을 모르는 것unknown unkowns"라는 말로 의미했던 바다. 실상, 대부분의 현실의 리스크 모델은 어느 정도의 무지를 갖고 있지만, 그러나 이는 보다 나은 리스크 관리에 있어서 인기 있는 대상은 아니다.

6
전문가의 지식의 한계: 우리는 왜 불확실성에 대해 우리가 안다고 생각하는 것을 모르는가?

경험은 불가피하다. 그러나 학습은 그렇지 않다.
– 폴 J. H. 쇼우메이커(Paul J. H. Schoemaker)

우리는 25년 주기의 급속한 경기 확장기의 초입에 들어 와 있다. 이 기간 동안 빈곤과 같이 해결하기 힘들어 보이는 문제들을 상당히 해결하고 전 세계의 긴장을 완화할 수 있을 것이다.
– 와이어드 사(Wired), 1997년 7월

우리가 사업가, 정치인 또는 전기 기술자 등 전문가를 가치 있게 여기는 것은 자연스러운 일이다. 그리고 리스크를 평가하려고 할 때 전문가의 주관적인 판단에 의존하게 될 때가 있을 것이다. 이러한 상황에 대한 예외가 가능할 수 있다면, 이는 주가 분석이나 대부분의 형태의 소비자 보험에서와 같이 과거 데이터의 분량이 많은 경우가 될 수 있을 것이다이에 대해서는 뒤에 논의할 것이다. 그러나 기업에서의 거의 모든 경영 및 전략상 리스크 평가를 위해서는 해당 이슈에 대해 전문가로 간주되는 누군가에게 확률을 직접 또는 간접적으로 평가해 달라고 요청하게 된다.

그들은 확률을 계량적으로 예컨대, "이 프로젝트가 실패할 확률이 10%이다" 평가할 수도 있고, 또는 구술口述 형태로예컨대, "이 프로젝트는 실패할 것 같지 않다" 추정해 달라고 요청 받을 수도 있다. 전문가들은 이 가능성을 명시적인 확률이 아니라 일종의 척도scale로 예컨대, "이 프로젝트의 실패 가능성은 1에서 5까지의 척도에서 2에 해당한다" 표현해 달라고 요청 받을 수도 있다. 가장 계량적인 리스크 분석에서조차 잠재적인 리스크를 의사 결정 요소로 포함시키기 전에, 이에 대해 주관적 판단을 내려야 한다.

하지만, 전문가에게 의존하고자 한다면, 잠재적 리스크의 확률이나 그 영향 평가에 대한 전문가의 실적에 관해 알아야 하지 않겠는가? 그들이 애초에 리스크를 식별해 낼 수 있는 능력은 어떠한가? 예를 들어, 무게를 측정하기 위한 도구를 사용하는 기술자, 과학자 또는 공학자들은 측정 도구가 잘 보정되어calibrated 있는지 확인하지 않고서는 그 도구를 사용하려 하지 않을 것이다. 만일 어떤 저울이 항상 무게가 5% 더 나가게 측정한다고 말해 줄 경우, 그들은 저울에서 읽은 수치를 적절하게 조정할 것이다. 리스크 관리자 및 분석가들에게도 리스크 평가에 대한 그들의 과거 실적에 대한 나름의 척도를 적용해야 한다. 이 "도구들"이 리스크를 일관되게 과대평가하는지 또는 과소평가하는지 알아야 한다. 서로 다른 시기에 제출된 동일한 시나리오들에 대해 일관성 없이 완전히 다른 답을 주었는지도 알아야 한다.

다행스럽게도, 이에 대해서는 광범위한 연구 결과들이 있다. 우리는 몇 가지 이유로 인해 경험의 가치에 한계가 있다는 점을 알고 있다. 나는 리스크 관리의 경우, 과거 경험들에 항상 다음과 같은 특징들이 있음을 명심해야 한다고 믿는다.

- 경험은 인생에서 일어나는 사건에 대한 무작위적, 과학적 표본이 아니다.

- 경험은 기억에 기반하고 있는데, 우리는 선택적으로 기억한다.
- 우리의 경험또는 최소한 우리가 기억하기로 선택한 것에 비추어 볼 때, 경험은 논리적 오류로 가득 차 있다.
- 과거의 의사 결정에 관해 믿을만한 피드백을 받지 못하는 한, 경험으로부터 배울 것이 많다고 믿을 이유가 없다.
- 아무리 많은 경험을 쌓는다 해도, 우리는 이를 적용할 때 일관성이 매우 부족한 듯하다.

그 결과, 전문가 및 리스크 관리자들을 포함한 모든 사람들이 적절한 리스크 평가에 매우 중요하다고 예상해야 하는 기술인 사건의 확률 평가에 매우 서투르다. 다행히 연구 결과들에 의하면 주관적인 리스크 평가에 있어서 몇 가지 심원한 체계적 오류systemic error가 있기는 하지만, 리스크 관리자들을 상당히 믿을만한 리스크 추정자로 만들어 줄 수 있는, 상대적으로 간단한 기법들이 개발되어 왔다. 그러나, 불행히도 이 방법들 중 거의 아무 것도 기관들의 리스크 관리자들에게 널리 채택되지 않았다.

올바른 방법: 심리학자들이 어떻게 리스크 분석가들을 구했는가?

1970년대에, 학문 분야에서의 가장 생산적인 협력 중 하나는 판단 및 의사 결정judgment and decision making: JDM 심리학 분야에서였다. 다니엘 카네만Daniel("Danny") Kahneman과 아모스 트버스키 팀은 JDM 분야에서 소수의 동료 집단보다 훨씬 많은 사람들이 중요하게 여기게 될 연구를 수행하게 된다. 이 분야의 연구들 중 몇 가지는 경제학에 매우 큰 영향을 주게 되어서, 카네만은 2002년에 노벨 경제학상을 받은 최초의 심리학자가 되었다. 트버스키도 그들의 영향이 얼마나 널리 미치는지 볼 수 있을 만큼 오래 살았더라면, 틀림없이 그 상을 받았을 것이다.

카네만과 트버스키는 인간의 마음이 불확실성, 리스크 및 의사 결정을 어떻게 다루고 있는지에 관심이 있었다. 그들의 연구는 이 분야의 거의 모든 주제들을 다루었으며, JDM에서 그들의 연구를 인용하지 않은 연구 논문을 찾아보기 어렵다. 어떤 면에서는 카네만과 트버스키의 연구는 인간의 판단의 변덕 및 결점 목록 표라고 묘사될 수 있을 것이다. 또 다른 면에서는, 모든 관리자들에게 무엇이 인간의 행동을 좌우하는가에 대해 시사해 주는 강력한 통찰력을 제공해 준다. 카네만은 자신의 관심이 "의사 결정의 품질관리"와 관련이 있다고로 설명하는데, 이 연구는 그에게 무엇이 효과가 있고, 무엇이 효과가 없는지를 명확하게 보여 준다.

인간의 마음은 분명히 컴퓨터가 아니다. 우리는 마치 컴퓨터 하드 드라이브에 접근하듯이 사건들을 100% 정확하게 기억하지는 않는다. 그리고 소수의 특이한 사람을 제외하면, 일단 이러한 사건들을 기억해 내고 나면, 이 사건들이 실제로 무엇을 의미하는지를 결정하기 위해 머릿속에서 통계적 계산을 수행하지도 않는다. 대신 우리는 일련의 발견적 학습법heuristic에 의존한다. 발견적 학습법은 단순한 수렵-채취 시대의 다양한 상황에는 충분히 효과가 있었으며, 오늘날에도 여전히 효과가 있는 일종의 사고思考의 지름길이다. 이와 관련된 개념으로 편향偏向, bias이라는 것이 있는데, 편향은 합리성 및 불편부당不偏不黨에 방해가 되는 방식으로 생각하고 행동하는 경향을 가리킨다. 발견 학습법은 실제로 생산적인 경우도 있을 수 있지만, 편향은 일반적으로 바람직하지 않은 것으로 간주된다. 이들 발견 학습법 및 편향은 우리가 무엇을 기억할지와 기억한 것을 어떻게 해석할지에 영향을 준다.

발견 학습법을 어림셈rule of thumb이라 여기는 이들도 있지만, 둘 사이에는 중요한 차이가 있다. 일반적으로 우리는 어림셈을 "새 집에 대한 담보 대출은 연 수입의 3배를 넘으면 안 된다"와 같이 의식적으로 적용하는 간단한 규칙이라 생각한다그런데, 많은 사람들이 2008년의 주택 담보 대출 위기 발생 전에 이 규칙을 따르지 않았다. 그러나 사람들이 어떻게 리스크를 평가하는지에 관하여 알려진 발견 학습법 및 편향은 일반적으로 의식적으로 적용되는 것이 아니다. 사람들이 이러한 발견 학습법 및 편향에 대해 모르고 있기 때문에, 이러한 것들은 사람들이 다양한 상황에 어떻게 반응하는지를 관찰함으로써만 추론될 수 있다.

일부 과학 영역에서와는 달리 JDM 연구 수행은 별로 비용이 들지 않는다. 이 연구에서는 대개 많은 수의 사람들에게 다양한 문제들을 제시하고 이에 답하게 한 다음 그들의 응답을 평가한다. 연구자들은 흔히 합리적인 응답이 무엇인지 알려져 있는 문제들을 실험 대상자들에게 풀게 하고, 그들의 응답을 합리적인 응답과 비교한다. 때로는 하나의 합리적인 응답이 없을 수도 있지만, 연구자들은 어떤 상황이 실험 대상자들의 응답에 영향을 주는지와 그들이 어떻게 의사 결정을 내리는지에 관심을 기울인다.

다른 영향력있는 연구자로 폴 슬로빅Paul Slovic을 들 수 있는데, 그는 가끔 카네만과 함께 인간이 어떻게 리스크를 인식하는가에 관한 중요한 연구를 수행했다. 사라 리히텐슈타인Sarah Richtenstein과 바루치 피쇼프Baruch

Fischhoff는 인간이 자신의 불확실성을 어떻게 평가하는지에 대해 다양한 실험을 했다. 로빈 도위스Robin Dawes는 많은 과제에서 간단한 시스템들이 인간의 판단보다 어떻게 더 나은 성과를 보였는지에 대해 중요한 연구를 했다. 리차드 데일러Richard Thaler는 카네만의 많은 연구들을 다른 경제학자들에게 소개해 준 중심적인 경제학자였다. 나는 "리스크 분석가"나 "리스크 관리자"가 되기를 원하는 사람 중 이러한 사상가들의 연구에 대해 모르고서는 누구도 이 주제에 관해 많은 것을 안다고 주장할 수 없다고 믿는다.

이 장의 설명 중 일부는 불가피하게 내 첫 번째 책 『How to Measure Anything: Finding Value of Intangibles in Business』의 내용과 중복될 것이다. 나는 그 책에서 연구자들이 발견한 주관적인 판단을 이용한 리스크 평가 방법 및 주관적 확률 추정이 얼마나 과녁에서 벗어나는지에 대해 설명했다. 그러나 내가 앞의 책에서 언급한 바와 같이, 연구 결과들은 이 문제들에 대한 해법이 있다고 말해 준다.

정신적 수학: 왜 우리 머릿속에 있는 숫자를 믿으면 안 되는가

만일 어느 건축가가 집 한 채를 짓는 비용을 추정한다면, 그는 각각의 벽, 부엌 찬장, 배관 등의 상세한 재료 및 각각에 소요되는 추정 노동 소요 목록을 작성할 것이다. 이렇게 하면 상세한 내용을 열거하지 않고 추정할 때보다 훨씬 더 신뢰할 수 있는 추정치를 제공해 줄 것이라고 생각할 수 있다.

그런데 리스크에 관해서는 관리자들과 전문가들이 어떠한 종류의 수학 계산도 하지 않은 채 일상적으로 이 리스크는 "매우 높다", 저 리스크는 "매우 낮다"는 식으로 평가한다. 대부분의 사람들은 확률에 관련된 수학에 대해서는 주택 건축이나 장바구니의 구매 항목들의 비용을 더하는 것보다 직관적인 이해가 떨어진다. 그리고 의도적인 계산이 없다면, 대부분의 사람들이 리스크를 평가할 때 다양한 오류들을 범할 것이다.

먼저, 리스크를 평가하는 데 사용할 적절한 경험을 기억해 내는 능력이 제한되어 있다. 사실에 대한 우리의 기억에 영향을 주는 듯한 발견 학습법 중에 다니엘 카네만이 최고-최종 규칙peak end rule이라 부르는 것이 있다. 우리는 우리의 경험에서 극단적인 것을 기억하고 일반적인 것은 기억하지 않는 경향이 있다. 이것이 우리가 다양한 사건들의 확률을 평가할 때 영향을 주게 된다. 우리가 일기예보가 형편이 없다고 기억할 경우, 이는 우리가 일기예보에서 비올 확률이 5%밖에 안 된다고 예측한 모든 경우를 기억해 내고, 이를 실제로 그 다음 날에 비가 온 숫자와 비교했기 때문인가? 아니다. 우리는 일기예보에서 내일 비 올 확률이 5%밖에 안 된다고 해서 온 가족이 야외로 놀러갔는데, 하필 그날 비가 왔던 것을 기억하는 것이다. 연구 결과에 의하면 일기예보에서 비 올 확률이 5%라고 하면, 실제로 그렇게 예측한 날 중 5%만 비가 온다.[30] 그러나 우리는 실제 평균을 계산하는 대신 예외들을 기억하는데, 이것이 우리의 "경험" 전체에 문제를 일으킨다.

사건에 대한 우리 자신의 잘못된 기억에 의존할 필요가 없는 경우에도, 발견 학습법은 확률에 대한 평가에 있어서 논리적인 오류가 생기게 하는 것 같다. 아래의 목록은 카네만, 트버스키 등이 발견한 많은 사항들 중 일부에 지나지 않는다.

• **확률 개념에 대한 오해** 동전을 여섯 번 던질 경우, HHHTTT 또는 HTHTTH 중 어떤 결과가 더 자주 일어날 것 같은가? 여기서 H는 앞면, T는 뒷면을 의미한다. 실제로는 양쪽의 확률이 같다. 그러나 연구자들은 대부분의 사람들이 첫 번째 결과가 두 번째보다 "덜 작위적"으로 보이니, 그 확률이 더 낮아야 한다고 생각한다는 것을 발견했다.[31] 카네만과 트버스키는 자신들이 대표성 편향representativeness bias라고 부르는 것에 대한 하나의 예로 이 현상을 인용한다.[32] 우리는 우리가 대표적인 시나리오라고 가정하는 것에 기초해서 확률을 판단하는 듯하다. 같은 연구에 의하면, 사람들은 무작위 동전 던지기 시뮬레이션을 해 보라고 요청 받으면, 두세 차례 연속해서 같은 면이 나오는 경우를 너무 많이 만들어 내고, 같은 면이 네 번 이상 나오는 경우는 너무 적게 만들어 낸다. 우리는 유형pattern과 무작위를 혼동하는 경향이 있다. 2차 세계 대전 때의 런던 대 공습 시에 특정 지역은 다른 지역보다 더 자주 폭격을 받았는데, 그래서 사람들은 폭격이 무작위가 아니라고 믿었다. 그런데 시뮬레이션 분석을 해 보니 일정한 지역에서 여러 차례 폭격을 받은 분포는 무작위 폭격 유형이 생성해 내리라고 예상할 수 있는 바와 정확히 일치했다.[33]

• **결합의 착오**conjunction fallacy 비행기를 타기 직전에 여행자 보험에 가입할 기회를 제공받으면, 사람들은 테러를 포함한 비행기 여행으로 인한 모든 사망을 보험 대상으로 하는 보험보다 테러를 보험 대상으로 하는 보험에 대해 더 많은 보험료를 내려고 한다.[34] 테러에 대해서만 보상해 주는 보험은 테러 외에도 몇 가지 다른 리스크들을 보상해 주는 보험보다 보험료가 싸야 한다는 점은 명백하다. 아마도 특정 사건들에 대해서는

보다 더 생생하게 상상할 수 있기 때문에, 특정 사건이 보다 넓은 범주의 사건들보다 발생 가능성이 더 높다고 생각하는 모양이다.

- **"적은 수의 법칙"에 대한 신념** 어떤 미국의 제약 회사가 규제가 약하기로 악명 높은 나라에 있는 두 개의 공급자로부터 다량의 원료를 공급받는다고 가정해 보자. 이 미국 회사는 특정 배치batch 프로세싱 방법이 사용되면, 오직 30%의 배치만이 검사를 통과할 거라는 사실을 알고 있다. 만일 더 개선된 방법이 사용된다면 70%가 검사를 통과할 것이다. 기존의 한 공급자에 대해서는 12개의 배치 중 4개가 검사를 통과하지 못했다. 새로운 공급자에 대해서는 4개의 배치만이 있는데, 4개 모두 검사를 통과했다. 이럴 경우 어느 공급자가 보다 더 현대적인 프로세싱 방법을 사용하고 있다고 확신해야 하는가? 수학적으로 계산해 보면, 양쪽 모두 보다 새로운 프로세스를 사용할 확률이 똑같다. 그러나 대부분의 사람들은 분명히 새로운 공급자를 더 신뢰해야 한다고 믿을 것이다. 이 수학 계산에 대해서는 조금 뒤에 논의하겠지만, www.howtofixriskmgt.com의 "독사 다운로드"에서 이 결과의 계산 스프레드시트를 찾아볼 수 있다.
- **작은 표본에서의 변동 경시** 작은 표본에는 큰 표본에서보다 더 많은 무작위 변동이 있게 마련이라는 사실은 마땅히 고려되어야 할 만큼 고려되지 않는 경향이 있다. 카네만과 트버스키는 조사 대상자들에게 무작위로 선정한 일군一群의 남성들의 평균 신장이 180cm를 넘을 확률을 추정해 보라고 요청하면, 그들은 표본에 1,000명이 있건 10명이 있건 본질적으로 동일한 확률을 추정한다는 점을 보여 준다.[35] 그러나 약간의 수학 계산을 해 보면 무작위로 선정된 1,000명 집단의 평균은 무작위로 선정된 단지 10명의 평균에 비해 매우 좁은 범위 안에 있어야 함을

알 수 있다. 달리 말하자면, 신장 추정을 위한 표본 수가 매우 적으면 평균적으로 매우 큰 사람들이나, 매우 작은 사람들로 표본이 구성될 가능성이 훨씬 높다.

- **이전의 확률에 대한 둔감성** 어떤 의사가 "매우 신뢰할만한" 테스트에 의하면 의학적으로 매우 희귀한 상태에 대해 당신이 양성 반응을 보인다고 말할 경우, 당신은 얼마만큼 염려해야 하는가? 그것은 그 테스트가 얼마나 신뢰할 만한가 및 그 상태가 얼마나 희귀한가에 좌우된다. 그러나 카네만과 트버스키는 사람들은 자신에게 특정 시나리오가 주어지면, 애초에 그 조건이 얼마나 드문지에 대해서는 무시하고 새로운 정보에 훨씬 더 집중하는 경향이 있음을 발견했다.[36] 가령, 어떤 사람이 특정 상태에 처해 있는 것으로 알려져 있을 경우, 테스트에서 그렇다고 말해주는 확률이 99%라고 가정하자. 이제, 이 테스트를 우리가 그러한 상태에 있지 않다고 알고 있는 사람들에게 적용할 경우, 테스트 결과 역시 99%의 경우에 그렇지 않다고 말해 준다고 가정하자. 우리는 또한 1만 명 중 한 명만 이 상태에 있음을 알고 있다고 가정하자. 이 경우 어떤 상태에 있다는 테스트 결과는 대부분의 경우 "허위 양성*false positive: 실제로는 어떤 상태가 아닌데, 테스트/예측 등에서 그렇다고 하는 경우. 예를 들어 실제로는 암이 아닌데, 암 진단이 나온 경우 등–역자 주*일 것이다. 만일 1만 명에 대해 무작위로 테스트해 보면 그 상태에 해당하는 사람이 약 1명만 있어야 하는데, 테스트에서는 약 100명의 허위 양성이 나오게 될 것이다.

위에 열거한 바와 같은 잘못된 계산과 적절한 데이터를 기억함에 있어서의 제한된 능력으로 인해 "이 사건들 중 어느 것이 더 발생 가능성이 높은가"라는 질문을 할 때마다 우리의 리스크 추정이 영향을 받을 수 있다. 당신이 리스크에 대한 주관적인 판단을 내릴 때에는, 당신의 답이 위에 열거된 하나 이상의 효과들에 영향을 받을 거라고 가정해야 한다. 카네만과 트버스키는 통계에 정통한 전문가들조차도 주관적 추정 시 동일한 오류를 범할 수 있음을 보여 준다.[37] 그것이 바로 무의식적인 발견학습법 및 편향의 일반적인 문제이다. 즉, 사고에 대한 이러한 영향을 모르면, 경험과 통계 일반에 대한 지식 여하에 관계없이 이 문제들을 제대로 처리할 수 없다.

"재앙적인" 과신過信

JDM 심리학자들에 의해 발견된 현상 중에서 가장 만연해 있고, 남김없이 조사되었으며, 철저하게 확인된 현상은 바로 거의 모든 사람들이 자신의 예측에 대해 과신하고 있다는 점일 것이다. 수십 년 동안 카네만, 트버스키, 리히텐스타인, 피시호프 및 다른 연구자들은 사람들에게 자신의 예측이 맞아떨어질 확률을 물어보면, 그들은 자신이 맞을 거라는데 지나치게 높은 확률을 부여한다는 점을 체계적으로 보여 주고 있다. 간단히 말하자면, 사람들의 예상이 정확할 빈도는 자신이 생각하는 것만큼 높지 않다. 대니 카네만은 JDM 연구자들이 발견한 모든 현상들 중에서 과신이 가장 두드러지는 특징이라고 믿는다. 그는 나와의 통화에서 이렇게 말했다. "사람들은 진정한 리스크를 체계적으로 과소평가합니다. 우리의 연구는 이 편향의 방향을 보여 주었지만, 진정으로 재앙적인 것은 그러한 편향의 정도입니다." 카네만은 재앙적이라는 말을 아무렇게나 내뱉는 사람은 아니지만, 이 분야에서 수행된 모든 연구들이 보여 주는 압도적인 결과를 볼 때 이 말이 정당한 것 같다.

아주 간단한 방법을 사용하여 과신을 측정할 수 있다. 연구자들은 어떤 사람의 추정 또는 예상이 얼마나 자주 옳았는지에 대한 기록을 관리하고, 이를 그들 자신이 얼마나 자주 옳다고 예상하는 지와 비교한다. 그러나 한두 개의 예측으로는 충분하지 않다. 만일 어떤 사람이 자신의 예측에 대해 90% 확신한다고 말했는데, 첫 번째 예측이 빗나갔다면, 그 사람은 과신하고 있는 것인가? 반드시 그런 것은 아니다. 그래서 이를 확실히 하기 위해 많은 질문들을 해야 하는 것이다.

연구자들은 한 조사 대상자에게 많은 질문을 한 뒤에, 정확한 예측의 "예상" 숫자가 얼마여야 하는지를 계산한다. 내가 5장에서 말한 바와 같이, 의사 결정 분석 분야에서는 "예상"이라는 말이 대개 "확률 가중 평균"을 의미한다. 만일 50개의 예측을 하고, 각각의 예측에 대해 70% 확신한다면, 그 중 35개의 예측이 맞을 거라고 예상하는 것이다.

당신 스스로 테스트해 보라. 보기 6.1에 어느 질문이 참인지 거짓인지를 표시하고, 당신이 자신의 답에 얼마나 자신이 있는지를 나타내는 확률을 골라 보라. 예를 들어, 자신의 답에 절대적으로 확신한다면, 당신의 답이 맞을 확률이 100%라고 표시해야 한다. 질문에 대한 답을 알 수 없다면 동전 던지기에서와 같은 확률50%을 부여해야 한다. 다른 경우에는 50%에서 100% 사이의 수치 중 하나를 고른다. 물론 이것은 아주 간단한 표본이다. 그러나 당신이 대부분의 사람과 같은 성적을 거둔다면, 더 많은 표본이 없어도 과신의 효과에 대해 알 수 있다.

다시 말하지만 이것은 아주 작은 표본이지만, 이를 통해 요점을 알 수 있다이번 장의 끝에서 답을 확인할 수 있다. 만일 당신이 그러한 질문들을 더 많이 받는다 해도, 당신이 대부분의 사람들과 비슷하다면 결과는 그리 신통하지 않을 것이다. 대부분의 사람들이 자신의 어떤 예측이 맞을 가능성이 어느 정도라고 말할 경우, 실제로 맞는 경우는 자신이 말한 확률보다 훨씬 더 낮을 것이다. 예를 들어, 어느 관리자가 자신의 예측이 실현될 가능성

	진술문	답하시오 (참/거짓)	답이 맞을 거라는 데 대한 확신 정도(하나를 고르시오)
1	고대 로마인들은 고대 그리스인들에게 정복당했다.		50% 60% 70% 80% 90% 100%
2	혹이 세 개인 낙타 종(種)은 없다.		50% 60% 70% 80% 90% 100%
3	석유 1갤런은 물 1갤런보다 가볍다.		50% 60% 70% 80% 90% 100%
4	화성은 금성보다 항상 지구로부터 더 먼 곳에 있다.		50% 60% 70% 80% 90% 100%
5	보스턴 레드 삭스 팀이 1회 월드 시리즈에서 우승했다.		50% 60% 70% 80% 90% 100%
6	나폴레옹은 코르시카 섬에서 태어났다.		50% 60% 70% 80% 90% 100%
7	M은 (영어에서) 가장 흔하게 사용되는 세 개의 문자 중 하나이다.		50% 60% 70% 80% 90% 100%
8	2002년에 구입된 신형 데스크 톱 컴퓨터의 평균 가격은 1,500달러가 못 되었다.		50% 60% 70% 80% 90% 100%
9	린돈 B. 존슨(Lyndon B. Johnson)은 부통령이 되기 전에 주지사였다.		50% 60% 70% 80% 90% 100%
10	1kg이 1파운드보다 무게가 더 나간다.		50% 60% 70% 80% 90% 100%

[보기 6.1] 참/거짓의 사소한 질문을 통한 표본 보정(calibration) 테스트

이 90%라고 말하고 있고예컨대, "이 프로젝트는 실패하지 않을 것이다", "우리는 1월까지는 끝낼 것이다", 또는 "다음 분기에는 매출이 증가할 것이다 등, 지금까지 그러한 예측을 많이 해 오고 있다면, 그의 예측이 맞았던 경우는 90% 보다 훨씬 적었음을 알게 될 것이다.

다행히도, 연습과 상대적으로 간단한 약간의 다른 기법들이에 대해서는 뒤에 더 논의한다을 통해서 예측의 정확도를 상당히 높일 수 있다. 이런 식으로 주관적인 확률 평가를 잘하는 사람을 보정된calibrated 사람이라고 한다. 세상의 나머지 대부분은 보정되지 않았다. 나는 보기 6.2에 발표된 다수의 보정 연구calibration study의 결과들과 내 자신의 고객 프로젝트의 결과를 하나의 차트로 결합하였다. 발표된 연구의 저자들에는 사라 리히텐슈타인과 바룩 피시호프 및 다른 연구자들이 포함되어 있다. 나는 고객 데이터를 포함하여 보정되지 않은 사람들에 대한 11개의 연구와 보정된 사람

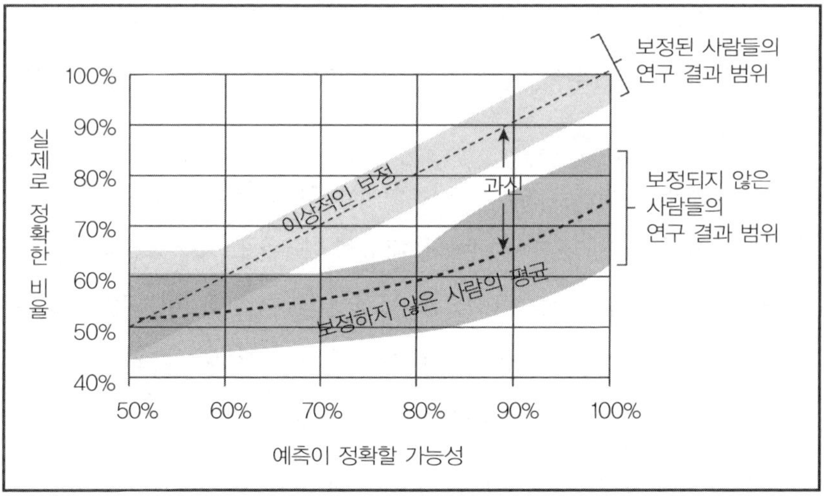

[보기 6.2] 보정되지 않은 개인과 보정된 개인의 비교

들에 대한 5개의 연구 결과를 보여 준다.

이 연구들을 모두 결합한 결과는 인상적이다. 여기서 보정되지 않은 사람들이 자신의 답에 90% 확신한다고 하는 경우, 그들의 예측이 맞을 확률은 66%였다. 그들이 95% 확실하다고 말하면, 그들이 옳을 경우는 70%였다. 따라서 어떤 구매 담당자가 특정 공급업자의 부도가 공급 사슬의 붕괴를 야기하지 않을 것으로 95% 확신한다고 하거나, 어느 IT 보안 전문가가 금년에 해커의 공격이 없을 확률이 90%라고 말할 경우, 지나친 확신을 고려할 필요가 있다.

이 차트에는 고무적인 다른 발견 사항이 있다. 보정calibration 훈련은 사람들이 확률을 주관적으로 평가할 능력에 큰 영향을 주는 것으로 보인다. 관리자들이 해외 고객이 주요 주문에 대해 부도를 낼 확률이 5%라고 말할 경우는 부도나지 않을 확률이 95%라고 말하는 셈이다. 여기에서는 단지 몇 %의 부도율 차이도 중대할 수 있다. 1%의 부도 가능성은 수용할 만하지만, 10%의 부도 가능성은 너무 위험할 수 있다. 관리자의 보정이 얼마나 잘 이루어졌는지가 이런 상황에서 큰 차이를 만들어 내는 출발점이다.

전문가들에게 범위 추정range estimate을 요청할 경우에도 이러한 과신 현상이 나타난다. 가령 내가 당신에게 내일의 다우존스 종가從價 추정을 요청한다고 가정하자. 물론, 당신은 실제 수치는 모르겠지만 내일 종가에 넓은 범위를 둘 수는 있을 것이다. 내일 뉴욕 주식 거래소의 다우존스 실제 지수 종가가 당신이 정한 범위의 상한과 하한 이내에 들어올 확률이 90%가 되도록 당신이 이 범위를 충분히 넓게 잡는다고 가정하자. 그것은 당신이 내게 두 개의 숫자를 제시함을 뜻한다. 하나는 당신이 다우 지수가 그보다 낮을 가능성이 5%에 불과하다고 생각할 만큼 낮은 숫자이고, 다른 하나는 당신이 다우 지수가 그보다 높을 가능성이 5%에 지나지 않는다고 생각할 만큼 높은 숫자이다.

당신이 범위 추정을 얼마나 정확하게 하는지 알아볼 수 있는 또 하나의 보정 테스트를 해 보라. 보기 6.3의 질문들에 대해 상한과 하한을 제시하라. 당신이 제시한 범위 내에 정답이 들어 있을 확률이 90%라고 믿을 수 있을 만큼 범위를 충분히 넓게 잡아야 함을 명심하라. 이 테스트를 마치고 나면, 이번 장의 끝에서 답을 확인해 볼 수 있다.

나는 여러 해 동안 많은 사람을 대상으로 이런 테스트를 실시했다. 또한 정답이 매번 상 · 하한선 안에 들어오는 빈도頻度가 90%가 아니라, 30%에서 50%임을 발견하였다. 다른 연구들에서도 조사 대상자들에게 99% 신뢰구간을 묻는 경우에도 겨우 약 60%만 그들이 제시한 범위 안에 정답이 들어 있음을 일관적으로 발견하였다. 이는 그들이 겨우 1%의 경우에만 정답이 자신들이 제시한 범위밖에 있을 것으로 예상했는데, 그러한 경우가 40%나 됨을 알고서 "깜짝 놀랐음"을 의미한다.

대부분의 사람들은 앞의 참/거짓 테스트보다 이 테스트의 성적이 훨씬 나쁠 것이다첫 번째 테스트에서는 우연히 절반을 맞추겠지만 범위는 틀리기가 쉽다. 내 경험에 의하면, 대부분의 사람들에게 범위에 관한 보정은 힘이 더 들기는 하지만, 이 영역에서도 훈련을 통해 전문가의 범위 제공 능력을 상당히 개선시킬 수 있다.

우리가 특정 영역에서 전문가의 지식에 의존할 필요가 있을 때, 그들이 장래 사건의 발생 가능성에 관한 평가에 전문가가 아니기 십상이다. 확률 평가하기 또는 다른 사람들에게 확률 제시하기는 그 자체가 특별한

	질문	90% 신뢰구간	
		하한	상한
1	1938년 영국의 어느 증기 기관차가 신기록을 수립했을 때의 속도는 얼마인가? (mph. 시간당 마일)		
2	아이작 뉴턴 경이 중력의 일반 법칙을 발표한 연도는 언제인가?		
3	전형적인 명함의 크기는 몇 인치인가?		
4	인터넷(당시에는 "아르파넷"이라 불렸음)이 군사 통신 시스템으로 설치된 연도는 언제인가?		
5	윌리엄 셰익스피어가 태어난 연도는 언제인가?		
6	뉴욕에서 로스앤젤레스까지의 비행 거리는 몇 마일인가?		
7	어느 정사각형과 직경이 같은 원의 넓이는 정사각형의 넓이의 몇 %인가?		
8	찰리 채플린은 몇 살에 사망했는가?		
9	달이 지구 궤도를 도는데 실제로 며칠이 소요되는가?		
10	Gilligan's Island라는 TV 프로가 처음 방송된 날은 언제인가?		

[보기 6.3] 90% 신뢰구간*에서의 표본 보정(calibration) 테스트 질문

*신뢰구간(confidence interval: CI)에 대한 주석: "~%" 신뢰구간이라 함은, 해당 구간에 진정한 답이 포함될 확률이 "~%" 가 되도록 하는 범위를 의미한다. 즉, 90% 신뢰구간은 그 상한선과 하한선 사이에 답을 포함할 확률이 90%이다. 신뢰구간은 통계학에서 모집단의 표본에 기초한 추정의 오류 계산 시에 사용되는 것과 같은 개념이다. 나는 양쪽 모두에 같은 용어를 사용한다. 다수 의견은 아니지만, 일부 통계학자들은 90% 신뢰구간은 해당 구간 내에 답이 존재할 확률이 90%임을 의미하는 것은 아니라고 주장한다. 이러한 주장은 잘못된 구별법임을 나중에 설명할 것이다.

종류의 전문성임이 판명되었다.

지금까지의 핵심 교훈은 이것이다. 오직 예측에 확률이 사용되고, 이를 실제 결과와 비교할 때에만 과신을 발견할 수 있다. 누군가가 특정 사건이 일어날 가능성이 "중간"이라고 말할 경우 그가 지나치게 자신하고 있는지 어떻게 알 수 있겠는가? 그 사건이 발생하는 경우가 50%일 경우, 그 예측이 옳은가? 그가 어떤 프로젝트가 실패할 리스크가 스코어 카드를 이용할 경우 "2"라고 말했는데, 같은 스코어를 받은 프로젝트 40개 중 12개가 실패했다면, 그가 옳았는가? 이처럼 애매모호한 용어는 측정치로서는 무의미하기 때문에, 실제 관찰 결과에 비추어 평가할 수가 없다. 다행스럽게도, 전문가들은 과신과 같은 효과들을 조정하는 법을 배울 수 있다. 계량적 확률이 아닌 다른 것을 써야 할 이유가 전혀 없다. 전문가들이 확률을 계량적으로 평가하는 법을 배우게 된다면, 우리는 그들에게 계량적 확률을 제공해 달라고 요청해야 한다.

"고수"들의 생각: 과신의 원인 및 결과

관리자들이 확률 평가에 있어서 과신을 상쇄하려는 조치를 취하지 않는 한, 그들은 계속해서 다양한 리스크들을 과소평가하게 될 것이다 즉, 그들은 어떤 재앙이 발생하지 않을 것이라는 점에 대해 지나치게 확신할 것이다. 이는 우주왕복선 챌린저호와 콜롬비아호의 대형 참사에 다소의 영향을 주었을 수도 있다.

노벨상을 수상한 물리학자 리처드 파인만Richard Feynman은 챌린저와 관련된 최초의 우주왕복선 사고 조사에 참여해 달라는 요청을 받았다. 그가 발견한 것은 첫눈에 보기에도 몇 가지 리스크 평가가 매우 낙관적이었다는 점이었다. 그는 우주왕복선 챌린저호 사고에 관한 로저스 위원회 보고서에 다음과 같이 언급하였다.

> 우주선 및 인명 손실을 초래하게 될 실패 확률에 관해 큰 의견 차이가 있었던 듯하다. 추정치는 대략 100분의 1에서 100,000분의 1까지였다. 높은 수치100분의 1는 실무 기술자들로부터 나왔고, 매우 낮은 숫자100,000분의 1는 경영진으로부터 나왔다. 실패 확률에 대해 의견이 일치되지 않은 원인은 무엇이었으며, 그 결과는 어떠했는가? 100,000 중에서 1이라 함은 300년 동안 날마다 우주선을 발사해도 겨우 하나의 실패만이 예상됨을 시사하므로, 우리는 이렇게 물어볼 수 있다. "이 기계에 대한 그처럼 환상적인 경영진의 신뢰의 이유는 무엇인가?"[38)]

파인만은 경영진이 왕복선을 발사하기로 한 결정이 우주왕복선에 대한 그처럼 이례적인 확신에 기초하였다면, 이 결정은 결함이 있었다고 믿었다. 파인만은 자신의 관행대로 간단한 테스트와 현실성 점검reality check을 적용하여 이러한 확신에 의문을 제기하였다.

아마도 이해 상충이 명백한 이유였을 것이다. 경영진에게는 진정으로 이들 리스크에 관하여 자신이나 다른 사람들에게 정직하게 대할 동기가 부여되어 있는가? 의식적으로 고려되었든 아니든, 그것이 바로 2008년에 은행 경영진이 취한 리스크 평가에서의 하나의 요인이었을 수도 있는 것처럼, 여기에서도 하나의 요인이었음은 의심할 여지가 없다. 그러나 사람들은 결과에 대해 아무런 이해관계가 없는 상황사소한 것들에 대한 테스트 등에서도 자신의 예측 능력을 과신한다.

JDM 리서치는 인센티브와 뜻밖의 상황surprise. 이후 서프라이즈로 옮길 예정임을 찾아내기 위해 기울이는 노력의 양이 과신의 차이를 만들어 낼 수 있음을 보여 준다.[39] 몇 가지 과신의 원천들은 주관적인 추정에 의존하는 관리자들만이 아니라 자신이 과거 데이터에 대한 건전한 분석을 사용하고 있다고 믿는 사람들에게도 영향을 준다. 관리자들은 인간의 오류가 어떤 방식으로 시스템에 영향을 주는지 고려하지 못하며, 공통 모드 장애와 연쇄 시스템 장애cascade system failure를 고려하지 못하게 된다.[40]

또한 흔하지는 않지만 재앙적인 사건들을 한동안 겪지 않고 있을 경우, 이러한 사건들에 대한 우려를 누그러뜨리는 경향이 있을 수도 있다. 조지타운 대학교의 의사 결정 및 리스크 분석 교수인 로빈 딜론-메릴Robin Dillon-Merrill은 콜롬비아호 사고 발생 전의 미국 항공 우주국NASA 기술자들의 리스크에 대한 인식을 연구하면서 이러한 경향을 알아차렸다. 콜롬비아호 사고 조사 보고서는 다음과 같이 언급했다.

> 콜롬비아호 사고의 물리적 원인인 외부 탱크 기포氣泡 누출은 오래 전부터 일어나고 있었다. 모든 우주왕복선 비행에서 파편에 의해 야기된 손상이 발생했으며, 대부분의 우주선 비행 시마다 이륙 시에 절연 기포 누출 현상이 있었다. 이는 다음과 같은 명백한 질문을 제기한다. NASA는 왜 설계 요건을 위반한 문제가 있는 것으로 알려졌는데도 우주왕복선 비행을 계속했는가?[41]

딜론-메릴은 우주왕복선의 외부 탱크에 기포 누출이 있었지만, 임무는 성공적이었던 모든 경우를 "니어 미스near miss"로 간주한다. 그녀의 논지는 니어 미스는 좋은 학습 기회인데도 거의 이용되지 않는다는 것이다. 그녀는 NASA 직원들과 계약자들을 대상으로 그들이 니어 미스를 어떻게 판단했는지에 대해 면담을 실시한 후 매우 재미있는 두 가지 현상을 발견했다. 나는 이 현상들에 리스크 관리 전반에 대한 중요한 시사점이 있다고 생각한다.

그녀는 니어 미스와 성공 모두 실패보다 훨씬 더 긍정적으로 판단되었음을 발견하였는데, 이는 그리 놀랄 일도 아니다. 그러나 니어 미스 사건들이 임무 성공보다는 실패에 더 가까운 등급을 받았는가? 기술자들은 각각의 니어 미스들을 문제가 임박했음을 경고하는 적신호로 받아들였는가? 믿을 수 없게도, 니어 미스들은 이와는 반대로 다루어졌다. 그녀가 니어 미스 정보를 지니지 않은 사람들을 이 정보를 가진 사람들과 비교해 보니, 니어 미스 정보를 가진 사람들이 더 위험한 대안을 선택할 가능성이 높았다.[42]

> 니어 미스 정보를 가진 사람들이 이 정보를 갖지 않은 사람들보다 위험한 대안을 선택할 가능성이 더 높다

관리자들은 각각의 니어 미스들을 보면서 아직 아무 일도 일어나지 않았기 때문에, 이 시스템이 자신들이 생각했던 것보다 더 견고하다고 생각했던 것일까? 그보다 더 미묘할 수도 있다. 딜론-메릴은 발생 가능성이 상대적으로 낮은 리스크에 대해 익스포저를 갖고 있으면, 이 리스크의 발생 확률에 대한 그들의 추정치가 변하지 않은 경우에도 이 리스크에 대한 용인 수준tolerance을 높인다는 것을 발견했다.

당신이 허리케인 리스크에 노출되어 있는 지역에 있다고 상상해 보라. 당국에 의하면 허리케인 예보로 인한 대피 명령에 불응할 때마다 3%의 부상이나 사망 확률이 있다. 만일 당신이 두세 번의 허리케인에도 아무런 피해를 입지 않고 지나가게 된다면, 허리케인 리스크를 더 많이 용인하게 될 것이다. 당신은 그 피해에 대한 확률 추정을 바꾸지 않았음을 주목하기 바란다그것은 당국에 의해 제시된다. 당신은 단지 발생 가능성이 동일한 리스크에 대해 둔감해졌을 뿐이다.

이제 이것이 월 스트리트Wall Street에 시사하는 바를 상상해 보라. 몇 년 동안 시장이 좋았다면, 모든 사람들이 금융 위기 확률에 관한 추정치를 바꾸지 않았음에도 불구하고 "리스크를 더 많이 용인"하기 시작할 것이다. 10여년 후에 주택 담보 대출의 불확실성이 해소되고 나면, 모든 관리자들이 또 다시 리스크에 대해 더 용인하기 시작할 것인가?

고위 의사 결정자들의 심리를 조사할 때 고려해야 할 다른 사항들도 있다. 과거 실적에 대한 과대평가는 부분적으로는 과거의 큰 서프라이즈로부터 얼마나 큰 교훈을 얻었는지를 과소평가하는 경향 때문이다. 슬로빅과 피시호프는 이를 "나는 전부터 그것을 알고 있었어" 현상이라 부른다. 사람들은 사건이 발생하기 전에 그 사건이 얼마나 "불가피"해 보였는지에 대해 과장하기 마련이다주택 담보 대출 위기에 관해 얘기하는 전문가들은 분명히 그것이 "불가피"해 보였다고 할 것이다. 그러나 위기가 발생하기 전에 그들은 어디에 있었는가?

슬로빅은 사람들이"사건이 터지고 난 뒤에 이것을 미리 알고 있었다고 과장한다"고 하는데, 실제로 사람들은 자신의 과거 예측에 대해 그런 식으로 기억한다. 나는 "내 그럴 줄 알았어"라는 말을 많이 듣고 있는데, 만일 그러한 주장이 사실이라면 이 세상에는 사실상 서프라이즈들이 전혀 없게 될 것이다. 월 스트리트라는 영화의 짧은 대화가 올리버 스톤Oliver Stone이 이 현상을 어떻게 이해하는지 보여 준다. "애송이"찰리 쉰Charlie Sheen이 맡은 배역가 브로커로서 처음으로 큰 성공을 거둔 뒤에 그의 상사가 이렇게 말했다. "너를 처음 본 그 순간부터 대박을 터뜨릴 줄 알았다니까." 나중에 애송이가 이처럼 빠른 성공을 얻기 위해 저지른 범죄로 사무실에서 체포되고 있을 때, 바로 그 상사가 이렇게 말했다. "너를 처음 본 순간부터 나쁜 놈이라는 걸 알았어." 카네만은 이를 다음과 같이 요약했다.

> … 사람들은 일단 결정을 내리고 나면, 그 결정 또는 예측의 성과를 관리조차 하지 않는다. 즉, 사람들은 좀처럼 마음을 바꾸지 않는다는 것이다. 우리는 마음을 바꿀 때에도 우리가 그렇게 하고 있다는 것을 알지 못한다. 그리고 대부분의 사람들은 일단 마음을 바꾸고 난 뒤에는 과거의 자기 의견을 재구성한다. 즉, 그들은 자신이 항상 그렇게 생각했다고 믿는다.[43)]

과신에 관하여 고위 경영진 또는 특히 성공적인 트레이더들에게 더 독특할 수도 있는 항목이 한 가지 더 있다. 일부 관리자들은 거의 모든 사안에 대해 자신이 높은 수준의 확신을 가지는 것을 정당화시켜 주는 증거로 인상적이었던 자신의 성공 기록을 내세울 수 있다. 어떤 포트폴리오 매니저가 5년 동안 시장 평균 수익률을 초과했다고 주장할 수 있다면, 그 관리자는 시장에 관해 특별히 유용한 통찰력을 지니고 있음에 틀림없다는 것이다. 어느 IT 보안 관리자가 다른 회사의 보안 관리자보다 바이러스 및 해커 공격에 피해를 입지 않는 환경을 더 오래 이끌었다면, 그의 역량이 탁월할 것이다. 그렇지 않은가?

그런데 실제로는 성공에는 우연이 생각보다 훨씬 더 많이 관련될 수도 있다. 예를 들어, 세계 1차 대전의 영웅들에 대한 최근의 통계 분석은 바론 폰 리히토펜Baron von Richthofen, 일명 "붉은 바론"은 운이 좋았을 뿐이지 반드시 기술이 뛰어난 것은 아니었을 수도 있음을 보여 주었다.[44] UCLA의 전기 공학 교수들인 미카일 심킨Mikhail Simkin과 와니 로우차이드허리Vwani Roychowdhury는 독일에 출격한 2,894명의 전투기 조종사들의 승리와 패배를 조사했다. 그들이 조사한 합계는 승리 6,759회와 패배 810회였다. 이처럼 높은 승률 자체가 이미 미심쩍을 수도 있지만, 그들은 이마저도 자신들의 논점을 입증함을 보여 주었다. 그들은 이와 같은 조종사 수 및 승률 하에서, 단지 운만으로도 한 조종사가 맨프레드 폰 리히토펜이 거둔 업적과 동일한 80회의 적기를 격추시킬 확률이 약 30%임을 보여 주었다.

자신의 특별한 통찰력에 관해 인기 있는 책을 쓴 "성공적인" 임원들이 때때로 그러한 성공을 되풀이하지 못하는 현상을 이를 통해 설명할 수 있다. 소수의 고위 경영진 자리를 놓고 경쟁하는 많은 후보자들을 감안할 때, 순전히 운만으로 계속적인 성공을 거두는 사람도 있을 수 있다. 의심할 나위 없이, 이런 사람들 중에는 고위 경영진 자리를 차지하게 되는 사람도 있을 것이다. 이와 유사하게, 많은 참가자들이 있는 동전 던지기 시합에서는 더러는 계속해서 이기는 사람들도 나올 것이다. 그러나 우리는 이러한 유형의 시합에서의 승자가 동전을 더 잘 던지는 사람이기만 한 것은 아니라는 점을 알고 있다. 물론, 고위 경영진에 도달하는 데에는 아마도 어느 정도의 역량이 작용할 것이다. 그러나 얼마나 많은 부분이 동전 던지기 시합과 보다 더 유사했던가?

비일관성 및 인위적 사실: 영향을 주지 않아야 할 것이 영향을 준다

아무리 경험이 많고 지성적인 사람이라도 추정과 판단에 있어서 일관성이 떨어지며, 때로는 어떤 사안에 대한 추정이 뚜렷한 이유 없이 제멋대로 변하기도 한다. 무엇이 우리의 추정을 변하게 하는지에 대해 연구한 사람들이 있는데, 그들에 의하면 우리의 생각에 아무런 논리적 영향을 주지 않아야 하는 것들이 영향을 줄 수도 있다.

1955년에, 52세의 심리학자가 사람들이 어떻게 추정하는지에 대한 통계적 모델을 구축했는데, 그는 우리의 비일관성의 영향이 얼마나 큰지를 발견했다.[45] UC 버클리의 심리학 교수였던 에곤 브룬스위크Egon Brunswik는 심리학 분야의 전통에 도전하였는데, 그는 늘 심각한 고민과 극도의 긴장감에 쌓여 있었다. 그는 유기체의 심리는 그들의 환경의 불확실성과 독립적으로 조사될 수 없다는 아이디어인 확률적 기능주의probablistic functionalism를 주창했다. 그는 또한 혁신적인 경험적 방법을 개발하여 다변량multiple variables이 포함된 이 프로세스의 통계적 기술 값value of statistical description을 사용했다. 브룬스위크는 인간의 특정 판단을 설명하기 위해 그가 만든 모델들이 실제로 인간의 추정보다 낫다는 것을 발견하곤 했다.

브룬스위크의 모델은 거의 모든 분야에서 테스트가 가능하다. 은행의 대출 책임자인 당신에게 기업체 목록, 각 기업에 관한 일정 정보, 그리고 그들이 요청한 대출 규모가 주어졌다고 가정해 보자. 주어진 정보에는 일반적인 산업 범주예컨대, 제조, 소매, 서비스 등, 과거 2개년 매출액, 과거 2개년 이익, 현재의 부채 비율 등이 포함될 것이다. 당신에게 이 정보만을 기초로 각 기업이 대출에 대해 부도를 낼지, 아니면 부도는 아니지만 이자를 연체할지, 또는 원리금을 제때에 상환할지 결정하도록 요청하였다고 가정하자.

그리고 브룬스위크의 접근법을 사용하여, 소위 다중 회귀분석 multivariance regression을 수행하여 당신의 판단을 흉내 낼 공식을 만들어 낸다. 그러고 나서 이 공식의 예측과 당신의 예측을 비교하면, 대출의 부도를 예측함에 있어서 이 공식이 당신보다 일관적으로 더 나았음을 발견하게 될 것이다.

이 공식은 실제 기업의 대출 부도 자료가 아니라 오직 당신의 주관적 판단에 기초해서 만들어졌음을 기억하기 바란다. 만일 이 모델이 실제 과거 부도 자료에 근거해 만들어진다면, 모델의 성과가 훨씬 더 좋을 가능성이 있다. 그러나 브룬스위크의 소위 "렌즈"방법을 이용하기만 해도 눈에 띄는 개선을 이룰 수 있는데, 이는 우리에게 인간의 추정 기술에 대해 무엇인가를 말해 준다. 공식의 핵심적인 효용은 일관성이었다. 전문가들은 어느 정도 좋은 판단 기술을 갖고 있지만, 명백히 이를 일관되게 적용할 수는 없었다.

브룬스위크의 아이디어는 당대에는 논란이 있었다. 그는 궁극적으로 자신보다 훨씬 더 알려지고 존경을 받게 될 사람들R. A. 피셔, 칼 피어슨 등이 개발한 방법에 도전하였다. 이것이 오랜 기간 동안 그의 과도한 긴장과, 궁극적으로는 이 주제에 관한 자신의 마지막 논문을 발표한 2개월 뒤의 자살 이유였을지도 모른다. 자살에서 너무도 흔한 비극은 그가 오래 살기만 했더라면 좋은 날이 왔을 것이라는 점이다.

1990년대 이후, 연구자들은 브룬스위크의 논문들을 재발견했는데, 수백 편의 논문들이 그의 혁신적인 아이디어를 인용했으며, "브룬스위크 협회가" 그의 방법들을 연구하고 있는 연구자들 사이의 협력을 강화하기 위해 해마다 회의를 개최하고 있다.

1996년에, 나는 다수의 정보 기술 투자의 리스크를 분석하는 하나의 방법으로 브룬스위크의 렌즈 방법Lens Method을 사용하기 시작했다. 소프트웨어 개발 프로젝트들은 다양한 이유로 실패율이 높다고 알려져 있다. 사용자들이 새 기술을 외면해서 개발된 소프트웨어가 선반 위에서 먼지에 쌓일 수도 있으며, 기술 개발과 시행 프로젝트가 장기간 지연될 수도 있다. 그리고 소프트웨어 프로젝트 중에는 이 소프트웨어를 전혀 써 보지도 못하고 사장되는 것들도 있다.

나는 고객들에게 가상의 IT 프로젝트 리스크를 제시하고 이 프로젝트들이 정해진 기간 및 예산 범위 이내에 종료되지 못할 확률을 평가해 달라고 요청했다. 각각의 프로젝트들에 대해, 나는 해당 프로젝트의 추정 비용 및 기간, 지원 부서, 이 프로젝트 후원자의 직위부사장, 이사 등, 이전에 사용한 기술 및 벤더 여부, 그리고 고객들이 실패율에 관해 무엇인가를 말해 줄 것으로 믿는 몇 가지 다른 사실들을 알려주었다. 이 데이터는 넓은 스프레드시트 테이블에 행에는 프로젝트를, 그리고 열에는 각 프로젝트의 특정 데이터 필드후원자, 추정 비용 등를 표시하여 제시되었다. 이 리스트에는 40개의 가상 프로젝트들이 들어 있었는데 내 고객들은 각각의 프로젝트들을 검토해서 실패 확률을 평가했다.

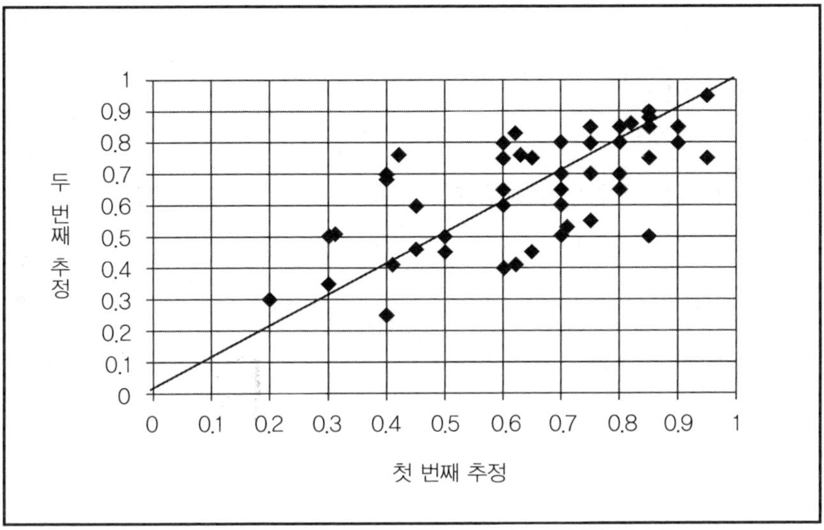

[**보기 6.4**] IT 프로젝트 실패 확률에 대한 첫 번째와 두 번째 추정 간의 일치 정도

고객들 몰래, 나는 이 프로젝트들 중 두 개를 복제해서 그것이 이 리스트에 두 번 나오도록 했다두 쌍. 이 리스트 평가를 마치는 데에는 40분에서 60분이 소요되었는데 38번째 프로젝트를 평가할 때쯤이면, 그들은 동일한 프로젝트들을 이미 앞에서 평가했다는 사실을 잊어버렸다.

나는 동일한 프로젝트에 대한 그들의 첫 번째 추정과 두 번째 추정을 보기 6.4의 차트에 표시했다.

두 번째 추정은 대개 첫 번째 추정과 10%가 넘는 차이가 있음을 볼 수 있다. 22%만이 각각의 경우에 동일한 대답을 했다. 극단적인 경우에는, 두 번째 추정과 첫 번째 추정이 35%나 달랐다직선 아래쪽의 우측 점을 보면 첫 번째 추정은 0.85였는데, 두 번째 추정은 0.5였다.

예상할 수 있는 바와 같이, 브룬스위크의 방법을 적용하면 이 비일관성이 완전히 사라진다. 공식은 오직 입력 자료에만 근거하는데, 입력 자료가 동일하면 대답도 동일하다. 과신과 마찬가지로, 비일관성도 완전히 제거할 수 있다.

그러나 일부 비일관성은 전적으로 무작위적이지 않을 수도 있다. 비일관성이 우리의 판단에 영향을 주지 않아야 함에도 불구하고 영향을 주는 요인들에 기인할 수도 있다. 카네만과 트버스키가 프레이밍framing이라고 부르는 것에 그런 효과가 나타난다. 사람들이 질문을 받는 방식이 그들의 대답에 영향을 준다. JDM 심리학에서 대부분의 다른 발견들과 마찬가지로, 이는 상식인 듯하다. 그러나 이것이 상식이라면, 왜 앞에서 언급한 어떤 리스크 관리 방법론도 이를 고려하려는 조치를 취하지 않는 걸까?

카네만과 트버스키에 의해 수행된 실험 중 프레이밍의 한 예를 들어보자. 1981년에, 카네만과 트버스키는 조사 참여자들에게 치명적인 새 질병에 감염된 600명을 돕기 위한 두 개의 처방 프로그램 중에서 하나를 선택하라고 요청했다. 조사 참여자들을 두 그룹으로 나누고 각 그룹에게 다른 말로 표현되었지만 본질적으로는 같은 질문을 하였다.

그룹 1에게는 다음의 두 처방 프로그램 중에서 선택하라고 요청하였다.

1. 프로그램 A가 채택될 경우 200명이 구해질 것이다.
2. 프로그램 B가 채택되면, 600명이 구해질 확률이 1/3이고, 아무도 구하지 못할 확률이 2/3이다.

그룹 2에게는 다음의 두 처방 프로그램 중에서 선택하라고 요청하였다.

1. 프로그램 A가 채택되면 400명이 죽을 것이다.

2. 프로그램 B가 채택되면, 아무도 죽지 않을 확률이 1/3이고, 600명이 죽을 확률이 2/3이다.

그룹 1의 프로그램 A는 그룹 2의 프로그램 A와 동일함을 주목하기 바란다600명 중 200명은 구해지고, 400명은 죽을 것이다. 각 그룹의 프로그램 B도 역시 동일한 대안을 다른 말로 표현했을 뿐이다. 그룹 1에서는 참여자의 72%가 프로그램 A를 선호했고, 그룹 2에서는 78%가 프로그램 B를 선호했다.

물론, 전문적인 설문 문항 개발자들은 그들이 질문하는 방식에 의해 발견사항들을 편향시키지 않으려고 세심한 주의를 기울인다. 조사 참여자들의 응답에 영향을 주는 것으로 보이는 것들 중 일부는 아주 미묘해서, 이를 피하기 위해서는 상당히 신중한 분석을 필요로 한다. 어떤 연구가 연구 대상보다는 조사 방법 자체의 영향을 더 반영하는 응답을 내놓을 때 이를 연구의 인위적 사실artifact이라 부른다. 예를 들어, 질문의 순서가 응답에 영향을 줄 경우확실히 그럴 수 있다, 조사 설계자들은 다른 참여자들에게는 동일한 질문들을 순서를 달리해서 제시하는 등의 방법으로 이에 대응할 수 있는 통제 장치를 구축해야 한다.

모든 공식적인 리스크 평가 방법에서 얼마나 많은 부분이 단순히 질문 방법의 인위적 사실이고, 얼마나 많은 부분이 실제 사실인가? 전문가 및 관리자들의 대답 중 얼마나 많은 부분이 과신, 논리적 오류, 그리고 무작위적 비일관성의 결과인가? 대부분의 주요 리스크 관리 모범 관행들에서 그러한 질문들은 고려된 적이 없다. 그러나 리스크 평가 도구들이 이러한 영향들을 받지 않게 해 줄 무엇인가가 있을 것 같지는 않다.

리스크와 불확실성의 심리학을 고려하지 않고서는 리스크 관리를 제대로 수행할 수 없을 것이다.

보정 테스트 정답

이 장의 앞에 나오는 보정 테스트 질문들의 정답은 다음과 같다. 부록에 보다 많은 보정 테스트와 정답이 수록되어 있다.

#	보기 6.1의 정답
1	거짓
2	참
3	참
4	거짓
5	참
6	참
7	거짓
8	참
9	거짓
10	참

#	보기 6.3의 정답
1	126mph(시간당 마일)
2	1687
3	3.5인치
4	1969
5	1564
6	2,451마일
7	78.5%
8	88년
9	27.32일
10	1964년 9월 26일

7
무용지물보다 나쁨:
가장 인기 있는 리스크 관리 방법들 및 이들이 효과가 없는 이유

완고하게 자신이 선택한 길을 추구하는 사람은 많은데, 목표를 추구하는 사람은 매우 드물다.
– 프레드릭 니체(Frederick Nietzsche)

무엇보다도 해를 끼치지 말지어다.
– 오귀스트 프랑수아 쇼멜(Auguste François Chomel)

"무엇보다도 해를 끼치지 말지어다"라는 말은 의학의 기본 원리 중 하나이지만, 실제로는 널리 알려진 바와 달리 의사들의 히포크라테스 선서의 일부는 아니다. 하지만 최고의 리스크 관리 및 의사 결정 방법의 개발자들도 이를 중요한 원칙으로 삼아야 한다. 그러나 이러한 방법을 개발하려는 노력은 의사 결정 및 리스크 관리 분야에서의 수십 년간의 학문적 연구와 독립적으로 수행되는 경우가 많다 보니, 이 원칙이 일상적으로 위반된다.

내가 앞에서 말한 바와 같이, 리스크 관리는 단지 가장 최근의 재앙내가 이 책을 쓰고 있던 동안에는 2008/9년의 금융 위기가 최근의 재앙이었다에 대응하는 것만이 아니다. 만일 그랬더라면, 내가 이 책에서 다루는 실패들은 금융업에서 복잡한 모델들을 사용할 때의 오류들에 대해서만 중점을 두었을 것이다. 나는 이러한 부분에 대해서도 다루기는 하겠지만, 그렇다고 매우 다른 방법들을 사용하여 평가되는 중요한 리스크를 배제하면서까지 이들만을 다루지는 않을 것이다. 리스크 관리는 아직 일어나지 않은 모든 재앙들에 관한 것이어야 한다는 아이디어를 고수하기로 하자.

만일 당신이 4장에서 논의한 리스크 관리의 "4인의 기수" 중 처음 3인 중 하나에 해당한다면, 경영 컨설턴트와 국제 표준 설정 기관에 의해 권장되는 몇 가지 리스크 관리 방법에 대해 전혀 들어보지 못했을 수도 있다. 이 방법들은 흔히 일종의 "스코어"에 의존하며, 여러 가지 특질을 띄고 있다. 이 방법들은 만들기 쉽고 사용하기도 쉬우며, 따라서 현재 많은 사용자들이 있고, 또 사용자가 급속도로 증가하고 있다.

테러, 엔지니어링 재앙 및 넓은 범위의 비즈니스 의사 결정에서 리스크를 평가하는데 간단한 스코어링 방법들이 사용된다. 정보 기술 포트폴리오 관리 또는 IT 보안 등과 같은 이슈들에서는 현재 시행되고 있는 "구조화된structured" 방법 중에서 스코어링 방법이 가장 많이 사용되고 있다. 스코어링 방법의 옹호자들이 과학적 또는 계량적인 리스크 관리 방법이 비현실적이거나 불가능하다고 생각하는 거의 모든 문제들에 스코어링 방법이 사용되고 있다이 방법은 실로 여러 분야를 다루고 있다.

불행하게도, 이 접근법의 효용이라고 생각되는 것들은 대부분 위약효과일 수도 있다. 설상가상으로 이 방법이 그 자체의 오류를 더함으로써 더 나쁜 의사 결정을 내리게 해서 "무엇보다도 해를 끼치지 말지어다"라는 의사 결정 분석의 원칙을 위반할 수도 있다. MIT에서 리스크 분석 분야의 박사 학위를 받은 토니 콕스 박사Tony Cox는 이 방법들에 대해 누구보다도 많은 연구를 수행했는데, 그는 이 방법들이 때로는 "무용지

물보다 나쁘다"고 결론지었다이에 대해서는 나중에 다시 논의할 것이다.

스코어링 방법의 기본 과정 (알아야 할 것이 별로 없으니 실상은 고급 과정이기도 하다)

내가 앞에서 언급한 것과 같이 스코어링 방법은 만들기 쉬우며, 특별한 훈련이나 심지어 이전의 연구도 필요로 하지 않는다. 누구라도, 그 무엇에 관해서든 자신의 스코어링 방법을 만들어 낼 수 있다.

이 방법은 대부분의 경우, 어느 정도의 간단한 서열 척도scale, 즉, 실제 척도 단위가 아니라 평가 대상의 상대적 순위를 나타내는 척도를 사용한다. 리스크 평가 시스템이 사용하는 스코어링 시스템의 서열 척도는 1점~5점의 스코어 시스템이거나 단순히 높음/중간/낮음이라는 등급 시스템일 수 있다.

영화 평론가들이 사용하는 "별" 등급도 등급 순위를 나타내지만 실제 스코어는 표시하지 않는다는 점에서 일종의 서열 척도이다. 별 2개는 단지 별 하나보다 낫기는 하지만, 정확하게 2배만큼 나은 것은 아니다. 그러므로 서열 척도를 거리나 질량 척도를 다룰 때와 같은 방식으로 다루는 것은 일반적으로 바람직하지 않다. 이 척도는 다른 척도들처럼 더하거나 곱할 수 없다. 1갤런 들이 용기容器 4개에 담긴 휘발유는 4갤런 들이 용기에 정확하게 옮겨 담을 수 있지만, 영화 평론가 로저 에버트Roger Ebert는 별 하나를 받은 영화 4편을 보기 보다는 별 4개를 받은 영화 한 편을 보려고 할 것이다. 그런데도, 거의 모든 리스크 관리에 사용되는 스코어링 시스템은 마치 식료품 가게에서 구입하는 물건의 가격을 더하거나 길이와 넓이를 곱하여 면적을 계산하는 것과 같은 방식으로 서열 척도의 값value 자체를 더하기도 하고 곱하기도 한다.

구체적인 스코어링 방법은 많지만, 이들은 두 개의 넓은 범주로 분류될 수 있다. 이 중 하나는 가산적 가중 스코어이고, 다른 하나는 곱셈적 리스크 매트릭스risk matrix이다. 가중 스코어는 일반적으로 리스크 지표risk indicator가 되는 항목들에 대한 몇 개의 서열 척도를 합산하여 총점을 산출한다. 반면에 리스크 매트릭스는 일반적으로 두 개예컨대 확률 및 영향나 세 개예컨대, 위협, 취약성, 결과의 서열 척도만을 사용하는데, 이 수치들을 곱하여 총점을 산출한다.

기업 고객이 노출된 대량 주문 관련 받을 어음의 리스크 평가에 간단한 가산적 스코어가 사용될 수 있다. 즉, 많은 상품을 발송하고, 고객에게 송장을 발급했는데, 해당 고객이 대금을 지급하지 않으려 하거나, 지급하지 못할 수 있다. 개발도상국에 있는 고객과의 거래에 대한 리스크를 평가할 경우, "통화 리스크", "정치적 리스크", "신용 리스크"와 같은 몇 가지 관련 요소들을 열거할 수 있다. 이들은 대개 고려해야 할 합리적인 요소들이지만, 이 요소들이 6장에서 설명된 확률적인 용어로 정의되지는 않는다. 대신에 이 요소들은 1에서 5와 같은 임의의 서열 척도로 축약된다. 몇 가지 리스크 요인들에 대해 적절해 보이는 대로 1점 또는 2점 등이 부여된다.

예를 들어 통화 리스크는 상당히 높은 것으로 간주되어서, 관리자나 그의 조언자들이 이 리스크에 4점을 부여할 수 있다. 정치적 리스크정부 개입, 내전 등의 가능성는 낮은 것으로 간주되어 이 척도에서 1점을 받을 수도 있다. 그러나 주문 규모가 커서 주문 규모 리스크는 5점을 받는다. 몇 가지

잔여 리스크 요인들에 대해서도 이와 같은 식으로 평가를 계속한다. 각 항목에 대한 스코어 부여가 끝나면, 그저 이 숫자들을 합하기만 하면 된다. 아니면, 좀 더 멋있게 보이려면, 각각의 요소들에 대해 "가중치"예컨대, 0.2, 0.6, 0.9 등를 두어서 어떤 요소들은 다른 요소들보다 더 큰 영향을 주게 할 수도 있다. 가중 스코어가 합산되면 22.5점 또는 39.1점과 같은 식의 리스크 스코어를 얻게 된다. 그 뒤에는 대개 이 스코어를 스코어에 따라 일반적인 권고 사항을 보여 주는 표와 비교한다. 예를 들어 이 표는 다음과 같이 말할 수 있다. "0~10점: 저 위험, 거래를 그대로 진행함", "40~50점: 극도로 위험, 해당 거래의 규모 및 조건을 재고再考하거나 보험으로 리스크를 상쇄할 것." 당신은 이제 이 방법의 기본 아이디어를 알 수 있을 것이다.

이 버전에서, 가중 스코어는 복수의 독립적인 척도를 사용한다. 주어진 하나의 요소에 대해 다양한 대안들에 동일한 스코어가 부여될 수 있다. 내가 접해 본 한 가지 변형된 가산적 가중 스코어 방법에서는 각각의 요소들에 대해 여러 대안들에 최선부터 최악까지의 순위가 부여되고, 이 순위가 스코어 합산에 사용된다. 예를 들어, "비용"과 같은 요소에서 얼마나 많은 대안이 고려되든 하나의 대안이 1위를 차지하고, 다른 대안은 2위가 되는 식으로 진행된다.

가산적 가중 스코어 방법은 주요 프로젝트 포트폴리오의 우선순위 정하기, 신사업 영역 및 심지어 중요한 공공 정책 평가에도 사용된다. 이 방법은 또한 IT 보안 및 IT 포트폴리오 평가나 유해 폐기물 처분을 위한 자금 조달의 우선순위 결정 등에도 사용된다. 실제로 미국의 보건사회복지부에서는 유행성 독감이 발생할 경우, 예방 접종 백신 할당의 근거로 사용하기 위해 이러한 가중 스코어링 방법을 개발하기도 했다.[46] 미국 육군은 군사 작전의 리스크를 평가하기 위해 "종합적 리스크 관리"라는 가산적 가중 스코어 방법을 개발했다.

확률 및 영향을 곱하는 방식의 리스크 매트릭스 접근법이 더 널리 퍼져 있을 수도 있다. 이 방법은 확실히 많은 표준 설정 기관들로부터 더 많은 관심을 받고 있는 듯하다. 이에 대한 한 예로는 보기 7.1과 7.2에서 볼 수 있는 바와 같은, 국가 표준 기술 연구소NIST에서 개발한 IT 시스템에 대한 리스크 관리 가이드[47]라는 표준NIST 800-30이 있다.

NIST가 설명하는 프로세스에 따르면, 이들 각 항목들은 스코어로 전환된다. 확률에 대해서는 낮음, 중간, 높음은 각각 0.1, 0.5, 1.0으로 전환된다. 영향은 10, 50, 100으로 전환된다. 이 두 숫자를 곱하면 다른 숫자가 나오는데, 이 다른 숫자 자체는 다시 최종적인 낮음/중간/높음 척도로 전환된다. 이 최종 결과가 "리스크 척도"이다.

가능성	가능성의 정의
높음	위협의 원천이 되는 사람이 리스크를 야기할 인센티브가 매우 높고, 또한 그럴 능력이 충분히 있으며, 이에 대한 취약성을 예방할 통제 장치가 비효과적임.
중간	위협의 원천이 되는 사람이 리스크를 야기할 인센티브가 높고, 또한 그럴 능력이 있으나, 이에 대한 취약성을 방지할 통제 장치가 실행되고 있을 수 있음.
낮음	위협의 원천이 되는 사람에게 리스크를 야기할 인센티브나 능력이 결여되어 있거나, 이에 대한 취약성을 예방하거나, 최소한 상당히 저지할 수 있는 통제 장치가 실행되고 있음.

[보기 7.1] IT 보안 위협에 대해 NIST가 제안한 가능성 척도

출처 : NIST 800-30, 표 3-4, 21쪽

영향의 정도	영향의 정의
높음	취약성으로 인해 (1) 주요 유형 자산이나 자원에 매우 큰 손실을 초래할 수 있음 (2) 조직의 사명, 평판 또는 이해관계에 심각하게 반하거나, 이에 해를 끼치거나, 방해할 수 있음 (3) 사망 또는 심각한 부상을 초래할 수 있음.
중간	취약성으로 인해 (1) 주요 유형 자산이나 자원에 큰 손실을 초래할 수 있음 (2) 조직의 사명, 평판 또는 이해관계에 반하거나, 이에 해를 끼치거나, 방해할 수 있음 (3) 부상을 초래할 수 있음.
낮음	취약성으로 인해 (1) 일부 유형 자산이나 자원에 손실을 초래할 수 있음 (2) 조직의 사명, 평판 또는 이해관계에 알아차릴 수 있는 정도의 영향을 줄 수 있음.

[보기 7.2] IT 보안 위협에 대해 NIST가 제안한 영향 척도

출처 : NIST 800-30, 표 3-5, 25쪽

이는 실제로 IT 보안 리스크 측정에 대한 NIST의 공식 입장이며, 근본적으로 4장에서 언급된 COBIT, PMBoK, 또는 주요 컨설팅 회사들에 의해 개발된 방법과 다르지 않다실상, 주요 컨설팅 회사들은 흔히 모든 표준 개발 팀들에 대한 조언자 역할을 하고 있다. 이러한 방법들은 때로는 "5-5 매트릭스" 또는 "온도 지도heat map"로 불리기도 한다온도 지도는 리스크가 높은 경우에는 붉은색으로, 그리고 낮은 경우에는 초록색으로 표시함으로써 매트릭스를 온도 이미지처럼 보이도록 하는 색깔 코딩 방법에서 유래했다.

곱셈적인 리스크 매트릭스에는 위협, 취약성 및 결과라는 세 개의 리스크 구성 요소들을 사용하는 방법도 있다. 국토안보부Department of Homeland Security는 이 방법을 사용하여 테러 위협을 평가한다. 다른 스코어링 방법들과 마찬가지로, 이 방법도 평가자가 서열 척도로부터 스코어를 선택하도록 요구한다. 그런데 여기에서는 식별된 각각의 리스크에 대해 세 가지 항목을 평가한다. 일반적으로 각각의 잠재적인 리스크 시나리오에 대해 위협, 취약성 및 결과에 대한 스코어들을 곱해서 종합적인 "리스크

스코어"를 구한다.

이들 서열 스코어링 방법은 대부분의 대형 기관들에서 적어도 일부 부문의 리스크 및/또는 의사 결정 분석을 위해 사용하는 벤치마크이다. 수천 명의 사람들이 부분적으로나마 이와 같은 리스크 스코어 계산에 기초한 방법에 대한 자격증을 소지하고 있다. 사실상 주요 경영 컨설팅 회사들이 이러한 표준들에 영향을 주었다. 이러한 표준들은 모두 실제적인 계량적 리스크 분석 방법이 아니라 다양한 스코어링 기법을 사용한다는 공통점이 있으므로, 나는 이들을 모두 "스코어링 방법들"이라고 부를 것이다. 그리고 그러한 방법들 모두가, 예외 없이 유익함과 무익함의 경계선 상에 있거나 전혀 쓸모가 없다. 실제로 그들은 분석 도구의 도움 없이 판단을 내리는 경우보다 훨씬 못한 많은 의사 결정을 내리게 한다.

스코어링 방법들은 사실상 언제나 리스크 분석 및 의사 결정 분석 분야에서의 과학적인 방법들과는 동떨어져 개발된다. 이러한 영역에서의 개발자들은 IT 보안이나 공중 보건과 같은 특정 문제 영역에서의 전문가들인 경향이 있으나, 그들은 사실상 리스크 분석 및 의사 결정 분석 방법에서는 문외한이다. 이러한 방법들이 의사 결정을 개선시킨다는 경험적 증거가 전혀 없다. 실상은 내가 언급한 어떤 스코어링 방법들도 의사 결정이 개선되었는지를 측정해 보는 문제에 대해 고려조차 하지 않는 듯하다. 그 문제들은 아래의 세 가지로 압축된다.

- 스코어링 방법들의 문제들

1. 이 방법들은 대개 이 분야의 연구들과 동떨어져 개발되기 때문에, 스코어링 방법들 중 어느 것도 6장에서 논의한 리스크와 불확실성에 대

한 인식 문제를 고려하지 않는다.

2. 용어의 의미를 표준화하기 위해 신중한 조치들을 취하는 경우에도 사람마다 가능성likelihood에 대한 질적인 개념을 다른 의미로 이해하고, 다른 의미로 사용한다.
3. 의도하지 않은 스코어링 구조의 영향으로 인해 스코어링 기법 자체가 오류의 근원이 된다.

첫 번째 문제는 불확실성에 대한 주관적 판단에 있어서 기존에 알려진 오류의 원천을 제거하거나 처리하지 않는다는 것이다. 리스크 분석에 있어서 주관적 판단을 사용하려는 어떠한 방법에 대해서도 심원한 영향을 주게 되어 있는 이러한 현상에 대해 알고 있는 스코어링 방법은 전혀 없는 것 같다. 스코어링 방법을 설계할 때 이 방법들을 사용할 사람들이 자신의 응답에 대해 극도로 과신하고 있고 일관성이 결여되어 있다는 사실이 고려되지 않는다. 이 점에 대해서는 앞에서 다루었기 때문에, 이 번 장에서는 더 이상 논의하지 않을 것이다.

다음의 두 문제들은 단순히 오류를 제거하지 않는다는 것이 아니라, 이 방법들 자체가 오류의 근원이라는 점이다. 서열 척도의 불필요한 애매함과 의도하지 않은 기타 영향들로 인해, 분석의 질이 하도 떨어지다 보니 관리자들은 종종 이 방법이 없었다면 더 나을 뻔한 상황에 처하게 된다. 이것이 바로 콕스 박사가 이 방법들을 "무용지물보다 나쁘다"고 한 이유이다.

불확실성이 "중간"에 해당하는가?: 애매함이 불확실성을 상쇄하지 못하는 이유

나는 리스크 전문가나 관리자들이 계량적 확률은 너무 "정확"하며 자신들에게는 이러한 정확성을 제공할 지식이 없다고 말하는 것을 여러 번 들었다. 이에 대한 기본적인default 대안으로 종종 가능성, 영향 또는 기타 요소들에 대해 말로 표현하는 척도를 사용한다. 이러한 척도들의 사용은 이 방법의 사용자들 및 확률의 특성에 대한 특정한 가정에 기초한다.

다음은 스코어링 방법들에 우호적인 주장의 이면에 있는 오해들이다.

- **확률은 관리자들을 혼란스럽게 한다.** 나는 확률이 관리자들을 혼란스럽게 한다기보다는, 많은 컨설턴트들이 확률을 어떻게 설명해야 할지에 대해 혼란스러워 할 가능성이 있다고 생각한다. 실상은 6장에서 설명한 바와 같이 확률의 보정에 관한 연구는 사람들이 예측 시 실제 관찰 결과에 잘 들어맞는, 애매모호하지 않은 확률을 이해하고 사용하는 법을 배울 수 있음을 보여 준다. 내가 명시적인 확률을 사용하도록 훈련시킨 모든 관리자들은 이를 잘 이해하였으며, 이 접근법의 명확성에 대해서도 아주 잘 이해했다. 경영 의사 결정은 불확실한 상황 하에서 이루어지며, 확률 용어를 말하는 것은 경영에 있어서 "할인된 현금 흐름discounted cash flow"이나 "내부 수익률internal rate of return"만큼이나 기본적이다.
- **구두口頭상의 척도는 지식의 결여를 완화한다.** 많은 리스크 컨설턴트 및 관리자들은 자신들이 정밀한 확률을 사용할 충분한 지식을 가지고 있지 않다고 말할 것이다. 먼저, 확률에 있어서 **정확한**이라는 용어의 사용은 확률에 관한 근본적인 요점을 놓치는 것 같다. 확률은 불확실성을 표현

하기 위해 사용된다. 불확실성정밀함과 정확함의 반대이 클 경우, 이 점이 특히 중요하다. 더구나, 이러한 척도를 사용한다 해서 문제에 대한 지식이 모자란다는 사실을 전혀 완화시켜 주지도 않는다. 당신이 이러한 간단한 척도를 채택한다 해도, 당신은 여전히 지식이 결여되어 있을 것이다. 그러니 뭐가 다른가? 유일한 차이는 당신이 그 문제를 덜 명료하게 바라본다는 점이다.

이 마지막 사항에 관해서, 나는 최근에 다른 리스크 컨설턴트에게 별로 지식이 없기 때문에 구두상의 척도를 사용하는 것은 서리 낀 렌즈를 통해 나이 들어가는 얼굴을 보는 거나 마찬가지라고 설명했다. 주름은 여전히 그대로 있는데, 그림이 흐릿하면 그다지 나빠 보이지 않는다. 이제 우리가 하나의 교량 설계를 고려하고 있다고 가정하자. 이 교량의 설계에는 많은 설계상의 실수들이 있다고 가정하자. 그래서 우리는 이 설계도를 상세하게 들여다보고 이대로는 교량이 제대로 버텨내지 못할 것이라고 결정했다. 이제, 이 교량 설계도를 서리 낀 렌즈를 통해 들여다보자. 그러면 작은 흠들이 사라지고, 교량 설계가 잘되었다고 확신할 수도 있게 된다. 간단한 스코어링 방법이라는 "서리 낀 렌즈"는 결코 제한된 정보라는 근본적인 문제를 완화해 주는 방법이 아니다. 그것은 이에 대해 덜 인식하게 할 뿐이다.

간단한 스코어링 방법은 결코 제한된 정보라는 근본적인 문제를 완화해 주는 방법이 아니다. 오히려 모호함이 덧붙여져서 이를 덜 인식하게 한다.

확률의 맥락에서 정밀함이 무엇을 의미하는지에 대한 위의 논평에 좀 더 부연하고자 한다. 확률은 수치로 표현되기 때문에, 다른 계량화된 수치들의 몇 가지 특징들과 확률의 특징들을 혼동하는 사람이 많을 것이다. 만일 내가 어떤 사람의 키가 187.36cm라고 말한다면, 나는 내가 가지고 있는 사실에 관한 정확한 지식을 전달한 것이다. 만일 내 추정이 5cm 정도 빗나갈 수 있을 거라고 생각했다면, 나는 그렇게 말하지 않았을 것이다. 나는 그 대신에 "그 사람의 키는 190cm쯤 된다"고 말했을 것이다.

그러나 내가 어떤 불확실한 사건의 발생 확률이 37%일 거라고 말할 경우, 그 사건에 대한 확신에 대해 내가 말하고 있는 바는 무슨 뜻인가? 이 말이 다른 수치에 관해서와 같이 정확성 개념을 시사하는가? 그렇지 않다. 확률은 이 세상의 뭔가 다른 측면들에 관한 불확실성을 전달하기 위해 사용된다. 만일 내가 내일 비가 올지 여부에 대해 전혀 알 수 없다면, 나는 아마 내일 비 올 확률이 50%라고 말할 수 있을 것이다. 50%라는 정확한 수치를 사용함으로써 내가 예측하는 확률에 대해 높은 수준의 정확성을 전달한 것인가? 아니다. 나는 그와 정반대로 했을 뿐이다. 나는 내일의 날씨에 관한 높은 불확실성 정도를 표현했다. 실상은 내 불확실성 정도가 그보다 더 높을 수는 없다.

만일 해당 사건에 관한 정확한 지식을 가지고 있다면, 확률이 전혀 필요 없을 것이다. 해당 사건은 일어나든지, 일어나지 않든지 둘 중에 하나일 것이다. 확률은 해당 사건의 불확실성을 전달하기 위해 사용되는 바, 이는 불확실성이 높은 경우에 특히 중요하다. 이와 유사하게 프로젝트 관리자들이 시기가 안 좋은 때에 철강 노동자들의 파업이 발생할 경우의 건축 프로젝트 비용과 같이 불확실한 수치의 가능한 범위에 대해 질문을 받을 때, 그들은 정확한 범위를 알 수 없다고 말하며 답변을 거절할 수도 있을 것이다. 그러나 그들이 정확히 모르는 것은 해당 프로젝트의 비용이다. 범위는 단지 그들이 정확한 비용에 대해 얼마나 자신이 없는지를 표현할 뿐이다.

업무를 수행하면서 4장에서 소개한 스탠포드 대학교의 교수 샘 새비지Sam Savage와 나는 이 개념에 관해 혼동하고 있는 사람들을 여러 번 만났다. 샘은 내게 한 관리자에게 어느 프로젝트의 비용을 추정해 달라고 요청했더니, "실제 비용을 모르는데, 어떻게 그 비용의 90% 신뢰구간을 말해 줄 수 있겠습니까?"라고 답변하더라고 말해 주었다. 나는 런던 경영 대학원London School of Economics의 한 학생이 "무슨 일이 일어날지 모른다면 어떻게 확률을 제시할 수 있습니까"라고 말하는 것을 들었다. 이 사람들은 그저 특정 수치에 대한 추정 값point estimate과 그 추정의 불확실성 사이의 구분을 혼동하였다.

내가 앞에서 언급한 표준 설정 기관들 중 한 곳의 패널로 활동하는 다른 리스크 컨설턴트는 자신은 "특정 수치를 얻기는 실제로 불가능하기 때문에 보험 계리적인 리스크 관리 방법을 사용하지 않는 데 대한 강력한 옹호자"라고 말했다. 여기에서도 정확한 수치를 갖고 있다면 그가 "보험 계리적인 방법"이라고 부르는 것을 필요로 하지 않을 것이다. 사실 나는 그가 보험 계리적인 방법이라고 부르는 것을 14년 동안 직접 IT 프로젝트에 적용해 오고 있다. 완벽한 데이터가 없음에도 불구하고 확률적인 방법을 사용하는 것이 아니라, 완벽한 데이터가 없기 때문에 사용하는 것이다.

완벽한 데이터가 없음에도 불구하고 확률적인 방법을 사용하는 것이 아니라, 완벽한 데이터가 없기 때문에 사용하는 것이다. 완벽한 데이터를 가지고 있다면, 확률을 필요로 하지 않을 것이다.

계량적 확률이 지니는 이점은 정밀하고 정확한 수치에 대한 진술이 아니라, 불확실성에 대해 애매하지 않게 묘사한다는 점이다. 그러나 위와 같은 오해로 인해, 많은 사람들이 어떤 수치나 사건에 관한 불확실성을 애매하지 않은 확률이 아닌, 일종의 구두상의 척도로 표현하는 것을 선호할 것이다. 예를 들어, 리스크 컨설턴트가 다음 중에서 선택하라고 요청할 수 있다.

–"가능성 척도" 예시

- 가능성이 매우 높음 very likely
- 가능성이 있음 likely
- 가능성이 별로 없음 unlikely
- 가능성이 매우 희박함 very unlikely

실제로 정부 간 기후 변화 패널 Intergovernmental Panel of Climate Change: IPCC에 의해 개발된 척도에 이러한 용어들이 사용된다. IPCC 보고서는 NIST 방법 등과 마찬가지로 각각의 척도 수준에 특정 확률을 할당한다. 예를 들어, IPCC 보고서에서 저자들은 "가능성이 매우 높음"을 "90% 초과"로, 그리고 "가능성이 별로 없음"을 "33% 미만"으로 정의한다 나는 이 정의들이 이 보고서의 핵심 발견 사항들보다 더 토론되는지, 덜 토론되는지 궁금하다. 그러나 다른 많은 구두상의 가능성 척도들은 전혀 확률을 언급하지도 않는다. 그러나 확률을 언급하든 안 하든, 이러한 방법들을 사용하는 사람들은 그 의미를 매우 다르게 해석할 것이다.

만일 당신이 아직도 구두상의 척도를 사용하면 어쨌건 정확성 결여 문제를 피할 수 있다고 생각한다면, 구두상의 척도가 실제로는 그 자체의 부정확성을 덧붙인다는 점을 고려하라. 어바나-샴페인의 일리노이 대학교의 JDM 연구가 데이비드 부데스쿠David Budescu는 사람들이 이러한 말을 동일하게 이해하는지 알아보기로 했다. 부데스쿠는 사람들이 이러한 말을 이해하는 방식에 큰 차이가 있으며, 그러한 사용으로 인해 의사소통에서의 혼란과 오류가 야기될 수도 있음을 보여 주는 문헌들이 이미 있음을 알고 있었다.

그는 조사 대상자들에게 IPCC의 보고서에 나오는 문장을 읽고 그곳에 나오는 확률 용어에 상응하는 수치를 부여하도록 하는 실험을 실시했다. 그는 이러한 용어들이 사용되는 IPCC 보고서에 나오는 여러 문장들을 조사 대상자들에게 보여 주었다. 예를 들어 IPCC 보고서에 다음과 같은 문장이 나온다. "극도의 더위, 장기간의 혹서酷暑 및 폭우 등이 계속적으로 더 자주 발생하게 될 가능성이 매우 높다." 조사 대상자들에게 이 문장을 읽고 나서 이에 해당하는 확률을 부여하게 했다. 예를 들어, 어떤 사람은 위의 문장을 읽고서 "극도의 더위, 장기간의 혹서酷暑 및 폭우 등이 계속적으로 더 자주 발생하게 될 가능성이 95%이다"라고 추정할 수 있다.

부데스쿠는 용어의 의미에 대한 응답자들의 평가가 매우 다르다는 것을 발견했다. 더욱 놀라운 점은 응답자들에게 이 용어들이 무엇을 의미하는지 구체적인 지침을 준 경우에도 그들의 의견이 매우 달랐다는 점이다. 예를 들어, 가능성이 있음이라는 말은 다양한 문맥에서 45%에서 84%까지를 의미하는 것으로 해석되었다. 응답자들에게 가능성이 있음은 "66%를 초과해야" 한다고 구체적으로 말해 주었음에도 불구하고 그들의 응답에서 이처럼 넓은 범위가 나타났다보기 7.3을 보라.

확률 표현	이 표현의 의미에 대한 IPCC의 가이드라인	응답자들에 의해 해석된 의미 (실제 응답의 분포)		가이드라인을 위반한 응답자 비율
		모든 응답의 최소값	모든 응답의 최대값	
가능성이 매우 높음	90% 초과	43%	99%	58%
가능성이 있음	66% 초과	45%	84%	46%
가능성이 별로 없음	33% 미만	8%	66%	43%
가능성이 매우 희박함	10% 미만	3%	76%	67%

[보기 7.3] IPCC에서 불확실성을 표현하기 위해 사용되는 보편적인 용어들의 이해 격차

출처 : 데이비드 V. 부데스쿠, 스테펜 브룸웰, 한휘 포, 어바나-샴페인 소재 일리노이 대학교

부데스쿠는 이로 인해 "의사소통되고 있다는 환상"이 만들어진다고 말한다. 어떤 사건이 일어날 가능성이 매우 희박하다는데 모든 사람이 "동의"한다 해도, 실상은 전혀 동의하지 않고 있음이 판명된 셈이다. 다른 사람들이 그 용어를 어떻게 해석했는지에 대해 놀라는 사람들도 있을 것이다. 명백히, 이 용어들이 어떻게 사용되어야 하는지에 대한 자세한 절차가 있다 해도 그 규칙이 실제로 지켜질 것이라고 보증할 수 없다.

심지어, 같은 사람이 사용한 같은 용어에 대해서도 문맥에 따라 완전히 다른 확률을 의미하는 경우도 흔하다. 한 가지 예를 들어 보겠다. 나는 어느 고객이 대규모 프로젝트 포트폴리오에 관련된 리스크에 적용했던 스코어링 방법에 대해 그 고객과 얘기하고 있었다. 나는 어느 관리자에게 건성으로 이렇게 물었다. "당신은 무슨 의미로 이 리스크가 '매우 가능성이 높다' 라고 말씀하십니까?" 나는 그의 "리스크 매트릭스"에 표시된 특정한 리스크를 가리켰다. 거의 주저함 없이 그는 이렇게 말했다. "그 사건이 발생할 가능성이 약 20%쯤 됨을 의미한다고 생각합니다." 그의 동료 중 한 명은 이 말을 듣고 깜짝 놀랐다. 좀 더 명확하게 설명해 달라고 하자, 위와 같이 대답했던 관리자는 이렇게 말했다. "이 사건은 매우 큰 영향을 미치는 사건이라서 그러한 사건이 일어날 가능성이 20%라면 이는 너무도 큰 수치입니다." 그곳에 있던 사람들은 리스크를 평가하기 위한 몇 차례의 힘든 워크숍을 하고 난 뒤에 자신들은 줄곧 서로 다른 언어를 사용하고 있었음을 그제야 발견했다는 듯이 서로를 바라보았다.

그곳에 있던 사람들은 리스크를 평가하기 위한 몇 차례의 힘든 워크숍을 하고 난 뒤에 자신들은 줄곧 서로 다른 언어를 사용하고 있었음을 그제야 발견했다는 듯이 서로를 바라보았다.

그러나 상당히 많은 방법들이 그들의 가능성 척도에 대해 의미 있는 확률을 부여하려고도 하지 않는다. 있을 법한probable과 같은 단어들은 그 자체의 의미를 지니게 되어 있으며, 아마도 모든 사용자들에게 동일한 방식으로 이해되도록 기대할 것이다. 듀크 대학교의 봅 클레멘Bob Clemen이 FASB금융회계기준위원회의 규칙들에서 이러한 예를 하나 지적해 주었다. "우발 손실 회계"에 관한 FASB 규칙에서 우발 손실 사건loss contingency은 이 사건들이 "그럴 법함probable", "합리적으로 그럴 법함reasonably probable", 또는 "발생 가능성과는 거리가 멈remote"에 따라 인식된다. 이 용어들은 각각 다음과 같이 정의된다.

- 그럴 법함 – 장래의 사건이 발생할 가능성이 있음likely.
- 합리적으로 그럴 법함 – 장래의 사건이 발생할 가능성이 '거리가 멈' 보다는 크지만, '그럴 법함' 보다는 작음.
- 거리가 멈 – 장래의 사건이 발생할 확률이 작음.

달리 말해서, FASB는 가능성에 대한 구두口頭의 표현을 전적으로 가능성에 대한 다른 구두의 표현의 견지에서 정의했다. 이 규칙의 애매모호한 성격은 서로 다른 회계 법인들이 다른 의견을 지닐 수 있음을 의미한다. 이는 완벽하게 편견이 없는 설명 및 행동에 미치지 못하는 것들을 장려함으로써 그 자체의 리스크 유형을 조장한다. 이 영역에서의 비우호적인 감사는 회사에 중대한 영향을 줄 수 있으며, 따라서 보다 나은 의견을 제시해 줄 회계 법인을 찾기 위해 기웃거릴 인센티브가 있다. 회계 관행을 잘 아는 사람들은 엔론 사의 회계 부정 사건과 이후의 사베인-옥슬리법 제정 이후에도 이러한 일이 아직도 일어나고 있음을 내게 확인해 주고 있다.

FASB의 규칙에서 "우발 손해"에 관한 모호성은 재무 보고에서 리스크에 대해 낙관적인 평가를 장려한다. 기업들은 가장 유리한 의견을 제시하는 회계 법인을 찾아 나설 것이다.

더욱이 리스크의 영향에 척도가 적용될 때에는 이러한 모호성이 의미하는 바가 더 클 수도 있다. 대부분의 위험한risky 사건들은 그 영향의 결과가 매우 넓은 범위에 걸칠 수 있기에, 아마도 90% 신뢰구간과 같은 식으로 표현해야 가장 잘 나타낼 수 있을 것이다. 그러나 NIST와 같은 방법의 사용자들은 영향에 대해 특정한 하나의 수치를 제공해야만 한다. 예를 들어, 해커들이 고객 데이터를 빼내갈 리스크에 대해 평가할 경우, 이에 따른 잠재적 손실에는 데이터 복구 비용, 고객에 대한 보상, 법률 비용 및/또는 고객 상실 등이 포함될 것이다. 이 손실은 아주 사소할 수도 있고예컨대, 해커가 내부인이었는데 이 데이터를 누출시키기 전에 발각된 경우, 거액의 소송 비용이 발생하고 상당수의 고객을 잃게 될 수도 있다.

토니 콕스Tony Cox는 불확실한 영향을 평가할 경우에는 영향이 어느 정도일지를 추측해 달라고 요청을 받는 전문가는 실제적인 영향에 대한 자신의 추정과 리스크 혐오risk aversion라는 주관적인 판단을 결합해야 할 수도 있음을 지적한다.[48] 달리 말하자면, 어떤 사건이 1백만 달러에서 5천만 달러까지의 손실을 초래할 수 있다고 가정하자. 만일 두 명의 평가자들이 이 손실에 대해 명시적으로 논의한다면, 그들은 이 범위에 대해 동의할 수도 있을 것이다. 그러나 한 평가자는 리스크를 더 싫어해서 이 사건을 "큰" 영향으로 생각하는 반면, 다른 평가자는 "중간"으로 생각할 수도 있다.

부데스쿠가 말하는 의사가 소통되고 있다는 환상도 적용된다. 만일 그들이 그 사건이 "중간" 영향이라는데 동의한 경우라 할지라도, 이것이 리스크를 용인하는 사람은 높은 손실 범위를 추정했고 리스크를 싫어하는 사람은 낮은 손실 범위를 추정했기 때문이라는 사실을 깨닫지 못할 수도 있다.

척도의 의도하지 않은 효과: 당신이 모르는 것이 당신을 해칠 수 있다

토니 콕스는 스코어링 방법의 더 큰 문제들도 나열한다. 그는 간단해 보이는 척도조차도 의도하지 않은 수학적 결과를 가져오는 특색이 있음을 발견했다. 과신 등의 편향bias 및 명칭의 모호성으로 인해 추가된 오류를 망각함으로써 스코어링 방법에 남겨지게 되는 오류들만으로도 대부분의 스코어링 기법의 유용성을 의심하기에 충분한 이유가 된다. 그러나 그것이 끝이 아니다. 스코어링 방법을 면밀히 조사해 보면, 척도 자체의 독단적인 성격이 오류의 또 다른 원천이 되는 듯하다. 가장 중요한 리스크들에 대해 평가할 때, 다른 방법은 사용함이 없이 독단적인 스코어링 방법을 사용한다는 사실 이외에는 달리 의존할 곳이 없다는 것이 말이 되는가? 그런데, 불행하게도 지금 많은 기관들이 그렇게 하고 있는 실정이다. 나는 이러한 의도하지 않은 결과들을 다음과 같은 3개의 일반적인 범주로 나누어 보겠다.

1. **범위 압축** 스코어링 방법은 넓은 범위의 수치value들을 척도에서 하나의 범주에 포함시킴grouping으로써 부정확함을 초래한다. 이는 5점이나 10

점 척도에서도 주어진 대다수의 등급에 대해 소수의 척도만 사용된다는 점에 의해 확대된다. 의견이 조금만 변해도 대안들의 지위에 큰 변화가 있을 수 있다.

2. **규칙적 구간 가정** 스코어들은 묵시적으로 1–2–3–4–5라는 규칙적인 구간 척도들이 평가 대상의 상대적인 크기에 대한 근사치라고 가정한다.
3. **독립성 가정** 표준적인 또는 인기 있는 스코어링 방법들 중 그 어떤 방법도 다양한 요인들과 리스크 사이의 상관관계함께 움직이는 경향의 효과를 고려하지 않는다. 이는 주관적인 스코어링 방법을 사용하는 모델에 중요한 의미가 있다.

범위 압축

위의 리스트 중 첫 번째 항목은 원래는 의미가 있고 모호하지 않았을 수치를 겨우 몇 개의 값대개 3이나 5만을 지니는 스코어로 바꾸려 한다는 사실이다. NIST 척도는 명백히 1%의 가능성과 18%의 가능성 모두를 10%의 가능성"낮음" 범주라고 "대략적으로 말할" 것이다. 마찬가지로 나는 IT 프로젝트에 적용된 어떤 가산적 가중 스코어링 시스템을 보았는데, 거기서는 투자 수익률return on investment: ROI을 5점 척도로 전환하고, 이를 몇 가지 다른 요소들과 가산했다. 그러나 가능한 ROI의 범위가 너무 넓어서 ROI 1%에서 299%까지의 어느 숫자라도 1점에 해당했다. 2점은 300%에서 499%까지였다. 이 시스템에서는 ROI가 299%인 프로젝트는 ROI가 1%인 프로젝트와 동일한 것으로 판단되며, ROI가 300%인 프로젝트 대비 절반의 수익률밖에 올리지 못하는 것으로 취급된다.

토니 콕스는 이를 범위 압축이라 부르는데, 리스크 매트릭스에서와 같이 요소들에 부여된 수치가 곱해질 경우, 이 현상이 더 심해진다. NIST에서는 1%의 사건 발생 가능성과 18%의 가능성을 같은 범주로 묶을 뿐만 아니라, 매우 다른 영향의 정도도 함께 묶는다는 점을 고려해야 한다. 만일 1억 달러의 영향이 "높음"으로 간주될 경우, 2.5억 달러의 영향도 그보다 더 높은 범주의 척도가 없기 때문에 이와 동일한 것으로 간주되어야 한다. 그럴 경우 1억 달러의 손실을 입을 확률 1%는 2.5억 달러의 손실을 입을 확률 18%와 동일한 순위를 부여 받을 것이다. "리스크 중립적인" 계산확률 곱하기 손실조차도 두 번째 리스크2.5억×18% = 4,500만 달러가 첫 번째 리스크1억×1% = 100만 달러의 45배라는 점을 보여 줄 것이다. 그러나 리스크를 싫어하는 관리자라면 그 차이가 훨씬 더 크다고 생각할 것이다. 아마도 2.5억 달러의 손실을 입으면 회사가 부도가 날 수도 있으므로, 그 차이가 훨씬 더 커질 것이다. 그럼에도 불구하고 NIST 프레임워크에서는 낮은 가능성과 높은 영향을 갖고 있는 이 두 리스크 모두 "중간"리스크로 간주될 것이다. 리스크를 다루기 위한 자원을 현명하게 배분하기 위해서는 다른 리스크들을 차별화시키는 것이 매우 중요한데, 이 방법에서는 충분한 해결책이 없다. 때로는 내 고객이기도 했던, IT 보안 전문가 리드 오글리레 Reed Ogliere가 이 효과에 대해 다음과 같이 잘 묘사하였다.

"쓰레기 곱하기 쓰레기는 쓰레기 제곱이다."

"쓰레기 곱하기 쓰레기는 쓰레기 제곱이다."

—리드 오글리레, IT 보안 전문가

이 방법의 사용자가 스코어를 "어느 한 곳으로 집중시킬 경우" 범위 압축 문제가 더 악화될 수 있다. 나는 모두 5점 척도아마도 5점 척도가 가장 흔한 척도일 것이다를 사용하는 7개의 스코어링 방법들의 스코어 분포를 살펴보았다. 각각의 방법마다 많은 프로젝트 또는 리스크 범주의 여러 개별 요소들에 대해 해당 분야의 전문가들에게 평가하도록 요청했다. 따라서 각각의 스코어링 방법마다 평가 항목이 100가지가 넘었다. 스코어 척도를 사용한다는 점 외에 각각의 방법들에 공통적이었던 유일한 사항은 가능성 · 영향 또는 가산적 스코어링 시스템에서의 기타 요소들 모두에 대해 5가 항상 높은 리스크를 의미했다는 점이었다. 보기 7.4는 이들 7개의 스코어링 방법에 사용된 스코어의 분포를 보여 준다.

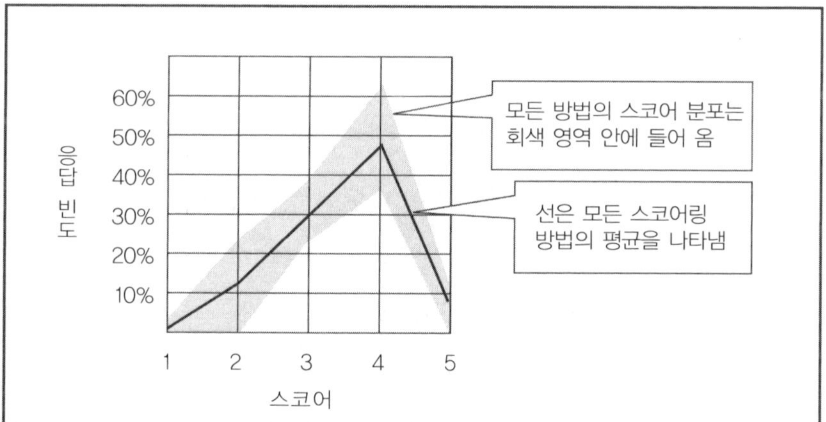

[보기 7.4] 7개의 다른 5점 척도 스코어 분포

이 도표는 두 가지 사항을 명백하게 보여 준다. 첫째, 이 스코어들이 실제로 사용되는 행태는 이 7개의 각각의 방법들이 다른 사람들에 의해 개발되어서 다른 사람들에 의해 사용되고 있음에도 불구하고 모두 매우

유사했다. 둘째, 스코어 선택 대안 중 2개3점 및 4점가 모든 응답의 75%를 차지했다. 이 결과는 스코어링 방법에 대해 중요한 시사점을 던져 준다. 선택된 스코어들의 대부분은 단지 2개의 수치 사이의 선택으로 귀결되기 때문에, 3을 4로 바꾸거나 그 반대의 경우, 스코어들이 균일하게 분포되어 있을 경우에 비해 프로젝트들의 우선순위에 더 큰 영향을 준다. 즉, "리스크 순위" 또는 "프로젝트 우선순위"에 대한 최종 결과를 보여주는 도표는 몇 개의 구간에 많은 수가 몰리는 경향이 있기 때문에, 이곳에서의 작은 변화라도 순위에 큰 차이를 가져올 수 있다.

> 응답이 어느 한 곳으로 몰리는 경향이 있기 때문에, 스코어의 작은 변화도 리스크 순위에 큰 영향을 준다.

몇 개의 스코어링 시스템에 대해 실험하면서, 나는 하나의 수치를 4에서 3으로 바꾸면 순위가 너무 많이 바뀌어서 한 항목이 "중대한 우선순위" 목록에 포함되어야 하는지 여부까지도 변할 수 있음을 발견했다.

나는 이 모든 데이터를 보고 나서 스코어링의 매우 다른 이상한 행태도 발견했다. 스코어링 방법의 사용자들이 인식하지 못하고 있는 응답 패턴이 있는 듯했다. 극단적인 스코어1 또는 5는 평가해야 할 다양한 리스크들의 긴 목록 중 뒤 부분에 위치한 리스크들에 부여되는 비율이 훨씬 높았다. 이러한 현상은 다른 사람들이 다른 질문들에, 그리고 다른 순서로 응답하는 경우에도 나타났다. 응답자들이 설문 문항 목록의 끝 부분에 다다를 즈음에는 스코어링 방법의 사용자들이 척도의 일부 중 아직 많이 사용하지 않았던 부분에도 표시해야 한다고 느끼기 시작하는 것일까? 데이터가 결정적이지는 않지만, 응답이 프레이밍 및 기타 효과들에 얼마나 민감한지를 감안할 때, 설사 그렇다 하더라도 나는 놀라지 않을 것이다.

규칙적 간격이라는 가정

서열 척도에 의해 도입되는 오류에는 범위 압축만 있는 것이 아니다. 척도가 적용될 때에는 척도에 사용되는 숫자들이 최소한 이들 항목들의 상대적인 크기에 대한 근사치일 것이라고 가정한다. 보기 7.5는 단순한 이 가정이 얼마나 진실과 거리가 멀 수 있는지를 보여 준다. 이 도표는 원래 내 고객이었던 한 기관이 사용한 방법인데, 이 방법에서는 0점에서 3점까지의 척도에 따라 IT 프로젝트 리스크를 평가함에 있어서 "프로젝트 후원자의 직급"의 상대적인 가치를 보여 준다. 그 옆의 자료는 동일한 기관에서의 실제 프로젝트 실패 데이터에 기초한 프로젝트 후원자의 상대적인 영향 정도이다 원래의 척도와 비교하기 위해 3이 "최대값"이 되도록 보여 주고 있음.

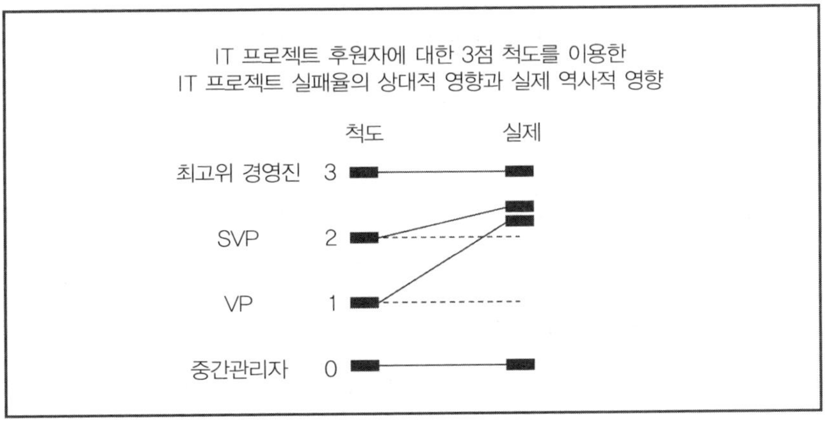

[보기 7.5] 척도와 역사적 데이터의 비교

보기 7.5의 왼쪽에 표시된 원래의 가중 스코어에서는 수석 부장senior vice president: SVP이 프로젝트의 후원자일 경우 부장VP이 후원자인 경우에 비해 문자적으로 2배의 영향이 있다각각의 경우스코어가 2와 1이다. CEO, CFO, 또는 CIO 등 최고위 경영진C-level은 프로젝트의 성공에 VP보다 정확히 3배 중요하다. 그러나 내가 포트폴리오의 실제 완료율을 분석해 보니우리는 10년간의 데이터에 대해 이를 재구성할 수 있었다, VP, SVP 및 CEO 간의 차이는 그리 현저하지 않았으나, 그들은 모두 중간 관리자들보다는 훨씬 나았다. SVP는 VP보다 2배 중요한 것이 아니라, 10%만 중요했고, 최고위 경영진은 VP보다 3배 중요한 것이 아니라 약 30% 중요했다.

또한 이 사례는 스코어링 시스템에서의 임의적이고 사소해 보이는 변화가 이 방법의 개발자가 생각했던 것보다 얼마나 더 큰 영향을 주는지도 보여 주고 있다. 만일 척도가 0점에서 3점까지가 아니라 1점에서 4점까지로 바뀌면, 이 척도는 SVP가 VP보다 2배 중요한 것이 아니라 50% 중요해지게 될 것이다. 또한 최고위 경영진이 후원자가 되면 프로젝트가 완료되도록 하는데 있어서 VP보다 3배가 아니라 2배 중요해지게 될 것이다. 사용자들이 스코어를 어떻게 배분하느냐에 따라서, 이와 같은 작은 변화가 매우 큰 우선순위로 귀결될 수 있다.

독립성 가정

마지막으로, 모든 리스크 분석에 있어서 다양한 리스크들 및 다양한 요소들 사이의 상관관계가 중요한 문제이지만, 스코어링 모델에서는 보편적으로 상관관계가 무시된다. 곱셈적 리스크 매트릭스에서는 서로 다른 리스크들 사이에 상관관계가 존재할 수도 있다. 리스크 매트릭스에 표시된 두 개 이상의 중간 영향, 중간 가능성 리스크들이 모두 동시에 발생할 경우, 이들은 훨씬 더 높은 리스크가 될 수 있다. 허리케인 발생의 결과 "자연재해로 인한 창고 내 재고 자산 손실 리스크"와 "구인난求人難으로 인한 제조 작업 차질"이 동시에 발생할 경우, 실상은 이 리스크들은 두 개의 독립적인 중간 영향 사건들로 모델링될 수 없다.

또한 손실들은 다른 방식으로 상호 의존적일 수도 있다. 만일 창고가 플로리다의 공장 근처에 있는 것이 아니라 일리노이에 있다면, 동일한 폭풍이 동일한 사건을 야기하지 못할 것이다. 그러나 데이터 센터가 플로리다에 있을 경우, 일리노이에 있는 창고는 데이터 백업 사이트가 복구될 때까지 쉬고 있어야 할 것이다. 몬테카를로 모델을 이용한 최고의 리스크 분석가들은 상관관계 및 의존성들을 포함시켜야 한다는데 주의를 기울이려 한다. 그들은 그렇게 하지 않을 경우, 서로 다른 리스크들은 평가 및 비교가 될 수 없음을 알고 있다.

스코어 및 선호도에 대한 명확화: 다르지만 유사해 보이는 방법과 유사하지만 다르게 보이는 방법

모든 단순한 스코어링 방법들은 완전히 쓸모없다또는 그보다 더 못하다고 말하기 전에, 우리가 말하고 있는 스코어의 유형 및 이들이 왜 사용되는지를 설명할 필요가 있다. 내가 방금 전에 묘사한 스코어링 방법들은 모호한 서열 척도를 사용하여 리스크의 구성 요소들의 순위를 정한다. 그러한 척도의 실제 사용 및 정확성은 어떠한 유형의 확률 이론에도 근거를 두고 있지 않으며, 그 방법들이 진정으로 의사 결정을 향상시키는데 효과가 있음을 보여 주는 통계 수치들이 수집되지도 않는다.

이제 이러한 스코어링 방법들과 혼동될 수도 있지만, 실제로 효과가 있는 듯한 몇 가지 방법들을 소개할 것이다. 또한 리스크 분석에 가끔씩 사용되는 몇 가지 의사 결정 분석 방법에 대해서도 논의할 것이다. 그 두 방법의 차이에 대해 설명하고, 왜 어떤 의사 결정 분석 방법들은 리스크 분석에 사용될 수 없는지에 대해서도 논의할 것이다.

스코어인 것 같은데, 사실은 아닌 그리고 효과가 있는 접근법

몇몇 연구자들은 앞에서 언급한 바와 같은 단순한 스코어링 방법들 중 하나와 유사해 보일 수도 있지만, 실제로는 그렇지 않은 방법들을 개발했다. 예를 들어, 6장에서 언급한 에곤 브룬스위크의 모델은 궁극적으로는 가중된 입력 사항에 기초한 결과들을 산출하지만, 그 가중치들은 워크숍에서 주관적으로 선정된 것이 아니라 통계적 회귀 분석을 통해 도출되었음을 기억하기 바란다. 또한 사용된 요소들도 서열 척도로 축소되지 않았다. 실제 측정치가 입력 사항으로 이용된다프로젝트 비용, 계획된 기간, 대출 금액 등.

내가 이전의 책에서 언급했던 또 다른 JDM 연구가로 카네기 멜론 대학교의 로빈 다위스Robin Dawes가 있다. 그는 1979년에 "부적절한 선형 모델의 견고한 아름다움"이라는 제목의 논문을 썼다.[49] 그는 매우 단순한 모델이라도 다른 어떤 방법의 도움도 받지 않은 판단의 결과를 개선할 수 있음을 보여 주었다. 그러나 브룬스위크와 마찬가지로 다위스는 그의 모델을 위해 미리 정의된 서열 척도를 만들어 내지 않았으며, 유효성에 관한 그의 주장은 실제 측정치에 기초하고 있다. 브룬스위크의 모델과 마찬가지로 여러 가지 요소들을 합산하여 건축 프로젝트, 구직 신청, 암 환자 진단 등의 리스크 평가 대상의 수치value를 구할 수 있다. 또한 브룬스위크의 모델과 마찬가지로 그러한 요소들은 판단자가 평가 시에 고려되어야 한다고 생각하는 항목들이다.

그러나 다위스는 브룬스위크가 한 것과 같은 최적 맞춤optimal fit을 수행하지 않는다. 그는 단지 각각의 요소들을 표준화된normalized 수치로 전환하여 특정 요소가령, 건축 프로젝트 리스크를 평가하는 모델에서의 건축 프로젝트 비용 등 내에서의 모든 수치들의 평균이 0이 되게 한다. 그 후에 다위스는 "정규" 확률분포에 기초해서 표준편차를 구한다. 프로젝트 비용이 평균보다 약간만 높을 경우의 표준편차는 +0.5일 수 있으며, 평균보다 훨씬 낮을 경우 표준편차는 −2.3일 수 있다. 부호는 판단자가 수치가 높은 것이 좋다고 생각하는지 여부에 좌우된다. www.howtofixriskmgt.com에서 다위스의 선형 모델에 대한 스프레드시트 예시를 보기 바란다.

다위스는 이 방법이 도움을 받지 않은 의사 결정자보다 약간 나음을 보여 주는 논문을 발표했다. 여기에서도, 이 연구에서 보여진 경험적 증거가 이를 입증했다. 다위스에 의하면, 인간의 판단은 요인들이 좋은지 나쁜지는 잘 가려내지만, 다수의 입력 사항은 잘 고려하지 못하는 듯하다. 그의 단순한 접근법은 바로 이점을 완화해 준다.

요약하자면 한 편으로는 다위스의 모델이나 브룬스위크의 모델과 다른 한편으로는 NIST, CobIT, PMBoK 및 다수의 주요 컨설팅 회사들에 의해 장려되는 모델들 사이의 주요 차이점들은 다음과 같다.

- 타당하지 않은 스코어링 방법들은 현대 JDM 연구 결과와 완전히 동떨어져 개발된다. 알려져 있고 측정 되어 있는 인간의 과신 및 기타 편향

bias 경향을 상쇄하기 위한 조치는 스코어링 접근법 중 어느 방법에도 없다.

- 타당하지 않은 스코어링 방법들은 실제 결과에 비추어 테스트되지 않는다. 모델의 결과가 실제 결과프로젝트 실패, 여신 부도, 보안 침해 등의 충분히 큰 표본과 비교된다는 증거가 없다.
- 브룬스위크와 다위스는 실제로 추정하는 동안의 입력 자료를 인간의 판단에만 의존하지 않는다. 입력 자료들은 비용이나 기간과 같이 측정 가능한 단위에 기초하고 있는데, 그 중 일부는 객관적인 측정에 의해 제공될 수 있다. 그러나 타당하지 않은 스코어링 방법들은 "1에서 5까지의 척도를 이용하여 비즈니스 전략과의 연계에 대한 등급을 매기시오"와 같은 모호하게 정의된 개념에 대한 응답을 이끌어내려 한다.
- 타당하지 않은 스코어링 방법을 사용하게 되면 그렇지 않았더라면 유용했을 수치들이, 척도를 재조정할 경우 결과에 어떻게 영향을 미칠지에 대해서는 고려함이 없이 독단적인 척도"프로젝트의 ROI가 0%에서 50%까지일 경우 스코어는 1이고 51%에서 100%까지는 2, 등"로 전환된다. 서열 척도의 독단성arbitrariness은 의사 결정에 그 자체의 불필요하고 상당히 큰 어림셈 오류rounding error를 덧붙인다.
- 타당하지 않은 스코어링 방법은 사용자의 행태 및 모델이 가정 사항의 작은 변화에 얼마나 민감할 수 있는지를 평가하지 않는다.

내가 좋아하는 스코어링 방법 중 하나가 당시에 RAND 코퍼레이션에 근무하던 프레드 J. 그루언버그Fred. J. Gruenberger에 의해서 1964년에 개발되었다. 그는 믿을 수 없는 이론들의 후원자들을 평가하기 위한 재미있는 방법의 일환으로 "사이비 과학자crackpot"에 대한 척도를 제안했다. 수리 물리학자인또한 가수 호안 바에즈(Joan Baez)의 사촌이기도 함 존 C. 바에즈John C. Baez는 보다 최신의 사이비 과학자 지수index를 제안했다. 그루언버그의 원래 모델 및 바에즈의 지수는 새로운 과학 이론들과 관련된 사이비를 탐지해 낼 용도로 개발되었지만, 기본 개념은 인기 있는 리스크 관리 방법이나, 인기 있는 경영 기법 전반에도 적용될 수 있다.

위의 두 모델 모두 어떤 주장에 대해 경험적으로 확인할 수 없을 경우 가장 높은 스코어를 부여한다. 즉, 누군가가 어떤 이론을 실제 관측치의 측정을 통해 확인할 수 없으면, 그는 이를 사이비로 여겨 높은 스코어를 부여한다. 바에즈는 기업 경영에 있어서의 일시적 유행fad에 특히 관련이 있는 것으로 보이는 몇 가지 사항을 언급한다. 그는 사고 틀의 변화paradigm shift와 같은 용어를 사용하거나 명확한 정의 없이 새로운 용어를 만들어 낼 때마다 사이비 스코어에 대한 별도의 가산점을 부여한다. 두 모델 모두 새로운 이론이나 방법의 옹호자들 가운데에서의 순교자 콤플렉스에 대한 스코어도 포함한다. 이 방법들은 "그저 재미 삼아 해볼 만한 가치만" 있으며, 어느 방법도 중요하고 리스크를 수반하는 의사 결정을 지원하는데 사용되는 것이 아니라는 점은 말할 필요도 없다.

정확하게는 "스코어링"이 아니지만, 필연적으로 주관적인 선호를 다루는 접근법

사람의 선호preference가 최소한 여러 가지 잘 정의된 방식으로 논리적 일관성이 있거나 합리적이라면, 이에 기초한 의사 결정은 더 나아야 한다즉, 바람직한 결과가 더 자주 발생하고, 바람직하지 않은 결과는 덜 자주 발생한다는 아이디어에 관해 수행된, 존경 받는 학문적 연구가 많이 있다내가 이를 타당성에 관한 충분한 지표로 이용하지 않으려는 것이 아니다. L. J. "지미" 새비지L. J. "Jimmie" Savage는 그가 1954년에 쓴 책, 통계학 기초The Foundations of Statistics[50)]에서 "선호 이론preference theory"이라 불리는 명제 목록을 제안했는데, 이후 이 주제에 관한 학술 연구가 쏟아지기 시작했고 이 분야는 그 후로도 계속 번성하게 되었다. 카네만과 트버스키조차도 전망 이론Prospect Theory의 일부로서 이 문제를 다루었는데, 카네만은 그에 대한 공로로 노벨 경제학상을 받게 되었다.

이 아이디어의 골자는 회사 소풍을 어디로 갈지, 누가 노래를 더 잘 부르는지 등과 같이 순전히 주관적으로 보이는 선택들에 대해서도 어떤 판단은 다른 판단보다 더 논리적이라는 것이다. 지미 새비지가 이 아이디어를 어떻게 설명했는지에 대한 하나의 예를 그의 아들인 샘 새비지Sam Savage가 내게 전해 주었다. 지미는 우리에게 자신이 어느 식당에 가서, 오리나 고급 갈비구이를 주문하고 있다고 상상해 보라고 요청한다. 하지만, 그는 먼저 종업원에게 "오늘 칠면조 있나요?" 하고 묻는다. 종업원은 그렇다고 대답한다. 그러자 지미는 이렇게 말한다. "그러면, 오리 주세요." 지미 새비지는 이를 통해 의사 결정을 이런 식으로 하지 않는다는 것을 예를 들어 보여 준다. 위의 대화는 새비지가 제안한 선호 공리axiom of preference 중 하나에 위배된다. 그러한 선호 공리들에는 다음과 같은 사항들이 있다.

- 순위를 번복하면 안 된다위의 예에서는 이 규칙이 위배되었다: 만일 이 A, B, C라는 대안 중 A를 선호한다면 C가 대안 목록에서 떨어져 나가거나, 이미 위의 세 가지 대안 중 어느 하나보다 열등한 것으로 판명된 D라는 대

안이 대안 목록에 추가되더라도 선택이 달라져서는 안 된다.

- 이행성移行性: transitivity: 만일 A를 B보다 선호하고 B를 C보다 선호한다면, A를 C보다 선호해야 한다. C를 A보다 선호한다고 말하면, 앞에서 말한 것과 논리적 일관성이 없다.
- 무차별성 기준의 독립성: 두 개의 요인에 기초하여 대안들 사이에서 선택할 때 A라는 대안을 선호하는 것으로 결정을 내렸다면, 모든 대안들이 동등한 가치를 가지고 있는 세 번째 요인을 추가하더라도 선택이 달라져서는 안 된다. 예를 들어, 면적과 가격에 기초하여 3곳의 회사의 소풍 후보지 중 링컨 공원으로 정했다고 가정하자. 그런데 누군가가 "사무실로부터의 거리"도 고려해야 한다고 주장했다. 그래서 거리들을 알아봤더니 세 곳 모두 사무실에서 동일한 거리에 위치해 있음을 알게 되었다. 그렇다면, 그것은 최종 결정에 아무런 영향을 주지 않아야 한다. 그렇지 않은가? 그러나 순위와 스코어링 기법의 몇 가지 다소 분명하지 않은 결과들을 생각하지 않으면, 그렇게 될 수 있다.

위의 원리들은 아주 명백해 보이지만, 실제로는 리스크 관리자들이 이 규칙들에 위배되는 스코어링 시스템을 만들어 내거나 이를 사용하면서도 이를 모르고 있을 수도 있다. 이러한 현상은 스코어링 시스템에서 고려되는 모든 요소들이 상대적 순위로 표현되는 경우에 더 자주 발생한다. 이 공리들의 모든 논리적 결과들은 다중 속성 효용 이론Multi-Attribute Utility Theory: MAUT 및 다중 기준 의사 결정Multi-Criteria Decision Making: MCDM에서 탐구된다. 이 방법들은 서로 다른 항목들 사이의 모든 종류의 상쇄tradeoff들을 고려하고, 필수적이고 논리적인 결과들을 해결하고자 한다.

이곳에서 MAUT와 MCDM에 대해 자세히 논하지는 않겠지만, 리스크 관리에는 중요한 한 가지 근본적인 주관적 상쇄 관계tradeoff가 있다. MAUT의 한 가지 기법 중, 의사 결정자가 어느 한 가지를 더 얻기 위해 다른 한 가지를 얼마나 더 포기할 용의가 있는지를 보여 주는 도표를 만드는 방법이 있다. 금융 자산 포트폴리오를 평가하는데 흔히 이용되는 리스크 대 수익률 곡선이 바로 이에 대한 한 가지 핵심적인 사례이다. 해리 마코위츠Harry Markowitz는 한 가지 간단한 효용 이론을 이용하여 현대 포트폴리오 이론Modern Portfolio Theory: MPT을 개발하였다. 그는 권장되는 포트폴리오 포지션을 계산하기 위해 투자자의 리스크 혐오도risk aversion를 계산하는 방법을 필요로 했다.

마코위츠는 종축은 투자의 수익률을 나타내고, 횡축은 투자의 변동성을 나타내는 도표를 만들었다. 그러면 투자자는 이 도표 위에 그림을 그림으로써 일정한 수익을 달성하기 위해 어느 정도의 리스크를 부담할 용의가 있는지를 말할 수 있었다. 이는 어느 하나를 얻기 위해 다른 하나를 얼마만큼 포기할 용의가 있는지를 보여 주는 효용 곡선utility curve에 대한 하나의 예이다. 리스크는 가령, 음의negative 수익률을 보일 가능성으로 표시될 수도 있고, 효용은 순 현재 가치net present value로 표현될 수도 있다. 그러나 그 본질은 언제나 같다. 즉, 의사 결정자들은 궁극적으로 일정한 수익에 대해 어느 정도의 리스크를 부담할 용의가 있는지를 보여 주어야 한다보기 7.6을 보라.

여기서 우리는 5장에서 처음으로 소개되었던 것처럼 리스크 관리 및 리스크 분석이라는 용어의 사용 시 도입된 모호성과 의사 결정 분석 및 선호도 분석이

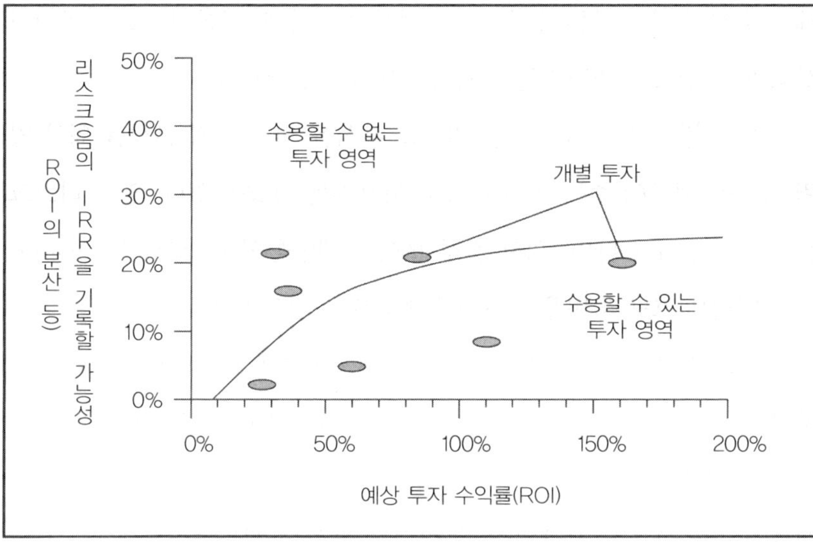

[보기 7.6] 리스크 VS 수익률 : 투자 경계

라는 확립된 의미를 다시 언급할 필요가 있다. 의사 결정 분석은 객관적인 사실과 계량적인 추정치뿐만 아니라, 서로 다른 목표들 사이에서 우리가 선호하는 상쇄 관계tradeoff도 고려하도록 요구한다. 앞의 정의가 명확히 하는 바와 같이, 리스크는 손실 확률 및 손실 정도로 요약되는데, 확률 및 정도 그 자체가 의미 있는 방식으로 계량화될 수 있다.

이의 일부가 주관적인 추정치에 의존한다 할지라도, 이들 주관적인 추정치가 선호preference와 동일한 것은 아니다. 만일 주관적인 범위 추정을 사용하여 건축 프로젝트의 공기工期에 관한 불확실성을 표현하고 있다면, 몇 가지 실제 세계의 측정할 수 있는 수치를 추정할 것이다. 여기서는 이 프로젝트의 공기가 얼마였으면 좋겠다는 선호도preference에 대해서는 아무 말도 하지 않는다. 그러나 만일 프로젝트의 리스크 대비 순 효용에 기초해서 서로 다른 대안들을 고려하고 있다면, 근본적으로 주관적인 상쇄 또는 선호에 귀결되는 문제에 직면해 있는 것이다.

의사 결정 분석 전문가들은 리스크 분석을 의사 결정 분석을 위한 입력 자료를 제공해 주는 어떤 것으로 생각하는 경향이 있다. 일단 리스크 분석이 수행되고 나면, 의사 결정 분석은 대안들의 리스크뿐만 아니라, 그 대안들의 효용과 비용도 고려해야 한다는 점은 명백하다.

리스크 분석이 실제 세계의 측정과는 독립적으로 그저 선호도를 적용만 하는 것이 아니기 때문에, 선호도를 평가하도록 의도된 방법을 리스크 분석에 적용하는 것은 오류일 수 있다. 그럼에도 불구하고, 일부 사용자들은 선호도 평가 방법을 리스크 분석 자체를 위한 가장 중요한 방법으로 적용해 왔다. 그 가치가 무엇이든지 명심해야 할 가장 중요한 점은 리스크 분석은 어떤 식으로든 확인할 수 있는 의미에서 예측forecasting 또는 예언적predictive 방법이어야 한다는 것이다. 이는 모든 사건들이 정확하게 예측되어야 함을 의미하지는 않는다. 그러나 이는 다양한 사건들의 가능성을 예측함에 있어서 리스크 분석의 결과가 도움을 받지 않은 인간의 판단보다 평균적으로 나아야 함을 의미한다. 선호도 모델링 방법을 리스크 분석에 사용하는 것의 문제는 이러한 방법의 어느 것도 예측 방법이 아니라는 점이다. 어떤 선호도 모델링 방법도 무슨 일이 벌어질 지 예측하지 않는다. 이 방법들은 리스크 분석의 정수精髓인 어떤 행동의 가능한 결과들에 대한 예측용이 아니라, 전적으로 근본적인 선호도 평가용이다.

리스크 관리에 MAUT를 어떻게 적용하든지 간에 바로 이 점을 주의해야 한다. 나는 훌륭한 계량적 모델에는 근본적으로 "서로 경쟁하는 목표들"이 거의 없다는 것을 발견했다. 혹자或者는 목표 A와 목표 B 사이에 "거래"할 필요를 느낄 수도 있지만, 실제로는 이들은 모두 상위 목표인 C의 요소들에 지나지 않는다. 예를 들어, 보다 양호한 세금 상의 이점이 있는 투자 추구와 수익을 증가시키는 투자 사이의 상쇄 관계를 보여 주는 효용 곡선은, 세금상의 이점과 수익 사이의 주관적인 선호도에 기초할 것이 아니라, 진정으로 금융상의 계산에 기초해야 한다그러나 나는 MCDM과 MAUT의 선호도 방법이 이런 식으로 사용되는 것을 보았다. 대부분의 영리 기관에서는, 기본적인 상쇄 관계는 수많은 목표들 사이의 상쇄 관계가 아니라 단순히 리스크와 수익 사이의 상쇄 관계로 요약될 수 있다. 진정한 상쇄 관계가 이처럼 소수의 요소 사이에 존재하는 것이라면, 보다 정교한 방법들 중 많은 부분이 적용되지 않을 수도 있다.

스코어 같지 않은데, 사실은 스코어인 방법

정확하게는 이 책의 범위에 들지는 않지만, 이 방법이 매우 인기가 있고 일부 사용자들은 이를 리스크 분석에 적용해 오고 있기 때문에, 이에 대해 간단히 언급해야겠다. 분석적 계층 프로세스Analytic Hierarchy Process: AHP는 의사 결정자들이 오직 진술된 선호도에만 기초하여 대안들 사이에서 합리적으로 상쇄하도록 도와주려고 하는 방법이다. AHP는 1970년대에 토마스 사티Thomas Saaty에 의해 개발되었는데, 이 방법은 수학적인 방법을 채용하여 의사 결정자들이 서로 상쇄 관계에 있는 경쟁적인 목표들을 갖고 있는 문제들을 고려할 때 저지를 수도 있는 이행성 오류transivity error를 최소화하고자 한다. 나는 그렇게 하지 않지만 성공을 열정적인 사용자 및 옹호자들의 수로 측정할 경우, AHP는 확실히 성공적이다.

이 방법은 사용자들에게 기준의 상대적 "중요성"을 평가하도록 요청해서 "약간 더 중요함"은 3점, "절대적으로 더 중요함"은 9점과 같은 식으로 평가한다는 점에서 일종의 독단적인 스코어에 의존한다분석자들은 단순히 구두(口頭) 상의 응답만 하는 이용자들에게 실제 척도를 숨기기 때문에 일부 이용자들은 이러한 독단적인 전환에 대해 전혀 모르고 있다.

AHP는 새비지의 공리를 위반한다는 점에서 문제가 있다. 이 방법은 순위를 번복하곤 하는데, 원래는 순위 번복이 합리적이라고 주장했던 이 방법의 옹호자들은 현재는 처음에는 문제가 아니라고 주장했던 문제를 "고쳤다." 그러나 AHP에 다른 논리적 문제들이 발견되었다. 이 방법은 이제 무차별성 기준 공리를 위반하는 듯하다.[51] 수학적 방법 자체에 관해서도 다른 문제들이 발견된다.[52]

AHP에 대한 열성적인 지지자들은 AHP는 "수학적으로 입증되었으며" 의사 결정 분석가들 사이에 "넓은 공감"을 형성하고 있다고 주장한다. 나는 세계 여러 나라 출신의 의사 결정 분석 전문가들에게 이에 대해 얘기해 보고 나서, 그 주장이 진실과 아주 거리가 멀다는 것을 발견했다. 실상은 내가 얘기해 본 사람들은 모두 최소한 그 방법에 대해 심각한 논쟁이 있음을 알고 있는 듯했다. 6장에 언급한 로빈 딜론–메릴은 의사 결정 분석 협회Decision Analysis Society의 오래된 회원인데, 그녀는 "대부분의 의사 결정 분석 전문가들은 AHP를 타당한 의사 결정 분석 도구로 여기지 않는다"는 것을 관찰했다. 토니 콕스는 이에서 더 나아가 다음과 같이 적어 주었다.

의사 결정 분석에 대한 AHP의 관계는 현대의 주류 의학에 대한 대체

의학의 관계와 같다. 그 옹호자들은 이를 열정적으로 방어하지만, 주류의 실무자들은 이 방법이 사용자들을 즐겁게 한다는 점 이외에는, 다른 방법들보다 낫다는또는 최소한 동등하다는 증거가 없음을 주목한다. 옹호자들은 만족해하는 많은 사용자들과 소위 이 방법들의 덕목에 대해 칭송하는 간행물들을 이 방법의 우수성과 효능에 대한 증거로 제시한다. 그러나 비판자들은 대안적 방법들은 건전한 논리적 또는 과학적 기초가 결여되어 있으며, 대개 주류의 방법에 비해 우수함을 입증하지 못한 결과들을 자아낸다고 이의를 제기한다.

나는 콕스가 AHP를 "칭송하는" 것으로 언급한 많은 간행물들을 검토해 보았다. 그런데 실상은 내가 발견한 모든 글들은 어떤 문제들에 대해 AHP를 적용하는 것에 관한 사례 연구였다. 다른 방법이 사용되었더라면 이 방법을 사용한 경우에 비해 더 나은 의사 결정이 내려졌을까 하는 문제는 대개 제기되지도 않았다. 나는 AHP를 비난하는 글을 써 줄 용의가 있는 사람을 일일이 열거할 수 없을 정도로 더 많이 알고 있지만, 어쨌든 독자들은 이제 내가 말하려는 요점을 알게 되었을 것이다.

나는 AHP의 일부 옹호자들이 사티Saaty가 2008년에 경영과학협회INFORMS로부터 "영향 상Impact Prize"을 받았다는 사실이 자신들이 정당함을 입증해준다고 생각한다는 말을 들었다. 그러나 이 상의 내용은 다음과 같이 조심스럽게 언급한다. "이 상은 리서치에 대한 상이 아니다. 이 상의 심사 위원회는 연구의 질을 판단하지 않는다. 대신에 특정 아이디어 또는 연구의 영향의 광범위함을 평가하는데 강조점이 놓여진다." 나는 그 기준만으로 보면 사티가 이 상을 받을 자격이 충분하다고 확신한다. 그러나 그것이 AHP의 유효성, 특히 리스크 관리에 있어서의 유효성에 대한 증거와 동일한 것은 아니다.

AHP의 옹호자들은 이 방법은 발전하고 있으며 몇 가지 문제들은 해결되었다고 말한다. 그러나 바룩 피시호프의 지도로 박사 학위를 받은 의사 결정 분석자 카렌 제니Karen Jenni는 이 방법이 아무런 쓸모가 없다고 말한다. 그녀는 이렇게 묻는다. "공리들을 위반하지 않는 다른 방법들이 이미 효과가 있는데 왜 AHP를 계속 고쳐야 하는가?" 나는 이 말에 동의한다. 우리는 단지 공정하게 말하고 있을 뿐이다. 모든 리스크 분석 방법들또는 잘못 적용된 선호도 분석 방법들은 다음과 같은 궁극적인 사이비 테스트에 의해 평가되어야 한다. 그것이 실제로 리스크 사건들에 대한 예측을 향상시키고 있으며 의사 결정이 실제로 향상되는가? 더욱 중요한 점은 AHP와 우리가 논의한 다른 방법들의 효용이 무엇이든지 간에, 그 방법들이 예측 도구로서 타당성이 입증되지 않는 한그런데 예측은 이 방법들의 기본적인 기능이 아니다, 이들이 리스크 관리에 사용되는 유일한 도구여서는 안 된다는 것이다.

8

검은 백조, 붉은 청어, 그리고 보이지 않는 용: 리스크 관리 향상에 대한 개념적 장애물 극복하기

이론상으로는 이론과 실제 사이에 차이는 없다. 그러나 실제로는 차이가 있다.
–요기 베라(Yogi Berra)

혹시 모든 관리자들이 내가 지금까지 말해 온 것을 모두 받아들인다 하더라도, 어느 곳엔가는 극복해야 할 몇 가지 심각한 개념적 장애물이 남아 있을 것이다. 여러 이유로 리스크 관리가 실행 가능하지 않다고 생각될 수도 있다. 리스크 관리에 대한 이의異議의 대부분은 확률 및 예측 가능성의 성격과 같은 기본 개념에 대해 근본적으로 생각이 다르다는 사실로 압축될 수 있다.

여기서 내가 제안하는 궁극적인 해법에 대한 맥락을 좀 더 설명할 필요가 있다. 나는 엔지니어링 리스크, 보험, 원자력, 그리고 석유 탐사에 사용되는 것과 유사한 계량적 리스크 모델링을 해법의 일부로 제시한다. 기존의 방법을 수정할 필요는 있지만, 리스크를 계량적으로 모델링하는 것이 이상적인 접근법이다. 사실, 5장에서 제시한 리스크 및 불확실성의 정의도 그 자체가 계량적인 모델링에 적합하고 의사 결정 과학 분야에서의 계량적 방법들에 부합하기 때문에 선택된 것이다.

나는 사건들의 확률 및 영향이 의미 있는 방식으로 측정될 수 있다고 주장한다. 나는 내가 이전에 쓴 책 『How to Measure Anything』에서 측정은 단지 관찰에 근거한 특정 수치의 불확실성 감소라고 주장하였다. 측정의 목표는 의사 결정에 관련이 있는 미지의 수치에 관해 현재 우리가 알고 있는 것을 조금이나마 개선시키는 것이다. 이 기준에 의하면, 계량적인 리스크 평가의 목표는 완벽한 투시력을 얻는 것이 아니라, 관리자가 어떤 도구의 도움도 받지 않고 직관적으로 의사 결정을 내릴 때보다 나은 결정을 내리게 하려는 것이다. 다양한 사건들로부터의 확률과 손실을 계량화하여 계산계량적 모델 에 이들 값을 사용함으로써, 관리자들의 오류를 줄이고 그들에게 "내기bet"를 더 잘하게 해 주고자 한다.

내가 논의하려는 장애물은 계량적 리스크 모델링에 관한 확고한 의견들이다. 어떤 상황에서도 계량적인 리스크 관리는 결코 가능하지 않다고 생각하는 사람들이 있다. 어떤 사람들은 일부 분야에서는 계량적인 리스크 관리가 가능함을 인정하지만, 자신이 속한 업종이나 조직에는 그렇지 않다고 생각한다. 이례적인 사건들은 결코 예측할 수 없었다거나, 자신들의 문제는 너무 복잡하거나 측정할 수 없다는 사실을 반대의 근거로 제시하는 사람들도 있다. 이러한 생각은 향상된 리스크 관리에 대한 저항으로 귀결될 수 있다.

나는 면담과 연구를 수행하면서 사람들이 확률과 리스크라는 주제에 관한 입장에 얼마나 열정적인지를 발견하고서 깜짝 놀랄 때가 있다. 그럴 때에는 마치 리스크의 특성에 대해서가 아니라 정치나 종교 분야의 논쟁적인 이슈들에 대해 얘기하는 것 같다는 생각이 들곤 한다. 그러나 이것이 까다롭다고 생각하는 사람들도 있겠지만, 이러한 반대 견해들에 대해 알고 이에 대처하는 법을 배울 필요가 있다.

리스크와 정당한 분노: 계량적인 리스크 분석이 불가능하다는 믿음

리스크를 측정할 방법 자체가 없다고 주장하는 사람도 있다. 역설적이게도, 리스크라는 주제에 관한 이러한 입장은 직업적 "리스크 전문가"들에 의해 주장된다. 보험업 및 보험 계리 과학이 존재한다는 사실 자체가 이러한 믿음에 모순되어 보인다는 데 대해 다른 전문가들이 수긍한다는 사실에도 불구하고 그들은 흔들리지 않는다. 그러나 과학적인 마음을 지닌 회의론자리스크 관리자는 모두 자신을 그렇게 생각해야 한다는 결코 전문가라는 호칭에 혹해서는 안 된다. 내가 전문가들도 틀릴 수 있다는 것을 아는 이유는 전문가들끼리도 서로 동의하지 않기 때문이다. 그래서 누군가는 틀릴 테니, 누구라도 틀릴 수 있다.

이러한 전문가들 중 많은 사람들이 리스크 측정에 대해 유사한 형태의 반대 논리를 채택하는 듯하다. 어떠한 모델도 예측할 수 없었을 이례적인 사건들이 발생한 적이 있다. 2001년 9월 11일의 테러 사건, 구글Google의 부상浮上, 주식 시장의 주요 위기들 및 다양한 엔지니어링 재앙들이 이에 대한 증거로 인용된다. 달리 말하자면, 특정 방법이 이러한 구체적인 사건들을 예측하지 못했다면, 그 방법은 실패했으며 따라서 폐기되어야 한다는 것이다. 이러한 추론에는 논리적으로 근본적인 오류가 있다. 여기서의 내 목표는 이러한 오류들을 지적하여 리스크 관리자들이 그런 사람들과 대면할 때 그들을 잘 다루고 자신의 일을 잘 수행하도록 하는 것이다.

이를 위해, 나는 이러한 근본적인 논리적 오류를 저지르는 두 명의 실제 리스크 관리 "전문가"를 소개하겠다. 그들의 신원을 밝히는 것이 목표가 아니므로 그들을 가명으로 부르겠다. 그들은 유사한 의견을 지닌 많은 사람들을 대표할 뿐이다. 그들을 존John과 제랄드Jerald라 부르기로 하자.

존과 제랄드는 리스크 관리 컨설턴트로 일하고 있으며, 박사 학위를 가지고 있다. 존은 철학 박사이고 제랄드는 엔지니어링 박사인데 철학이나 엔지니어링 모두 의사 결정 과학, 통계학, 보험 계리 과학 또는 리스크 관리와 관련된 분야는 아니다. 둘 다 책을 쓰기는 했지만, 아마존 순위에 의하면 별로 팔리지는 않았다. 그들은 모두 계량적인 리스크 관리 방법을 험담하며, 대신에 자신들의 보다 부드러운 방법*soft method. 저자는 통계, 보험 계리와 같이 엄밀한 계산 방법이 아니라 스코어링 방법과 같이 주관적인 평가 방법을 soft method라 한다–역자 주*을 제안한다. 나는 그들이 서로 만나 본 적이 있다고는 생각하지 않지만, 그들은 아마도 다른 사람이 채택한 방법에 대해 전혀 동의하지 않을 것이다. 그들은 모두 자신들의 방법에 의문을 제기하면 아주 불쾌해 한다.

내가 이 전문가들과 처음으로 얘기했을 때, 그들 각자는 과거의 몇 가지 재앙들을 언급하며 이 재앙들이 리스크 분석이 불가능하다는 증거라고 말했다. 나는 1장에서 이 문제에 대해 언급했다. 저명한 리스크 전문가들 중에서 더러는 재앙에 관한 흥미 있는 이야기들을 통해 청중들을 사로잡을 수 있음을 알게 되었다. 리스크 관리에 대한 그들의 접근법에 대해 토론하면서, 나는 그들이 청중들 앞에서 강연할 때 전형적으로 이러한 이야기들을 잘 써 먹는 스타일임을 알게 되었다. 이 이야기들은 특히 그들이 달변가일 때에는 매우 잘 통한다. 그러나 이런 이야기들은 청중들을 매혹시키기는 하지만 별 도움을 주지는 않는다. 중요한 것은 이러한 재앙에 대한 상세한 지식이 아니라, 이 사건들에 대한 리스크 관리자들의 해석이다.

예를 들어, 존은 1940년의 워싱턴 주 타코마 시 소재 타코마 해협 대교Tacoma Narrows Bridge 붕괴는 계량적인 리스크 분석의 실패 사례 중 하나라고 지적한다. 최초의 타코마 해협 대교는 공기력 탄성 진동aeroelastic flutter에 기인한 엔지니어링 재앙에 대한 유명한 사례 연구 대상이 되었다.

타코마 해협 골짜기의 바람이 교량을 흔들리게 했고, 이 흔들림은 공기 역학의 효과를 증폭시켰으며, 공기 역학 효과가 흔들림이 더 커지게 했다. 이 교량은 사용되던 몇 개월 동안 흔들리는 것을 쉽게 볼 수 있어서 "질주하는 거티Galloping Gertie"라는 별명을 얻었다. 1940년 11월 7일에 결국 교량이 산산조각 나고 말았다. 이 교량은 파괴되기 직전까지 이용되었는데, 마지막으로 이 교량을 이용했던 한 남자는 가까스로 목숨을 건졌다.

그러나 이처럼 놀라운 재앙 사례가 존이 주장하는 것과 같이, 계량적인 리스크 분석의 유효성에 대해 진정으로 뭔가를 말해 주는가? 존은 이 교량 건설 당시에 계량적인 리스크 분석이 이용되었다고 주장하며 "그 사실 자체만으로도 계량적인 리스크 분석이 실패했다"고 결론을 내린다. 그는 더 나아가 스리마일 섬Three Mile Island의 원자력 사고, 체르노빌Chernobyl의 원자력 사고, 그리고 엔론과 아더 앤더슨의 몰락 및 다른 많은 예들을 나열한다. 그는 각 사례에 대해 피상적인 내용만 언급하면서 이를 이 사례들에 사용된 리스크 관리 방법에 불리한 증거라고 주장한다. 즉 리스크 관리에 사용된 방법들이 이러한 재앙들을 예방하지 못했으므로, 자신의 대안적인 접근 방법매우 부드럽고 비계량적인 방법이 낫다고 주장한다. 이러한 사고에는 최소한 다음과 같은 4가지 오류가 있다.

오류 1: 어떤 특정한 방법이 사용되었다고 가정한다. 위에 인용된 사건들에서 어떤 "계량적인 리스크 분석"의 정체가 폭로되었는가? 타코마 해협 교량은 기본적인 컴퓨터 시뮬레이션을 포함하여, 오늘날 사용되는 대부분의 보다 정교한 방법들이 개발되기 전에 건설되었다. 마찬가지로 체르노빌, 스리마일 섬의 원전 사고와 태풍 카트리나가 정말로 계량적인 리스크 분석 방법을 사용했거나 이를 사용하지 않았기 때문인가? 그는 사안에 따라 분석 방법이 다름에도 불구하고, 이러한 사건들의 발생이 특정한 유형의 분석 방법에 불리한 증거라고 가정한다.

오류 2: 몇 가지 증거면 충분하다. 일어날 가능성이 별로 없는 하나의 사건이 발생했다 해서 그것이 해당 사건의 발생 가능성에 대한 계산이 틀린 것이 분명하다는 증거는 아니다. 이는 일화적인 오류anecdotal fallacy이다. 예를 들어, 어떤 카지노의 룰렛 게임에서 돈을 거는 사람의 승률카지노 운영자가 손해를 볼 확률이 37회 중 1회라고 정확하게 계산했다고 가정하자. 만일 어떤 사람이 첫판에 거액을 걸었는데, 바로 그 게임에서 이겼다면, 그 카지노가 37회 중 1회 손실을 볼 거라고 예측한 계산이 잘못된 것인가? 아니다. 설사 바퀴wheel가 편향되어 있을 가능성을 감안한다 하더라도, 그처럼 한 번 돌린 결과만으로는 확률 계산이 틀렸음을 증명하지 않는다. 많은 결과가 있을 경우에만 바퀴가 편향되어 있거나, 가정된 확률이 틀렸다고 확정적으로 보여 줄 수 있다. 한 번 돌린 결과또는 한 번의 재앙는 어떤 식의 결론을 내릴 정도의 결정적인 증거가 아니다. 전문가들은 그러한 재앙에 대한 몇 가지 예를 제시하지만, 그것은 재앙에 대한 편향된 표본이다. 이는 많은 가능성 조합들 중에서 자신들이 말하려는 요점을 지지하는 것처럼 보이는 예들만 선정한 것이다. 마찬가지 방식으로, 사람들은 선택된 일화들을 나열하여 일군一群의 사람들의 어떠한 고정 관념이나 편견도 "증명"할 수 있다. 그러나 발생 가능성이 낮은 재앙들에 대한 일화를 나열하는 것은 특정 리스크 분석 방법이 틀렸다는 타당한 논거가 되지 못한다.

오류 3: 특정 모델이 쓸모가 있으려면 극단적으로 이례적인 사건들도 정확하게 예측되어야 한다. 이런 주장은 보험회사에서 내가 가입한 생명보험의 보험료를 정확하게 계산하려면, 내가 특정 기간 내에 죽을 확률만을 계산하기만 해서는 안 된다고 말하는 것과 같다. 대신에 보험회사는 가능성이 매우 희박할 수도 있는, 내가 죽게 될 정확한 상황을 예측해야 한다고 말하는 격이다. 예를 들어, 내가 침대에 누워 자고 있을 때 그 위로 비행기가 떨어져 죽을 가능성이 아주 약간은 있다. 내가 이런 식으로 죽을 경우, 보험 계리 과학에 도전하는 누군가가 "아하, 당신들은 이를 전혀 예측하지 못했으니 보험 과학은 사기요"라고 말해야 하는가? 아니다. 보험 계리 과학은 개개인의 사망 원인을 예측할 목적이 아니라, 카지노와 같이 장기간에 걸쳐 내기를 잘하는 것이 목표이기 때문에 개별 사망 원인을 예측하지 못했다 해서 신뢰를 상실할 위험에 처해지는 것이 아니다.

오류 4: 잘못된 선택. 어떤 방법에 오류가 있음이 입증되었다 해서 반드시

자동적으로 뭔가 다른 방법이 선호되는 것은 아니다. 대안적인 방법도 동일한 기준에 비추어 테스트해 봐야 한다.

우리가 예로 든 또 다른 전문가인 제랄드도 잘못된 선택이라는 4번째의 오류를 저지른다. 그는 나와의 전화 면담에서 자신은 "리스크 분석의 확고한 적"이라고 대놓고 말했다. 농담이 아니다. 그는 리스크 관리 분야의 직업을 가지고 있으면서도 그렇게 말했다. 그는 리스크 분석은 시간 낭비라고 말하면서도 리스크 관리에 대해서는 열렬한 지지자이다. 그는 단순히 리스크 분석과 리스크 관리 중 하나가 없어도 다른 하나를 할 수 있다고 믿는다. 내가 그에게 관리 대상으로 어떤 리스크에 초점을 맞추느냐고 묻자, 그는 주관적인 "높음/중간/낮음"이라는 리스크 범주를 이용한 2장에서 보여 준 바와 같은 간단한 리스크 지도에 대해 설명했다. 나는 그에게 리스크 지도도 리스크를 계량적으로 분석하지 않을 뿐이지, 실제로 의사 결정 개선에 기여한다고 입증된 실적이 있는 다른 방법들과 마찬가지로, 리스크를 분석하려는 하나의 시도라는 점을 지적해 주었다.

이러한 전문가들은 어떤 방법이 구체적인 사건을 예측하지 못했다면, 자신들이 제안하는 대안적인 방법들을 사용해야 한다는 그릇된 이분법에 빠져 있다. 그러나 대안적인 방법들도 이러한 구체적인 사건들은 예측하지 못했다. 존은 타코마 교량 붕괴의 예는 계량적인 방법이 실패했다는 증거이며, 따라서 자신의 방법과 같은 주관적인 방법에 의존해야 한다고 주장했다. 나는 당시에는 확률적 컴퓨터 시뮬레이션과 같은 오늘날의 계량적 분석 방법이 없었으니, 이 방법을 비난할 수 없음을 지적했다.

그리고 나는 엔지니어들이 언제나 그래왔듯이 당시에도 주관적인 직관을 이용할 수 있었음을 지적하고, 주관적인 방법도 이 재앙을 예측하지 못했다고 말했다. 특이하게도 그는 주관적인 방법이 사용되지 않았음을 알고 있다고 반박했다. 도대체 무슨 소리인가? 나는 그에게 엔지니어들은 언제나 자신들의 주관적인 본능즉, 상식에 접근할 수 있으며, 일부 급진적이고 실험적인 뇌수술만이 이를 부인할 수 있을 거라고 말했다.

나중에 등장한 계량적인 방법들과는 달리 주관적이고 직관적인 방법은 언제나 이용할 수 있었다. 이 기준에 의하면 재앙들은 계량적인 방법들에 불리한 증거라기보다는, 질적인 방법들에 불리한 증거이다. 대안적인 방법들 사이에서 선택하는 올바른 방법은 계량적이든, 질적이든 소수의 일화들만이 아니라 충분히 큰 표본에 대한 완전한 과거 실적을 살펴보는 것이다. 모든 방법들이 특정한 재앙을 예측하지 못했다면, 이 재앙은 어느 방법에 대해 불리하거나 유리한 증거가 아니다. 카지노나 생명보험회사와 마찬가지로, 많은 수의 무작위 시나리오에 대해 전체적으로 볼 때 더 나아질 수 있겠는지를 묻는 것이다. 우리는 모든 방법에 동일한 기준을 적용함으로써 최선의 선택을 할 수 있다.

검은 백조에 대한 주석

사실, 리스크 분석에 사용되는 방법에 대한 비판의 주창자는 초기에 파생 상품에 관한 책을 썼고, 후에 유명한 책 『Fooled by Randomness』국내에는 '행운에 속지 마라'로 번역 소개됨"와 『The Black Swan』국내에는 '블랙 스완'으로 번역 소개됨의 저자인 나심 니콜라스 탈렙Nassim Nicholas Taleb이다. 수학자이자 월가의 전직 트레이더인 그는 금융 리스크 관리에 관한 몇 가지 근본적인 교의dogma에 도전했다.

탈렙은 대부분의 사람들이 운chance의 영향을 이해하지 못하며, 역사상 중요한 사건들은 전혀 예측할 수 없다고 말한다. 그는 이러한 사건들을 검은 백조black swan라 부르는데, 이 말은 "그것은 검은 백조를 발견하는 것과 같다"라는 유럽의 옛말에서 따온 것이다. 이 표현은 유럽인들이 호주에 가 보기 전까지는 검은 백조를 본 적이 없다는 사실에 기초하고 있다. 이 단어는 검은 백조가 최초로 발견되기 전까지는 불가능에 관한 비유였다. 탈렙은 2001년 9월 11일, 주식 시장 붕괴, 중요한 과학적 발견, 구글의 부상浮上 등을 검은 백조 목록의 예로 든다. 이런 사건들은 모두 예측되지 않았을 뿐 아니라, 과거의 경험에 기초해서는 전혀 예측할 수 없었다.

금융 부문의 전통에 대한 이단자인 탈렙은 현대 포트폴리오 이론 및 옵션 이론처럼 노벨 경제학상을 수상한 도구들은 근본적으로 결함이 있으며 점성술보다 나을 게 없다고 주장했다. 그는 노벨 경제학상 자체가 지적知的 사기fraud라고 믿는다노벨 경제학상은 알프레드 노벨의 뜻에 따른 것이 아니었는데, 그가 죽은 지 75년 뒤에 스웨덴 왕립 은행이 창설했다. 그는 어떤 공개 토론회forum에서 이런 주장을 펼쳐서 노벨 경제학상 수상자 중 한 명이 화가 나서 주먹을 휘두른 일까지 있었다.

확실히 탈렙은 자신의 대의에 대해 열정적이며 이에 반대하는 사람에게는 실망감을 드러냈다. 탈렙은 리스크 분석에 대한 과학적 견해를 지칠 줄 모르고 설파하는 듯 보이지만, 한편으로는 자신의 독자들을 포함하여 많은 사람들에 관해 비과학적으로 일반화한다. 그의 책들을 읽어

보면 탈렙은 자신이 와튼Wharton MBA인데도, MBA뿐만 아니라 오페라를 깊이 이해하지 못하는 사람을 경멸하는 듯하다. 이처럼 탈렙은 "장사치들에 의해 오염된" 지역에서 벗어나기를 원한다. 『Fooled by Randomness』라는 책에서 그는 심지어 이름을 밝히지 않은 어떤 사람을 "좋은 집안에서 자라지" 못했다고 혹평하기까지 한다. 그는 많은 욕을 한 뒤에, 자신은 너무 심각하게 받아들이는 사람들을 놀려주기를 좋아한다는 말로 이 책을 끝맺는다. 그러나 자신이 이미 줄곧 심각하게 얘기해 놓고 나서 이제 와서 농담이라니 이게 말이 되는가?

나는 아마도 탈렙이 미워하는 "장사치" 중 한 명일 것이다. 나는 MBA 학위를 갖고 있고 그나마 탈렙처럼 명문 MBA도 아니다, 지금까지 오페라는 겨우 세 편밖에 보지 못했으며, 켄터키와 사우스다코타 주 출신의 농부였던 조상들 중 어느 누구도 자신을 "좋은 집안" 출신이라고 부르지 못할 것이다. 그러나 탈렙이 내리는 다소 비과학적이고 감정적인 성격 판단을 눈 감아 주면, 나는 그가 말하는 내용 중 일부에 대해 옹호하지 않을 수 없다. 탈렙의 책을 읽다 보면 과거 20여년이 넘는 동안 나를 매혹시켰던 많은 주제들에 대해 조사하는 것 같다는 생각이 들었다. 그는 혼돈 이론chaos theory, 프랙탈 기하학fractals, 실험 심리학, 의사 결정 과학 및 몬테카를로 시뮬레이션 등을 언급한다. 그는 나처럼 수학자들을 찬미하며, 일반적으로는 경제학자들을 조롱하지만 그가 찬미하는 일부 경제학자들그러나 노벨상 수상자들은 아니다을 열거하기도 한다. 그는 특히 수상자가 경제학자가 아닌 경우에 일부 노벨상 수상자들을 칭송한다. 어떤 이들은 탈렙이 계량적인 분석을 반대한다고 설명하지만, 이는 사실이 아니다. 그는 계량 분석자이다. 그는 단지 모델들이 아무리 인기가 있다 하더라도 이를 무비판적으로 받아들이지 않을 뿐인데,

이야말로 이 주제에 대해 진정으로 과학적인 입장이다.

탈렙에 관해 귀에 거슬리는 부분은 논외로 치고, 나는 같은 회의론자로서 금융 분야에서 현대의 교의에 대해 탈렙이 도전하는 요점이 무엇인지 이해하는 것이 중요하다고 생각한다. 또한 같은 회의론자로서 나는 그의 추론과 증거가 부족한 부분에 대해서는 도전하는 것이 좋다고 생각한다. 먼저 탈렙의 모든 책들에 나오는 두 가지 넓은 주제가 있는데, 이는 전적으로 옳은 이야기이다.

1. **성공과 실패에 있어서의 우연randomness의 영향이 과소평가된다.** 사람들은 흔히 운luck과 능력을 혼동하며, 현재까지 특이한 사건을 보지 못한 것은 그 사건이 일어날 수 없다는 증거라고 가정한다. 사람들은 또한 탈렙이 화술상의 오류narrative fallacy라고 부르는 오류도 범한다. 즉, 사람들은 그저 우연한 사건들의 "원인들"을 사후적으로retroactively 설명한다. 자산 관리자, 트레이드 및 대중 매체는 이러한 오류에 특히 더 취약한 듯하다. 자산 관리자들의 수가 매우 많기 때문에, 그들 중 일부는 순전히 운에 의해 연속적으로 몇 차례의 좋은 선택을 할 수 있을 것이다. 그러한 관리자들은 과거의 성공을 능력의 지표로 여기게 될 것이고, 불행하게도, 미래에도 동일하게 잘못된 사고에 기초해서 아주 자신 있게 행동할 것이다. 달리 표현하자면, 그는 내가 6장에서 묘사한 모든 것에 동의하는 듯하다.
2. **높이 평가되는 모델들 중에는 틀린 것도 있다.** 탈렙은 일부 경제학자들처럼 금융 분야에서 가장 칭송 받는 도구들, 특히 노벨상을 받은 도구들은 간단한 관찰만으로도 오류라는 것을 알 수 있는 가정에 근거하고 있음을 지적

한다. 옵션 이론과 현대 포트폴리오 이론과 같이 노벨상을 받은 이론들은 수익률과 가격은 극단적인 결과가 우리가 아는 것보다 훨씬 적게 나오게 되는 특정한 분포를 따른다고 가정한다. 이 이론들은 가우스 분포Gaussian 또는 정규 확률 분포로 알려진 통계 및 과학 분야에서의 강력한 도구를 사용한다. 그러나 이 분포를 시장에 적용하는 것은 잘못된 생각인 것 같다. 이 분포를 이용하면, 주식 시장에서 하루에 5% 이상 하락하는 경우는 1928년 이후 한 번도 발생하지 않았어야 할 정도로 그 가능성이 희박하다. 그러나 1928년부터 2008년까지의 다우존스 지수를 보면 5% 이상 하락한 경우가 70회나 되는데, 2008년에도 그러한 경우가 9회나 있었다. 이에 대해서는 뒤에 좀 더 논의하겠다. 모델들은 아무리 발전된 듯이 보인다 해도 실제 과거 자료에 비추어 테스트되어야 한다. 계량 모델이 노벨상 위원회에서 어느 수상자에 대해 언급한 것처럼 특정 문제에 대해 "엄밀함rigor"을 가져온다고 알려졌다는 이유만으로는 그것이 실제로 효과가 있다고 믿을 이유는 되지 못한다.

나는 이런 면에서는 탈렙을 지지하지만, 그도 몇 가지 오류를 범하고 있거나 최소한 일부 주장은 나와는 다소 견해차가 있거나 좀 더 명확히 할 필요가 있다고 생각한다.

- 탈렙은 검은 백조가 출현했을 때 특정 방법들이 사용되고 있었다고 가정하며, 이러한 방법들이 틀렸음이 증명되었다고 생각한다존과 제랄드의 오류 #1. 예를 들어, 그는 롱텀 캐피털 매니지먼트LTCM의 몰락은 4장에서 간략하게 설명한 옵션 이론의 오류를 증명한다고 주장한다. 옵션 이론은 로버

트 머톤Robert Merton과 마이론 숄즈Myron Scholes에게 노벨상을 안겨 주었는데, 둘 다 LTCM 이사회의 이사였다. 이 이론은 LTCM의 트레이딩 전략의 기초라고 알려져 있다. 그러나 LTCM 파멸을 분석해 보면 이 회사가 몰락한 큰 이유는 트레이드에서 과도한 차입leverage을 사용했기 때문인데, 이는 옵션 이론의 일부분이 아니다. 탈렙은 1987년의 주식 시장 대폭락은 현대 포트폴리오 이론MPT이 틀렸음을 증명한다는 말도 하는데, 아마도 그는 최소한 상당히 많은 펀드 매니저들이 이 방법을 사용했다고 가정하는 듯하다. 펀드 매니저들은 자신들의 방법에 대해 입을 굳게 다무는 경향이 있는데, 한 펀드 매니저는 내게 이렇게 말했다. "이론을 배우는 것은 기초로서는 중요하지만, '실제 세계'의 의사 결정은 실제적인 경험에도 기초를 두어야 합니다." 그러나 모든 사람이 이 방법들을 일관되게 사용한다 하더라도, 동일한 결과가 발생했을 것이다.

- 탈렙은 하나의 사건이 어떤 확률적 모델이 틀렸음을 효과적으로 증명한다고 주장한다. 이는 위의 오류 목록들 중 2번째 오류처럼 들리지만, 이 말이 옳을 수 있는 조건이 있다. 물론, 처음으로 검은 백조를 발견한 것은 검은 백조는 절대 없다100% 신뢰구간는 주장이 잘못되었음을 입증한다. 그러나 누군가가 검은 백조가 없을 확률이 90%라고 계산했더라면, 검은 백조를 처음 발견한 것이 이 계산이 잘못되었음을 결정적으로 보여 주는가? 반드시 그런 것은 아니다. 하지만, 단 하나의 사건이 탈렙이 말하는 바를 실제로 지지하는 상황이 있을 수 있다. 많은 펀드 매니저들은 1987년과 2008년의 시장의 동요는 극단적으로 운이 나쁜 경우였다고 말한다. 하도 극단적이어서 10^{36} 중의 1번보다도 가능성이 훨씬 낮았다고 말이다.[53] 그러나 그들이 확률을 부정확하게 계산할 가능성

이 1%만 있다 해도, 그들 편에서 계산을 잘못 했을 가능성은 훨씬 더 높다. 이런 경우에는 그러한 사건이 1회라도 발생했다는 사실 자체가 계산된 확률에 대해서 심각한 의문을 제기하기에 충분하다. 만일, 펀드 매니저가 단순히 그러한 사건은 일어날 것 같지 않다예컨대, 5%의 가능성고 만 말했을 경우에는, 그러한 사건이 한 번 발생했다 해서 그 추정을 논박하기에 충분하지 않다이에 대해서는 이 책의 3부에서 자세히 논의한다.

- 탈렙은 특정 사건에 대해 명백하게 예측하지 못하는 것을 리스크 분석에 있어서 흠에 대한 증거라고 주장한다. 이 주장은 리스크 분석이 효과가 있었더라면 9·11이나 구글의 부상과 같은 특정한 이례적인 사건들을 정확히 예측할 수 있었을 거라는 점을 함축하고 있다존과 제랄드의 오류 #3. 이례적인 사건들, 즉 검은 백조들은 개별적으로는 정확하게 예측할 수 없다는 말은 맞는 말이다. 그러나 내 사망 원인이 추락하는 비행기에 맞아 죽는 경우에서와 같이, 개별 사건에 대한 정확한 예측은 논점이 아니다. 탈렙은 1960년대에 블랙잭blackjack에서의 카드 계산에 대한 견고한 수학적 기초를 개발한 에드워드 소프Edward Thorp를 존경한다고 말한다. 카드 계산의 목표가 탈렙이 요구할 법한 가장 이례적으로 희귀한 조합까지, 모든 경우를 예측하는 것이라면 에드 소프의 방법은 확실히 실패작이다. 그러나 에드 소프의 시스템은 여러 번의 내기 뒤에 평균적으로 내기를 더 잘하게 해주었기에, 그의 방법은 효과가 있다그래서 카지노가 그에게 게임을 더 이상 하지 못하게 했다. 탈렙은 또한 수학자 브누아 만델브로Benoit Mandelbrot의 팬인데, 만델브로는 프랙탈 기하학fractals을 이용하여 금융시장을 모델링했다. 소프나 탈렙과 마찬가지로 만델브로도 이례적인 특정 사건을 정확하게 예측하지는 못하지만, 그의 모델은 실제

데이터 상에서 있을 법한 것처럼 보이는 보다 실제적인 유형pattern을 생성하기 때문에, 이 모델을 선호하는 사람들이 있다. 탈렙 및 다른 사람들은 자신들이 지지하는 대안 자체까지도 기각할 정도로 리스크 분석에 있어서의 "성공"에 대한 기준을 너무 높게 세우면 안 된다.

- 탈렙은 특정 모델에 흠이 있다면, "상식"에 의존해야 한다고 가정한다 존과 제랄드의 오류 #4. 탈렙은 포춘Fortune 지와의 면담에서 "모델들이 검은 백조가 없다고 가정하기 때문에, 경험과 상식을 점성술보다 못한 '모델들' 로 너무도 많이 대체했습니다." 너무도 많은 경우에 이 말이 사실이다. 그는 계속해서 다음과 같이 말한다. "모델이 없는 것이 잘못된 모델보다 낫습니다."[54] 나는 앞에서 리스크 관리 방법들 중, 어떤 방법들은 확실히 아무런 공식적인 프로세스도 적용하지 않는 것보다 못하다고 말했다. 그러나 이는 탈렙이 말한 것과 같지는 않다. "아무런 모델도 지니지 않는 것"을 선택하는 사람은 아무도 없으며, 한 모델의 흠을 잡는다 해서 자동적으로 다른 모델이 선호되지는 않는다. 탈렙의 모델은 그의 "상식"이며, 상식은 알버트 아인슈타인Albert Einstein이 정의하는 바와 같이, "18세 이전에 인간의 마음에 축적된 편견 덩어리일 뿐이다." 물론 상식은 다루어야 할 거의 모든 문제에 상당히 효과적이기 때문에 이러한 상식적인 규칙들을 만들어 낸다. 그러나 다른 모든 모델들과 마찬가지로 상식도 그 자체의 특별한 오류를 갖고 있다. 실상, 탈렙이 선정한 영웅그들은 참으로 소수의 집단들이다 중 한 명인 다니엘 카네만6장에서 설명한 바 있음은 인간의 상식에 있어서 다양한 오류들을 밝혀냄에 있어서 탁월한 업적을 세웠다. 그런데 실험 심리학자인 카네만은 탈렙이 경제학 분야에서 노벨상을 수상한 사람 중 유일하게 "진정한 과학자"라고

일컬었던 사람이다.

- 탈렙은 경험적 증거라는 훌륭한 기준을 자신이 선호하는 방법에 적용하지 않는 듯하다. 위에서 논의한 바와 같이, 탈렙은 한 모델에 흠이 있음을 보여 준 것만으로는 다른 모델 예컨대, 그의 상식이 낫다고 주장할 수 없다. 그는 자신의 상식이 다른 모델들보다 결점이 적다는 것을 보여 줘야 하며, 이는 경험적 증거를 필요로 한다. 또한 탈렙은 자신과 동료 트레이더들이 사용하는 몇 가지 방법은 "노벨" 상을 받은 도구들보다 낫다고 주장하지만탈렙은 경제학 분야의 상을 "진정한" 노벨상과 구분할 때 흔히 "노벨"이라는 인용부호를 붙인다, 이에 대한 경험적 증거는 제공하지 않는다. 탈렙이 특정한 방법을 비밀에 부치는 것은 이해할 만하지만, 자신의 주장이 과학적으로 타당한 것으로 받아들여지기를 원한다면 데이터를 공개하여 모든 사람이 조사해 볼 수 있게 해야 한다. 그의 접근 방법의 유효성에 대해 우리가 가지고 있는 한 가지 데이터는 그의 투자 회사 Empirica Capital LLC가 몇 년간의 신통치 않은 실적을 거둔 끝에 2004년에 문을 닫았다는 사실이다.[55] 그는 2000년에 60%라는 아주 좋은 실적을 거뒀는데, 이는 다른 사람들이 기술 주dot-com에 배팅할 때, 기술 주 폭락dot-bomb에 배팅했기 때문이었다. 그러나 그 이후의 실적은 시장 평균을 훨씬 밑돌았기 때문에 그의 펀드는 실적이 좋았던 해의 수익이 실적이 나빴던 해의 손해를 상쇄할 수 없었다. 그러나 탈렙이 자신의 트레이딩 전략을 계속 고수했더라면, 2008년의 위기에는 실적이 매우 좋았을 것이다. 보다 더 확실히 알려면 데이터가 더 필요하다. 우리는 2008년의 위기를 일화적인 증거로 사용하는 것도 원하지 않는다.
- 탈렙은 과거에 대한 분석은 미래의 결과에 대한 보증이 아니라고 정확

하게 지적한다. 그는 과거가 미래에 대한 좋은 지표가 아닌 몇 가지 예를 보여 준다. 칠면조가 추수 감사절에 잡혀 먹기 전까지는 상대적으로 좋은 시절을 보내는 것과 마찬가지로 말이다. 그러나 과거의 데이터가 옳지 않았던 예를 바라봄으로써 과거 데이터 분석에 반대하는 데에는 한 가지 근본적인 역설이 있다. 그들은 과거의 예를 사용함으로써 그것의 타당성을 평가하고 있는 것이다! 탈렙과 같은 사람들은 그러한 예를 통해 내가 "순진한naive" 과거 데이터 분석이라고 부르는 것은 오도의 가능성이 높다는 것을 증명하고 있다. 탈렙은 칠면조에 관해 이전에 알려진 예들을 바라봄으로써 칠면조에 관한 그의 논점을 보여 준다. 그는 "역사의 역사," 또는 "초-역사적 분석"meta-historical analysis이라고 불리는 것을 사용하여 순진한 과거 데이터 분석이 얼마나 잘못될 수 있는지를 보여 준다. 예를 들어, 어떤 주식 가격의 과거 데이터 분석의 오류는 그 주식의 과거 데이터 중에서 최근의 자료만을 본다는 것이다. 만일, 아주 오랜 기간 동안의 모든 과거 데이터 분석 자료를 본다면, 순진한 과거 데이터 분석이 얼마나 자주 잘못될 수 있는지를 알게 된다. 더구나 탈렙의 "경험" 자체도 아무리 경험이 많다고 할지라도, 단지 하나의 과거 데이터 분석6장에서 보여 준 바와 같이 기억과 분석 모두에 있어서 많은 오류가 있는 비공식적인 유형의 분석일 뿐이다. 생각이 있는 사람이라면 아무도 과거의 관찰로부터 완전히 독립적인 아이디어를 가졌다고 주장할 수 없다. 그런 일은 일어나지 않는다.

- 마지막으로, 탈렙은 위에서 언급한 점들과 마찬가지로 최소한 다소 일관성이 없는 주장들을 펴는 것 같다. 결과들을 다른 사람들이 저지르는 화술話術 상의 오류라는 견지에서 설명하는 것 자체가 화술

상의 오류이다. 다른 전문가를 인용하는 것으로는 "전문가"들이 별로 아는 게 없다는 주장이 뒷받침되지 않는다. 그는 희귀한 사건들은 계량적 모델을 허용하지 않는다고 주장하면서도, 희귀한 사건들을 계량적인 모델로 계산하는 특수한 사례들을 보여 준다. 그는 동전 던지기에서 여러 차례 연속해서 같은 결과가 나올 확률을 보여 주며, 시장의 움직임 분석에 있어서 만델브로(Mandelbrot)의 수학적 모델이 효용이 있다고 주장한다. 그러나 위에서 언급한 모든 점들이 우리의 주제와 직접적으로 관련이 있는 것은 아니므로, 이에 대한 완전한 목록 작성은 독자들에게 맡겨 두기로 하겠다.

탈렙은 주제를 광범위하게 유지하려고 노력했지만, 리스크 관리에 대한 그의 견해는 금융시장이라는 세계의 경험에 기초하고 있으며, 운영 리스크와 같은 리스크 관리의 다른 측면들과는 관련이 없다는 점도 주목할 가치가 있다. 금융시장에는 전적으로 무작위인 근저의 현상들이 있기 때문에 순전히 무작위인 프로세스에 대해서는 다양한 결과들의 분포를 묘사해 볼 수 있을 뿐이다. 그러나 금융시장의 근저의 작용 방식underlying mechanism을 명시적으로 모델링하기가 불가능하다는 것이 사실이라 할지라도, 내부 비즈니스 프로세스, 엔지니어링 구조 또는 날씨 등의 예에서는 그렇지 않을 수도 있다. 이러한 영역에서는 상세한 계량적 모델들이 도움을 받지 않은 인간의 판단보다 우수한 성과를 보이는 경우가 많다.

이러한 전문가들의 오류에 대해 마지막으로 한 가지 더 언급하겠다. 앞의 전문가들은 모두 어떤 모델에 조금이라도 결함이 있으면, 다른 대안의 결점이 더 많은지, 또는 작은지를 불문하고 해당 모델을 거절해야 한다고 가정하는 것 같다는 점을 기억하기 바란다. 그러나 나는 "더 나으면 좋은 것이다"고 주장하기 때문에 잘 알려진 비유를 사용하여 이 점을 명확히 하겠다. 이 이야기는 잘 알려져 있으니 들어 본 적이 있더라도 참아 주기 바란다. 두 사람이 하이킹을 준비하고 있다. 한 사람이 등산화 끈을 매다가 다른 사람이 평소에 신던 등산화 대신 운동화를 신고 있는 것을 보았다. 그는 "아니, 자네 왜 운동화를 신고 있는가?" 하고 물었다. 상대방이 이렇게 대답했다. "우리가 가는 곳에 곰이 출몰한다기에 이에 대비하려고." 그러자 질문을 한 사람이 어리둥절해서 이렇게 말했다. "하지만 자네가 운동화를 신는다 해도 곰보다 빨리 달릴 수는 없을 텐데?" 그러자 이렇게 대답했다. "나는 곰보다 빨리 달릴 필요가 없어. 자네보다 빨리 달리기만 하면 되거든."

빈도頻度주의자 대 주관주의자

리스크 관리에 관한 토론에서 특히 이상하면서 어려운 문제 중 하나는 확률에 대한 빈도주의자frequentist, 또는 객관주의자의 견해와 주관주의자 사이의 논쟁이다. 이에 대해 들어 본 적이 있는 경우에도, 이 논쟁은 애매한 문제처럼 보일 수도 있지만, 이에 관련된 아이디어들은 생각보다는 더 흔하게 퍼져 있다.

"진정한 확률을 어떻게 알 수 있는가?" 또는 "불확실성을 어떻게 객관적으로 계산할 수 있는가?"와 같은 말을 들을 때 이 문제를 만나 볼 수 있다. 이렇게 말하는 사람들은 자신이 확률에 대해 특별한 견해를 갖고 있음을 드러내고 있는 셈이다. 그들은 확률이란 어떤 검은 백조의 무게가 정확히 몇 킬로그램인지와 같은 식으로 측정 가능하다고 생각한다.

이러한 사고에 익숙하지 못할 경우, 이 문제에 대하여 다른 견해가 있음을 모를 수도 있다.

동전을 한 번 던질 때 앞면이 나올 확률은 얼마인가? 50%인가? 이에는 명백히 논쟁의 여지가 있다. 만일 내가 이미 동전을 던졌는데, 그 결과를 말하지 않고 있을 뿐이라면 어떠한가? 앞면이 나올 확률이 아직도 50%인가? 아니라고 말하는 사람도 있을 것이다. 동전이 이미 던져졌으니 이 경우에는 확률이 적용되지 않는다. 결과는 앞면이거나 뒷면인데, 당신이 그 결과를 모를 뿐이다.

어떤 사람, 특히 어떤 수학자들은, 이에서 더 나아가 확률은 "진정한" 무작위 프로세스에만 적용된다고 말할 것이다. 이 프로세스들은 "엄밀하게 반복 가능해야" 한다. 즉, 무작위 결과를 산출해 낸 조건이 매번 시행 시마다 정확하게 동일해야 하며 그렇지 않으면 이 프로세스는 진정한 무작위 프로세스가 아니다. 또한 빈도주의자들의 확률에 대한 견해에서 이 용어의 하나밖에 없는 유용한 의미는 매우 많은 수실제로는 무한대의 수의 독립적인 시행trial에서 발생한 빈도의 비율이라는 것이다. 그러나 리스크가 진정한 무작위 프로세스에 기초하고 있는가? 우리가 참으로 "무한한 시행"을 갖고 있는가? 객관적인 확률을 계산하지 못하면 어떻게 되는가? 실제 세계의 사건들이 엄밀하게 반복 가능한가? 확률은 추상적으로만 사용될 수 있는 심원한 용어이며 실제 세계의 사건들의 확률은 결코 계산될 수 없는 것처럼 보일 수도 있다.

그러나 이와 같은 철학적 곤경에 대한 대안이 있다. 확률에 대해 위의 견해만큼이나 타당한 견해 중 하나는 주관주의자의 견해이다. 이 견해에 의하면 모든 확률은 단순히 어떤 사안의 불확실성에 대한 계량화된 표현일 뿐이다. 이 입장은 관찰자로부터 독립된 불확실성은 없다는 견해를 취한다. 동전이 이미 던져졌는지, 동전 던지기가 "엄밀하게 반복 가능한지", 또는 동전 던지기가 "진정한 무작위"인지는 관계가 없다. 중요한 사실은 우리가 그 결과를 모른다는 것이며, 우리의 불확실성은 앞면이 나올 확률이 50%라고 말함으로써 가장 잘 표현된다.

이러한 주관적인 견해는 흔히 베이즈Bayesian 견해라고도 불린다. 베이즈 정리Bayes' s Theorem는 토마스 베이즈Thomas Bayes 목사에 의해 개발되었다. 베이즈가 1761년에 사망하고 나서 3년 후에 발표된 이 정리는 통계학 분야에서 아주 유용한 도구이다. 그러나 베이즈는 빈도주의자 대 주관주의자라는 확률 해석 문제에 대해 어떤 입장을 지니지는 않았다. 베이즈 정리는 확률 이론 또는 통계학에서의 다른 공식들과 마찬가지로 사용자가 빈도주의자이든 아니든, 주어진 문제에 대해 동일한 답을 제공해 주기 때문에, 나는 주관주의를 베이즈주의로 부르는 것은 이 강력한 도구에 대한 혼동의 원천 중 하나라고 믿는다베이즈에 대해서는 후에 더 논의한다.

이 중 어느 견해가 옳은가? 빈도주의자의 견해인가 아니면 주관주의자의 견해인가? 나는 실용적인 입장을 제안한다. 누가 빈도주의 또는 주관주의에 대해 신경을 쓰겠는가? 확률 이론이나 통계학에서 어떤 공식도 어떤 사람에게 자신이 확률에 관한 주관주의자인지 객관주의자인지 밝히라고 요구하지 않는다. 확률 이론 및 통계학은 이 질문에 대한 답을 함축하고 있다고 주장하는 사람도 있겠지만, 사실은 이런 주장은 어떤 식으로도 테스트해 볼 수 없다. 이 점에서 이 모든 문제는 칼 세이건Carl Sagan이 "보이지 않는 용"이라고 부르는 것에 해당할 것이다.

자, 보이지 않고, 실체가 없으며, 열이 없는 불을 뿜어내며 날아다니는 용이 있을 경우와 용 따위는 없을 경우 사이의 차이는 무엇인가? 내 주장이 잘못되었음을 입증할 방법이 없고, 실험으로 이를 반박할 수 없다면, 내 용이 존재한다고 말하는 것이 무슨 의미가 있는가? 내 가설이 타당하지 않음을 입증하지 못했다 해서 그것이 사실임을 증명하는 것은 아니다. 테스트될 수 없는 주장, 논박의 대상이 아닌 단언은, 그것이 우리에게 영감을 주거나 우리의 경이감을 자극하는 데 있어서는 어떤 가치가 있을지 모르지만, 실제로 진정한 가치는 없다.[56)]

세이건은 탈렙과 마찬가지로 철학자 칼 포퍼Karl Popper와 과학에 대한 포퍼의 견해에 대한 팬이었다. 구분이 조금이라도 중요하려면, 그것은 어떤 방식으로든 관찰할 수 있어야 한다. 확률이 "객관적"인지가 불확실한 상태에서 선택하는 의사 결정자에게 확률의 불확실성 여부가 중요하다면, 동전을 던지기 전에 비해 그 결과가 다르게 될 게임 또는 실제 비즈니스 의사 결정을 고안하는 것이 가능해야 한다. 그러나 그런 게임이나 실생활의 문제는 존재하지 않는다. 관리자에게 최적의 행동이 있다면, 그 최적의 행동은 주관적 확률이나 객관적 확률이라는 조건 여하에 무관하게 동일하다.

만일 어느 관리자가 프로젝트가 정해진 기한 내에 완료될 거라는데 거는 것을 동전 던지기에 거는 것과 똑같다더 좋지도 않고, 나쁘지도 않다고 생각한다면, 그는 사실상 해당 프로젝트가 기한 내에 완료될 확률이 50%라고 말하는 셈이다. 그의 선택에 대해 합리적으로 분석해 보면, 모든 실제 상황에서, 그의 주관적 확률 50%는 객관적 확률 50%와 동등하다고 여기게 될 것이다. 그 확률이 진정으로 무작위인지 아닌지가 의사 결정자에게 다른 의미를 지니게 하는 문제는 없다. 실상은, 진정한 무작위의 존재는 포퍼와 세이건의 기준에 따라 테스트할 수 있는 주장도 아니다. 우리는 단지 우리의 불확실성에 대해서만 테스트할 수 있을 뿐이다. 다음과 같은 일련의 숫자들을 고려해 보라.

- 15826622043481327422533643067512132334598
- 58979323846264338327950288419716939937510

어느 것이 무작위인가? 만일 내가 한쪽은 10면체의 주사위를 굴려서 나온 것이고, 다른 하나는 잘 알려진 상수따라서 결정론적임라고 말한다면, 당신이 다음 숫자가 무엇일지에 대해 거는 데 차이가 있겠는가? 내가 어떤 상수를 말하고 있는지 알아낼 수 없는 한, 위의 두 경우 모두에 있어서 다음에 어느 숫자가 나올지 확신할 수 없다.

여담을 하자면, "확률" 개념은 이미 일어난 불확실한 사건들예컨대, 이미 동전을 던졌지만, 당신에게 밝히지 않은 경우에는 적용되지 않는다는 입장은 통계학자들 사이에서 또 하나의 어려운 논쟁거리이다. 일부 통계학자들은 6장에서 설명한 바와 같은 "90% 신뢰구간"이라는 말은 해당 구간이 문제가 되고 있는 값을 포함하고 있을 확률이 90%라는 것을 의미하는 게 아니라고 주장한다. 그들은 다음과 같이 주장한다. "임의의 두 숫자가 주어진 경우, 모수parameter는…, 상수이기 때문에 그 두 숫자 사이에 있거나, 그렇지 않거나 둘 중 하나이다."[57] 그러나 내가 20권의 통계학 교과서를 검토해 보니몇 권의 고전을 포함하여, 기본 통계 과정 및 고급 통계 과정을 모두 검토했음, 신뢰구간이 해답을 포함할 확률을 의미하는 것으로 명시적으로 정의하는 책들이 더 많았다.[58)] [59)] [60)] 앞의 입장을 취하는 사람들일부는 다소 열정적이다은 이 논쟁을 알든 모르든 단순히 빈도주의자의 견해로 시작한다. 확률이 없는 곳에서 "90% 신뢰구간"이 무엇을 의미하는지 설명할 때에는, 그들은 많은 수의 테스트를 시행해 보면 참된 값이 진술된 구간 안에 있게 될 것을 의미한다고 주장할 것이다. 달리 말하자면, 그것은 확률일 경우에 내가 적용할 테스트와 똑같다. 이는 세이건의 보이지 않는 용이 있을 경우와 용 따위는 없을 경우 사이의 차이와 다르지 않은 차이이다.

실제로는, 확률의 진정한 무작위, 엄격한 반복 가능성 및 객관성은 모두 테스트할 수 없으며, 실제 세계에서는 우리와 관련이 없다. 어떤 불확실성들은 근본적으로 축소할 수 없을지도irreducible 모르지만, 그것을 증명할 수는 없다. 관리자에게 진정으로 문제가 되는 것은 관리자 자신의 불확실성과, 모든 불확실성을 축소시킬 수 있는지 여부에 관계없이, 불확실성을 축소시키려는 시도가 결실을 맺겠는지 여부이다. 그러니 우리는 이 논쟁에서 선택할 수 있다. 실제 세계의 의사 결정자에게는 확률이라는 말의 유일하게 유용한 의미는 주관주의자들의 의미이다. 우리는 확률을 우리의 불확실성에 대한 표현이라는 의미로 사용할 것이다.

우리는 특별하다: 리스크 분석이 효과가 있을 수는 있지만 우리에게는 아니라는 믿음

리스크 관리자 또는 최고 리스크 책임자CRO들은 일반적으로 리스크는 평가될 수 있으며 또한 관리될 수 있다는 주장말은 이렇게 하지만, 그대로 실행하지는 않는 사람들이 하는 주장을 전적으로 거부하지는 않는다. 그러나 보다 계량적인 타당성을 지닐 수도 있는 방법들이, 여러 이유로 자신들의 환경에는 적용되지 않는다고 주장하는 경우가 흔하다.

많은 관리자들이 자신의 환경은 다소 특이하게 복잡하다고 생각한다. 나는 원자력, 보험, 대중 매체, 군사물자 보급, 소프트웨어 프로젝트, 대규모 건축 프로젝트, 보안, 그리고 공중 보건 및 안전 문제에 계량적인 방법을 적용해 왔다. 하지만 아직도 이따금 이런 말을 듣는다. "그래요? 하지만 이런 곳들 중 우리의 비즈니스와 똑같은 곳은 아무 데도 없죠." 맞는 말이다. 그러나 위에서 말한 어느 방법도 다른 곳에서 사용한 방법과 정확하게 똑같지는 않지만, 우리는 여전히 계량적인 방법을 효과적으로 사용해 오고 있다.

만일 내가 리스크 관리의 어떤 측면을 보험 계리인의 방식으로 수행할 때의 유용성을 지적하면, "보험업에는 데이터가 많지만, 우리에게는 데이터가 없습니다"라고 반박하는 말을 듣게 된다. 내가 처음으로 쓴 책인 『How to Measure Anything』에 나오는 몇 가지 요점을 이곳에 다시 적는다.

- 측정 문제가 무엇이든, 그것은 이전에 수행된 적이 있다.
- 당신은 생각보다 많은 데이터를 가지고 있다.
- 필요한 데이터는 생각보다 적다.
- 직접적인 관찰에 의해 더 많은 데이터를 구하는 것은 생각보다 더 경제적이다.
- 원래의 목록에 첨가했음: 아마도 생각했던 것과는 완전히 다른 데이터를 필요로 하게 될 것이다.

이 각각의 가정들은 사람들이 출발점으로 삼는 전형적인 가정들즉, 위의 가정들과 정반대인 가정들보다 훨씬 더 생산적이다. 대부분의 사람들이 가정하는 것처럼 '충분한 데이터가 없다거나, 이것은 전에 결코 측정된 적이 없다' 라고 가정해 버릴 경우, 탐구는 그 지점에서 끝나 버린다. 그러나 유능한 관리자는 그렇게 상상에 의해 만들어진 장애에 굴하지 않는다.

사람들이 충분한 데이터가 없다고 말할 때 자신에게 얼마나 많은 데이터가 필요한지와 자신이 가지고 있는 데이터가 아무리 작을지라도 이미 가지고 있는 데이터로부터 무엇을 추론할 수 있는지에 대해 실제로 판단해 보았는가? 새로운 관찰에 기초한 새로운 데이터를 구하는 비용이 얼마인지 실제로 판단해 보았는가?아니면 이에 대해 고려해 보기라도 했는가? 자신들이 필요하다고 생각하는 데이터가 그 문제에 적용되는지 아니면 다른 보다 명백한 측정이 더 관련이 있는지 결정하였는가? 내가 이런 질문들을 할 때에는, 특정한 계산이에 대해서는 뒤에 보다 자세히 설명한다의 결과가 이에 대한 대답이다. 나는 사람들이 이에 대한 주장을 할 때에는, 그들은 이런 계산을 하나도 하지 않았다고 장담할 수 있다.

환경 리스크에 대한 2001년의 책 중 한 권은 보험 계리 리스크actuarial risk를 "큰 모집단에 대한, 그리고 장기간에 걸친 총계 데이터 제공하는 것"에 한정되는 것으로 특징지었다.[61] 이 주장에는 최소한 두 가지 오류가 있다. 내가 이에 대해 물어보았던 첫 번째 보험 계리사는 이 정의에 동의하지 않았다이 책의 저자들은 분명히 이 정의에 대해 어느 보험 계리사들에게도 물어보지 않았다. 내가 앞에서 인용했던 아온Aon 사의 보험 계리사 크리스토퍼 본Christopher Bohn은 이렇게 말했다. "저는 그 말에 전혀 동의하지 않습니다. 이상적으로는 보험 계리사들은 많은 데이터를 구하고 싶어하지만, 때로는 그럴 수 없는 경우가 있습니다. 과거 데이터가 있는 경우에도 상황이 바뀌어서 확보하고 있는 데이터가 더 이상 적용되지 않는 경우도 있습니다."

물론, 보험회사는 보험금 지급에 관한 많은 데이터를 보유하고 있으며, 이 정보가 리스크 계산에 매우 중요하다는 것은 사실이다. 그러나 보험회사들은 데이터가 별로 없는 사건들에 관한 정보도 포함시켜야 하는데, 그 영역은 보험회사들이 가장 큰 익스포져를 갖고 있는 경우가 흔하다. 예를 들어, 보험에서의 사망률 표는 다양한 연령층, 다양한 건강 상태 등의 남녀의 사망에 관한 많은 데이터에 기반하고 있다. 그러나 그들은 전염성 바이러스나 생명보험을 제공함에 따른 자신의 리스크에 영향을 미칠 수도 있는 건강상의 주요 추세 변화에 대한 데이터는 얼마나 보유하고 있는가?

크리스토퍼 본은 이렇게 말한다. "한동안은 사람들이 더 오래 살게 되었는데, 현재는 사람들이 더 뚱뚱해지고 있으며 수명 추세가 변하기 시작하고 있습니다." 보험회사가 생명보험의 유효 기간 내에는 확정된 보험료를 내는 생명보험 상품을 제공한 경우, 향후 사망률 추세가 변화면 보험회사들은 사망 보험금을 너무 자주 그리고 너무 빨리 지급하게 된다는 것을 의미한다. 불행하게도, 이 리스크는 더 많은 생명보험을 더 많은 사람들에게 판매한다 해도 분산되지 않는다.

그리고 이런 사실을 모르는 사람들도 있겠지만, 보험회사들은 자신들이 과거 데이터를 별로 가지고 있지 않은 매우 희귀한 사건들에 대해 보험을 든다.

- **주요 사건 보험** 국제 올림픽 위원회와 올림픽 개최 도시들은 테러나 다

른 재앙들로 인한 경기 취소에 대비해 보험에 가입해 왔다. 1896년에 현대 올림픽이 부활한 이후 올림픽은 세 번밖에 취소되지 않았다한 번은 1차 세계 대전 때, 그리고 두 번은 2차 세계 대전 때에 취소되었다.

- **상**prize **보험** 누군가가 최초의 민간 조달 자금으로 만든 재생 가능 유인 우주선으로 100km 상공을 비행하여 1천만 달러의 "X–상"을 받을 경우에 대비한 보험이 가입되었다실제로 누군가가 그 상을 받았다. 이 보험의 보험료는 5백만 달러였는데, 아무도 이 상금을 청구하지 않았더라면 보험회사가 이 보험료를 수익으로 챙겼을 것이다.
- **쿠폰**coupon **보험** 쿠폰의 "과도한 사용overredemption" 리스크에 대비해서, 소매업자는 너무 많은 사람들이 쿠폰을 사용하기로 결심할 경우에 대비해 이 보험에 가입한다. 소매업자들은 많은 쿠폰이 이를 사용할 사람들에게만 배포되지 않는 한 쿠폰 중 일부만 사용되리라는 것을 안다. 그러나 판촉활동이 예상치 못하게 성공적이어서 또는 경기가 좋지 않아 사람들이 더 많은 쿠폰을 사용하게 되어서 소매업자가 이로 인해 손해를 볼 리스크가 있다.
- **개발 도상 국가 또는 고 위험 국가에서의 신용 리스크 보험** 일부 보험회사들은 정부의 부도나 개입 위험이 있는 개발 도상 국가나 전쟁 지역 등 고 위험 지역의 신용 리스크채권이 지불되지 않을 리스크에 대해 보장한다. 그러한 보험을 몰수, 징수, 국유화, 박탈confiscation, expropriation, nationalization, deprivation; CEND 보험이라고 한다.

보험업자들은 이러한 보험에 대해 얼마나 많은 데이터를 보유하고 있을까? 어떤 나라건 내전에 관한 데이터가 얼마나 있을까? 제품 판촉에 관해서는 많은 데이터가 있을지 모르지만, 모든 판촉활동은 저마다 다르지 아니한가? 계량적인 방법은 매우 복잡하고, 모른다는 것 자체도 모르며unknown unknowns, 명백히 데이터가 결여된 많은 영역에서의 유용함을 뒤에서 살펴볼 것이다.

우리는 리스크 및 리스크 관리 방법의 이해에 대한 주요한 오류, 오해 및 인식 상의 장애물 목록에 대해 겉만 훑어봤을 뿐이다. 나는 최근에 특정 종류의 테러 분자 공격 리스크를 다루기 위한 계량적인 방법에 대해 한 정부 관리와 얘기를 나눴다. 그 관리는 이렇게 말했다. “일어난 적이 없는 사건에 대한 확률은 계산할 수 없다던데요.” 그는 이 말의 출처는 “존경 받는 박사”인 권위자라고 했다. 그렇지만 또 다른 존경 받는 박사들은 바로 그 일을 하고 있다. 즉, 그들은 전혀 발생한 적이 없는 사건들의 확률을 계산한다. 예를 들어, 원자력 산업에서는 계량 모델을 이용하여 100년에 한 번 일어날 만한 사건 또는 심지어 500년에 한 번 일어날 만한 사건들의 발생 가능성을 평가한다. 물론, 100년이나 500년은 원자력 산업이 존재해 온 기간보다 훨씬 길다. 이것을 수행하는 방법은 단지 특정 시스템 내에서의 각 구성 요소들의 실패 확률이에 대해서는 해당 업계는 많은 과거 실패 데이터를 보유하고 있다을 알고 계량 모델을 구축하는 것과 관련된다.

나는 이는 계량적 리스크 관리에 대한 매우 긴, 잘못된 반대 목록의 한 예에 지나지 않는다고 확신한다. 그리고 이 책을 다 읽고 나면 이러한 오해들이 조금은 불식되기를 바란다.

9

수리 분석가Quant마저 틀릴 수 있는 곳: 계량 모델에서의 보편적이고 근본적인 오류들

불안정한 가정 위에 세워진 정교하고 멋진 수학적 프로세스보다 더 교활하고 위험한 기만은 없을 것이다.
–토마스 C. 채임벌린(Thomas C. Chamberlain, 지질학자 1899년)

나는 리스크 관리의 향상에 관해서 리스크의 평가, 경감 또는 올바른 기회를 위한 의도적인 리스크 선택에 있어서 계량적 방법을 확고하게 고수하는 사람이다. 나는 리스크 관리에 있어서 지금까지 파악된 많은 문제들을 교정하기 위한 해법은 보다 계량적인 방법들에서 찾아질 거라고 생각하지만, 주의해야 할 한 가지 중요한 것이 있다. 지금까지 말해 온 모든 것에서, 나는 리스크 관리 방법은 과학적으로 건전한 테스팅 방법을 거쳐야 한다는 아이디어를 권장했다. 가장 "계량적인" 모델들에 대해서도 동일한 엄격성을 고수해야 한다. 이러한 모델들이 단지 더 수학적으로 보인다거나, 이미 개발되어서 명망이 있는 과학자들에 의해 사용된다는 이유만으로 특별대우를 받으면 안 된다.

단지 매우 정교해 보이는 수학적 모델을 사용한다는 이유만으로 그것이 자동적으로 옳다고 생각하는 것을 사이비 엄격함crackpot rigor이라 부르는데, 리스크 관리자는 항상 이를 조심해야 한다. 불행하게도, 많은 경우에 정교한 도구들을 사용할 수 있는 기량보다는 이러한 도구 사용이 더 급속히 성장했으며, 의문의 여지가 있는 "계량적인" 방법들의 사용이 주체할 수 없을 만큼 성장하고 있는 듯하다.

나는 과학과 과학적인 방법의 지지자이다. 그러나 과학은 부분적으로는 일부 과학자들이 항상 다른 과학자들에게 의문을 제기해 왔고, 어느 개인이나 기관의 명성도 장기적으로는 반복적이고 독립된 테스트를 통한, 모순되는 발견 사항들을 견딜 수 없었기 때문에 현재와 같은 수준으로 발전할 수 있었다. 이번 장에서는 리스크 관리에 있어서 몇 가지 계량적인 방법들 및 경험적 테스트에 비추어 볼 때 이들의 성과는 어떠한지에 대해 소개한다.

몬테카를로 개념의 개요

이 책은 출신 배경에 관계없이 리스크 관리에 관여할 필요가 있는 모든 사람들을 위한 책이다. 4장에서 언급한 몬테카를로 시뮬레이션에 익숙하지 않은 사람들을 위해서 다른 내용들을 언급하기 전에 이 개념에 대해 간단하게 소개하겠다.

회사의 관리자들이 새로운 상품 · 기술 또는 설비에 투자하거나, 달리 자본을 사용하는 사안에 대해 고려할 때, 스프레드시트 상에서 비용과 효용을 계산해 볼 것이다. 예를 들어 관리자들이 새로운 설비를 도입하면 개당 2달러의 이익을 가져다 줄 기구widget를 1백만 개 생산할 것으로 예상하고 있다고 가정하자. 이곳에서는 아주 간단하게 생각하겠지만, 경영대학원에서는 관리자들에게 설비의 수명, 세금상의 고려사항, 이자율, 인플레이션, 연간 성장률 등도 고려하도록 가르친다. 관리자들은 이를 이용하여 투자 수익률return on investment; ROI의 정확한 수치를 계산할 것이다. 이제, 1년간 모든 유지비를 포함한 비용이 1백만 달러인 리스를 이용한다고 가정하면, 최소한 1백만 달러의 수익을 내야 수지를 맞출 수 있다.

관리자들은 자신들이 이 수치를 정확하게 알지 못하며 계산한 ROI도 매우 불확실하다는 점을 알면서도 이 수치를 "최선의 예측치best guess"로 취급할 수도 있다. 새로운 상품의 수요는 정확하게 연간 2백만 달러가 되기보다는 가능한 수치들에 대한 일정 범위가 될 것이다. 이 설비의 용량은 충분해서 연간 125만 대의 기구를 만들어 낼 수 있지만, 관리자는 "보수적"으로 80%의 가동률만을 보일 것으로 가정했다. 이 제품에 대한 수요가 위 아래로 연간 75만 대까지 예상에서 벗어날 수 있다고 가정해 보자. 이 장비의 가격이 개당 2달러일 때 모든 가능한 수요의 평균이 연간 1백만 대인데, 이의 3/4까지 위 아래로 변할 수 있다고 하면 연간 평균 수익은 얼마인가? 그것은 2백만 달러가 아니다.

이 경우에 평균 연 매출액이 2백만 달러라고 믿는 것을 스탠포드 대학교의 샘 새비지Sam Savage 교수는 "평균의 오류"라고 부른다. 관리자들이 자신들의 불확실성을 명시적으로 고려하지 않을 수도 있기 때문에, 이로 인해 뭔가 잘못된 결정을 내리게 될 수도 있다. 설비 용량의 제약 때문에 가능한 결과들의 평균은 2백만 달러에 미치지 못할 것이다. 만일 기계 기구의 용량 상한에 달하지 않을 경우에는 예상을 웃도는 수요와 예상을 밑도는 수요가 상쇄될 수도 있을 것이다. 그러나 이 장비에 대한 수요가 연간 170만 대가 되더라도, 이 회사에서는 125만 대밖에 생산할 수 없을 것이다. 그러나 수요의 유일한 하한선은 0이다. 수요가 아무리 많아도 125만 대라는 생산 능력 상한선의 제한을 받는데, 수요가 0까지 낮아질 수도 있기 때문에 평균 생산 수준은 평균 수요와 다르며, 따라서 평균 매출은 2백만 달러보다 낮을 것이다.

이러한 불확실성을 보다 실제적으로 고려하는 한 가지 방법은 많은 수의 시나리오들을 생성하는 것이다. 이때 무작위로 수요를 생성하고 용량의 제약을 적용할 수 있다. 우리는 장비당 실현 가능 이익 수치까지도 생성해 낼 수 있다. 추정치가 점 추정point estimates. *단일한 수치 값-역자 주*이 아니라, 다음과 같은 범위라고 가정하자.

- 수요: 연간 25만 대에서 175만 대
- 장비 한 대당 이익: 1.5달러에서 2.5달러

이 범위를 정규 분포에서의 90% 신뢰 수준이라고 한다이에 대해서는 6장에서 처음으로 언급하였다. 이는 위의 수치들이 예측한 범위의 상한을 초과할 확률이 5%이고, 하한을 초과할 확률이 5%라는 점을 명심하기 바란다. 이제 장비를 0대나 1.25백만 대 넘게 생산할 수 없다는 것을 고려하면 연간 수익은 어떻게 되겠는가? 이 문제에 대한 간단한 몬테카를로 시뮬레이션을 수행한 스프레드시트를 www.howtofixriskmgt.com에서 찾아볼 수 있다.

이 시뮬레이션은 1만 개의 시나리오를 보여 주는데, 그 중 80만 대의 수요에 한 대당 2달러의 이익이 나는 시나리오에 의하면 총 이익은 160만 달러가 된다. 또 다른 시나리오에서는 수요는 140만 대이지만 실제 생산은 기계의 용량 제한으로 125만 대에 그치게 되고, 이 경우 대당 이익이 2.2달러라면 연간 275만 달러의 순 이익을 내게 된다.

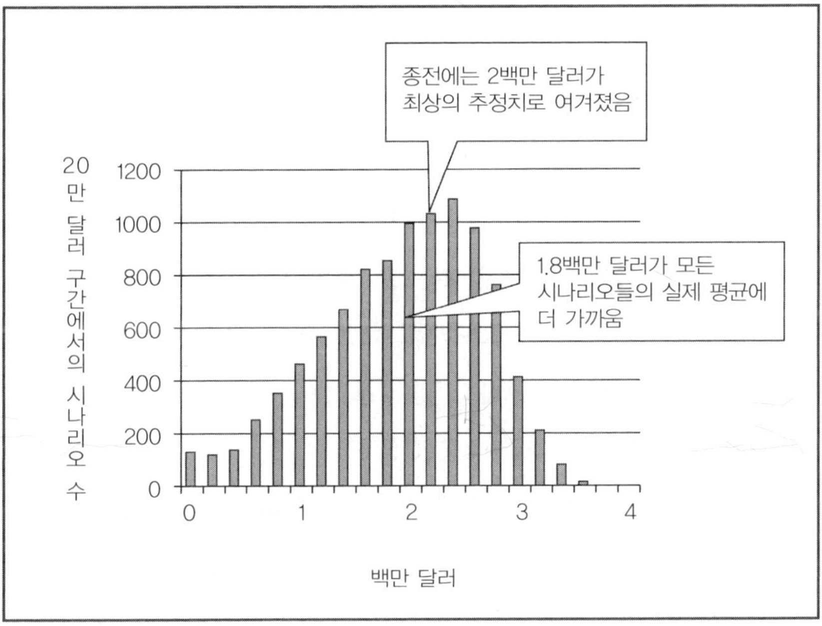

[보기 9.1] 실현 결과의 히스토그램

보기 9.1은 한 막대의 구간이 20만 달러인 구간들 예. 한 구간은 60만 달러에서 80만 달러, 다른 구간은 80만 달러에서 100만 달러의 결과를 계산하여 이의 분포를 보여 준다. 각 값들values의 범위에 속하는 경우의 수를 보여 주는 도표chart를 히스토그램이라 한다. 1만 회의 가상 시나리오 중 약 450회는 80만 달러에서 100만 달러 사이였고, 약 210회는 300만 달러에서 320만 달러 사이였다. 이들 각각의 구간 총수는 도표상의 막대 높이로 나타난다.

이는 분명히 매우 간단한 예이다. 용량에 영향을 주는 장비의 주기적인 가동 정지, 장비의 수명 또는 이 생산 장비의 수명이 다하기 전에 여기서 생산되는 제품이 시대에 뒤떨어져서 수요가 사라지게 될 가능성에 관한 불확실성조차 모의 테스트simulate를 할 수 있다. 만일 리스 및 다른 비용으로 인해 최소한 100만 달러의 매출을 달성해야 수지를 맞출 수 있다고 가정할 경우, 이 장비로 인해 손해를 볼 리스크도 계산할 수 있다.

위의 예에서 1만 번의 시나리오 중 약 1,500번은 매출이 100만 달러에 미치지 못했기 때문에 손해를 볼 가능성이 15%라고 말할 수 있다. 또한 전혀 매출을 올리지 못하기 때문에 100만 달러의 리스료를 포함하여 전액을 손해 볼 리스크가 약 1%라고 말할 수도 있다. 이제 우리는 유용한 용어로 리스크에 대해 말하고 있다. 보기 9.2에서 볼 수 있는 누적 확률 도표는 이를 보는 또 다른 방법이다.

수학의 대가가 아닌 이상, 시뮬레이션 없이 리스크를 확률의 견지에서 평가하기란 매우 어렵다. 보다 현실에 가까운 복잡한 상황에서 리스크 평가가 얼마나 어려울지 상상해 보라. 각 단계의 재고 수준, 벤더들의 공급 중단 가능성, 공장에서의 계획되지 않은 작업 중단에 수요의 변화까지 고려한 공급 사슬supply chain의 모든 구성 요소들을 모의 테스트한다고 상상해 보라.

이를 위해 각각의 시뮬레이션을 짧은 시간 단위로 나누고 어떤 사건들이 어떻게 다른 문제들을 야기할 수 있는지를 보여 줄 수 있다. 그러한 시뮬레이션 없이 리스크들을 적절하게 평가하는 것이 불가능해 보일 것

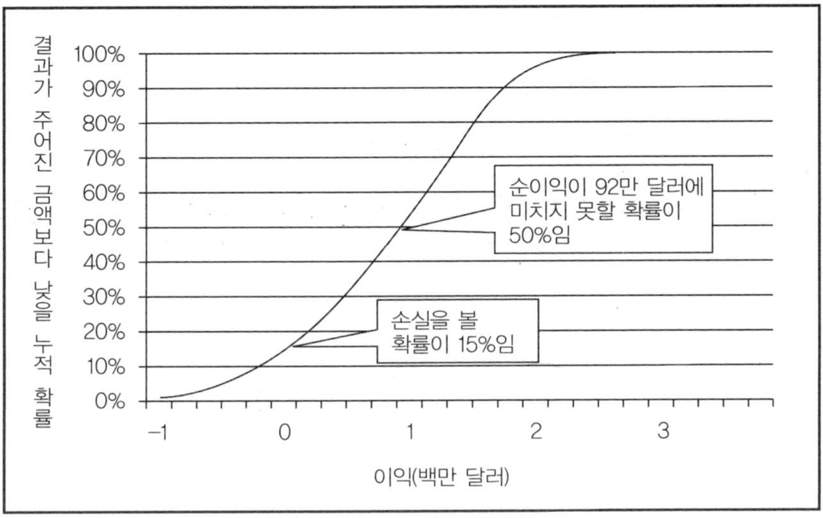

[보기 9.2] 누적 확률

이다. 사실, 원자력 규제 위원회와 고 위험 탐사 투자를 하는 석유 회사들은 이러한 리스크들을 평가할 수 있는 다른 타당한 방법이 없다고 믿는다.

그러나 PC용 몬테카를로 도구들의 이용가능성availability의 공과에 대해서는 찬반 양론이 있다. PC를 통한 이용 가능성으로 인해 몬테카를로 시뮬레이션은 다양한 문제에 대해 훨씬 더 실제적이 되었다. 그러나 이로 인해 수십 년 동안 몬테카를로 시뮬레이션을 이용해 왔던 산업에서 발달된 원칙discipline을 배울 기회가 없었던 많은 사람들도 이를 사용하게 되었다. 널리 알려진 두 개의 몬테카를로 도구가 실제로 어떻게 사용되는지 살펴보고, 이 문제들을 직면해 보자.

몬테카를로 도구 이용자들에 대한 설문 조사

나는 기업체에 계량적인 방법을 사용해 오면서, 몬테카를로 도구의 이용자들이 상당히 일관적인 오류를 저지르고 있다는 증거가 되는 일화들을 알고 있다. 그래서 나는 잘 알려진 2개의 몬테카를로 도구 @Risk와 Crystal Ball의 사용자 35명에 대해 조사를 실시했다. 이 사용자들 각자에게 그들이 가장 최근에 구축한 1~3개의 몬테카를로 모델들의 세부 내용을 물었다. 사용자당 평균 2개가 조금 넘는 총 72개의 몬테카를로 모델에 대한 데이터들이 수집되었다.

설문 조사 대상 모델의 설계자들은 자신들이 평균적으로 상당히 경험이 있다고 주장하였다. 평균 경험 연수는 6.2년이었는데, 중앙값은 정확히 4년이었다이처럼 편향된 분포는 몇 명은 15년이 넘는 경험이 있었지만, 많은 사람들의 경험이 적었기 때문이다. 대부분의 모델들은 끔찍할 정도로 복잡하지는 않았다. 즉, 모델의 73%가 50개가 안 되는 변수를 사용했다. 조사 대상자들은 다음과 같은 분야에서 다양하게 몬테카를로 기법을 적용하였다.

- 비즈니스 계획
- 경쟁 입찰
- 매출 예측
- 정보 기술 프로젝트
- 광물 및 석유 탐사
- 의약품 개발
- 프로젝트 스케줄 및 예산 예측
- 레이다 시뮬레이션 및 재료의 강도 등과 같은 엔지니어링 및 과학적 모델
- 철강 산업에서의 자본 투자
- 공급 사슬 및 재고 수준에 대한 대안 분석
- 빌딩 건축 리스크
- 제조업에서의 제품 변동

나는 그들의 데이터 출처와 모델에 대한 품질관리quality control에 대해 질문했고, 다음 사항들을 발견했다.

- 확률에 대한 주관적인 추정이 많았지만, 보정calibration은 없었다. 조사 대상의 압도적 다수89%가 모델에 어느 정도의 주관적인 추정치를 사용하였다. 모든 모델들의 변수 중 주관적 추정치는 평균 44%였다. 그러나 어느 모델 설계자도 보정 훈련을 사용하지 않았다또는 이에 대해 들어 본 적도 없었다. 6장에서 논의한 바와 같이, 이는 거의 모든 추정치들이 지나치게 과신되고 있으며 모든 모델들이 리스크를 과소평가하고 있음을 의미한다.
- 예측치가 실제 실현된 값과 들어맞는지 검증하는지 물으니, 오직 한 명만이 실제 결과를 원래의 예측과 비교해 보려 했다고 대답했다. 이 질문에는 많은 "손사래"와 주의 깊게 단서를 단 답변이 나왔다. 원래의 예측에 대해 검증한다고 대답했던 사람은 이에 대한 데이터를 내놓지 못했다. 대신에 그는 오직 일화적인anecdotal 증거만을 제시했다.
- 사용된 모델의 75%는 기존의 과거 데이터를 사용했으나, 조사 대상 모델의 35%만이 특별히 그 모델을 위해 수집된 독창적인 경험적 데이터를 사용했다. 더구나 4%만이 해당 모델의 결과가 가장 민감한 영역에서의 불확실성을 감소시키기 위해 추가로 경험적 데이터를 측정했다. 이와는 대조적으로 나는 민감도 분석 및 추가적인 측정 값 계산에 근거하여, 14년간 구축한 60개의 모델 중 2개를 제외한 모든 모델들에서 추가 측정이 필요함을 발견했다. 대부분의 모델 설계자들은 오직 주관적 추정치 및 그들에게 주어진 기존 데이터에만 근거해서 모델을 만들

수 있다고 가정하는 듯하다. 몬테카를로 모델링에 있어서 독창적인 경험적 연구를 수행한다는 생각은 전혀 하지 않는 셈이다.

조사 결과 중 가장 충격적인 점은 대부분의 모델 설계자들이 주관적인 추정치를 사용하면서도, 아무도 관련 사안의 전문가들에게 추정치를 제공해 달라고 요청하기 전에 보정 훈련을 실시하지 않았다는 것이다. 설상가상으로, 가장 크고 위험한 문제들에 중점을 둔 모델들일수록 주관적 추정을 더 많이 사용하며, 주관적 추정을 필요로 하는 항목들은 모델의 변수들 중 가장 민감한 경우가 흔하다.

내가 직접 교육시켰던 고객들을 포함시켰더라면 조사 대상 표본의 크기를 늘릴 수도 있었지만, 나는 그들을 포함시킴으로써 표본을 편향되게 하고 싶지는 않았다. 그러나 내가 교육시켰던 사람들에게 나를 만나기 전에 구축했던 모델들에 대해 물어 봤을 때, 그 결과는 똑같았다. 심지어 부분적으로라도 주관적 추정에 기초하여 계량 모델을 구축한 사람들 중 누구도 보정을 실시했거나, 이에 대해 들어 보지 못했다. 이들 중에는 다양한 주요 정부 정책 결정에 관한 몬테카를로 시뮬레이션을 일상적으로 수행하는 다수의 경제학자들과 통계학자들도 포함되어 있었다.

또한, 일반적으로 외부를 바라보는 경험적 방법outward-looking empirical method의 결여 및 모델의 과거 실적에 대한 품질 점검의 결여는 몬테카를로 시뮬레이션의 중요한 문제들이다. 내가 이 조사를 실시해야만 했다는 사실 그 자체마저도 이에 대해 뭔가를 말해 주고 있다. 의사들이 가장 나쁜 환자라는 말처럼, 리스크 등을 측정하는 사람들이 자신에 대해서는 가장 측정을 하지 않는 사람들이다. 몬테카를로 시뮬레이션이 어떻게 이용되는지에 관한 광범위한 학문적 조사 연구는 거의 없는 것 같다. 몬테카를로 모델 사용자들은 주요 기관들의 중요한 리스크를 어떻게 평가하는지보다는 사람들이 계산대에서 어떻게 충동구매를 하는지에 대한 연구를 더 많이 한다.

몬테카를로 모델 사용자들은 주요 기관들의 중요한 리스크를 어떻게 평가하는지보다는 사람들이 계산대에서 어떻게 충동구매를 하는지에 대한 연구를 더 많이 한다.

이러한 발견 사항들은 가장 정교한 리스크 분석 도구들이 어떻게 사용되는지 또는 오용되는지에 관한 몇 가지 다른 핵심 문제들을 보완하거나 설명해주기도 한다.

리스크의 역설

리스크 관리 컨설팅 업체인 프로티비티Protiviti의 짐 드로쉬Jim Deloach는 다음과 같은 점을 발견했다. "리스크 관리는 조직의 가장 낮은 수준, 즉 덜 중요한 부분에 매몰되어 있다. 내가 보기에, 리스크 분석은 누군가가 매장賣場 바닥에서 엄지손가락을 잘릴 가능성에 초점을 맞추고 있다." 내가 오랜 기간 동안의 일화들에 대해 관찰하고, 나와 얘기해 본 많은 전문가들도 관찰한 것으로 보이는 리스크 관리에 있어서의 역설paradox은, 한 조직에서 사용되는 가장 정교한 리스크 분석 방법들은 낮은 수준의 운영operation에 관한 리스크에 적용되는 반면, 가장 큰 리스크에 대해서는 부드러운soft 모델을 사용하거나 아무 모델도 사용하지 않는다는 것이다.

리스크의 역설

한 조직에서 사용되는 가장 정교한 리스크 분석 방법들은 낮은 수준의 운영에 관한 리스크에 적용되는 반면, 가장 큰 리스크에 대해서는 부드러운 모델을 사용하거나 전혀 사용하지 않는다.

내가 리스크의 역설에 대한 표준으로 사용하는 일화는, 1990년대에 CIO최고 정보 책임자와 IT 관리자들로 구성된 청중들 앞에서 응용 정보 경제학Applied Information Economics에 관해 세미나를 할 때 있었던 일이다. 나는 몬테카를로 시뮬레이션이나 기타 계량적인 리스크 분석 방법을 적용해 본 사람이 있는지 물어보았다. 다른 세미나에서 똑같은 질문을 했을 때에는 아무도 손을 든 사람이 없었기 때문에, 이 질문은 단지 하나의 형식적인 질문에 지나지 않았다. 그러나 이번에는 Boise Cascade라는 제지製紙 회사에서 온 책임자 한 명이 손을 들었다. 나는 그에게 이렇게 말했다. “당신은 IT 프로젝트의 리스크를 평가하기 위해 몬테카를로 시뮬레이션을 사용한다고 말한 첫 번째 CIO입니다.” 그는 이렇게 말했다. “저는 CIO가 아닙니다. 그리고 IT 부서 소속도 아닙니다. 저는 종이 생산 공정의 리스크를 분석합니다.” 그래서 나는 이렇게 물었다. “그렇다면 당신의 회사에서는 IT 프로젝트에 몬테카를로 시뮬레이션을 사용하고 있습니까?” 그는 이렇게 대답했다. “아니오, IT 부문에서는 그걸 사용하지 않습니다. 우리 회사에서는 나만 그걸 사용하고 있습니다.” 나는 이렇게 물었다. “당신이 관리하고 있는 문제와 새로운 IT 프로젝트 중 어느 것이 더 위험하다고 생각하십니까?" 그는 IT 프로젝트가 훨씬 위험하지만, IT 부문에서는 자신이 사용하고 있는 것과 같은 정교한 리스크 분석 기법을 받아들이지 않았다고 확인해 주었다. 리스크의 역설에 관한 몇 가지 사례를 더 들어 보겠다.

- 1장에서 언급한 바와 같이 백스터Baxter는 다른 제약회사들과 마찬가지로, 스톱 게이트stop-gate 분석신상품 개발 시에 다음의 큰 단계로 진행하도록 하는 의사 결정 평가이라는 계량적인 리스크 모델을 사용한다. 이 문제에 대해 정교한 방법이 필요한 이유는 석유 탐사에 그러한 방법이 필요한 이유와 같다. 신상품은 수익에 관한 불확실성이 큰 반면 대규모 자본 지출을 수반한다. 그러나 이 책을 쓰고 있는 현재 헤파린 사건으로부터의 법적 책임이 아직 결정되지는 않았지만, 신약新藥의 다음 단계에 대한 자본 투자액보다 책임액이 훨씬 거액으로 결정될 수도 있다.
- 2008년의 금융 위기가 진행 중이던 시기까지 일상적으로 개별 대출에 대한 계량적 리스크 분석을 수행했던 은행들은 경기 침체가 은행의 전체 포트폴리오에 어떤 영향을 줄 지에 대해서는 계량적인 리스크 분석을 거의 실시하지 않았다.
- 롱텀 캐피털 매니지먼트LTCM는 노벨상을 수상한 옵션 이론을 사용하여 개별 옵션들의 가격을 계산했지만, 가장 큰 리스크는 그들이 트레이드에 사용한 레버리지 정도와 그들의 전체 포트폴리오가 보다 넓은 경기 추세에 어떤 영향을 받을 것인가였다.
- 보험회사들은 진전된advanced 방법을 사용하여, 인수한 보험 상품의 리스크 및 회사 준비금에 대한 우발 손실을 평가하지만, 엄격한 의미에서

보험의 영역 바깥에 있는 주요 비즈니스 리스크들에 대해서는 이러한 분석을 별로 수행하지 않는다.

- IT 프로젝트의 비용 초과 및 기일 초과에 적용되는 리스크 분석 방법이 여러 개 있다. 그러나 IT 재앙으로 인한 비즈니스 오퍼레이션 장애는 거의 계량화되지 않는다. 이에 대한 한 예로 1999년에 허쉬 식품사Hersey Foods Corp.에 구축된 전사적 자원 관리ERP 시스템을 들 수 있다. 비즈니스 오퍼레이션을 매끄러운seamless 시스템으로 통합할 예정이었던 ERP 프로젝트가 여러 달 지연되었으며 그 비용이 1억 1천 5백만 달러에 달했다. 그들은 1999년 9월 15일까지는 이 시스템을 사용할 수 있게 하려 했으나, 매우 중요한 할로윈 시즌까지도 이 시스템의 기타 프로세싱 및 선적 기능에 관한 문제들을 해결하느라 씨름하고 있었다. 그 결과 경쟁자들에게 비즈니스를 빼앗겼으며 매출이 12.4% 감소했다. 이 리스크가 ERP의 비용 초과 리스크 자체보다 훨씬 더 컸다.

이처럼 최고의 리스크 분석 방법들을 분리시키다보니 리스크 관리를 더욱 발전시키는데 문제가 야기된다. 조직들 내에서 리스크 분석이 상대적으로 격리되어 있다는 것은 동일한 조직 내에서 서로 다른 분석가들이 서로 격리된 채 업무를 수행하며 전혀 일관성이 없는 모델들을 구축할 수 있음을 의미한다. 그리고 회사 내에서의 협력의 결여로 인해, 산업 경제학 및 조직 전체에 걸친 글로벌 리스크에 대한 모델을 구축하는 협동 작업이라는, 리스크 관리의 또 다른 중요한 단계로의 진전이 거의 불가능해진다.

측정의 전도顚倒

이번 장의 앞부분에서 논의했던 장비 생산에 관한 간단한 시뮬레이션에 대해, 수요 또는 단위당 수익에 관한 불확실성을 감소시킬 수 있는 기회가 있다고 가정해 보라. 당신은 어느 것을 먼저 측정하겠는가? 그리고 이에 대해 얼마나 투자할 용의가 있는가? 나는 여러 해 동안 특정 모델에서의 모든 불확실한 변수들에 관한 추가 정보의 가치를 계산해 오고 있다.

앞의 예에서 언급한 바와 같이, 이 기구 생산 기회에 대해 생성한 1만 번의 시나리오 중 약 1,500번은 연간 임차료 지급에 충분한 돈을 벌지 못했다. 이들 시나리오 각각에 대해 어느 정도의 손해를 보았다. 만일 이 리스를 진행하기로 결정했는데, 이처럼 바람직하지 않은 시나리오가 실현될 경우, 잃게 될 돈이 기회 손실opportunity loss; OL인데, 이는 잘못된 선택을 내린 데 대한 비용이다. 만일 우리가 손해를 보지 않았다면, 이 경우에는 기회 손실은 0이다. 또한 리스를 하지 않기로 결정했는데, 나중에 알고 보니 돈을 벌 수 있었음을 알게 된 경우에도 기회 손실이 있을 수 있다. 리스를 하지 않기로 결정한 경우의 기회 손실은, 돈을 벌 경우에는 리스료와 기구 판매액 사이의 차액이며, 돈을 벌지 못할 경우에는 0이다 이 경우에는 리스를 기각한 건 잘한 것이다.

예상 기회 손실expected opportunity loss; EOL은 각각의 가능한 예상 손실에 그 손실의 확률을 곱한 것이다. 달리 말하자면, 잘못 판단할 확률과 판단을 잘못했을 때의 비용을 곱한 값이다. 몬테카를로 시뮬레이션에서는 모든 시나리오들의 OL의 단순평균을 구한다. 이제, 이 장비에 대한 투자에 관한 일정한 불확실성 하에서도 당신은 이 투자가 좋은 아이디어라고 생각한다고 가정하자. 각각의 시나리오에 대해 OL은 0이거나돈을 벌 경우, 리스 비용에서 기구 판매액을 뺀 금액이다이 경우에는 돈을 벌지 못한다. 이 사례에서의 EOL은 약 6만 달러이다.

EOL은 완벽한 정보의 예상 가치expected value of perfect information; EVPI에 해당하는 용어이다. EVPI는 이러한 의사 결정에 관한 모든 불확실성을 제거할 수 있을 경우 합리적으로 지불할 용의가 있는 최대 액이다. "완벽한" 정보를 구하고 모든 불확실성을 제거하는 것은 불가능하지만, 이 EVPI 수치는 절대적인 상한선으로서 쓸모가 있다. 만일 8천 달러가 소요되는 조사를 실시하여 6만 달러의 EOL을 절반으로 줄일 수 있다면, 그 조사를 할 만한 가치가 있을 것이다. 이 사례와 보다 더 정교한 EVPI 문제들에 대한 스프레드시트 계산을 원할 경우 www.howtofixriskmagt.com의 독자 다운로드 페이지에서 9장의 스프레드시트를 보면 된다.

특히 모델이 매우 커질 경우, 모델 안의 각 변수에 대해 정보의 가치를 계산해 보면 이 점이 더 확실해진다. 이와 같이 해서 측정에 얼마를 투자할지 뿐만이 아니라, 어떤 변수를 측정할 필요가 있는지와 이들에 얼마를 써야 할지에 관한 아이디어도 얻을 수 있다. 나는 대부분 50개에서 100개의 변수를 갖고 있는 60개의 모델들총 4천 개가 넘는 변수에 대해 이 계산을 해 보았다. 나는 이로부터 내 자료실에 분석 사례가 늘어날 때마다 나타나는 유형들patterns을 관찰하였다. 두 가지 주요한 발견 사항들은 다음과 같다.

1. 추가적인 측정을 필요로 하는 변수들은 상대적으로 적지만, 일부 변수는 거의 언제나 추가적인 측정을 필요로 한다.

2. EVPI가 가장 높은 추가 측정의 가치가 가장 높은 불확실한 변수들은 해당 조직이 결코 측정하지 않는 변수들인 경향이 있으며, 조직들이 측정해 오고 있는 변수들은 평균적으로 가장 낮은 EVPI를 갖고 있다.

나는 이 두 번째 발견 사항을 측정의 전도measurement inversion라 부르는데, IT 포트폴리오, 군사 병참logistics, 환경 정책, 벤처 기업, 시장 예측 및 내가 살펴본 다른 모든 곳에서 이 현상을 목격했다.

측정의 전도

모든 사람이, 그리고 모든 곳에서, 가장 가치 있는 측정을 하지 않은 채, 가장 가치 없는 측정에 초점을 맞추고 있다.

모든 사람이, 그리고 모든 곳에서 체계적으로 모두 잘못된 것을 측정하고 있다. 이 현상이 너무도 널리 퍼져 있고, 강력해서, 나는 이로 인해 국내 총생산GDP에 어떤 영향을 줄지가 궁금하다. 조직들은 정보 가치가 매우 높은 불확실성에 대한 새로운 측정 방법을 배울 필요가 있는지에 대해서는 관심을 기울이지 않은 채, 자신들이 측정할 수 있는 것들만 측정하는 듯하다.

과학은 어디에? 리스크 모델에서의 경험론 결여

측정의 전도는 대부분의 몬테카를로 모델들에서의 일반적인 경험론 결여라는, 보다 더 넓은 이슈와 관련이 있다. 나는 몬테카를로 설문 조사 및 기타 관찰 내용들로부터의 발견 사항들을 반복하고 이를 확장하고자 한다.

- 해당 분야의 전문가들subject matter experts; SMEs은 보정되지 않았다. 추정 및 예측 시에 SME들의 과거의 실적이 어떠했는지에 대해서는 전혀 모른 채 그들로부터 나온 입력 정보가 사용된다. 주관적인 입력 정보들은 모두 체계적으로 과신할 가능성이 매우 높으며, 따라서 일반적으로 리스크가 아주 과소평가된다.
- 구축된 모델들은 좀처럼 사후 검증back test되지 않는다. 모델의 예측 결과를 실제 실현된 결과와 비교하는 것 자체로는 결정적인 타당성 검증은 아니지만, 실제 결과와 전혀 들어맞지 않는 모델들은 결함이 있을 가능성이 매우 높다. 만일 누군가가 특정 금융 모델들에 대해 사후 검증을 했더라면, 그들은 2008/9년의 금융 위기는 모델이 시사하는 것보다 훨씬 더 발생 가능성이 컸다는 것을 알 수 있었을 것이다.
- 몬테카를로 시뮬레이션 중 일부만이 모델의 변수 중 불확실성이 높고 민감한 변수들을 겨냥하여 만들어진 새로운 실측 데이터를 사용한다. 사용되는 소수의 실측 데이터들은 리스크 분석가들이 이미 입수할 수 있는 데이터들인 경향이 있다. 앞에서 언급하였던 EVPI 계산을 해 보면 대부분의 중요한 결정에 대해서는 추가 비용이 쉽게 정당화됨에도 불구하고, 리스크 분석가는 좀처럼 모델의 특정 부분의 불확실성을 감소시키기 위한 독창적인 연구 조사를 수행하지 않는다.
- 한계marginal 불확실성 감소 기회들이 간과된다. 매우 불확실한 변수들에 대해서는 약간의 경험적 관찰만으로도 불확실성을 상당히 감소시킬

수 있다.

• 종전의 예측이 얼마나 정확했는지에 대해 추적 관리follow up할 동기incentive가 전반적으로 결여되어 있다. 각각의 모델은 수많은 개별적인 추정치들을 지니는 경우가 흔하며, 몇 개의 모델들에서 나온 이 추정치들은 재빨리 합산된다. 나는 지난 14년 동안 60개의 모델들을 만들었는데, 여기에 사용된 변수들은 4천 개가 넘었다. 이들 중 많은 변수들은 사후에 정확한 수치를 알 수 있는 것들이었다예컨대 특정 프로젝트의 비용을 원래 예측된 비용의 범위와 비교해 보기. 때로는 이것이 어려운 일이기는 하지만예컨대 내가 몇 해 전에 모델을 구축해 주었던 고객이 다른 곳으로 이전했다거나, 일부 고객들은 권고된 바대로 기록을 관리하지 않았던 경우 등, 추적 관리 노력을 기울이면 언제나 배울 점이 많다. 그렇게 하면 모델의 특정 부분을 확인해 주는가 하면, 또 다른 부분을 가다듬을 필요가 있음을 보여 주기도 한다. 이것은 일관되게 개선할 수 있는 유일한 길이다. 그러나 나는 이와 같이 시도하는 동료들을 거의 보지 못했다.

그러나 이에 대한 해법이 있다. 내 저서인 『How to Measure Anything』에서 나는 측정할 수 없는 것처럼 보이는 것들 중 실제로는 그렇지 않은 것들이 얼마나 많은 지에 대해 설명했다. 강력한 통계적 배경을 지닌 전문가들 중에도 이러한 실수를 저지르는 사람들이 있다. 예를 들어, 흔히 특정 변수를 측정하기에는 "우리가 갖고 있는 데이터가 충분하지 않다"고 가정한다. 이러한 믿음은 대개 여러 가지 오류에 근거한다. 실상은 필요로 하는 데이터의 양은 얼마인지, 기존 데이터로부터 무엇을 도출할 수 있는지, 그리고 어떤 종류의 데이터가 필요한지는 모두 불확실성의 과거 상태prior state of uncertainty 및 수집되는 데이터를 이용한 특정 계산의 결과이다. 나는 데이터가 없다고 주장하는 사람들은 언제나 이 주장을 증명하기 위한 노력을 하지 않았음을 발견하고 있다.

통계학 첫 학기 과정에서 배우는 것과는 달리, "통계적으로 중요한" 발견을 위해 필요로 하는 표준적인 "수용 가능한 최소" 수준은 없다. 나는 11장에서 매우 적은 관측치로부터 유용한 측정즉, 불확실성 감소을 짜 낼 수 있는 방법을 설명할 것이다. 나는 그곳에서도 이 책의 웹사이트에 있는 스프레드시트를 인용할 것이다. 지금으로서는 어느 변수가 매우 불확실할 경우, 계산을 올바로 하면 소수의 관찰만으로도 그 불확실성을 상당히 감소시킬 수 있음을 보여 준다는 것만 알아 두라. 불확실성 감소가 측정의 목표이며, 계산을 해 보지 않고서는 몇 개의 간단한 관찰로 얼마나 많은 불확실성을 감소시킬 수 있는지 또는 그러한 불확실성 감소가 측정비용 대비 얼마나 큰 가치가 있는지에 대해 속단을 내려서는 안 된다.

보다 경험적인 방법의 사용이나 싱싱에 의해 만들어진 또 다른 장애물 중 하나는, 별도의 사건들이 너무도 독특해서 다른 사건들을 살펴봐서는 말 그대로 아무 것도 배울 수 없다는 믿음이다. 사람들은 각각의 IT 프로젝트, 각각의 건축 프로젝트, 각각의 합병은 매우 특수하고 독특해서 이전의 사건들이 다음 번 사건들의 리스크에 대해 아무 것도 말해 주지 않는다고 말한다. 이는 어느 보험회사가 특정인물이 완전히 독특한 인물이라서 그의 생명보험에 대한 보험료조차 계산할 수 없다고 말하는 것과 같다. 보험회사에서는 그런 생각이 훌륭한 리스크 관리에 방해가 되도록 허용되지 않는다는 것을 알고 있음에도 불구하고, 다른 많은 분야들은 이러한 오해에서 벗어나지 못하고 있다. 심지어 화산을 연구하는 지질학자들화산학자들과 같은 일부 과학자들조차도 이러한 생각이 그들의 문화에 배어 있는 듯하다. 이것이 바로 화산 전문가들이 1980년의 세인트헬렌스 산Mount St. Helens의 재앙적인 폭발 리스크를 무시한 이유이다아래의 세인트헬렌스 산 오류에 관한 삽입문을 보라.

세인트헬렌스 산 오류

오류: 만일 두 개의 시스템이 여러 면에서 다를 경우, 이 둘은 비교될 수 없다. 사실상, 이 오류는 조금이라도 차이가 있다면, 유용한 유사성은 있을 수 없다고 말하는 셈이다.

1980년 5월 18일에 워싱턴 주 캐스케이드 산맥Cascade Range에 있는 세인트헬렌스 산이 폭발했는데, 이 폭발은 미국 역사상 가장 치명적이고 가장 경제적 손실이 컸던 화산 폭발이었다. 50명이 넘는 사람이 죽었고, 250채의 집이 파괴되었으며, 2백 평방 마일이 넘는 숲이 폐허가 되었다.

폭발 전에 마그마가 위로 올라오자 산의 북쪽 면이 툭 튀어 나와 산이 불안정하게 되었다. 오전 8시 32분에 거대하게 튀어 나온 곳이 미끄러져 나갔으며 "마개가 뽑힌" 마그마 기둥이 "측면으로" 폭발했다.

전에 이 화산을 연구했던 과학자들은 종전에 세인트헬렌스 산에서 대규모 측면 폭발에 대한 지질학적 증거를 발견하지 못했으며… 따라서 그러한 가능성을 무시했다. 미국 지올로지컬 서베이US Geological Survey의 지질학자인 리차드 호블리트Richard Hoblitt는 이렇게 말했다. "1980년 전에는 캐스케이드 산맥의 화산에 대한 화산 위험 평가는 그 화산에서 전에 발생했던 사건들에 근거했습니다. 1980년의 한쪽 방향으로의 폭발은 전례 없는 사건들도 발생할 수 있으며, 따라서 이에 대해 고려할 필요가 있음을 보여 주었습니다."[62]

이러한 측면 폭발은 이전에 일어난 적이 없었으므로 지금도 일어날 수 없다고 믿었기에, 과학자들은 그렇게 결론을 내리기 위해 물리학의 기본조차도 무시해야 했다. 볼록 튀어 나온 부분이 안정 상태를 유지할 길이 없었으며, 산사태는 압력을 방출해야만 했다. 다행히도, 현재에는 유례없는 사건들도 체계적으로 고려되고 있지만, 이 메시지를 모든 사람들이 명심하고 있는 것은 아니다. 디스커버리 채널의 화산에 관한 특별 프로에서 한 화산학자가 이렇게 말했다. "두 개의 화산이 정확하게 똑같은 경우는 없습니다. 따라서 특정 화산을 연구하려면 그 화산의 역사를 연구해야 합니다." 달리 말하자면, 이는 탈렙의 칠면조이다. 그 칠면조를 보아서는 칠면조가 곧 죽임을 당할 거라는 사실을 결코 알 수 없다. 우리는 다른 칠면조의 역사를 살펴봄으로써 이를 알 수 있다 *탈렙의 책 『Fooled by Randomness』에 나오는 이야기로, 어느 농부가 추수 감사절에 잡아먹기 위해 칠면조를 키웠는데, 칠면조는 자기가 추수 감사절의 특별 요리가 될 거라는 사실은 꿈에도 모른 채 날마다, 특히 추수 감사절 당일에도, '오늘도 어제처럼 우리 주인님이 나를 사랑하셔서 맛있는 먹이를 주실 테고, 나는 여느 때처럼 행복한 날을 보내겠지' 라고 생각하다 날벼락을 맞았다는 얘기-역자 주.*

그러나 실제로는 다른 화산을 살펴보면 특정 화산에 대해 뭔가를 말해 준다. 그렇지 않을 경우 화산 전문가의 전문성이 과연 무엇인가? 더욱이 리스크 분석이라는 관점에서 보면, 화산들은 다른 화산들과 뭔가 공통점이 있을 뿐만 아니라, 산불, 정전, 전쟁 및 주식 시장들과도 많은 공통점이 있다. 다음 주제는 바로 이에 관한 것이다.

금융 모델 및 재앙의 형태: 왜 정규 분포가 일반적이지 않은가

많은 몬테카를로 모델 설계자들이 흔히 사용하는 확률 분포는 정규 분포normal distribution 또는 가우시안 분포이다. *우리나라에서는 'normal distribution'이 '정규 분포'라는 이름으로 불리고 있으나, 이는 통계학이 국내에 소개되던 당시에 오역된 것이라고 역자는 생각한다. 'normal'은 '일반적인, 통상적인, 보통의' 뜻을 갖고 있는 바, normal distribution은 '우리 주위의 현상들을 살펴보면 대개 평균 주위에서는 발생 빈도가 높고 평균에서 멀리 벗어날수록 발생 빈도가 낮으므로' 이를 가리켜 normal distribution이라 하는 것이며, 그 이름만으로도 이 분포의 특색을 쉽게 파악할 수 있는 용어이다. 그러나 우리말의 '정규'에 해당하는 영어 단어는 'regular'로서 이는 '규칙적인, 주기적인, 임시가 아닌' 등의 뜻을 지니고 있어서 normal distribution의 의미를 잘 표현하지 못하고 있다. 역자는 이를 '일반 분포' 또는 '통상 분포'로 번역하고 싶으나, 이미 '정규 분포'라는 용어로 확고히 굳어져 있어 이 용어를 그대로 사용하기로 한다–역자 주.*

이 분포는 물리학, 제조 공정상의 오류, 그리고 특정 보험 통계적 데이터에서 관찰되는 범위에 잘 들어맞는 듯해서 이러한 영역에서 사용된다. 이는 창시자들에게 노벨상을 안겨 주었고, 금융 분야에서 영향력이 큰 옵션 이론과 현대 포트폴리오 이론의 배경이 되는 근본 가정이기도

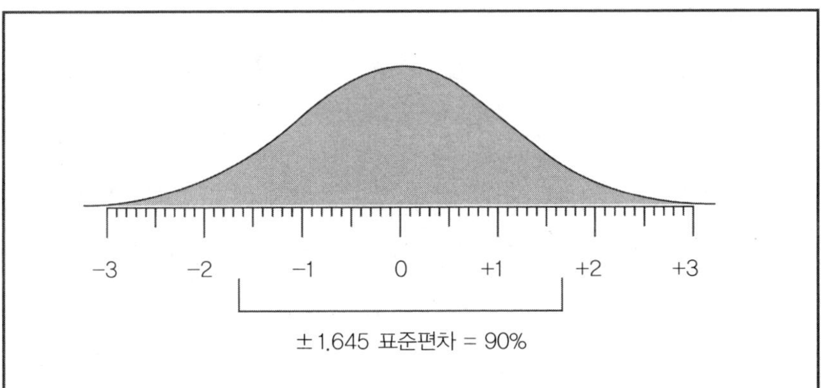

[보기 9.3] 정규 분포

하다. 그리고 또한 이를 고수하는 사람들의 파멸에 기여한 방법이기도 하다.

정규 분포는 어떤 무작위 또는 불확실한 과정process의 결과를 묘사하는 종鍾 모양의 대칭적 확률 분포이다. 종 모양보기 9.3을 보라은 결과들이 중심에 가까울 가능성이 보다 높고 꼬리 부분에 있을 가능성은 매우 낮음을 의미한다. 이 모양은 단지 두 개의 차원dimension, 즉 평균과 표준편차로 완전하게 설명될 수 있다. 이 분포는 대칭적이며 한쪽으로 치우치지 않은 분포이므로, 평균은 정중앙에 위치한다. 표준편차는 일종의 평균 주위에서의 불확실성의 단위를 나타낸다.

정규 분포를 이용한 간단한 무작위 조사의 예

만일 당신이 최근에 정규 분포에 대해 생각해 본 적이 없다면, 여기에 간단한 한 가지 예를 소개한다. 이에 필요한 계산과 보다 상세한 설명은 www.howtofixriskmgt.com에서 찾아볼 수 있다.

정규 분포는 무작위 표본에서의 오류를 보여 주는데 유용하다. 만일 통근자들에 대한 무작위 설문 조사에서 자가 운전자들이 출퇴근할 때 각각 평균 25분이 걸린다고 할 경우, 이는 이 조사의 모든 응답자들의 평균이 25분임을 의미한다. 그러나 실제 평균 소요 시간이 이 설문 조사 결과와 얼마나 다를 수 있는지를 알아보기 위해, "추정치의 오류"의 표준편차가 계산되기 때문에 이를 이용하여 주어진 신뢰 수준하의 범위를 정할 수 있다. 조사의 평균이 실제 평균이는 모든 통근자들을 조사할 경우에만 알 수 있다에서 얼마나 벗어날 수 있는지를 나타내기 위해, 통계학자들은 흔히 통근자 모집단 전체의 진정한 평균을 포함할 가능성이 있는 범위인 신뢰구간confidence interval; CI을 계산한다. 이 범위의 넓이는 표준편차와 직접적인 관련이 있다. 어느 통계학자가 이 추정치의 오류의 표준편차를 2분이라고 결정했으며, "90% 신뢰구간"그가 이 범위가 진정한 답을 포함하고 있을 것이라고 90% 신뢰함을 의미함으로 이 구간을 보여 주기로 했다고 가정하자. 그는 정규 분포표 또는 엑셀 함수를 찾아봄으로써, 90% CI의 상한은 평균보다 1.645 표준편차 위이며, 90% CI의 하한은 평균에서 1.645 표준편차 아래임을 알 수 있다. 따라서 그는 이 범위의 상한을 $25+1.645\times2 = 28.3$으로 계산하며 하한은 $25-1.645\times2 = 21.7$로 계산한다. 이제 이 조사는 90%의 신뢰 수준에서 평균 통근 시간은 21.7분에서 28.3분 사이임을 보여 준다.

정규 분포는 그저 모든 종 모양이 아니라, 매우 특수한 종 모양이다. 만일 사격장에서 과녁 정중앙 주위의 탄착점이 "정규" 분포를 따른다면, 충분히 많은 사격을 한 이후에 탄착점의 68.2%는 중앙으로부터 1표준편차 범위 내에, 95.3%는 2표준편차 내에, 그리고 99.7%는 3표준편차 내에 있게 된다. 그러나 모든 분포들이 이 분포에 정확히 들어맞는 것은 아니다. 정규 분포가 적합한지를 판단하기 위해, 통계학자들은 콜모고로프-스미르노프 테스트Kolmogorov-Smirnov test; K-S test라는 수학적 방법을 사용하여 정규 분포에 대한 적합도goodness of fit를 테스트해 본다. 이 테스트는 가장 널리 쓰이는 방법이지만 아마도 리스크 분석에는 가장 관련이 없을 것이다.

리스크 분석가들의 주요 관심 사항은 분포의 꼬리들인데, K-S 테스트는 꼬리들이 얼마나 "두터운지"에 대해서는 매우 둔감하다. 8장에서 이것이 어떻게 별로 효과가 없을 수도 있는지에 대해 언급하였다. 만일 정규 분포를 1928년에서 2008년까지의 다우존스 일별 가격 변화에 적용할 경우, 전일 대비 %로 표현한 일별 가격 변화의 표준편차는 약 1.1157%이다. 90% 신뢰구간confidence interval; CI의 경계는 평균으로부터 1.645 표준편차만큼 떨어진 수치이므로, 이는 일별 주가 변화의 약 90%는 전일 가격의 1.9% 이내임을 의미한다. 실제로는 93%가 이 범위 안에 들어 왔는데, 이는 예측한 바와 근사한 수치이다. 그러나 "평균적인" 거래일로부터 더 벗어날 경우, 정규 분포는 큰 폭의 하락 가능성을 과소평가한다. 8장에서 처음으로 언급한 바와 같이, 정규 분포는 전일 가격 대비 5%가 넘는 가격 하락은 80년 동안 한 번이라도 발생할 가능성이 15%도 안 된다고 하는 반면 실제로는 그러한 하락이 70회나 발생했다.

그러나 K-S 테스트는 분포의 주요 몸통 부에 중점을 두며 꼬리에는 민감하지 않기 때문에 정규 분포를 사용하는 분석가는 이 분포가 금융 모델의 기초로 하기에 썩 괜찮은 가정이라고 생각할 수도 있다. 그런데, 꼬리에 대해 염려하는 리스크 분석가에게는 정규 분포는 약간만이 아니라 매우 잘못되었다. 다우존스 데이터를 보면, 예를 들어, 하루에 7%의 가격 하락과 같은 더 극단적인 사건의 발생 가능성은 십억 분의 1보다 작은 것으로 과소평가될 것이다. 그러나 이 분포는 널리 사용되는 두 개의 노벨상 수상 이론인 현대 포트폴리오 이론과 옵션 이론의 기본 가정임을 주목하기 바란다기술적으로는 절대 가격의 변화는 실제로는 정규 분포의 사촌 격인 로그-정규분포이지만, 데이터를 전일 가격 대비 가격의 변화율로 표현하였기 때문에 정규 분포를 적용할 수 있다.

금융상의 붕괴는 실제로 어떤 형태를 취하는가? 금융상의 재앙은 화산 폭발, 산불, 지진, 대규모 정전, 행성 충돌 및 전염성 세균의 분포와 더 유사한 분포를 따른다고 알려져 있다. 이러한 현상들은 정규 분포라기보다는 멱함수 분포power-law distribution를 따른다. 멱함수 분포를 따르는 사건은 다음과 같은 규칙을 따르는 것으로 묘사될 수 있다. "십 년에 한 번 일어나는 사건은 일 년에 한 번 일어나는 사건보다 X배 크다." 여기서 X는 상대적인 심각성severity에 대한 일정한 비율이다. 이러한 사건을 로그/로그 좌표상각각의 척도의 증가는 전의 증가보다 10배가 큼에 표시하면 직선처럼 보이는 경향이 있다. 보기 9.4에서 허리케인과 지진에 의한 사망자 수 분포를 볼 수 있다. 지진의 경우, 리히터 측정치각각의 리히터 척도 증가는 이전의 척도보다 10배 강력함을 나타낸다는 점에서 이미 로그 척도임도 표시하였다.

이 도표로부터 멱함수 분포는 발생 빈도 대 규모에 관한 로그/로그 도표상에서 직선에 가깝게 나타남을 알 수 있다. 10년만의 최악의 지진은 100명을 죽일 수 있다. 이는 매년 발생하는 지진 피해의 약 10배이다. 이는 이 경우에 위의 규칙에서의 X가 10임을 의미한다. 이 직선을 따라

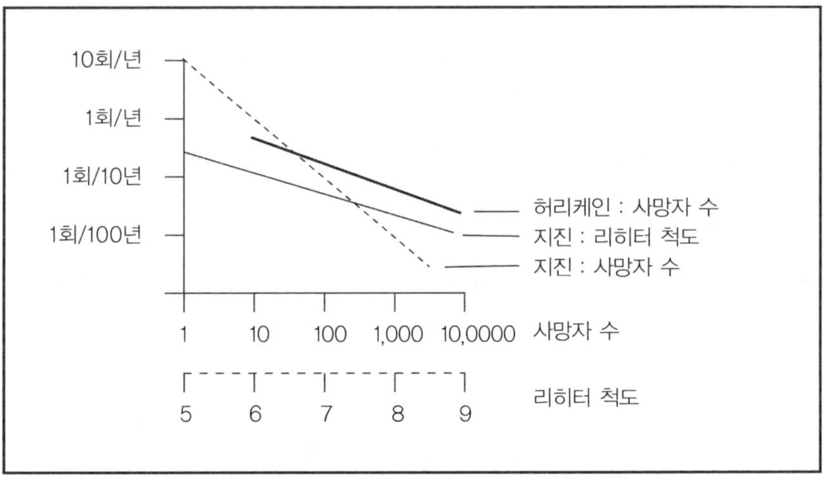

[보기 9.4] 허리케인과 지진의 빈도 및 심각성에 대한 지수법칙 분포

더 내려갈 때에도 이와 동일한 비율이 적용된다. 미국에서만 1천명을 죽일 수 있는 지진은 100년만의 사건이다.

실패가 멱함수 분포를 따르는 듯한 많은 시스템들은 공통 모드 장애 및 연쇄 실패cascade failure를 허용하는, 스트레스가 가해진 시스템들stressed systems이다. 예를 들어, 산불 및 대규모 정전은 단일사건이 많은 구성 요소들에 영향을 줄 수 있으며 일부 구성 요소들의 실패는 다른 구성 요소들의 실패를 야기할 수 있는 구성 요소들의 시스템이다. 덥고 건조한 날씨는 모든 것을 더 타기 쉽게 만들어서, 한 나무에 불이 나면 그 옆에 있는 나무들로 더 쉽게 옮겨 붙게 된다. 에너지 최대 사용 기간에는 전체 배전망power-grid에 부담을 주게 되는데, 하나의 하위 전력 시스템에 과부하가 걸리면 다른 하위 시스템의 과부하를 야기한다. 마찬가지로, 세인트헬렌스 산의 사태는 그 밑에 있는 고 압력의 마그마 기둥을 폭발시켰다.

불행하게도, 비즈니스에 관계가 있는 많은 시스템들은 정규 분포로 가장 잘 모델링되는 시스템이라기보다는 배전망이나 화산과 공통점이 더 많다. 실상, 정규 분포는 다수의 개별적이고 독립적인 구성 요소들이 있는 시스템에만 적용되는 듯하다. 주사위를 1백 번 굴리거나 동전을 1천 번 던질 경우에는, 정규 분포가 그 결과의 불확실성에 대해 모델링하기 위한 최선의 가정이다. 그러나 금융시장, 공급 사슬 및 주요 IT 프로젝트들은 아래의 각각의 사항들이 발생하는 요소들로 구성된 복잡한 시스템이다.

–멱함수 분포 실패를 지니는 시스템들의 특징

• 전체 시스템에 스트레스가 가해져 모든 구성 요소들이 실패할 가능성

이 높아질 수 있다.

- 한 구성 요소의 실패가 여러 개의 다른 구성 요소들의 실패를 야기한다 예컨대, 공통 모드 장애.
- 한 시스템 내에서 이러한 구성 요소들의 실패는 실패의 연쇄 반응을 야기한다연쇄 실패.

금융시장의 실패의 역사가 지수 법칙에 얼마나 가까운지 살펴보자. 보기 9.5는 S&P 500과 다우존스 산업 평균 지수DJIA의 일별 가격 하락의 빈도 및 규모가 로그/로그 도표상에 어떻게 나타나는지를 보여 준다. 실선들은 두 지수의 실제 가격 변화를 보여 주며, 점선들은 이에 대해 가우스 분포를 사용한 근사값approximation을 보여 준다. 하락 폭이 작은 범위에서 가우스 분포는 실제 분포와 상당히 잘 들어맞는다. 두 지수 모두에 대해서 1%의 가격 하락은 가우스 분포에 의해서는 다소 과대평가되었으며, 2%에서 3%의 가격 하락에 대해서는 실제 데이터가 가우스 분포에 부합했다. K-S 테스트는 이 부분을 보고서 정규 분포가 실제와 충분히 가깝다고 판단할 것이다. 그러나 가격이 전일 종가 대비 3%를 넘게 하락하기 시작하면, 이 두 분포는 현격하게 갈라진다.

확실히, S&P나 다우 지수의 실제 데이터는 허리케인과 지진에 대한 로그-로그 빈도 및 규모 도표에서 볼 수 있는 것과 같은 하향 곡선과 더 유사하다. 이 데이터에 곡선의 구부러지는 정도가 더 강한 정규 분포를 적용하면, 주가 하락의 정규 분포는 하루에 6%가 넘게 하락하는 사건이 1만년 만에 1회의 사건보다 덜 일어나는 사건이라고 말해 준다.

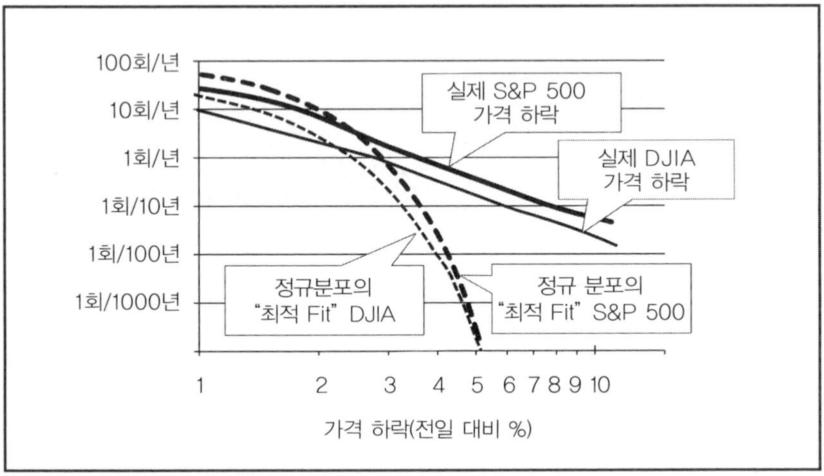

[보기 9.5] S&P 500과 DJIA의 일일 가격 하락 빈도 및 규모(로그-로그 도표)

그러나 실제 데이터에서는 그러한 규모의 가격 하락이 이미 여러 번 발생했는데, 아마도 몇 년 만에 한번 꼴로 발생하고 있을 것이다. 하루에 두 지수 모두 20%가 넘는 손실을 기록했던 1987년의 주가 폭락 이후, 어떤 분석가들은 그러한 붕괴는 백만 년 만의 사건이라고 주장했다. 멱함수 분포에 따르면 이러한 하락은 100년 만의 사건에 가깝다. 달리 말하자면, 평생에 한 번쯤 이런 일이 일어날 가능성이 상당히 높다.

나는 크리스탈 볼Crystal Ball과 같은 강력한 도구를 개발한 회사들에 대한 열렬한 지지자이기는 하지만, 가장 널리 사용되는 제품들에 한 가지 빠진 것이 있는 듯하다. 대부분은 아직도 그들이 모델에 포함시키고 있는 많은 분포 유형들에 멱함수 분포를 포함시키지 않고 있다. 그러나 멱함수 분포를 만들기는 어렵지 않다. 나는 www.howtofixriskmgt.com 상의 스프레드시트에 간단한 무작위 멱함수 분포 발생기power-law generator

를 포함시켰다.

공통 모드 장애, 연쇄 실패라는 스트레스가 가해진 시스템의 또 다른 재미있는 측면 중 하나는 이에 대해 스트레스가 가해진 시스템으로 모델링할 경우, 모델에게 실패의 멱함수 분포를 만들어 내도록 지시할 필요조차 없을 수 있다는 점이다. 단지 시스템의 이러한 구성 요소들을 자세히 모델링하기만 해도 이러한 행태를 보여 줄 수 있다. 산불, 전염성 독감 및 군중의 행동crowd behavior에 대한 컴퓨터 모델들은 이러한 행태를 자연스럽게 보여 준다. 근저의 작용 방식에 대한 모델이 아니라 결과들에 대한 단순한 통계적 기술記述에 지나지 않는 모델들에 대해서도 명시적인 지수 법칙의 사용이 요구된다. 그러므로 금융 모델들은 정규 분포를 멱함수 분포로 대체하거나, 금융 시스템 및 그 구성 요소들의 상호 작용에 대한 보다 자세한 모델을 구축하기 시작하여야 할 것이다.

친구 따라 강남 가기: 상관관계의 문제

우리가 모델링하려는 많은 시스템들은 소 떼와 같다. 즉, 그들은 함께 움직이지만 불규칙하게 움직이는 경향이 있다. 소들은 행군하는 군인들과 같은 대열을 이루어 움직이지도 않고, 고양이처럼 각자 완전히 독립적으로 움직이지도 않는다. 한 마리의 소가 한두 마리의 다른 소와 함께 또 다른 소를 "3m" 뒤에서 따라 가는 방식을 모델링하기란 매우 복잡하다. 많은 계량적인 리스크 모델들은 바로 이런 일을 하고 있다.

두 변수들이 상승 및 하락을 어느 정도 같이 할 때, 이 변수들에 상관관계가 있다고 말한다. 두 종류의 데이터 사이의 상관관계correlation는 일반적으로 -1에서 +1 사이의 숫자로 표현된다. 상관관계가 1이라면 두 변수가 완벽한 조화를 이루어 움직인다 한쪽이 오르면 다른 쪽도 오른다는 것을 의미한다. 상관관계가 -1일 경우에도 두 변수는 완벽하게 관련되어 있지만, 이번에는 한 변수가 오르면 다른 변수는 완벽하게 보조를 맞춰서 내린다. 상관관계가 0일 경우 두 변수들은 아무런 관계가 없다.

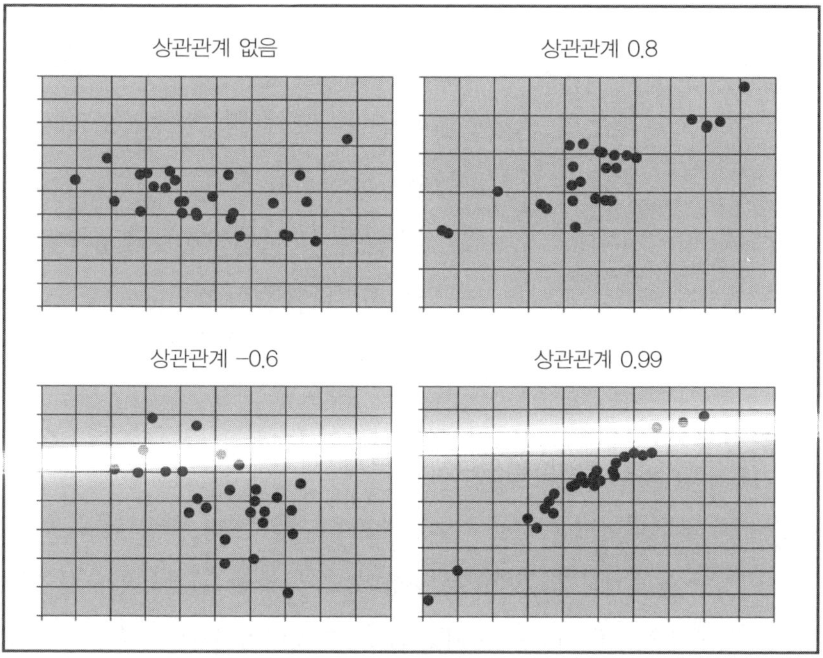

[보기 9.6] 데이터의 상관관계 예

보기 9.6의 4개의 데이터는 상관관계의 정도를 보여 준다. 다우존스 지수를 횡축으로 하고, 세로축은 회사의 수익으로 할 수 있다. 또는 부동산 담보 대출의 부도 숫자를 횡축으로 하고 실업을 종축으로 할 수도 있다. 어느 정도 관련이 있다고 예상할 수 있는 모든 것이 변수가 될 수 있다. 그러나 어떤 도표상의 데이터는 다른 도표 상의 데이터보다 밀접한 관련이 있음이 분명하다. 좌측 상단의 도표는 두 개의 독립적인 무작위 변수들을 나타낸다. 변수들은 서로 아무 관련이 없고 상관관계는 0이다. 우측 하단의 도표에서는 매우 밀접한 관련이 있는 데이터 포인트들을 볼 수 있다.

상관 계수coefficient of correlation가 주어지면 상관관계가 있는 무작위 숫자들을 생성하기는 어렵지 않다. 또한 엑셀 프로그램에서 간단한 식=correl()을 사용하여 두 개의 데이터 집합 사이의 상관관계를 계산할 수도 있다. 상관관계가 있는 숫자들의 생성 및 주어진 데이터들 사이의 상관관계 계산은 www.howtofixriskmgt.com에서 이에 관한 스프레드시트를 보기 바란다. Crystal Ball 및 @Risk와 같은 도구들은 모델 설계자들이 모든 변수의 조합 사이의 상관관계를 정할 수 있게 해 준다.

그러나 상관관계에 관한 보편적인 오류 한 가지는 많은 모델 설계자들이 이를 무시한다는 점이다. 그러면 거의 언제나 리스크에 대한 체계적인 과소평가로 귀결된다. 건축 프로젝트의 리스크를 고려하기 위해 주요 설비의 각 부분에 대한 상세 비용의 범위를 가지고 몬테카를로 모델을 구축했다고 가정하자. 이때 비용들은 상관관계가 있을 수도 있다. 건축의 한 부분의 비용이 상승할 경우, 이는 복합 건물 설비의 다른 모든 부분들에도 영향을 주는 이유에 기인한 것일 수도 있다. 철강, 콘크리트 가격 및 인건비는 특정 설비 내의 모든 건물에 영향을 준다. 파업이나 날씨로 인한 조업 중단은 한 부분만이 아니라, 모든 건축 공정을 지연시키는 경향이 있다.

특정 설비 내의 다른 건물들의 비용들이 독립적인 변수인 것으로 모델이 설계될 경우, 비용 초과나 절감은 주사위를 여러 차례 던지는 경우와 마찬가지로, 서로 상쇄되는 경향이 있다. 여러 개의 독립적인 변수들이 단지 우연만으로 모두 같이 오르거나 내릴 가능성은 매우 낮다. 그러나 비용들에 다소라도 상관관계가 있다면, 비용이 함께 오르내리는 경향이 있게 되고, 한 건물의 예산을 초과할 리스크가 반드시 다른 건물의 비용 절감으로 상쇄되지는 않을 것이다. 모든 빌딩들이 함께 예산을 초과하는 경향이 있게 되는 것이다.

상관관계는 리스크를 상당히 증가시키지만, 경험이 풍부한 관리자도 이를 무시하곤 한다. 2008년 1월 15일의 씨티그룹 언론 보도 자료에서 CEO 비크림 팬디트Vikrim Pandit는 2007년 4분기에 98억 3천만 달러의 손실을 기록했다고 발표했다. "이번 분기의 실적은 명백히 용납될 수 없습니다. 이 초라한 실적은 주로 채권 시장의 비우량 부동산 담보 대출sub-prime mortgage에 대한 상당한 상각 및 손실, 그리고 우리의 미국 소비자 대출 포트폴리오에서의 신용 비용의 대폭 상승이라는 **두 가지 요인들**강조는 저자가 첨가했음에 기인했습니다."

그러나 이 요인들은 독립적이지 않다. 이들은 하나의 요인에 더 가깝다. 주택 시장이 두 요인 모두에 영향을 준다. 이들은 함께 오르내리는 경우가 많으며, 이들을 독립적이라고 간주하는 리스크 모델들은 모두 리스크를 상당히 과소평가한다. 존경 받는 또 다른 금융 전문가인 클린턴 행정부 시절의 재무장관 로버트 루빈Robert Rubin은 2008년의 금융 위기를 "완벽한 폭풍perfect storm"이라 표현하면서 이렇게 말했다. "이는 가능성이 극도로 낮고 영향력이 매우 큰 사건입니다."[63] 완벽한 폭풍은 몇 개의 독립적인 요인들이 우연히 한데 모인 것을 암시하는 듯하다. 그러나 실상은 그렇지 않을 것이다.

상관관계에서 또 다른 큰 오류는 변수들 사이의 관계 배제가 아니라, 단일한 상관 계수로 이들을 모델링한다는 것이다. 보기 9.7에서 볼 수 있는 데이터 집합들을 고려해 보자. 두 개의 도표에서 종축과 횡축의 데이터의 움직임은 명백히 다름에도 불구하고, 전형적인 상관관계 계산으로는 양쪽의 상관 계수가 같게 나올 것이다. 오른쪽의 데이터들의 상관관계에 대해서는 하나의 "최적best fit" 상관관계나 이 주위의 오차로 근사적으로 나타낼 수 있겠지만, 왼쪽의 데이터들의 관계는 보다 복잡하고 정밀하다. 하나의 상관 계수를 사용하여 왼쪽의 도표가 보여 주는 것과 같은 방식의 관련을 보이는 실제 과거 데이터의 상관관계를 모델링하려 할 경우, 몬테카를로 모델은 오른쪽의 도표에 보이는 것과 유사한 모양을 생성해 낼 것이다.

상관관계는 두 변수들 사이의 관계에 대한 대략적인 근사치approximation이다. 그런데, 두 변수들 사이의 관계는 하나의 숫자보다는 보다 복잡한 시스템으로 가장 잘 묘사될 수 있는 경우가 흔하다. 이것은 누군가의 지능지수IQ가 얼마인지를 아는 것과 두뇌가 실제로 어떻게 작용하는지를 아는 것의 차이와 비슷하다.

실상, 간단한 상관관계는 상수constant와는 전혀 가깝지 않으며, 상관관계의 이유가 알려지지 않았기 때문에 상관관계는 경고도 없이 변한다. 펜실베이니아 주 댈러스Dallas 소재 Sema4 그룹의 상품 트레이딩 고문 겸 사장 존 조셉John Joseph은 통화 상관관계는 여러 해 동안 일관적인 관

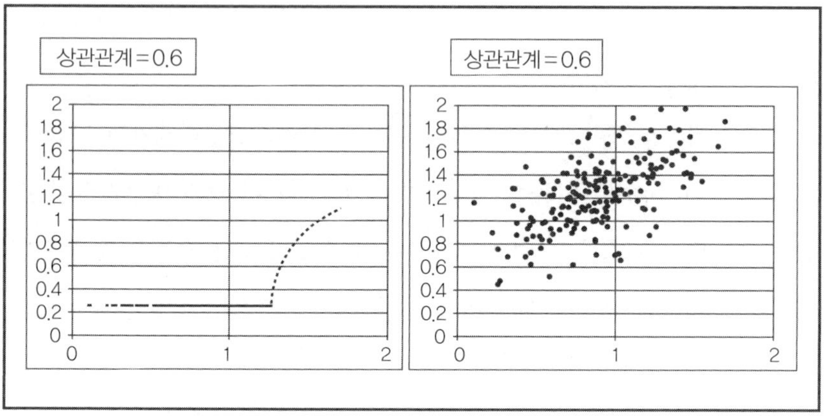

[보기 9.7] 다른 유형, 동일 상관 계수

계가 있는 듯하다가도 갑자기 변함을 발견했다. 그는 미국 달러화 대비 영국 파운드 및 일본 엔화의 상관관계는 1982년부터 2007년까지는 양수였다고 지적한다. 그런데 이 상관관계가 1년 사이에 +0.65에서 −0.1로 변했다. 1년의 데이터에 기초하여 통화 리스크를 모델링하는 대부분의 분석가들은 엔화와 파운드화 사이의 현재의 상관관계 수준 및 이 관계가 지속되리라고 자신 있게 말할 것이다. 그러나 실제로는 이러한 수준의 분석은 양 통화 사이의 상관관계의 기저 시스템에 관해 아무 것도 설명해 주지 못하기 때문에 그들의 확신에는 근거가 없다.

단일한 상관 계수를 상관관계의 기초로 삼는 데 대한 대안이 있다. 특정 설비의 건축 비용에 관한 불확실성에 대한 모델을 수립할 때, 우리는 철강 및 다른 재료비, 인건비는 모든 건물들의 비용에 영향을 준다는 것을 알고 있다. 상관 계수에 의존하지 않고서도 이를 명시적으로 모델링할 수 있는데, 그렇게 하면 훨씬 더 실제적인 모델이 될 것이다. 이는 세인트헬렌스 산의 리스크 분석을 단지 그 화산의 과거에 기초하는 대신 암석 구조, 압력 및 중력이라는 물리학 시스템에 기초하는 것과 비슷하다. 공통 모드 장애와 같은 것들을 명시적으로 모델링함으로써 멱함수 분포를 따르는 실패 양태mode를 보여 주는 형태의 모델들 역시 상관 계수라는 매우 조잡한 근사치에 의존할 필요가 없다이에 대해서는 뒤에 좀 더 설명한다.

"그것은 너무 불확실하다": 모델 설계자들이 가장 큰 리스크를 제외하는 것을 어떻게 정당화하는가

아마도 리스크의 역설은 이전의 장障들에서 언급했던 몇 가지 끈질긴 혼란과 관련이 있을 것이다. 계량적인 모델 설계자들 사이에는 특정 사건들이 불확실하기 때문에 이를 리스크 분석에서 제외시키는 문화가 있다.

이에 대하여 어느 대학교의 "합동" 리스크 모델링 팀의 책임자와 얘기해 보니, 이 특별한 문제가 팀들 사이에 긴장을 야기하고 있었다. 여러 학문 분야에 관련이 있는 이 과제의 책임자인 그녀는 자신이 "모델 설계자들"이라고 부르는 사람들을 관리할 때의 몇 가지 짜증나는 상황을 털어 놓았다. 그녀는 이렇게 설명했다. "모델 설계자들은 사람들의 행동은 추정할 수 없기 때문에 변수에서 제외해야 한다고 주장합니다." 모델 설계자로서 소위 "인간 변수"를 상습적으로 포함시켰던 나는 이 말이 이상하다고 생각했다. 나는 한 회사에서 새로운 정보 기술 도입의 리스크 및 수익에 대한 모델을 만들 때, 흔히 사용자들이 새로운 기술을 얼마나 빨리 실효적인 사용을 시작할지에 관한 불확실성을 포함시킨다. 나는 심지어 특정 법률이 의회를 통과할 지 또는 이라크에 있는 적敵의 행동에 관한 불확실성도 포함하는 모델을 만들기도 했다.

나는 그녀가 말한 "모델 설계자"들은 이 팀이 평가할 리스크에 대한 몬테카를로 시뮬레이션 구축을 맡은 교량 건설 기술자들을 의미함을 알게 되었다. 기술자들에게는 교량의 물리적 파라미터들에 관한 변수들만이 포함시키기에 "충분할 정도로 실제적"이었다. 그녀가 "모델 설계자"들과 "비 모델 설계자"라고 불렀던 사람들은 대화하지 않았으며, 그녀의 휘하에는 그녀가 "직업상의 이혼"이라고 불렀던 것에 해당되는 사람들이 있었다. 그녀의 세계에서 모델 설계자들은 대개 엔지니어링 및 자연과학을 전공한 사람이고, 비 모델 설계자들은 정치학, 사회학 등을 전공한 사람이다. 비 모델 설계자들은 인간 변수를 포함시켜야 한다고 주장한다. 모델 설계자들은 그들이 믿기에 인간 변수는 측정할 수 없기 때문에, 이를 모델에서 제외시켜야 한다고 주장한다. 모델 설계자들은 중요한 것들은 재료의 인장引張 강도 등이라고 한다.

이는 두 가지 중요한 문제를 제기한다. 먼저, 왜 다른 쪽의 전문가들이 아니라 한쪽의 해당 분야 전문가subject matter expert; SME들이 몬테카를로 모델 구축 책임을 맡게 되는가? 나는 기술자들을 많은 종류의 SME들을 필요로 하는 모델 구축에 관여하는 단지 한 종류의 SME라고 간주한다. 그러나 그보다 더 중요한 점은 왜 어떤 것이 불확실하다는 이유로 그것을 배제해야 하는가? 바로 특정 시스템 내의 불확실성을 다루기 위해 몬테카를로 모델을 구축하는 것이다. 특정 변수가 너무 불확실하기 때문에 이를 제외하는 것은 목이 너무 마르기 때문에 물을 마시지 않는 것만큼이나 터무니없는 일이다.

석유 탐사를 위해 만들어진 모델에서도 이와 유사하게 "너무 불확실하다"고 간주되는 변수들을 제외하는 일이 흔하다. 새로운 유정의 양을 추정할 때, 분석가들은 유정의 면적, 깊이, 암석의 다공성多孔性, 물의 성분 등을 가지고 몬테카를로 시뮬레이션 모델을 구축한다. 이 시뮬레이션을 수행하면, 해당 유정의 석유 매장 가능량의 범위를 얻게 된다. 그러나 가장 불확실한 변수인 석유 가격의 모델링에 있어서는, 분석가들이 범위를 사용하지 않고 정확한 수치를 사용할 수도 있다.

이에 대해 내가 들은 이유는, 몬테카를로 시뮬레이션을 수행하는 지질학자와 과학자들은 유가에 대해 "너무 자신이 없기" 때문이거나 또는 경영진이 그들에게 사용할 정확한 가격을 제공해 주기 때문이라는 것이다. 그러나 이는 경영진이 석유 탐사 프로젝트의 리스크 분석 결과를 볼 때 사실은 그들이 실제 리스크를 보는 것이 아님을 의미한다. 그들은 범위에 기초한 적절한 리스크 분석과 독단적인 점 추정point estimate의 잡종hybrid을 바라보고 있는 셈이다. 그들은 몬테카를로 모델의 전체 목적을 훼손하고 있는 것이다.

그들은 다른 방식으로 몬테카를로 모델의 산출 결과를 한층 더 왜곡한다. 몬테카를로 시뮬레이션 결과를 산출하는 분석가들은 때로는, 완벽한 확률상의 분포를 "회계 목적상" 하나의 숫자로 축약시켜 달라는 말을 듣는다. 분석가들은 그들에게 불확실성을 나타내는 범위로 산출 결과를 제시해 줄 수 없기 때문에 그렇게 하라고 들었기 때문에 하나의 숫자를 선택해야만 한다. 유정의 매장량이 2십억 배럴에서 6십억 배럴 사이일 경우, 투자자들에게 매장량이 4십억 배럴이라고 말해야 하겠는가?

경영진은 석유 매장량의 과대평가 비용이 과소평가 비용보다 훨씬 비싸다는 것을 안다. 그래서 그들은 과대평가하기보다는 과소평가하기 위해 범위의 하한선을 선택하는 경향이 있다. 스티브 호예Steve Hoye는 크리스탈 볼 사로 옮겨오기 전에 1980년부터 20년간 석유 업계에 종사했다. 젊은 지구 물리학자로서 그는 이 점을 직접 목격했다. 그는 분포가 어떻게 하나의 수치point로 전환되는가에 영향을 주는 다른 인센티브들을 지적한다.

> 매장량의 과소평가에는 유익이 있으며, 과대평가 시 때로는 심각한 결과가 초래되기도 한다. 쉘Shell 사는 2004년에 그들의 매장량의 20%를 상각했다. 그들은 투자자들에게 예상했던 매장량을 보유하고 있지 않다고 말해야 했다. 이 이야기는 잘못된 예상의 비용에 대한 좋은 사례이다. 내가 일했던 텍사코Texaco 사에서는 1970년대에 대규모 상각을 실시했고, 그 결과 경영진이 교체되었다.

보수적으로 되는 것도 이해할 만하다. 그러나 모든 관리자들이 모든 유정에 대해 이렇게 한다고 상상해 보라. 한 연구에 의하면, 매장량 분포를 체계적으로 보수적인 하나의 추정치로 전환하고, 이 추정치들을 합산하는 관행 때문에 석유 매장량은 체계적으로 과소평가된다.[64]

> 한 연구에 의하면, 분포를 보수적인 하나의 추정치로 체계적으로 전환하고 이 추정치들을 합산하는 관행 때문에 석유 매장량은 체계적으로 과소평가된다.

일반적으로 대규모 석유 회사는 리스크 계량화를 잘한다. 호예는 이를 다음과 같이 말한다. "석유에는 거대한 리스크가 있습니다. 막대한 자본이 지출되고, 오랜 시일이 지나야 수익을 내기 시작하죠. 탐사 프로젝트의 성공률은 1/8 정도인데, 그 정도만 돼도 양호한 편입니다." 그러나 그 결과가 소통될 때에는 리스크 모델링을 잘할 강력한 인센티브가 약화될 수도 있다. 호예는 이렇게 말한다. "석유 회사들은 무형 자산을 다루고 있지만, 이 자산의 가치를 공표해야 합니다." 아마도 매장량 분포의 실제 불확실성을 투자자들과 공유하는 것이 이를 다루는 최선의 방법일 것이다. 범위는 옳을 가능성이 있지만 하나의 점 추정point estimate은 언제나 틀릴 것이다.

디시전 프리시전Decision Precision의 존 슈일러John Schuyler는 석유 탐사에 관한 몬테카를로 시뮬레이션 분야의 고참 전문가인데, 그는 때로는 결정론적 모델deterministic model과 확률 과정 모델stochastic model 사이의 잡종hybrid을 발견하곤 한다. 그는 다음과 같이 말한다. "많은 사람들이 몬테카를로 시뮬레이션을 수행하고 나서는 평균을 결정론적 모델에 입력하거나 범위를 '보수적인' 또는 '낙관적인' 단일한 수치로 축약시킵니다… 이 모든 것은 끔찍하게 부자연스러운 결과로 귀결됩니다." 슈일러는 다음과 같이 덧붙인다. "몬테카를로 시뮬레이션을 잘해 봐야, 이는 자원 낭비일 뿐인 거죠."

너무도 불확실하기 때문에 불확실성을 제외한다는 태도가 많은 산업에 팽배해 있다. 나는 2008년 중반에 호화 주택 개발에 대한 비즈니스 사례 분석을 직업으로 삼고 있는 한 경제학자와 길게 토론한 적이 있다. 그는 고급 주택과 "이류 주택" 시장은 영향을 덜 받기 때문에 자기의 사업은 부동산 담보대출 시스템의 긴장strain에 별로 영향을 받지 않을 거라고 주장했다.

부동산 분야의 리스크와 불확실성에도 불구하고, 몬테카를로 시뮬레이션에 친숙한 그가 주택 개발에 대해 결정론적이고 고정된 수치를 사용하는 분석을 수행했다는 사실을 알게 된 나는 깜작 놀랐다. 나는 어떠한 부동산 개발 투자에도 리스크가 주요 고려 요소가 되어야 하며, 그도 어떤 식으로든 이를 분석에 포함하여야 한다고 말했다. 그의 입장은 충분한 데이터를 가지고 있지 않아서 그의 모델에 사용되는 모든 변수들의 범위를 결정하는 것은 너무 어렵다는 것이었다. 그는 자기의 입장에 근본적인 모순이 있음을 알지 못했다. 그는 범위를 추정할 충분한 데이터가 없기 때문에, 특정한 하나의 수치를 추정해야 한다고 믿었다.

그는 자기의 입장에 근본적인 모순이 있음을 알지 못했다. 그는 범위를 추정할 충분한 데이터가 없기 때문에, 특정한 하나의 수치를 추정해야 한다고 믿었다.

몬테카를로는 너무 복잡한가?

몬테카를로에 기반한 리스크 평가 방법의 채택에 있어서 한 가지 문제는 몬테카를로가 너무 복잡하다는 우려이다. 다른 방식으로 상당히 계량적인 방법을 사용하는 사람들마저 몬테카를로를 심오하다고 생각한다.

1997년에 출간된 『Value at Risk』라는 책이 몬테카를로 방법의 이러한 "약점"에 관한 한 가지 유보를 표시했다.[65] 이 책은 "몬테카를로는 value at risk를 계산하는 가장 강력한 방법"임을 인정한 후, 다음과 같이 이어나간다. "이 방법의 최대 결점은 계산 비용이다. 1천 개의 자산을 가진 포트폴리오에 대해 1천 개의 표본 경로가 생성될 경우, 가치 평가 계산 총수는 1백만에 달한다. 자산의 완전한 가치 평가full valuation가 복잡할 경우, 이 방법은 빈번하게 수행하기에는 너무도 번거로워진다."

나는 1994년 이후 정규적으로 많은 리스크 분석 문제들에 대해 몬테카를로 시뮬레이션을 수행해 오고 있다. 대부분의 내 모델들은 50개 이상의 변수들을 갖고 있으며, 나는 일상적으로 5만 번 이상의 시나리오를 돌린다. 이는 내가 몬테카를로를 돌릴 때마다 적게 잡아도 250만 개 이상의 개별 값들이 생성된다는 의미이다. 그러나 나는 당시의 컴퓨터상에서도 시뮬레이션을 한 번 수행할 때 1시간을 훨씬 초과한 기억이 없다. 게다가 나는 당시의 최상의 기술과는 거리가 멀고, 컴파일되지 않은 언어인 엑셀 매크로상에서 이를 수행했다. 현재의 내 노트북 컴퓨터는 1994년의 노트북 컴퓨터에 비해 15배 빠른 프로세서를 갖추고 있고, 나는 약 100배의 램RAM을 가지고 있다. 샘 새비지는 신속한 배분 계산을 사용함으로써 이러한 계산 속도를 한층 더 개선시켜서 몇 초 만에 이런 계산을 돌릴 수 있게 했다.

보다 빠른 시뮬레이션을 원할 경우 추가적인 계산 능력에 실제로 얼마나 더 많은 비용이 들지 생각해 보라. 만일 "몬테카를로가 가장 강력한 방법"이라면나는 이에 동의하는 바이다, 당신이 대규모 포트폴리오를 조금이라도 더 잘 관리할 경우 그 이익이 얼마나 크겠는가? 추가적인 계산 능력을 위해 고급 사양 PC 한 대에 수천 달러를 사용하는 것이 정당화되겠는가? 일부 시뮬레이션 문제들에 대해서는 설사 고급 사양의 워크스테이션이라 할지라도 확실히 그 필요성이 정당화될 것이다. 한 명의 정규직 직원 고용을 정당화할 리스크 분석 문제라면, 그 리스크 분석가가 사용할 기계 장비의 계산 능력을 위한 지출은 사소하다. 오늘날 몬테카를로 시뮬레이션이 번거롭다는 생각은 일종의 진공관으로 돌아가는 사고이다. 스티브 호예도 이에 동의한다. "예전에는 몬테카를로가 대형 본체 mainframe를 필요로 했지만, 이제 몬테카를로 수행 능력을 갖춘 엑셀 기반 도구들로 인해 이러한 가정은 더 이상 적용되지 않습니다."

계산 능력 문제는 차치하고라도, 그것이 너무 복잡하다는 생각도 근거가 없다. 호예는 계속해서 다음과 같이 지적한다. "어떤 이들은 몬테카를로는 단지 특수한 경우에만 정당화된다고 주장할 것입니다. 나는 많은 사람들이 몬테카를로가 이해하기 어렵고 학문적이며, 따라서 이를 다루지 않는 것이 자신의 최상의 이익이라고 오해하고 있다고 생각합니다." 분석가들이 몬테카를로 시뮬레이션에 반대할 때, 그들은 경험으로부터 말하고 있는 것이 아니었다. 각각의 경우에 그들은 이 방법에 대해 아는 것이 거의 없었으며, 그것이 너무 복잡한지에 대해 판단할 근거가 없었다.

복잡성은 결국 상대적이다. 가장 복잡했던 내 몬테카를로 모델조차도 내가 모델을 만들고 있던 실제 시스템보다는 언제나 훨씬 간단했다고 말할 수 있다. 나는 코드가 백만 줄이 넘는 소프트웨어 개발 프로젝트의 리스크에 대한 모델을 만들곤 한다. 내 모델은 100개가 안 되는 변수를 가진 커다란 하나의 스프레드시트였다. 그리고 그것은 내가 분석하고 있던 프로젝트의 가장 사소한 부분보다도 시간과 돈이 덜 들곤 했다.

> 가장 복잡한 내 몬테카를로 모델은 내가 모델을 만들고 있던 시스템보다 언제나 훨씬 간단했다.

나는 주요 프로젝트에 대해 리스크/수익 분석을 계량적으로 잘하기 위한 비용 추정에 다음과 같은 대략적인 셈법을 사용한다. 나는 100만 달러를 지출하게 될 프로젝트 투자의 리스크 분석에 3만 달러부터 시작한다. 그다음에 투자 비용이 10배 증가할 때마다, 분석 비용을 대략 2배로 증가시킨다예컨대, 1,000만 달러의 투자에는 6만 달러의 분석 비용이 소요되고, 1억 달러의 투자에는 12만 달러가 소요된다. 나는 작업 수행 기간의 제약, 고객 회사 직원 이용 가능성 및 산출물deliverable의 정도에 기초하여 이 수치를 조정한다. 우리 사회에서, 이는 사소한 금액이다. 매우 위험한 투자의 경우에는 특히 그렇다.

1천만 달러의 투자조차도 투자 비용의 1%도 안 되는 금액으로 분석될 수 있다. 손해를 볼 가능성, 또는 최악의 경우, 투자 비용 전부를 잃게 될 가능성이 10%를 넘을 경우 이러한 결과는 그러한 규모의 모든 IT 투자의 경우에 일반적이며, 신상품 개발, 벤처 캐피탈 투자 등의 경우에는 실패 확률이 확실히 10%를 넘는다, 정보의 가치 계산에 근거한 분석의 가치는 이를 위한 비용의 몇 배가 될 수 있다.

THREE

PART THREE

리스크 관리 대책 방법

How to Fix It

10 불확실한 시스템의 언어: 리스크 관리 개선을 향한 첫 걸음

인생에서 가장 중요한 질문들은 대부분의 경우, 실상 오직 확률에 관한 질문이다.
–피에르 시몬 드 라플라스(Pierre Simon De Laplace, 1812년)

이 책의 2부에서 다룬 리스크 관리의 "실패 원인" 은 극복할 수 없는 것으로 보일 수도 있다. 우리는 현재의 접근법들에 관해 다음과 같은 몇 가지 점을 논의했다.

- 리스크 관리의 다양한 측면들은 다양한 해법들을 발전시켰는데, 완전한 해법은 하나도 없다그러나 일부 방법은 다른 방법보다 목표에서 더 벗어났다.
- 리스크의 정의에 있어서의 차이로 업계에 혼선이 초래되었다.
- 전문가들이 불확실성과 리스크를 평가할 때 체계적인 문제들이 있다.
- 널리 사용되고 있기는 하지만, 리스크 분석 및 관리에 있어서 없는 것보다 못한 방법들도 있다.
- 개념상의 장애물이 더 나은 방법 채택에 장애가 된다.

• 계량 분석가들도 보편적인 오류를 저지르고 있는데, 그들은 주관적 평가에 있어서의 보편적인 오류를 고려하지 않고 있다. 모델의 예측 결과를 실제 실현된 결과와 비교해 보지 않고 있으며, 잘못된 대상에만 초점을 맞춘다. 상관관계를 무시하거나 지나치게 단순한 방식으로 모델링한다. 그리고 가장 큰 리스크를 제외한다.

리스크 관리의 핵심 문제들 중 대부분은 주로 리스크 분석에 중점을 두었다. 이는 리스크를 보다 더 잘 분석할 수 있는 방법을 알기만 하면, 리스크를 더 잘 관리하게 된다는 것을 의미한다. 리스크 관리의 보다 광범위한 구성 요소들로는 조직 자체와 조직의 리스크 관리 실행을 지원하는데 도움이 될 제안과 바람직한 리스크 분석 범위를 제시하겠다.

다행스럽게도, 나는 문제의 시정 방법을 설명하는 것은 기존 방법에 무엇이 잘못되었는가를 설명하는 것보다 간단하다고 생각한다. 나는 샘 새비지 교수의 몇 가지 도움 덕분에 모든 해결책들을 다음과 같은 세 개의 기본적인 단계로 요약할 수 있었다.

–리스크 관리에 대한 세 가지의 핵심 개선책

1. **불확실한 시스템을 모델링할 때의 언어와 철학을 채택하라.** 보정된 확률을 사용해서 불확실성을 표현하고, 당신 조직의 몬테카를로 모델 시스템에 이 불확실성을 사용하라.
2. **과학자가 되라.** 모델링이나 모델의 품질관리에 있어서 "외부를 바라보라 outward looking." 모델은 실제 실현 데이터와 비교될 필요가 있으며, 실제 사건이 발생하고 나면 예측을 이에 비춰 검증할 필요가 있다. 그리고

정보의 가치가 이를 정당화할 경우 모델에 실제 관측치가 사용되어야 한다.

3. **조직뿐 아니라 커뮤니티를 세우라.** 단기적으로는, 고위 직급의 분석 담당자, 분석 및 예측을 잘하도록 지원할 인센티브 구조, 조직의 모델에 대한 품질관리 절차를 위해 로비 활동을 하라. 당신의 회사에 확률적 용어로 표현되는, "보험 계리인 의견서"에 상응할 만한 것을 산출하라. 당신의 조직을 넘어서서, 분석가의 전문 자격증 및 조직 · 산업 · 정부간 협력 모델을 지원하라.

이는 무엇보다도 확률의 언어를 사용하는 것을 의미한다. 그리고 이는 이 언어를 사용하지 않는 리스크 분석 방법을 제거함을 의미한다. 보다 부드러운soft 스코어링 방법과 설익은 잡종의 결정론적 방법은 가치가 없다. 이들의 사용을 중지하라. 즉시 확률적 모델링 방법으로 전환하라. 더 나은 방법으로 점진적으로 이행하는 동안 종전의 방법을 계속 사용하지 마라. 이를 단호하게 살라 버려라. 단지 "이전의 방법이 경영진이 이해하는 방법"이라는 이유만으로 이전의 방법과 더 나은 방법을 병행해서 사용하지 마라. 이전의 방법은 모두 포기하라. 단지 개발하기 위해 시간과 돈이 쓰였고 모든 사람이 이에 관여하고 있다는 이유만으로 비효과적인 방법에 매달리지 마라. 이를 완전한 손실로 상각 처리하라. 이것이 효과가 있었다는 느낌은 위약僞藥 효과였고, 환상이었다. 지금 당장 더 나은 방법을 채택하지 않으면, 리스크 관리 노력은 계속 실패작이 될 것이다.

내가 이 책의 대부분을 할애하여 정체를 밝혀왔던 방법들에 대하여 노력하던 것을 중단하면, 당신은 더 신속하게 대체 방법을 개발할 수 있을 것이다. 새로운 방법의 언어를 배우는 데에는 다음과 같은 두 개의 구성 요소가 있다. (1) 보정됨 (2) 시스템을 모델링함. 보정은 조직들이 동일한 방식으로 확률과 리스크에 대한 직관을 개발하여서, 그들이 프로젝트의 비용을 직관적으로 다루는 데 도움을 줄 것이다. 또한 당신의 조직 모델과 그 환경을 세우는 데 새로운 언어가 도움을 줄 것이다.

주관적 확률 보정하기

보정calibration 훈련은 전문가의 확률 평가 능력을 눈에 띄게 향상시킬 뿐만 아니라, 확률 모델 전반에 대한 근거와 직관을 형성한다. 내 경험에 의하면, 훈련 참가자들이 보정 훈련을 마칠 때쯤이면 8장에서 발견되는 식의 계량적 리스크 분석에 대한 반대는 사실상 사라지게 된다.

보정의 가장 중요한 부분은 반복과 피드백이다. 나는 한나절짜리 집중 워크숍에서 나중에 추정을 의존하게 될 해당 분야 전문가들에게 일련의 테스트를 한다. 그러한 테스트의 예를 6장에서 볼 수 있는데, 이는 빙산의 일각에 지나지 않는다. 부록에 보다 긴 추가 테스트 문제들을 수록하였다. 6장의 표본 테스트와 마찬가지로, 이 문제들도 참/거짓 질문과 해당 질문에 대한 90% 신뢰구간을 포함하고 있다.

6장의 작은 테스트들 각각에 대해 당신의 예상 결과를 실제 결과와 비교함으로써 이들에 대한 당신의 성적을 평가해 보자. 이 범위 문제들은 90%의 신뢰구간을 물었기 때문에, 당신은 실제 정답의 90%가 당신이 제시한 범위 안에 있을 것으로 예상해야 한다. 그러나 당신이 대부분의 사람과 비슷하다면, 처음에는 당신이 제시한 범위에 정답이 포함되는 비율은 90%에 미치지 못할 것이다. 물론, 이 테스트들은 표본이 매우 작아서 이것이 바로 당신의 정확도를 정밀하게 측정하는데 사용될 수 없지만, 근사치로 사용하는 데에는 큰 무리가 없을 것이다. 이 작은 표본에서도 당신이 제시한 범위가 정답을 70%보다 적게 포함하고 있을 경우에는, 당신이 자신에 대해 과신하고 있을 수도 있다. 대부분의 사람들의 경우처럼 당신이 제시한 범위 안에 정답이 절반도 안 들어 있다면, 당신은 아주 많이 과신하고 있는 것이다.

이제, 정답이 둘 중에 하나인 문제에 대해 예상 정답 수를 계산해 보자. 각각의 정답에 대해 당신은 50%, 60%. 70%, 80%, 90%, 또는 100% 확신한다고 했다. 당신이 표시한 각각의 백분비percentage를 소수 즉, 0.5, 0.6 . . . 1.0로 바꾸고 이를 더하라. 자신의 대답에 대한 당신의 확신이 1, 0.5, 0.9, 0.6, 0.7, 0.8, 1, 0.9, 0.7 이어서 이를 더하면 7.9였다고 하자. 그러면 당신의 "예상" 정답 수는 7.9이다. 이곳에서도 10개의 표본은 적은 수이지만, 실제 정답 수가 당신의 예상 정답 수보다 2.5개 이상 적다면 당신이 과신하는 것일 수도 있다.

당신이 대부분의 사람과 비슷하다면, 보기 6.1과 6.3의 적은 테스트조차도 성적이 썩 좋지 못했을 것이다. 그러나 부록에 제시된 보정 테스트를 좀 더 해 보기 전에, 당신의 정확도를 향상시킬 수 있는 간단한 방법들을 배울 수 있다.

먼저, 대부분의 사람들이 돈을 걸고 평가할 때 확률을 더 잘 평가한다는 사실을 이용할 수 있다. 정답을 보지 말고, 신장이 180cm인 미국 남성의 평균 체중에 대한 90% CI 추정치를 제시해 보라. 이제, 다음의 두 가지 중 하나의 방식으로 당신에게 1,000달러를 벌 기회를 준다고 가정하라.

A안. 당신이 제시한 상 · 하한선 내의 숫자에 정답이 들어 있을 경우 당신은 1,000달러를 받는다. 그렇지 않을 경우 당신은 한 푼도 받지 못한다.

B안. 푸른 구슬 9개와 붉은 구슬 1개가 들어 있는 가방에서 당신이 무작위로 구슬 하나를 꺼내서 그 구슬이 푸른색이면 당신이 1,000달러를 받고, 붉은 색이면 한 푼도 받지 못한다즉, 당신이 1,000달러를 벌 확률이 90%이다.

당신은 어느 안을 택하겠는가? 구슬을 꺼내는 경우는 1,000달러를 벌 확률 90%와 조금도 벌지 못할 확률 10%가 객관적으로 정해져 있다. 만일 당신이 대부분80%의 사람과 비슷하다면, 당신은 자신의 대답에 걸기보다는 가방에서 구슬을 꺼내는 안을 선택할 것이다. 그러나 왜 그렇게 되어야 하는가? 유일한 이유는 당신은 가방에서 구슬을 꺼낼 때 돈을 벌 가능성이 더 높다고 생각한다는 것이다. 이로써 우리는 당신이 처음에 추정했던 "90% 신뢰구간"은 실상은 90% CI가 아니었다는 결론을 내릴 수밖에 없다. 그것은 당신의 50%, 65%, 또는 80% CI일 수는 있지만, 당신의 90% CI일 수는 없다. 당신은 추정 시에 자신의 확신을 과대평가한 것이다. 당신은 자신이 실제로 불확실하다고 생각하는 것보다 덜 불확실한 듯이 보이는 방식으로 나타낸 것이다.

A안을 선택하는 것도 B안을 선택하는 것만큼이나 좋지 않다. 당신이 제시한 범위 안에 정확한 답이 있으면 당신은 1,000달러를 번다. 그런데 당신이 A안을 선택했다는 것은, 당신이 제시한 범위가 정답을 포함할 거라고 90%만 확신한다고 말했음에도 불구하고, 그 범위가 정답을 포함

할 확률이 90%를 넘는다고 생각하고 있음을 의미한다.

유일하게 바람직한 대답은 제시할 범위를 올바로 정해서 A안과 B안이 차이가 없도록 하는 것이다. 이는 정답이 당신이 제시한 범위 안에 있을 확률이 더도, 덜도 아닌 90%라고 믿는다는 것을 의미한다. 이는 과신하는 사람들우리들 대부분에게는 A안과 B안이 대등하다고 여겨질 때까지 범위를 넓히는 것을 의미한다.

물론 보기 6.1과 같은 양자택일 문제에 대해서도 동일한 테스트를 적용할 수 있다. 예를 들어, 나폴레옹의 출생지에 관한 질문에 당신이 80% 확신한다고 말했다고 하자. 이곳에서도 당신은 스스로 올바른 대답을 하는 데에 거는 것과 무작위로 구슬을 꺼내는 것 사이에서 선택하게 한다. 하지만, 이 경우에는 80%의 경우에만 돈을 받을 수 있도록 하기 위해서 가방에 푸른 구슬 8개와 붉은 구슬 2개를 넣어 둔다. 만일 당신이 구슬을 꺼내는 것을 더 선호한다면, 이는 당신이 제시한 대답에 80%만큼 확신하지 못할 수 있음을 의미한다. 이제 가방 안의 구슬을 7개의 푸른 구슬과 3개의 붉은 구슬로 바꾼다고 가정하자. 이제 당신이 구슬을 꺼내는 것이 당신의 대답에 거는 것과 같다좋지도 않고 나쁘지도 않다고 생각한다면, 당신은 실은 해당 질문에 대한 자신의 대답에 70% 확신한다고 말해야 한다.

보정 훈련 수업 시에, 나는 이를 "동등한 걸기 테스트Equivalent Bet Test"라고 부르고 있다. 이 이름이 시사하듯이, 이 테스트는 당신이 동등하다고 간주해야 할 걸기bet와 비교함으로써 당신이 특정 범위에 진정으로 90% 확신하는지를 테스트한다. 돈을 거는 것은 사람의 확률 평가 능력을 유의미하게 향상시킴을 보여 주는 연구 결과가 있지만,[66] 돈을 거는

체하는 것만으로도 보정을 의미있게 향상시켜 준다.[67)]

이 예에서 단지urn를 사용하기 때문에, 대부분의 JDM 연구자들은 이를 등가等價 단지equivalent urn; EQU라 부른다. 그러나 분석가가 적당하다고 생각하는 경우 카드, 주사위, 다이얼로도 이같이 할 수 있다. 나는 이 책의 웹사이트 www.howtofixriskmgt.com에서 등가의 걸기를 위한 다이얼 돌리기 예를 엑셀 스프레드시트 상에 올려놓았다.

각각의 테스트에 관하여 성적을 향상시킬 수 있는 다른 방법들도 있다. 여러 연구자들이 정확한 보정의 결여에 대하여 제시하는 한 가지는 그것은 대개는 과신이다 사람이 어떤 방식으로 잘못을 저지를 수 있는지에 대해 생각하지 않기 때문이라는 것이다. 달리 말하자면, 기본 가정이나 전제에 대하여 의문을 제기하지 않기 때문이다. 사라 리히텐슈타인은 당신이 제시한 범위가 왜 정답을 포함해야 하는지와 왜 정답을 포함하지 않을 수도 있는지에 대해 잠시 생각해 봄으로써 이를 시정하도록 제안했다. 각각의 추정에 대해 두 개의 "찬성 이유"와 두 개의 "반대 이유"를 생각해 보라.

또 다른 교정 방법은 연동시키기anchoring를 피하는 것이다. 카네만Kahneman과 트버스키Tversky가 추정 실험을 할 때 조사 대상자들 사이에 연동시키기가 있음을 최초로 발견했다. 그들은 이를, 전에 획득한 일정한 값point value이 무작위로 선택되었거나 관련이 없는 경우에도 앞의 값으로부터 조정하는 경향이라고 설명했다. 한 실험에서 카네만과 트버스키는 맨허턴 섬의 의사 수에 대한 조사 대상자들의 추정치는 이 실험에서 이전에 끄집어 낸 숫자인 조사 대상자의 사회 보장 번호social security number의 마지막 4자리 숫자에 영향을 받았음을 발견했다.

카네만과 트버스키는 많은 추정자들이 먼저 "최상의 추정치"를 생각한 다음 이 부근에서 오차를 결정하는 것이 자연스러운 형태임을 발견했다. 예를 들어, 어느 해당 분야 전문가SME에게 다음 분기의 매출을 추정하도록 요청하면, 그 전문가는 최선의 숫자예컨대 2천만 달러를 생각하고 나서, 이 숫자에서 얼마나 벗어날지를 예컨대 상하로 5백만 달러씩 벗어나면 15백만 달러에서 25백만 달러까지라는 범위가 나온다 생각하는 것이 자연스러울 수 있다. 그러나 이로 인해 SME가 불확실성을 현실적으로 나타내기 위해 필요한 것보다 좁은 범위를 제시하게 하는 경향이 있다. 카네만과 트버스키는 이 추정치를 이끌어내는 최선의 방법은 매출이 특정 금액을 초과할 확률을 물어보는 점이라는 것을 발견했다. 다음에 매출이 좀 더 큰 금액을 초과할 가능성을 묻는 반복을 통해서 전문가가 특정 금액을 초과할 확률이 95%라고 믿는 금액과 그 확률이 5%라고 믿는 금액 두 개를 발견할 수 있다. 이 두 개의 값이 90%의 신뢰구간CI에 해당한다.[68]

부록의 테스트 문제에 답해 보고 각각의 테스트에 대해 위에 열거된 각각의 방법들을 적용해 보라. 연습이 필요하겠지만, 이 방법들을 습관적으로 적용하면 보정calibration이 향상될 것이다. 부록에 나와 있는 테스트들은 6장에 있는 예들보다 길지만 20문항, 적은 테스트의 예에 사용했던 것과 동일한 절차가 적용된다. 예상 정답 수가 실제 정답 수와 매우 가까워질 때 보정된다. 즉, 범위 문제에 대해 당신이 제시한 90% CI 내에 정답의 90%가 있을 때, 당신은 보정된다. 양자택일 문제에 대해서는 옳을 것으로 추정된 확률의 합계가 실제 정답 수와 대략적으로 같을 때 보정된다. 통계 훈련을 받은 경영진들조차도 리스크에 대해 확률적으로 생각하는 기본적인 기법을 개발하려면 많은 것을 배워야 할 것이다. 다양한 기술적 및 비 기술적 배경을 가진 사람들을 훈련시켰던 보정 워크

샵에서 나는 참여자 모두가 실제로 통계적으로 허용 가능한 오차 내에서 보정에 도달하는 집단을 발견했다. 다른 20%는 의미있게 개선되기는 하였지만, 보정에는 상당히 미치지 못했으며, 단지 10%만이 전혀 보정되지 않았다.

확률 추정을 보정하는 방법 요약

1. **반복과 피드백** 연속적으로 여러 번의 테스트를 해서, 그 결과가 어땠는지를 보고, 다음번에는 실적을 개선하기 위해 노력한다. 훈련이 끝난 뒤에도 계속 실적을 기록 관리한다.
2. **동등한 걸기** 각각의 추정에 대해 동등한 걸기를 고안하여 추정한 범위나 확률이 진정으로 자신의 불확실성을 반영하는지 테스트해 본다.
3. **두 가지 찬성 이유와 반대 이유를 고려한다** 추정 결과에 대해 왜 확신해야 하는지에 대해 최소 두 개의 이유와 틀릴 수도 있는 두 가지 방식을 생각해 본다.
4. **연동시키기를 피한다** 범위 문제를 "당신은 참값이 하한/상한택일하라을 초과/미달택일하라할 것이라고 95% 확신하십니까?"라는 형태의 두 개의 별개인 양자택일 문제로 생각하라.

그러나 다행인 것은 우리가 추정을 가장 의존하게 될 사람들은 언제나 보정을 이뤄낸 사람들 집단에 속한다는 것이다. 보정이 되지 않는 사람들은 일반적으로 우리가 추정치를 의존하게 될 SME들이 아니었다. 성공적으로 보정되지 않은 사람들은 흔히 경영 의사 결정을 내리거나 이를 지원하는 일에는 좀처럼 관여하지 않는 하위직 직원들이었다. 동기 결여가 이유일 수 있는데, 이는 그들이 분석되는 실제 의사 결정에서 자신의 의견이 반영되지 않으리라는 것을 알고 있기 때문이다. 또는, 일상적으로 리스크가 수반되는 결정을 내리는 사람들은 보정이라는 아이디어에 대해 이미 보다 더 수용적이기 때문일 수도 있다.

어느 조직을 리스크에 대해 확률적으로 생각할 수 있게 하려면 가야 할 길이 먼 항목이 하나 더 있다. SME들이 수행한 예측을 문서화하고, 그 결과를 추적 관리하며, 이들을 보고하고, 지속적으로 개선할 인센티브를 제공하는 공식적인 시스템을 갖추면 한 조직이 불확실성 하에서의 의사 결정에 관해 생각하는 방식을 근본적으로 바꿀 것이다. 이러한 "보정된 문화" 조성에 대해서는 마지막 장에서 좀 더 설명할 것이다.

불확실성의 모델: 몬테카를로를 사용하여 리스크 분해하기

일단 보정이 되고 나면, 불확실성 분석을 위해 채택하고 숙달해야 할 최선책은 몬테카를로 시뮬레이션이다. 몬테카를로 모델에 대해 9장에서 설명한 문제들을 피하기 위하여 주의를 기울일 필요가 있지만, 몬테카를로 모델은 어느 조직에게나 리스크 분석에 숙달될 수 있는 최선의 희망이다. 몬테카를로 시뮬레이션이 원자력 안전, 석유 탐사 및 환경 정책 등 가장 큰 리스크 분석에 통상적으로 채택되는 데에는 다 이유가 있다. 실상은 그렇게 큰 리스크에 대해서는 최고의 리스크 분석가들은 이것 외에는 아무 것도 신뢰하지 않는다.

이 분야에서는 몬테카를로 분석을 실시해야 할 이점이 하도 높다 보니, 이들은 몬테카를로 시뮬레이션이 천공 카드punch card를 쓰는 본체 mainframe에서 수행될 때에도 이를 맨 먼저 채택하였다. 그러나 PC 기반 몬테카를로 도구들을 이용할 수 있게 됨에 따라, 몬테카를로는 대부분의 조직들이 직면하게 될 보다 소규모의 리스크들에 대해서도 실용적인 도구가 되었다. 전 장에서 언급한 바와 같이, 나는 도구들의 수용도가 매우 높음을 발견하였다. 몬테카를로가 복잡하다거나, 학구적이라거나 또는 너무 큰 계산 용량을 요구한다는 이의들은 모두 몬테카를로를 실제 문제에 어떻게 사용하는지에 관하여 익숙하지 않은 사람들이 사용하는 방어 논리이다. 나는 추정자들에게 보정 훈련을 하고 나면 그들의 몬테카를로 시뮬레이션 수용률이 더 높음을 발견하였다. 확률을 계량적으로 평가할 수 있음을 깨닫게 되면, 사람들은 몬테카를로 접근법을 이해하는 데 올바른 직관을 가지게 되는 듯하다.

선택할 수 있는 몬테카를로 도구들은 아주 많다보기 10.1을 보라. 다양한 몬테카를로 소프트웨어 도구의 사용자 총수는 수만 명에 달하며, 당신의 문제와 매우 유사한 문제들에 대해 누군가가 이미 이들 중 하나의 도구를 사용하고 있을 가능성이 높다.

어떤 시스템의 불확실성에 대한 모델링은 대부분의 사람들이 이 도구들 중 어느 하나를 배우기만 해도 잘 해낼 수 있는 기술이다. 기본 훈련 과정은 일반적으로 몇 주가 아니라 며칠만의 과정이지만, 사용자들은 이 단기 과정을 통해서도 자신들이 필요하다고 생각하는 만큼은 충분히 익힐 수 있다. 기업 경영의 기본 도구들에 이미 익숙한 사람이라면 이는 리스크 관리자에게는 확실히 필수 전제 요건이다, 리스크 평가를 위한 이러한 도구들을 어떻게 사용하는지 이해할 수 있을 것이다. 나는 여러 효익과 비용을

도구	개발자	설명
Crystal Ball	Oracle (Decsioneering 사에서 개발했으나 Oracle이 매입함)	엑셀 기반. 다양한 확률 분포 이용 가능. 상당히 정교한 도구. 넓은 이용자 기반 및 기술적 지원. 새비지의 SIP 및 SLURPS 그리고 Dist 유틸리티를 채용함(12장에서 자세히 논함).
@Risk	Palisade Corporation Ithaca, NY	엑셀 기반의 도구. Crystal Ball의 주요 경쟁자. 다수의 이용자 및 기술적 지원.
XLSim	스탠포드 대학교의 샘 새비지 교수, AnalyCorp	용이한 학습과 이용을 위해 설계된 비싸지 않은 패키지. 새비지는 또한 조직 내에서 실제적인 몬테카를로 방법을 만들기 위한 세미나와 경영 프로토콜을 제공함.
AIE	Hubbard Decision Research 글렌 엘린, IL	엑셀에 기반한 일련의 매크로. 정보의 가치 및 포트폴리오 최적화도 계산함. 도구보다 방법론을 강조하며 실제적인 구축 상의 문제들에 대한 컨설팅 제공.
Risk Solver Engine	Frontline Systems Incline Village, NV	전례 없는 속도로 "상호작용적인" 몬테카를로 시뮬레이션을 수행하기 위한, 독특한 엑셀 기반 개발 플랫폼. 확률 관리를 위한 SIP 및 SLURP 포맷을 지원.
Analytica	Lumina Decision Systems Los Gatos, CA	복잡한 시스템이 일종의 상호 작용들의 흐름대로 모델링되도록 해주는 매우 직관적인 시각적 인터페이스를 사용함. 정부 및 환경 정책 분야에 상당한 비중을 보이고 있음.
SAS	SAS Corporation Raleigh, NC	몬테카를로 이외의 많은 기능이 있음. 많은 전문 통계학자들이 사용하는 극히 정교한 패키지.
SPSS	SPSS Inc. Chicago, IL	몬테카를로 이외에도 훨씬 많은 기능이 있음. 학자들 사이에서 보다 더 인기가 있는 경향이 있음.
Mathematica	Wolfram Research Champaign, IL	몬테카를로보다 훨씬 많은 기능을 수행하는 극히 강력한 도구. 주로 과학자들 및 수학자들이 사용하지만, 많은 분야에서 응용되고 있음.

[보기 10.1] 이용할 수 있는 PC 기반 몬테카를로 도구들

갖고 있는 프로젝트의 순 현재가치net present value; NPV나 투자 수익률return on investment; ROI을 계산하기 위한 스프레드시트를 만들 수 있는 사람이라면 몬테카를로 도구들의 사용을 위해 필요한 기본 사고 능력을 갖고 있다고 생각한다.

모델링은 언뜻 생각하기보다는 훨씬 더 직관적이다. 모든 모델링의 시작은 결국 어떤 형태의 분해decomposition로 귀결된다. 즉, 우리는 어떤 시스템의 전체 행태에 기여하는 부분들을 찾아내고, 그들 사이의 관계를 수립하며, 이들을 합산하고자 한다. 만일 우리가 자택 후원에 테라스를 만든다면, 우리는 그 구성 부분들을 추정하는 것을 생각해 볼 수 있다. 어떤 새 프로젝트의 순 가치를 추정할 때, 진공 상태에서 막바로 어떤 숫자를 끌어내는 것이 아니다. 우리는 여러 효익과 비용들을 생각하고, 이들을 더한다.

의료 상의 판단에서 인간보다 뛰어난 통계 모델을 만든 영향력 있는 JDM 연구가인 폴 밀Paul Meehl은 문제들을 분해하면 보다 나은 대답을 얻을 수 있다는 강력한 사례를 보여 주는 많은 연구를 수행했다. 그는 로빈 다위스Robin Dawes와 함께, 인간의 판단은 많은 사안에 있어서 양호하지만, 하나의 판단에 여러 요인을 고려해야 할 경우에는, 여러 요인을 결합한 상대적으로 간단한 수학적 모델이 몇 가지 주제를 보다 더 잘 평가한다는 사실을 발견했다이 모델들이 허구를 폭로한 서열 척도와 어떻게 다른지 볼 필요가 있으면 7장을 복습하라. 밀은 확률 추정에 관해 생각할 때 다음과 같이 명백하지만 유용한 점을 관찰했다.

슈퍼마켓에서 구입한 물건들을 계산할 때, 구입한 물건 더미를 바라보면서 점원에게 이렇게 말하지 않는다. "내가 보기에는 17달러쯤 돼 보이는군요. 어떻게 생각하세요?" 그렇게 하기보다는 점원이 각각의 물건값을 더한다.[69]

리스크를 평가할 때도 마찬가지다. 머릿속에서 계산을 하는 대신, 우리가 추정하려는 결과들에 영향을 준다고 알고 있는 사건들과 추정치들을 문서화할 뿐이다. 보험 중개인들에게 추가적인 지원을 제공하기 원하는 어느 보험회사가 정보 기술 분야에서 중요한 신규 투자의 음陰의 투자 수익률 리스크를 평가한다고 가정해 보자.

다음과 같이 추정한다고 가정하자.

1. 현재의 매출액 수준에서 모든 중개인들이 100% 채택할 경우, 보험회사 직원의 생산성 향상은 연간 3백만 달러에서 8백만 달러에 달할 것이다.
2. 중개인들의 실제 채택률은 10%에서 60%일 것이다.
3. 향후 5년간 현재의 매출액 수준은 연간 −25%에서 +35% 변할 수 있다.
4. 최초 투자는 2백만 달러에서 4백만 달러가 소요되고, 개발 기간은 8개월에서 16개월이 소요될 것이다.
5. 이러한 기간과 비용이 소요되는 프로젝트에 대해서는 이를 실행하기 전에 취소한 비율이 8%였다.
6. 프로젝트가 취소될 경우, 예상 투자 비용의 10%에서 100%가 집행된 상태일 것이고, 그 비용은 회수할 수 없는 손실이 될 것이다.

이때 단지 음의 수익률이 나올 확률이 12%라고 말해야 하는가? 아니다. 몬테카를로 시뮬레이션에서 이들 각각의 불확실성에 대해 모델링하고 이는 모두 보정된 추정자들이나 타당한 과거 데이터로부터 나와야 한다, 모델이 이를 합산하도록 하는 것이 나을 것이다. 신기술의 수명과 이의 채택이 정상적인 비즈니스 수행에 지장을 줄 가능성에 관한 불확실성을 포함시킴으로써 모델을 훨씬 더 정교하게 만들 수도 있다.

연구에 의하면 특정 문제를 이런 식으로 분해하는 것은, 특히 가장 불확실한 수치에 대한 추정을 개선하는 효과적인 방법이다.[70] 주요 제품의 리콜로 인한 매출 손실과 같이 추정이 극단적으로 불확실할 때에는, 이를 다음과 같이 보다 쉽게 추정할 수 있는 몇 개의 수치들로 분해하는 것이 좋은 방법이다. 리콜된 제품의 한 배치batch의 규모는 얼마인가? 과거에 우리 회사나 유사한 다른 회사에서 한 제품의 리콜이 다른 제품의 매출에 얼마나 영향을 주었는가? 리콜 캠페인의 비용은 얼마인가? 문제가 간단한 품질 상의 결함일 경우와 어린이의 안전에 관한 것일 경우 이러한 것들이 어떻게 변하겠는가? 내 경험에 의하면, 추정자들이 어떤 문제에 관해 자신들이 이미 알고 있는 것들을 파악하기 시작하면, 그들이 알 수 없었다고 확신했던 것도 보다 더 잘 추정할 수 있다. 이런 종류의 시뮬레이션이 어려워 보이더라도 단념하지 마라. 가장 좋은 방법은 일단 시작하는 것이다. 또한 이것을 당신이 직접 수행해야 한다고 가정하지 마라. 잘 훈련된 몬테카를로 개발자들이 많이 있다. 하나의 도구를 선정하고, 훈련을 받으러 가거나 또는 누군가 다른 사람을 보내거나, 구글을 이용하여 이를 사용할 수 있는 전문가를 찾아서 고용함으로써 시작하라.

확률 분해하기: 예산에 대해 생각하는 방식으로 확률을 생각하기

어떤 이유에서인지, 대부분의 사람들이 직관적으로 비용은 분해하여 추정할 생각을 하는 듯함에도 불구하고(아마도 우리의 일상생활이 그렇게 하도록 만드는지도 모른다), 좀처럼 확률 추정을 분해할 생각은 하지 않는다. 그러나 확률도 비용만큼이나 쉽게 분해될 수 있다.

주요 공급자가 부도낼 가능성에 대하여 적용한 하나의 확률에 대한 1차원, 1요인 분해에 관하여 간단한 예를 들어 보기로 하자. 이 가능성이 10%라고 생각하고 있었다고 가정하자. 이를 $P_{부도}$=10%라고 쓴다.

그러나 당신은 다음 분기에 철강 비용이 하락할 경우 부도 가능성이 낮아짐을 알고 있다. 철강 비용이 하락할 경우, 부도 가능성에 5%만을 부여한다. 이는 하나의 사항이 다른 조건에 기초하여 변하는 확률인 조건부 확률conditional probability이다. 이를 $P_{부도|철강\_하락}$=5%라고 쓸 수 있다. 그러나 당신은 철강 가격이 하락하지 않을 경우, 부도 가능성이 35%라고 생각한다. 또한 당신은 철강 가격 하락 가능성에 40%를 부여한다. 우리는 이 요인들을 다음과 같이 결합할 수 있다.

P(철강_하락)× P(부도|철강_하락) + (1 − P철강_하락)× P(부도|철강_하락 안 함) = P(부도)

또는 40% × 5% + 60% × 35% = 23%

달리 말하자면, 조건부 확률 추정을 고려할 경우, 최초에 추정한 10%의 부도 확률은 다소 낙관적이었을 수 있다. 그러나 그 확률이 명백히 너무 높을 경우에는 조건부 확률을 재고해야 할지도 모른다. 균형 상태에 이를 때까지, 즉, 모든 확률들이 잘 보정된 전문가와 동의할 수 있을 때까지 이를 반복하라.

확률에는 확률을 다른 방식으로 분해할 수 있게 해 주는 다른 기본 규칙들이 있다. 이곳에서도, 뭔가 추정하기 어려워 보이는 것을 더 잘 추정하기 위해, 추정하기가 더 쉬워 보이는 다른 항목들을 추정한다. 알려진 필요충분조건에 따라서 확률을 분해할 수 있는데 확률 분해에 관한 예를 좀 더 들어 보겠다.

- 다른 두 사건 A와 B가 모두 발생할 경우에 사건 X가 발생할 경우, 이 사건 X가 발생할 확률은 $P(X) = P(A) \times P(B)$이다.
- 다른 두 사건 A 또는 B 중 하나가 발생할 경우에 사건 X가 발생할 경우, 이 사건 X가 발생할 확률은 $P(X) = 1-(1-P(A))\times(1-P(B))$ $= 1 - (1-P(A) - P(B) + P(A)P(B))$ $= P(A) + P(B) - P(A)P(B)$이다.

이와 같은 간단한 계산들은 몬테카를로 시뮬레이션 없이도 할 수 있지만, 때로는 이러한 계산 시에 손실 가능액 또는 연속된 수치의 범위도 고려할 필요가 있다.

예를 들어, 이 공급자를 잃을 경우, 다른 공급자로 대체하는데 5일에서 15일이 소요되며, 생산을 완전히 회복하기까지 하루에 1백만 달러에서 2백만 달러의 손해를 보게 된다. 이제 이 정보를 가지고 몬테카를로 시뮬레이션으로 돌아갈 필요가 있다.

모델링의 몇 가지 원칙

몬테카를로 모델과 같은 계량적인 방법으로 복잡하고 위험한risky 문제들을 모델링하는 것이 아주 오래되다 보니 몇 가지 좋은 원칙들이 발달되었다. 내가 오랜 기간에 걸쳐 알게 된 몇 가지 개념들을 이곳에 소개한다. 이들 중 몇 가지를 내게 가르쳐 준 샘 새비지Sam Savage에게 공을 돌리고 싶다.

- 헨리 데일Henri Theil은 『계량 경제학 원리』Principles of Econometrics에서 "모델들은 사용하기 위한 것이지 신봉하기 위한 것이 아니다."라고 말했다. 모델을 경배함 없이 모델링을 수행하는 방법을 배울 필요가 있다. 나는 이 말에다 통계학자 조지 박스George Box의 다음과 같은 말을 덧붙이고자 한다. "모든 모델들은 잘못되었지만, 일부 모델들은 유용하다." 일단 모델이 만들어지고 나면, "그것은 모델에서 나왔으니, 분명히 옳을 것이다."라는 식으로 모델을 "진리"로 취급하는 경향이 있다. 대부분의 조직들이 모델을 수립해 놓은 다음에 끊임없이 이에 대해 의문을 제기하는 것은 확실히 어려운 일인 것 같다. 그러나 이는 가장 합리적이고 과학적인 접근법이다. 모델 수립자들은 반드시 실용적이어야 한다. 즉, 모든 모델은 그 산출물의 타당성과 유용성만큼의 가치만 있을 뿐이다.
- 볼테르Voltaire는 "완벽은 양호함의 적이다"라고 말했다. 내가 앞에서 지적한 바와 같이, 많은 경우에 주관적이고 보정되지 않은 사람들의 리스크 평가로 구성된 기존 방법들보다 상식이 나을 수 있다는 것이 이 아이디어의 기본 골자이다. 그러나 상식이 잘못된 모델보다 낫다는 탈렙의 말은 상식도 잘못된 모델 중 하나라는 사실을 무시하고 있다. 문제

는 예측치를 실제 결과와 비교할 때 어느 것이 오류가 적은가이다.

• 최초로 인간을 지구 대기권 밖으로 보낸 회사인 Scaled Composites의 우주선 엔지니어 버트 루탄Burt Rutan은 "조금씩 만들고, 조금씩 테스트해 보라"고 말한다. 새 우주선을 만들 때와 마찬가지로, 어떤 시스템에 대한 모델 구축도 각 단계마다 현실에 비추어 점검해 봐야 하는 발전적 과정이어야 한다. 이는 스탠포드 대학교의 에너지 경제학자인 알렌 마네Alan Manne가 다음과 같이 말한 입장과 비슷하다. "대형 모델이 효력을 발휘하게 하려면, 효과가 없는 대형 모델이 아니라, 효과가 있는 소형 모델로부터 시작해야 한다."

• 스탠포드 대학교의 컴퓨터 과학자인 돈 누스Don Knuth는 모델 개발 5단계를 제안했다. 루탄과 마네가 점진적 발전의 옹호자라면, 누스는 파괴적 발전 선상에 보다 가깝다. 그는 다음과 같이 제안한다.

1. 모델이 무엇을 해 주기를 원하는지 결정하라.
2. 이 모델을 어떻게 만들지 결정하라.
3. 모델을 만들어라.
4. 모델의 오류를 제거하라.
5. 이제 애초에 진정으로 어떤 것의 모델을 만들고 싶었는지 알게 되었으면, 1–4단계를 폐기 처분하고 다시 시작하라.

• DC 사의 컨설턴트인 제리 브래시어Jerry Brashear는 "성공적인 모델은 당신이 모델에게 말해 달라고 하지 않았던 것들을 말해 준다."라고 말했다. 나는 다른 사람으로부터 다른 형태로 이 말을 들었다고 생각하지만, 브래시어가 이처럼 통찰력 있는 인용문의 출처인 것 같다. 나는 가장 유용한 모델은 뭔가 깜짝 놀랄 만한 것을 산출해 낸다는 것을 항상

발견한다. 내가 해병대에서 사용되는 전장戰場 연료 예측을 위한 몬테카를로 시뮬레이션 모델을 만들었을 때, 우리는 주요 공급 노선route의 도로 상태가 적과 조우遭遇할 가능성보다 연료 사용을 더 잘 예측하는 것을 발견하고 깜짝 놀랐다. 그 자체가 놀라운 결과를 지니는 실제 측정치를 사용할 때 이러한 발견은 훨씬 더 심오하다그리고 유용하다.

- 알버트 아인슈타인은 "모든 것을 될 수 있는 한 간단하게 만들어라. 그러나 그보다 더 간단하게 하지는 말라."고 말했다. 복잡성 자체는 유익하지 않다. 오히려 그 반대이다. 그러나 개별 구성 요소들의 기초가 잘 닦여 있다면, 복잡성을 두려워하지 마라.
- 드와이트 D. 아이젠하워Dwight D. Eisenhower는 "계획plan은 쓸모가 없다. 계획 수립 과정planning이 모든 것이다."라고 말했다. 이 말은 요점을 전달하기 위해 필요한 약간의 과장임에 틀림없지만, 나는 모델링도 이와 유사하다고 생각한다. 모델 수립 과정 자체에 가치가 있지만, 여기에는 주의해야 할 점이 있다. 많은 리스크 관리 방법들이 모델링 자체만이 핵심 효용이라고 주장한다. 그 방법이 과학적인 엄밀함에 기초하고 있는지 여부를 불문하고, 그들은 이렇게 말한다. "최소한 모델링이 우리가 문제에 관해 더 잘 생각하도록 도와주고 있다." 어떤 리스크 관리 방법도 그렇게 주장할 수 있다. 이는 마치 아이젠하워 장군이 그의 말은 모든 계획 수립 과정이 똑같이 좋다는 것을 의미한다고 결론을 내리는 격인데, 나는 이 견해에 심각하게 의문을 제기한다. 나는 확률적 모델링 방법은 우리에게 다른 모든 방법들과는 다른 방식으로 리스크에 대해 생각하도록 강제한다고 주장할 것이다. 그리고 그 효용은 단지 의사 결정에 대해 더 나은 방식으로 생각하는 것이 아니라, 보다 나은 예

측과 의사 결정에 대한 실적track record으로 측정되어야 한다.

- 마지막으로, 단지 특정 시스템의 행태만이 아니라, 항상 그 시스템의 구성 요소들의 모델을 수립하려고 노력하라. 해당 시스템의 구성 요소들에 대한 모델, 즉 구조화된 모델은 예측, 따라서 의사 결정을 향상시킬 가능성이 높다. 그러한 모델은 사건들이 어떻게 연결되어 있는지에 대해 우리가 명시적으로 알고 있는 것들을 활용한다.

작용 방식에 대한 모델링

모델 설계자들은 때로는 문제에 대한 간단한 통계적 묘사로부터 모델링 과정을 시작한다. 이는 특정 사건의 확률이나 결과들의 범위를 제시해 주지만, 그 외에는 아무 것도 제시하지 않는다. 이는 마치 단지 과거 비가 온 날의 비율이나 과거의 온도 분포만을 이용하여 날씨를 예측하는 것과 같다.

이 시스템의 내부의 매카니즘은 모델에 포함시키지 않는다. 일부 금융 모델들도 이와 다르지 않다. 구성 요소들을 설명하거나 연결시켜 보려는 지도는 아예 없고, 단지 시장이 과거에 어떻게 움직였는지만 보여준다. 어떤 사람들은 시장은 무작위이므로, 아마도 이렇게 하는 것이 최선이라고 주장할 것이다. 그렇다면, 우리는 최소한 우리의 예측이 실제와 부합하는지 점검해야 한다. 그러나 일부 확률 분포들이 시장에 적용될 때에는 그렇게 하지 않는다. 비즈니스, 특히 오퍼레이션 문제에 있어서 대부분의 모델은 없느니만 못하다.

두 번째로 좋은 상태는 최소한 상관 계수를 이용하여 특정 모델 안의 구성 요소들이 어떻게 관련되어 있는지를 보여 주는 것이다. 예를 들어, 건축 프로젝트에 여러 비용이 있는데, 일부 비용들에 상관관계가 있을 경우에는, 몬테카를로 모델에서 이 상관관계를 배제하면 비용에 관한 불확실성을 과소평가하게 될 것이다. 이용할 수 있는 대부분의 몬테카를로 도구들은 이용자들에게 모델 안의 변수들이 어떤 상관관계를 갖고 있는지 특정할 수 있게 해 준다. 이는 확실히 모델의 성과를 개선시키겠지만, 실제로 많은 것을 설명해 주지는 않는다. 과학에서는 이러한 상관관계의 발견은 일반적으로 대답이 아니라 단지 문제의 시작에 불과하다. 예를 들어, 암 연구자들이 우리나라의 특정 지역에 사는 사람들은 다른 지역 사람들보다 위암 발병 가능성이 높다는 것을 발견하지만, 그 이유는 모를 수도 있다. 그래서 그들은 조사를 시작해서 그것이 특정 음식이나 환경상의 이유라는 것을 발견하게 된다.

상관관계를 이용한 모델 개선은 현대 포트폴리오 이론의 핵심이다. 특정 포트폴리오 내의 투자들에 대해, 각각의 투자는 다른 투자들과 공분산covariance을 갖고 있으며, 이를 통해 공분산 매트릭스covariance matrix를 만들 수 있다. 이 공분산들은 일반적으로 과거 데이터에서 보여진 추세에 근거한다. 만일 특정 주식이 다른 주식과 매우 가깝게 움직인다면, 이 두 주식들 사이의 공분산은 1에 매우 가까울 것이다. 두 주식이 완전히 독립적으로 움직인다면, 공분산은 0이 될 것이다. 그리고 두 주식이 서로 상쇄하는 경향이 있다면, 이 주식들의 공분산은 −1에 가까울 것이다. 여기에서의 리스크도, 우리는 왜 공분산이 있는지, 그리고 왜 어떤 주식들 사이의 공분산은 다른 주식들 사이의 공분산보다 큰지에 대해 진정으로 이해하지 못한다는 사실이다.

우리는 공분산 매트릭스로 모델링된 특정 투자 포트폴리오에 대해 이들이 이러한 방식으로 함께 움직인다는 것만을 알 뿐, 그 이유는 모른다. 이 시스템의 작용 방식은 설명되지 않았기 때문에, 큰 서프라이즈가 발생할 위험이 있다. 나는 몬테카를로 사용자들을 많이 만나 보았는데, 그들은 상관 계수를 제외하는 것은 커다란 실수라고 말한다. 맞는 말이다. 만일 상관관계를 아는데 더 이상 할 수 있는 게 없다면, 모델에 이를 포함시켜야 한다. 그러나 9장에서 지적한 바와 같이, 상관관계 자체가 복잡한 관계에 대한 지나친 단순화일 수도 있다. 다행스럽게도, 더 나은 방법이 있다.

일기 예보자들에게는 단지 비가 온 날의 과거 빈도를 설명하거나 비와 기온이 어떻게 서로 관련이 있는지를 보여 주는 것이 그들이 할 수 있는 최선이 아니다. 날씨, 폭풍의 전면, 해류海流, 호수 효과 등에 대한 실제 모델을 지니는 것이 최선의 해법일 것이다. 건축 비용 추정 시에 상관관계가 있는 변수들의 모델링을 생각할 때, 우리는 일반적으로 이 변수들이 왜 관련이 있는지를 알고 있는데, 이처럼 알고 있는 바를 제외시키거나 하나의 상관 계수를 사용함으로써 대체적인 근사치로 축소시켜버린다면 이는 커다란 잘못이 될 것이다.

나는 앞 장에서 특정 설비 내의 많은 건물들 사이에 비용의 상관 계수를 사용함으로써 상호 관련된 건축 비용을 어떻게 더 잘 모델링할 수 있는지에 대해 설명했다. 기술자가 건물 B와 건물 C의 비용에 상관관계가 있다고 말할 때에는 일반적으로 그 이유를 알고 있다. 우리는 이 특별한 지식을 무시하는 것이 아니라, 이를 이용하고자 한다. 그가 알고 있는 바와 같이, 비용에 상관관계가 있는 이유는 두 건물 모두 콘크리트 기초 위에 주로 철골 구조로 짓기 때문이다. 철강, 콘크리트의 비용 및 노무비가 두 건물 모두에 영향을 준다. 그러나 이 기술자는 건물 A는 철골을 훨씬 적게 쓰며, 이 건물에도 건설 노동자가 필요하기는 하지만 철골 조립공은 거의 쓰지 않는다는 것도 알고 있다. 또한 그는 도로 건설은 철강 비용이나 철골 조립공 인건비와는 전혀 관련이 없다는 것도 알고 있다보기 10.2를 보라.

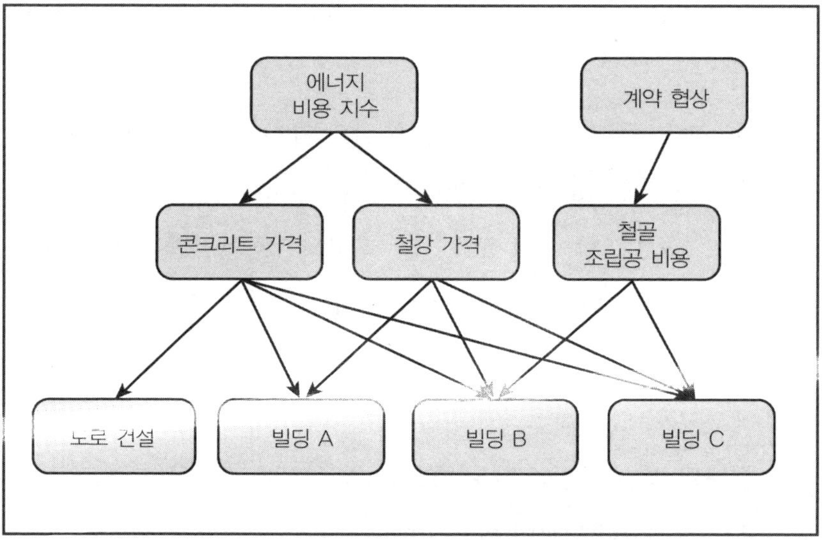

[보기 10.2] 신규 설비에서 건축 비용간 상관관계의 구조화된 모델의 예

물론, 이는 보다 상세하게 분해될 수도 있다. 우리는 철강과 콘크리트 가격 및 에너지 지수의 변동 사이의 과거의 관계를 찾아낼 수 있다. 구조적 분해라는 동일한 원리를 이 관계에 적용할 수도 있지만, 이는 기술자의 지식 범위를 벗어날 수도 있다. 만일 이러한 구조적 분해의 가치가 높

을 경우, 건축 비용의 상관관계와 마찬가지로 에너지/콘크리트/철강 상관관계의 바탕을 이루는 작용 방식에 대해서도 조사할 수 있다. 그러나 우리는 리스크를 평가함에 있어서 이미 충분히 중대한 진전을 이루었을 수도 있다. 보기 10.3에서는 이러한 3단계의 "모델 성숙도 수준"에 대한 요약을 보여 준다.

	모델의 성숙도 수준	예
질적 모델보다는 양호함	레벨 1: 시스템의 기본적인 행태를 분포로 표시하는데 그침. 이는 해당 시스템에 대해 가장 적게 말해 주며, 다른 사건들이나 시스템과는 어떤 방식으로도 전혀 상관관계가 없음.	"과거 데이터에 기초할 때, 내년에 2일에서 7일사이의 예기치 않은 공장 가동 중단이 발생할 가능성이 90%이다."
레벨 1보다 양호함	레벨 2: 모델링하고자 하는 사건들과 역사적으로 상관관계가 있었던 다른 요인들을 열거함. 이는 유용할 수도 있는 무엇인가를 말해 주며, 레벨 1보다는 발전되었다 할 수 있을 것임. 그러나 이는 왜 상관관계가 존재하는지는 설명하지 아니함. 이는 또한 상관관계를 간단한 선형의 근사치(linear approximation)로 다루어서 이를 지나치게 단순화할 수도 있음.	"공장 가동 중단 빈도와 기온이 화씨 100도(섭씨 37.8°)를 넘는 날 수 사이에는 0.43의 상관관계가 있다."
최상	레벨 3: 구조화된 모델을 구축함. 구조화된 모델은 특정 시스템 내의 구성 요소들을 명시적으로 열거하며 이 요소들이 왜 관련이 있는지를 설명함. 이 접근법은 가장 현실적인 모델을 만들어 냄. 이 모델들은 또한 실제에 비추어 검증할 수 있는 다수의 개별 예측들을 포함하고 있으므로 검증하기도 보다 용이함. 상관관계는 구성 요소들이 어떻게 상호 작용하는지에 관해 설명하는 함수로 나타남.	"기온이 높은 날에는, 정전이 6시간에서 48시간 지속될 가능성이 6%이다. 이러한 정전이 발생할 경우, 예비 전력으로 가동 중단을 피할 가능성이 95%이다." "전일(前日)의 정전이 지속될 경우 결근이 10%에서 40% 높아질 것이다. 결근이 20%보다 높으면 가동을 중단하게 될 것이다." "기온이 화씨 100도를 넘으면 사고가 15%에서 40% 증가한다. 사고의 20%는 가동을 중단하게 한다."

[보기 10.3] 3단계의 모델 성숙도 수준

1990년에 해리 마코위츠Harry Markowitz와 함께 노벨 경제학상을 받은 전직前職 RAND 사의 경제학자 윌리엄 샤프William Sharpe도 그와 마코위츠가 금융 분야에 제안했던 내가 이름 붙인 레벨 1과 레벨 2 접근법보다 나은 해법이 있음을 인정했다. 샤프는 가장 최근의 논문에서 경제학과 금융 분야에 대하여 상당히 야심찬 레벨 3 모델을 제안했다.

> 복잡한 대수代數; algebraic 모델을 만드는 대신 개인들이 살고 있는 시장이라는 컴퓨터 모델을 만들어서 그들에게 더 이상 거래를 원하지 않을 때까지 서로 거래하게 한 뒤에, 그 결과로 나타나는 포트폴리오 및 자산 가격의 특징을 조사하라.[71)]

이는 다양한 문제들에 에이전트 기반agent-based 모델들을 응용하는 데서 이미 시작되었다. 에이전트 기반 모델들은 교통, 군중 통제, 테러 및 심지어 금융시장에 대해서까지 개발되고 있다. 이 모델들의 가장 현저한 특징은 이를 명시적으로 계산하도록 프로그래밍하지 않으면서도 실패의 멱함수 분포를 보이는 듯하다는 것이다. 이 모델들은 더욱더 발전하고 있기 때문에 이들 중 대부분은 아직 실제에 비추어 본 진정한 검증이 이루어지지 않았다. 그러나 레벨 3을 향한 이동이 시작되고 있다.

11
외부를 참조하는 모델 설계자:
리스크에 경험 과학 추가하기

모든 지식에 대한 테스트 방법은 실험이다. 실험이야말로 과학적 진리에 대한 유일한 판단 근거이다.
–리처드 파인만(Richard Feynman), 파인만 물리학 강의

현실에 대한 모델은 그 자체의 현실을 지니게 되는 일이 너무 흔하다. 모델 사용자들은 궁극적으로 모델을 "절대 진리"로 받아들일 가능성이 있다. 철학자 플라톤이상주의자과 스피노자합리주의자는 이 점에서는 비슷했다. 즉, 그들은 모든 지식이 오직 그들의 "모델"이성로부터 나와야 한다고 믿었다. 즉, 그들은 우리가 알고 있는 모든 것은 관찰 없이도 추론될 수 있다고 믿었다. 그들은 관찰에 의존할 필요가 있다는 것은, 어떤 면에서는 우리의 추론 능력의 약함과 결함을 보여줄 뿐이라고 믿었다.

데이비드 흄David Hume은 이와는 대조적으로 경험주의자였다. 경험주의자들은 가장 엄격하고 합리적인 모델들조차 의심하며, 관찰 및 실제 세계의 사실들에 입각하기를 선호한다. 그들은 우리의 추론 능력이 완벽할 경우에도 추론만으로는 지식의 근거로 삼기에 불충분하다고 주장한

다. 경험주의자들은 우리가 추론이라고 부르는 많은 것들은, 실상은 먼저 관찰하지 않았더라면 알 수 없었을 거라고 말한다.

그러나 이론 및 관찰 모두를 겸비하는 것이 최상인 듯하다. 노벨상을 받은 물리학자 엔리코 페르미Enrico Fermi와 리처드 파인만Richard Feynman은 뛰어난 관찰자였을 뿐만 아니라 유능한 이론가이기도 하였다. 그들은 어떠한 주장에 대해서도 사람들이 필요하다고 예상할 법한 것보다 훨씬 간단한 관찰을 통해 점검하는 버릇이 있었다. 페르미는 한 줌의 색종이 조각을 이용하여 최초의 원자폭탄의 위력을 추정했다. 파인만은 빙수氷水로 우주왕복선 챌린저호의 발사 추진 로켓의 원형 링*O-ring; 액체 · 기체의 누출 방지용으로 사용함-역자 주* 재료가 추운 날씨에 민감함을 보여 주는, 간단하고 널리 방송된 실험으로 대중에게 알려졌다. 이 실험에 사용된 재료비는 미미했지만, 결과들은 매우 실제적이고 유용했다.

그러나 나는 대부분의 모델 설계자들은 그들이 동의하든 않든, 흄보다는 플라톤과 스피노자에 가깝다고 말하고 싶다. 내가 몬테카를로 모델 설계자들을 대상으로 수행한 조사에 의하면 그들 중 대부분은 해당 분야 전문가SME들을 워크숍에 데려 와서 해당 모델 및 추정치에 대해 토론하도록 하는 정도까지만 외부를 바라본다outward looking. 그러나 우리는 주관적 의견을 입력 요소로 사용하는 모델들 중 보정calibration은 사실상 존재하지 않는다는 것을 이미 살펴보았다.

보정은 그 자체가 모델링에 경험주의를 도입하는 것이다. 이는 분석가가 추정자들에게 의견을 구하기 전에 그들이 추정을 얼마나 잘하는지 측정하고 이를 개선할 것을 요구한다. 그러나 보정은 리스크를 모델링함에 있어서 시작에 불과하다.

플라톤과 스피노자와 같은 합리주의 철학자들조차도 내가 알고 있는 조직들이 저지르고 있는 잘못을 저지르지는 않았을 것이다. 플라톤과 스피노자는 관찰의 도움 없이 이성만으로 도달한 모델을 신뢰한다는 점에서 오류를 범할 수 있다. 그러나 그들은 최소한 그들이 언급하고 있는 추론 모델을 이해했다. 그런데 그 정도도 못하는 관리자들도 있다. 나는 여기서 이성의 산물이 아니라 컴퓨터의 산출물을 신봉하는 경향을 언급하고 있다. 이 경우에 그들은 관찰을 신뢰하거나 추론의 건전성을 신뢰하는 것이 아니라, 답을 만들어 낸 기술technology을 신봉한다.

모든 모델 설계자들이 경험주의자가 되게 해야 하는데, 아래의 세 개의 문제와 이에 대한 해법을 다루는 것으로부터 시작할 수 있다.

1. 분석가들은 모델로부터 예상되지 않는 행태를 고려하지 않는다.
2. 모델들은 경험적 관찰을 통해 개선되는 일이 너무도 드물다그리고 특히 강력한 경험적 방법은 좀처럼 볼 수 없다.
3. 많은 모델 설계자들은 역사적 데이터에 비추어 점검되지 않는다.

모델들은 왜 멋대로 구는가?

스테판 울프람Stephan Wolfram은 전 세계에서 컴퓨터 모델을 가장 많이 개발한 사람일 것이다. 그는 16세에 소립자 물리학에서 중요한 논문을 발표했으며, 20세에 캘리포니아 공대에서 소립자 연구로 물리학 박사 학위를 받았다. 그가 재직 중인 울프람 연구소Wolfram Research는 수학자, 과학자 및 모델 설계자들을 위한 강력한 PC 기반 도구인 매스매티카

Mathematica를 개발했다.

그는 최근에는 간단한 모델들의 놀라운 행태에 관심을 보이고 있는데, 간단한 반복적 컴퓨터 프로그램들의 행태에 관해 많은 것을 발견한 후 간단한 프로그램들의 매혹적인 행태를 묘사하는 방대한 분량의 『새로운 종류의 과학』A New Kind of Science이라는 책을 썼다.[72] 이는 다수의 상호 작용하는 구성 요소를 지니는 시스템 예컨대, 구조적 모델structural model 또는 에이전트 기반 시스템agent-based system 등 및 반복적인 시간 요소가 있는 곳에서 특히 중요하다. 즉, 시뮬레이션을 통해 일정 시간 경과 후의 시나리오를 생성한다. 그 다음에 이전의 시간 경과를 입력 자료로 사용하여, 또 다른 시간 경과 시나리오를 생성한다. 유통업에 이러한 모델을 가동할 경우, 매일 또는 심지어 매분이나 매초 단위로 반복해서 새로운 시나리오를 생성할 수 있다. 이 모델은 특정 공장의 공급 사슬이 붕괴되면 다음 날의 특정 항만의 조업에 어떻게 악영향을 미치는지, 그리고 또 그다음 날 특정 지역 창고의 재고 수준에 어떤 영향을 주는지를 보여줄 것이다.

수학에서는 이를 마르코프 프로세스Markov process라고 부른다 이 프로세스는 원래 19세기에 수학자 안드레이 마르코프Andrey Markov에 의해 개발되었다. 마르코프 프로세스는 반복적인 시스템에서 다음 상태state의 확률은 전적으로 현재 상태에 의해 결정되는 프로세스이다. 사실상 날씨, 원자력 발전소, 또는 항공 역학의 시스템 모델이 이런 방식으로 개발된다. 금융 시스템의 대부분의 구조적인 모델들은 일종의 마르코프 프로세스 형태로 모델이 설계되어야 할 것이다. 이러한 모델의 각각의 결과는 참으로 시장에서 아마도 분 단위로까지 전개되는 일련의 연속적인 시나리오이다.

그러나 이것이 바로 울프람이 모델들이 멋대로 군다는 것을 발견한 대목이다. 모델들은 반드시 균형점equilibrium을 발견하거나 반복적인 유형을 따르지는 않는다. 여기서 울프람은 완전히 결정론적인 모델들, 즉 무작위 숫자가 생성되지 않는 모델들에 대해 말하고 있다. 그리고 물론, 울프람은 자체에 실수가 없는 모델들비즈니스 분석가들에 의해 개발되는 많은 모델들은 자체의 실수를 갖고 있음에 대해 얘기하고 있다.

울프람은 내게 이렇게 말했다. "만일 합리적으로 단순한 프로그램을 가지고 있다면, 무슨 일이 일어날 수 있을지 이해하기가 쉬워야 합니다. 그런데 제가 발견한 놀라운 점은, 아주 많은 단순한 모델들이 무슨 일이 일어날지에 대하여 시뮬레이션을 돌릴 때에 비해 더 효율적으로 이해하지 못한다는 것입니다. 모델링이 보여 주는 것은 일련의 예상하지 못한 결과들입니다." 그는 이것을 계산상 더 이상 축소할 수 없다computationally irreducible고 하는데, 이는 실제 세계에서의 가장 복잡한 시스템의 특징일 뿐만 아니라, 우리가 이러한 시스템들에 대해 만드는 모델들의 특징이기도 한 것 같다.

구조적 모델들의 이러한 복잡한 행태는 나쁜 것이 아니다. 이는 구조적 모델들을 더욱더 현실적으로 만드는 요소이다. 실제 시스템들은 이런 행태를 보인다. 그러나 바로 그것이 모델들이 실제에 비추어 테스트되어야 할 필요가 있는 이유이다.

경험적 데이터

몬테카를로 모델 설계자들에 대한 조사 결과9장을 보라, 내가 검토한 72개 모델 중 오직 3개4%의 모델만 모델 내의 특정 변수에 관한 불확실성을 감소시키기 위한 독창적인 경험적 측정을 실시했음이 발견되었다. 이는 내 방식과는 부합하지 않는 듯하지만, 나는 이곳에서도 추가적인 정보의 가치를 계산하고 이를 이용하여 추가적인 측정을 할 것인지, 또는 무엇을 측정할 것인지를 결정하려 하고 있다.

내가 현재까지 완료한 60개의 모델 가운데, 오직 2개만이 추가 측정 필요가 없음을 보여 주었다. 달리 말하면, 나는 97%의 경우에 추가적인 경험적 측정이 쉽게 정당화됨을 발견한 반면, 조사 대상으로 채택된 모델 설계자들은 4%의 경우에만 추가적인 측정을 실시했다. 어떻게 보더라도 경험적 측정이 너무도 드물기 때문에, 나는 번거롭게 표본 오차sampling error를 보여 주지는 않을 것이다어쨌거나, 두 표본 모두 다소 편향되었을 수 있다.

내가 말한 바와 같이, 이에 대한 핵심 이유 중 하나는 대부분의 분석가들이 추가 정보의 경제적 가치를 실제로 계산해 보지 않기 때문일 수도 있다. 따라서, 나는 이 계산에 대해 다시 설명하고자 한다. 9장에서 설명한 바와 같이, 어떤 불확실한 의사 결정에 있어서 완벽한 정보의 예상 가치expected value of perfect information; EVPI는 해당 의사 결정의 예상 기회 손실expected opportunity loss; EOL과 같다. 이는 의사 결정에 관한 불확실성 감소에 지불해도 될 최대 비용은 결정이 잘못될 때의 비용에 결정이 잘못될 가능성을 곱한 금액임을 뜻한다.

EVPI는 알기 쉽지만, 우리는 일반적으로 완벽한 정보를 구하지 못한다. 대신, 우리는 정보의 예상 가치expected value of information; EVI를 추정할 수 있다. 이는 완벽함이 없는 EVPI로서, 측정에 의해 EOL이 감소될 수 있는 금액과 같다. 이곳에서 자세한 내용을 다루지는 않기 때문에 관심이 있는 독자들은 www.howtofixriskmgt.com 사이트에서 예를 찾아보기 바란다.

정보의 가치에 대한 개요

정보의 예상 가치 (EVI) = 예상 기회 손실(EOL) 감소.

즉, EVI = $EOL_{정보\ 입수\ 전} - EOL_{정보\ 입수\ 후}$

여기서,

EOL = 결정이 잘못될 가능성 × 결정이 잘못될 때의 비용,

완벽한 정보의 예상 가치(EVPI) = $EOL_{정보\ 입수\ 전}$을 의미한다.

(정보가 완벽할 경우 $EOL_{정보\ 입수\ 후}$는 0이다)

내가 개발한 방법은 이를 체계적으로 응용하기 때문에, "응용 정보 경제학Applied Information Economics"라고 부른다. 이 프로세스는 아주 간단하게 요약될 수 있다. 몬테카를로 도구를 준비하고, 주관적 의견의 추정자들을 보정하고, 아래의 다섯 단계를 따르기만 하면 된다.

1. 문제와 대안들을 정의한다.
2. 보정된 추정치 및/또는 구할 수 있는 과거 데이터에 근거해서 현재 알고 있는 것의 모델을 만든다.
3. 이 모델 안의 각각의 불확실성에 관한 추가 정보의 가치를 계산한다.
4. 추가적인 측정이 정당화될 경우, 정보의 가치가 높은 불확실성들에 대해서는 경험적 측정을 실시하고, 3단계를 반복한다. 그렇지 않을 경우 5단계로 넘어간다.
5. 의사 결정을 최적화한다.

이는 내가 본 많은 모델 설계자들이 하고 있는 방식과 다르다. 2단계에서 그들은 거의 보정하지 않는데, 이것이 바로 큰 차이점 중 하나이다. 또한 그들은 3, 4단계를 거의 실행하지 않는다. 그런데 이 단계의 결과물은 내 분석의 많은 부분을 이끌어 주기 때문에 이것 없이는 연구가 어렵다. 나는 분석가, 관리자 및 SME들이 이 단계들을 수행하지 않기 때문에 아래의 사항들을 과소평가한다고 생각한다.

- 그들의 현재의 불확실성 정도
- 특정 규모의 표본 또는 데이터 집합으로부터 불확실성을 얼마나 감소시킬 수 있는가
- 입수할 수 있는 데이터가 어느 정도인가
- 주어진 비용 하에서 얼마나 많은 유용한 관찰 결과를 얻을 수 있는가
- 가장 중요한 데이터를 측정하는 것의 가치

나는 앞에서 논의했던 연구 조사에서 이러한 과소평가의 이유들이 발견된다고 생각한다. JDM 연구가들은 불확실성 추정에 있어서의 과신 정도를 목격했다. 또한 다니엘 카네만은 의사 결정자들은 새로운 정보를 얻게 되면, 그들이 이로부터 얼마나 많이 배웠는지를 잊어버린다는 것을 목격했다. 그들은 이전의 불확실성 정도를 잊어버리고는 새로운 정보가 별로 놀랄 만한 것이 아니라고 즉, "나는 이미 알고 있다"라고 생각한다. 또한 연구가들은 의사 결정자들은 일반적으로 주어진 양의 정보로부터 얼마나 많이 추론할 수 있는지를 과소평가한다는 것도 발견했다.

나는 최근에 매우 숙련된 경영 과학 전문가와 이와 관련된 주제에 대

해 대화를 나누었는데, 그는 몬테카를로 모델과 대규모 법 집행 기관에서의 경험이 풍부하다고 했다. 우리는 불심 검문traffic stop 중 다른 관할 관서에서 체포 영장이 발부된 사람들을 부주의로 풀어 주는 비율을 어떻게 측정할지에 대해 논의하고 있었다. 그 이유는 사법 당국이 모든 법 집행 기관들 사이의 의사소통을 보다 쉽게 하기 위한 정보 기술 구축에 대한 투자를 정당화할 수 있는 방법을 찾아낼 필요가 있었기 때문이었다.

나의 접근법을 설명하자 그는 이렇게 말했다. "그것을 측정할 데이터가 충분하지 않습니다." 나는 전에 경영 과학 및 자연 과학 분야의 박사를 포함한 많은 사람들로부터 이런 말을 여러 번 들었다. 나는 이렇게 말했다. "하지만 당신은 무슨 데이터를 필요로 하는지 또는 얼마나 많은 데이터를 필요로 하는지 모르지 않습니까?" 나는 충분한 데이터가 없다는 그의 가정은 특정한 실제 계산의 결과여야 함을 설명했다. 더구나 그는 매우 불확실한 변수에 관한 불확실성을 감소시키기 위해 추가로 필요한 데이터가 아주 적음을 알게 되면 깜짝 놀랄 것이다.

나는 다양한 종류의 사람들로부터 이런 말을 자주 듣는데, 그럴 때면 그들이 측정할 수 없다고 생각했던 바로 그 항목들을 측정함으로써 이런 생각이 그릇되었음을 입증하곤 한다. 이런 일이 너무도 자주 발생해서, 나는 내가 접하게 되는 모든 잘못들을 설명해 주고 이에 대해 해법이 있는지를 보여 주기 위해 『How to Measure Anything; Finding the Value of Intangibles in Business』라는 책을 써야 했다. 이 책에 나오는 리스크 관리자들이 명심해야 할 몇 가지 핵심 개념들을 아래에 요약한다.

- 측정의 정의는 관측에 기초한 불확실성의 감소이다.
- 불확실성이 매우 높은 변수에 대해서는 불확실성을 감소시키려면 많은 데이터가 필요하다는 생각은 오류이다. 실상은 불확실성이 매우 높을 경우에는 약간의 데이터만 있어도 불확실성을 많이 줄일 수 있다.
- 정보의 가치가 높을 경우, 더 많은 관측치 수집이 정당화되기 때문에 현존하는 데이터의 양은 의미가 없다.
- 정보의 가치를 계산해 보면, 원래 생각했던 것보다는 필요로 하는 데이터의 양도 적고 그 종류도 완전히 다를 수도 있음을 알게 된다9장에서 논의한 측정의 전도를 참조하라.

베이즈 정리의 개요: "재앙에 대한 데이터 부족" 문제를 다루기 위한 하나의 방법

리스크 분석에서는 상대적으로 흔하지 않지만 그 피해가 극히 큰 재앙들의 발생 가능성을 평가하는 것이 중요할 때가 있다. 재앙catastrophe 또는 재해disaster라고 불리는 그러한 사건들의 희소성이 이러한 사건들의 발생 가능성을 평가함에 있어서의 문제점이다. 베이즈 정리Bayes's Theorem는 리스크 분석가들이 그러한 상황을 평가하는 기본적인 도구여야 하지만, 내가 아는 한, 실제로는 이 정리가 거의 사용되지 않는다. 베이즈 정리는 새로운 정보를 구하게 되면 이전에 알고 있던 것을 업데이트시키는 방법이다. 우리는 보정 훈련으로부터, 어떤 것에 대해서든 이전의 불확실성 상태를 항상 표현할 수 있음을 알게 되었다. 많은 사람들이 이전에 알고 있던 바를 지식이 가치 있게 될 만큼 업데이트시키는데 필요한 데이터가 얼마나 적은가를 알게 되면 깜짝 놀라는 것 같다.

베이즈 정리

P(A | B) = P(A)×P(B | A) / P(B)

여기서,

P(A | B) = B가 발생한 경우 A가 발생할 확률

P(A), P(NOT A) = 각각 A의 확률 및 A가 아닐 확률

P(B) = B의 확률 = P(B | A) P(A) + P(B | NOT A) P(NOT A)

P(B | A) = A가 발생한 경우 B가 발생할 확률이다.

신형 우주선의 실패율은 리스크 분석 영역 중 우리가 많은 데이터를 갖고 있지 못한 분야 중 하나이다. 신형 로켓을 개발하고 있을 경우, 우리는 실패율, 즉, 로켓이 폭발하거나 또는 다른 이유로 유효 탑재량을 궤도에 올려놓지 못하는 횟수가 얼마나 될지를 모른다. 만일 로켓을 1백만 번 발사한다면, 매우 정확한 실패율을 구할 수 있을 것이다. 그러나 비즈니스에서의 많은 문제들에서와 마찬가지로 표본당 비용이 너무 높아서 그렇게 할 수 없다는 것은 명백하다.

당신의 보정된 전문가의 기존 리스크 분석으로 새로 설계된 로켓이 적절하게 기능을 발휘할 가능성이 80%이고, 실패할 가능성이 20%라고 결정했다고 가정하자. 그러나 당신은 불확실성을 감소시킬 수 있는, 구성 요소들에 대한 일련의 테스트 결과도 갖고 있다. 물론, 이 테스트들에도 자체의 불완전성이 있어서 이 테스트들을 통과했다 해서 성공을 장담할 수는 없다. 우리는 과거에 처녀 테스트 비행에서 실패했던 다른 시스템들은

이 구성 요소 테스트 방법에서도 95%의 실패율을 보였다는 것을 알고 있다. 로켓 발사대에서 성공했던 시스템들은 구성 요소 테스트를 90% 통과했다. 만일 신형 로켓에 대한 테스트 결과가 좋을 경우, 최초 비행의 성공 가능성은 얼마인가? 앞 장에서 소개된 표기법을 이용하여 이를 알아보자.

P(T | R) = 양호한 로켓일 경우, 테스트 결과가 좋을 확률 = 0.9

P(T | NOT R) = 불량 로켓일 경우, 테스트 결과가 좋을 확률 = 0.05

P(R) = 로켓 발사 성공 확률 = 0.8

P(T) = 테스트 결과가 좋을 확률 = P(T | R) × P(R) + P(T | NOT R) × P(NOT R) = 0.9 × 0.8 + 0.05 × 0.2 = 0.73

P(R | T) = P(R) × P(T | R)/P(T) = 0.8 × 0.9/0.73 = 0.986

달리 말하자면, 테스트 결과가 좋다면 우리는 로켓 발사 성공에 대해 최초에는 80% 확신할 수 있었지만 이제는 98.6% 확신할 수 있음을 의미한다. 우리는 로켓이 양호할 경우 테스트 결과가 좋을 확률로부터 시작해서 테스트 결과가 좋을 경우 로켓이 양호할 확률을 구했다. 이런 이유로 이를 베이즈 정리를 이용한 전도轉倒, 또는 베이즈의 전도Bayesian inversion라 한다.

이제, 우리가 이러한 테스트조차 하지 않았다고 가정하자. 테스트를 통해 어떻게 과거의 모든 실패 데이터를 구할 수 있겠는가? 우리는 단지 각각의 실제 발사를 다음 번의 발사에 대한 "테스트"로 활용할 수 있을 뿐이다. 또한 우리는 이 근본적인 실패율underlying failure rate에 대해 지극히 불확실했다고 가정하자.

실상, 우리가 이 근본적인 실패율백만 번을 발사할 경우 매우 정확하게 측정할 수 있는 비율에 대해 알고 있는 것은 그 비율이 0%에서 100% 사이에 위치할 것이라는 점뿐이라고 하자. 이처럼 극단적으로 불확실한 상황 하에서 최초의 발사로부터 시작해서 각각의 발사는 우리에게 이 실패율에 대해 뭔가를 말해 준다.

이 사례에서 처음에는 미지의 실패율이 각 백분위percentile에 위치할 확률이 동일하다. 실패율이 8%-9% 구간에 있을 확률은 1%이며, 98%-99% 구간에 있을 확률도 1%이다. 이런 식으로 0%-100%의 각 백분위 구간에 있을 확률이 모두 1%이다. 만일 기저base 실패율이 77%라면, 우리는 물론 특정 발사의 실패 가능성을 쉽게 알 수 있다. 그것은 그저 77%일 뿐이다. 이제 우리에게 필요한 것은 실제 관찰 결과가 주어졌을 때 주어진 기저 실패 가능성을 계산할 수 있도록 해 줄 베이즈의 전도이다. 나는 각각의 범위에 대한 베이즈의 전도 계산 예를 www.howtofixriskmgt.com에 있는 스프레드시트에서 볼 수 있도록 했다. 보기 11.1에서 단지 몇 차례의 발사 후 가능한 기저 실패율의 분포가 어떤 모습인지 엿볼 수 있다.

보기 11.1은 기저 실패율에 대한 우리의 추정을 확률 밀도 함수probability density function; pdf로 보여 준다. 이들 각각의 곡선 아래의 면적을 더하면 1이 되어야 하며, 곡선이 가장 높은 곳에서의 확률이 가장 높다. 우리의 분포는 모든 기저 실패율base failure rate을 보일 가능성이 동일한 균일 분포uniform distribution로부터 시작했지만평평한 점선, 최초의 발사조차도 우리에게 뭔가를 말해 준다. 최초의 발사 이후, pdf는 왼쪽으로 이동했다.

그 이유는 이렇다. 만일 실패율이 실제로는 99%였다면, 최초의 발사

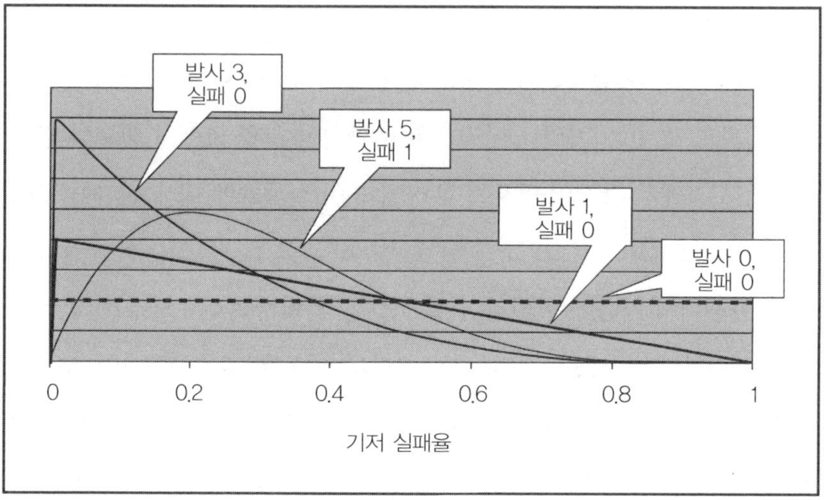

[보기 11.1] 견고한 베이즈 방법의 발사 실패율 적용

가 성공하는 것은 불가능하지는 않지만, 그럴 가능성은 별로 없을 것이다. 실패율이 95%라면 첫 번째 시도에서 발사에 성공할 가능성은 실패율이 99%일 경우보다 다소 높기는 하겠지만, 여전히 가능성이 아주 낮을 것이다. 전체 범위의 다른 쪽 끝 부분을 보면, 실제 실패율이 2%라면 첫 번째 발사가 성공할 가능성이 매우 높아질 것이다.

우리는 특정한 실패율이 주어진 경우라면 발사가 실패할 확률을 안다. 우리는 실제 발사 및 실패 건수가 주어졌을 때의 실패율을 구하기 위해 단지 베이즈의 전도를 적용했을 뿐이다. 이를 수행하려면, 범위를 작은 구간들로 나누고 범위 내에서의 각 구간이 조금씩 증가할 때마다 베이즈의 전도를 계산하기만 하면 된다. 그러면 우리는 각각의 발사 관찰 결과에 대해 이 분포가 어떻게 변하는지를 볼 수 있다.

몇 차례의 발사를 한 후에도 주어진 특정 실패 확률 하에서 그러한 결과를 볼 가능성을 계산할 수 있다. 이는 이항 분포binomial distribution라고 불리는 통계학의 계산에서 나온다. 이 분포는 엑셀에서는 간단히 = BINOMDIST S,T,P,C로 표시한다. 여기서 S=성공 횟수, T=시도발사 횟수, P=성공 확률, 그리고 C는 엑셀이 누적 확률해당 건까지의 모든 성공 횟수의 가능성을 보여 주기를 원하는지 또는 해당 결과의 개별적인 확률을 보여 주기를 원하는지우리는 이를 보여 주도록 설정한다를 알려주는 지표이다. 우리는 다섯 번 발사해서 한 번 실패했다. 만일 기저 실패 확률이 50%일 경우, 다섯 번 발사해서 한 번 실패할 확률은 15.6%가 될 것이다. 또한 기저 실패 확률이 70%라면, 다섯 번 발사해서 한 번만 실패할 확률은 3%에 지나지 않을 것이다. 최초의 발사와 마찬가지로 여기서도 우리의 최초의 범위에서 각각의 백분위가 증가할 때마다 베이즈의 전도가 적용된다.

엑셀에서의 이항 확률

일정한 시도에서 일정한 성공을 보일 확률에 대한 엑셀 식은 다음과 같다:

=BINOMDIST(S,T,P,C)

여기서, S=성공 횟수, T=시도 횟수, P=성공 확률, 그리고 특정 성공 횟수에 대한 확률을 원할 경우 C=0이고 해당 횟수 이하로 성공할 확률을 원할 경우 C=1이다.

이는 실패율이 0%에서 100% 사이의 어디에나 위치할 수 있다는 최대의 불확실성을 가정하고 시작했기 때문에, 이를 견고한 베이즈robust Bayesian의 방법이라 한다. 요는, 불확실성이 클 경우, 실제로는 많은 데이터가 있어야 이를 개선할 수 있는 것이 아니다. 때로는 단지 하나의 데이터만 있어도 된다.

그러나 진정으로 막대한 피해를 가져오는 재앙적 사건들에 대해서는 재앙 자체보다 더 많은 데이터를 사용할 수 있는 길을 모색할 필요가 있을 수 있다. 이를 위해 로빈 딜론Robin Dillon–메릴Merrill이 연구했던 것과 유사한, 니어 미스를 사용할 수 있다6장을 참조하라. 니어 미스들은 실제 재앙보다 훨씬 더 풍부한 경향이 있으며, 최소한 재앙들 중 일부는 니어 미스를 야기한 것과 동일한 사건들에 의해 야기되기 때문에, 이들로부터 뭔가를 배울 수 있다. 니어 미스는 많은 방법으로 정의될 수 있지만, 나는 이 용어를 매우 넓게 사용할 것이다. 니어 미스는 니어 미스가 발생했을 때의 재앙의 조건부 확률이 니어 미스가 발생하지 않았을 때의 재앙의 조건부 확률보다 클 경우의 사건이다. 즉, P재앙|니어 미스 발생 > P재앙|니어 미스 미 발생이다.

예를 들어, 비행기의 안전 점검 불합격은 시정 조치가 취해지지 않을 경우 재앙이 발생할 가능성에 영향을 줄 수 있다. 다른 예표적 사건들로는 원자력 발전소에서 나는 경고음, 중년 남자가 가슴에 통증이 있는 경우, 자동차 운전자가 난폭 운전으로 딱지를 받는 경우, 우주왕복선 발사 중 구성 요소의 실패예컨대, 위성 발사 시 원형 링의 연소 또는 거품 발생 등 등이 있을 수 있다. 이들 각각의 사건들은 특정한 종류의 참사 발생에 대하여 필요하지만, 대개는 충분하지 않은 요인일 수 있다. 재앙만의 숫자에 기초했을 때에는 이를 탐지할 재앙의 표본 수가 충분하지 않은 경우에도, 니어 미스의 발생이 증가하면 재앙이 발생할 리스크가 증가했음을 암시할 것이다.

특정 시스템의 전반적인 실패의 경우와 마찬가지로 니어 미스의 발생, 또는 미 발생을 관찰할 때마다 우리는 니어 미스의 확률에 대해 뭔가를 알 수 있다. 이를 분석하기 위해 나는 시스템의 실패율 및 니어 미스 확률 모두에 대해 상당히 간단한 견고한 베이즈의 전도를 적용했다.

내가 이를 우주왕복선에 적용했을 때, NASA의 관리자들이 니어 미스를 성공과 진배없다고 인식한 것은 합리적이지 않다는 딜론-메릴의 발견 사항을 확인하였다. 또한 관리자들이 니어 미스가 해당 시스템의 견고함robustness을 증명했다고 믿고서 리스크가 감소된 것으로 인식하는 것은 합리적이지 않음도 확인했다.

보기 11.2는 외부 탱크에 거품이 누출된 경우에서처럼 이전의 발사가 성공적이기는 했지만, 니어 미스가 발생했던 경우의 발사 실패 확률을 보여 준다. 나는 몇 명의 엔지니어들이 50번의 발사에서 1번의 실패를 예상해야 한다고 말한 "이전의 지식"으로부터 시작했다. 이는 파인만이 실시한 면담에서 발견한 것보다 비관적이다. 나는 이 2%의 실패율을 단지 가능한 기저 실패율의 범위 예상치로

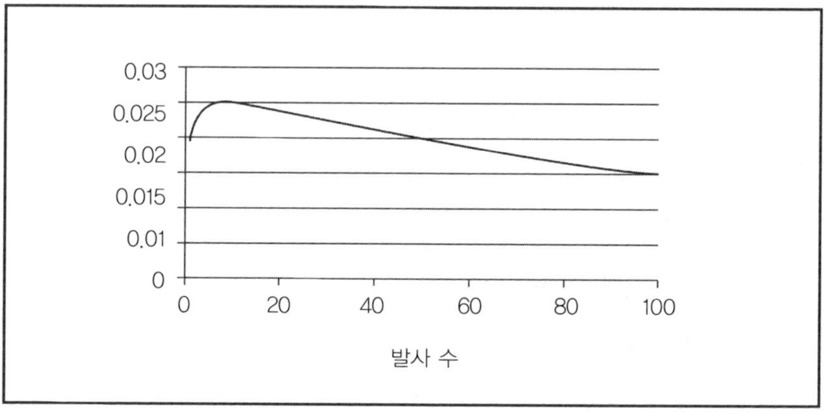

[보기 11.2]

조건부 견고한 베이즈 방법 : 각각의 준-실패 니어 미스(예를 들어, 거품 발생, O-Ring 연소 등을 제외하면 성공적이었던 발사)가 관찰된 뒤의 우주선 재앙 발생 가능성

여겼다. 또한 나는 니어 미스율에 관해 가능한 최고의 불확실성으로부터도 시작했다. 마지막으로, 나는 니어 미스가 발생하도록 허용한 것이 재앙의 필요 전제 조건이었던 사건들에 한정했다. 달리 말하자면, 조사된 니어 미스가 재앙의 유일한 원인이었다. 이러한 전제들은 실제로는 NASA의 관리자들보다 너그러운 것이다.

이 도표는 첫 번째 발사의 실패 확률을 보여 주고 나서2%에서 시작함, 니어 미스가 발생했다는 점을 제외하면 성공적이었던 비행을 관찰할 때마다 이를 업데이트했다. 내가 앞에서 말했던 바와 같이 실현 결과를 가지고 시작했는데, 그 결과에 따라 실제 실패율은 훨씬 더 높을 수도 있고, 낮을 수도 있다. 처음 10회의 비행에 대해서는 이처럼 지극히 너그러운 가정 하에서도 조정된 실패 확률이 증가한다. 비행 자체는 성공적이었더라도 니어 미스 관찰 빈도가 높아질수록 기저 니어 미스율이 낮을 가능성을 점점 더 작아지게 한다예를 들어, 발사당 니어 미스 확률이 3%에 불과할 경우, 이처럼 많은 니어 미스를 보게 될 가능성이 낮을 것이다. 실상, 약 50회의 성공적인 비행을 관찰한 후에야 조정된 실패율이 최초의 실패율 수준으로 낮아질 수 있었다.

그러나 이는 너무도 관대하다. 사실은 그들은 니어 미스들을 관찰할 때까지 이러한 니어 미스들이 발생할 수도 있다는 생각조차 하지 못했다. 그들이 생각한 니어 미스율은 사실상 0%였는데, 첫 번째의 니어 미스 관측으로 이러한 가정이 잘못되었음이 입증되었다.

베이즈 방법의 사용은 어떤 특별한 예외가 아니다. 나는 이를 대부분의 측정 문제에 있어서 가장 먼저 의지하는 도구로 생각한다. 사실, 거의 모든 실제 세계의 측정 문제들은 베이즈 적이다. 즉, 우리는 해당 수치에 대해 뭔가를 알고 있으며다른 아무 것도 없다 해도, 보정된 추정치라도 있을 것이다, 새로운 정보를 접하게 되면 이전의 지식을 업데이트한다. 이는 가장 재앙적인 리스크에 적용되는 것과 동일한 이유로 생명을 구하는 약품에 대한 임상 테스트에 사용된다. 즉 이는 단지 약간의 관찰만으로 최대의 불확실성 감축을 달성하는 방법이다.

니어 미스들을 다루는 방법의 발달은 다양한 재앙을 평가하는데 이용할 수 있는 데이터를 크게 늘려 줄 것이다. 니어 미스에 대한 베이즈 적인 분석은 유일하게 현실적인, 측정의 원천이다.

품질에 관심이 있는 모델 설계자들을 위한 자체 조사

모델이 과거의 데이터와 얼마나 잘 들어맞는지를 점검하고, 예측의 결과를 추적 관리함으로써 끊임없이 테스트하는 것은 절대적으로 필요하다. 모델을 신뢰할 수 있으려면 이런 테스트들이 필요하다. 그러나 이러한 테스트들은 실행하기 어렵지 않음에도 불구하고, 좀처럼 행해지지 않는다. 분석가들이나 경영진들이 모델을 현실에 비추어 점검해 볼 인센티브가 거의 없다.

추적 관리tracking: 모델의 예측치모델 내에서 예측된 변수들을 포함를 문서화하고, 이를 실제 결과와 비교함.

사후 검증back testing: 모델을 돌려서 그 결과를 현재 존재하는 과거 데이터와 비교함.

이 책을 위하여 조사를 수행하는 과정에서 내가 직면한 가장 큰 도전 과제는 몬테카를로와 같은 계량적이고 확률적인 방법을 사용하는 것이 질적인 방법들보다 낫다는 사실에 대한 강력하고, 설득력 있는 증거를 찾아내는 것이었다. 나는 공정을 기하기 위해서 다른 방법에 적용했던 것과 같은 기준을 적용해야 했다. 또한 나는 의사 결정이 일관되게 개선되었다는 증거를 찾을 필요가 있었다. 실제로 몇 가지 좋은 예를 찾기도 했지만 보다 흥미로운 사실은 거의 아무도 현재 자신의 모델들의 성과를 측정하지 않는다는 것이다.

나는 일상적으로 예측을 실제에 비추어 점검하고자 노력한다. 내가 예측했던 모든 모델들에 사용되고 있는 모든 변수들 중에서, 나는 일부에 대해서만 예측과 비교할 수 있는 실제 데이터를 쉽게 구할 수 있다. 그러나 그러한 변수들만 해도 100개가 넘는다.

우리는 앞 장에서 참/거짓 보정 테스트의 결과를 검증했던 것과 동일한 방식으로 이항 확률binary probability의 예측을 검증할 수 있다. 즉, 우리가 특정 사건이 발생할 가능성이 대략 10%라고 말했던 모든 경우에 대해, 그러한 사건이 실제로 발생한 경우가 약 10%가 되어야 한다. 범위를 검증하기 위해서는 90%의 신뢰구간CI을 검증하기 위해 사용했던 테스트보다 다소 상세한 테스트를 적용할 수 있다. 실제 데이터로부터 좀 더 많은 데이터를 구하기 위해서 나는 모든 원래의 범위 예측치를 복수의 "구간 단위bucket"로 쪼갰다.

- 50%는 안쪽의 4분위 범위interquartile range 분포의 가운데 내에 있어야 한다.
- 5%는 90% CI의 상한 위에 있어야 한다.
- 5%는 90% CI의 하한 밑에 있어야 한다.

- 20%는 안쪽 사분위보다 위에 있지만 90% CI의 상한 밑에 있어야 한다.
- 20%는 안쪽 사분위보다 밑에 있지만 90% CI의 하한 위에 있어야 한다.

이 범위 구간들은 임의적이며, 나는 범위 구간을 이와 다르게 정의할 수도 있었다. 그러나 참/거짓 테스트의 경우와 마찬가지로, 실제 발생한 사건들은 우리가 추정했던 것만큼의 빈도를 보여야 한다. 이 경우에, 실제 데이터가 예측이 시사하는 만큼의 빈도로 해당 범위 구간들에 속해야 한다. 그리고 범위들이 동일한 유형일 필요도 없다. 어떤 범위 분포에 대해서도 그 형태가 어떠하든지, 언제나 구간 단위를 쪼갤 수 있다. 분포를 어떻게 정의하든, 데이터의 5%만이 예측의 95백분위 위에 있어야 한다. 또한, 보정 테스트의 경우와 마찬가지로 예측들을 비교하기 위해서는 이들이 같은 주제에 관한 것이어야 하는 것도 아니다.

내 모델들을 살펴보니 통계적으로 허용 가능한 오차 범위 내에서 대부분 유형의 데이터 예측치들이 예상한 대로 분포되어 있음을 발견했다. 이 모델들에 대해서는 해당 예측 방법이 효과가 있었다.

내 데이터베이스에 프로젝트 수가 30개가 되었을 때인 2001년에 나는 보정 테스트에서 확률을 평가할 수 있는 능력이 있음을 보여 주었던 보정된 추정자들조차, 특정 변수들에 대해서는 제대로 예측하지 못한다는 것을 발견했다. 보정된 사람들도 성과가 신통하지 않았던 2가지 분야는 재앙적인 프로젝트 실패 및 매출액 추정이었다.

프로젝트 취소프로젝트 시작 후 이를 중단하는 것의 경우, 평가된 확률이 실제 관측된 취소율보다 훨씬 낮았다. 보정된 추정자들 중 취소율이 10%가 넘는다고 예측한 사람은 전혀 없었고, 평균 추정치는 5%였다. 그러나 이 프로젝트들이 시작된 뒤에 이들에 대해 관찰해 보니, 취소율은 30개 중 6개, 즉 20%였다. 앞에서 논의했던 이항 분포에 따르면, 프로젝트당 취소율이 5%인데 30개 중 6개가 취소될 확률은 극히 낮다1천분의 1도 안 된다. 그러한 프로젝트 중 하나는 취소될 가능성이 전혀 없다, 즉 취소가 불가능하다고 생각했던 프로젝트였다.

나는 또한 매출액 관리에 직접적으로 관여하지 않는 사람들이 이를 제대로 예측하지 못하는 것도 발견했다. 내가 평가해 주었던 회사들의 많은 운영상 투자들에 대해, 투자 수익률은 부분적으로는 매출액의 함수여야 했다. 예를 들어, 어느 보험회사가 새로운 보험 상품의 프로세싱을 개선하고자 할 때, 그 가치는 부분적으로 얼마나 많은 새로운 보험이 팔리는지와 관련이 있어야 했다. 우리는 처음에 IT 관리자에게 이를 추정하도록 요청하고, 해당 정보의 가치가 이를 정당화하면, 추가적인 조사 연구를 하곤 했다.

그러나 여기에서도, 너무도 많은 실제 관측 결과들이 원래 예측의 양 극단에 쏠림을 발견했다. 프로젝트마다 하나의 변수밖에 없는 프로젝트 취소의 경우와는 달리, 이 경우에는 모델마다 복수의 예측 범위들이 있었고, 다루어야 할 데이터도 많았다. 이를 감안한다 해도 매출액 예측에서는, 실제 매출 실현 결과가 예측의 하단 5%보다 낮았던 경우가 15%가 넘었다.

다행히도 이러한 추적 관리 및 테스트 덕분에, 프로젝트 취소 및 매출액 변화에 대한 역사적 데이터가 보정된 추정자들보다 더 믿을 만하다는 점을 발견하게 되었다. 데이터의 출처가 해당 회사가 아니라, 그 회사가 속한 산업이라 할지라도 말이다. 그러니 만일 관리자가 매출액 관리 분야의 전문가가 아닌 경우, 그에게 매출액을 추정해 달라고 요청하는 것은 별로 좋은 생각이 아니다. 이보다 더 다행스러운 소식은 추정자들에게 요청한 다른 모든 종류의 추정예컨대, 프로젝트 기간, 생산성 향상, 기술 채택률 등에 대해서는 보정된 추정자들은 예상한 바대로 해냈다는 점이다. 즉 실제 실현 결과의 약 90%가 그들의 90% CI 안에 들어 왔다. 아쉬운 점은, 더 많은 프로젝트에서 더 많은 변수들에 대한 데이터를 수집할 수 없었다는 점이다. 불행히도, 몬테카를로 모델을 구축하는 사람들 중 누구도 이러한 추적 관리를 하지 않고 있다.

그러나 역사적 데이터를 사용하여 모델을 검증하고 예측치를 추적 관리하여 이를 실제 결과와 비교하는 것은 아주 간단하다. 모든 데이터를 구하지 못한다고 걱정하지 마라. 구할 수 있는 데이터를 구하라. 나는 한정된 데이터만 가지고 있었지만, 결과들을 추적 관리함으로써 뭔가 유용한 점을 배웠다. 다음과 같은 점들을 명심해야 한다이 항목들이 앞에서 본 것과 비슷하게 들린다면, 이는 동일한 원칙들이 적용되기 때문이다.

1. **각각의 모델이 독특하기 때문에, 그 결과들을 취합할 수 없다고 가정하지 마라.** 어떤 형태의 예측이건, 사건 발생 가능성 예측치를 실제 결과와 비교함으로써 평가할 수 있다. 예를 들어, 모든 종류의 예측들의 하단 꼬리 5%를 살펴보고, 실제 결과의 약 5%가 이 범위에 들어 왔는지를 점검할 수 있다. 또한, 9장에 나오는 세인트헬렌스 산의 오류를 저지르지 마라. 두 개의 서로 다른 시스템들에 독특한 측면들이 있다는 이유만으로, 서로 다른 시스템으로부터 배울 것이 없다는 것을 의미하지는 않는다.
2. **보유하고 있는 모델 수가 적어서 추적 관리할 데이터가 충분하지 않다고 염려하지 마**

라. 당신의 모델에 있는 거의 모든 변수들은 예측이 역사적 데이터에 근거했든 아니면 보정된 추정치에 근거했든, 실제 관찰치에 비추어 점검할 수 있는 예측들이다. 중간 크기의 모델 하나만으로도 추적 관리를 시도해 볼 수 있는 예측들을 상당수 보유하게 될 것이다.

3. **쉽게 구할 수 없는 데이터가 있다는 사실에 대해 염려하지 마라.** 왜냐하면 쉽게 구할 수 있는 데이터가 있기 때문이다. 오퍼레이션에 대한 대규모 연구를 하지 않고서는 생산성 향상에 관한 예측이 정확한지 알 수 없다 하더라도 염려하지 마라. 실제 프로젝트 기간 또는 생산량을 쉽게 점검할 수 있다.
4. **데이터 수가 적으면, 아무 것도 말해 주는 게 없다고 단정하지 마라.** 먼저, 데이터를 구하고, 그다음에는 이 데이터로부터 얼마나 많이 배울 수 있는지 판단하라. 취소 가능성이 0%로 예측되었던 IT 프로젝트의 경우, 단 하나의 취소 데이터를 통해 원래의 추정자가 틀렸음을 증명했다. 발생 가능성이 1%도 안 되는 것으로 추정되었던 사건이, 10회의 예측 중 3회 발생한 경우, 해당 사건의 발생 가능성이 1%보다는 클 것이라고 암시하는데 필요한 데이터를 갖고 있는 셈이다.
5. **시간 간격을 바꾸라.** 분석가들 사이에는 마치 5년이 마법의 숫자라도 되는 양, 5년의 데이터를 관찰하는 습관이 있다. 그러나 2008년의 금융위기가 증명했듯이, 수십 년 만에 한 번밖에 일어나지 않는 사건들은 훨씬 더 큰 영향을 준다. 일 년 동안 발생할 확률이 5%에 불과한 사건을 고려해 보자. 이 사건은 5년이라는 기간 동안에도 발생할 확률이 23%에 지나지 않지만*$1-0.95^5$-역자 주*, 40년 동안이라면 87%의 발생 가능성이 있다*$1-0.95^{40}$-역자 주*. 1년 동안 발생할 가능성이 아니라, 10년 동안

발생할 가능성만 보여 주더라도 영향이 큰 사건들에 대해 더 나은 통찰력을 얻을 수 있다.

6. **역사적 데이터를 사용할 때에는 변화된 역사** meta-history**를 사용하라.** 특정 주식의 이전의 역사적 변동성을 볼 때에는 다음과 같이 자문自問하라. "역사적으로, 실제 결과가 이 역사적 데이터가 예측한 범위 내에 얼마나 자주 들어 왔는가?" 금융 분석가들은 흔히 특정 주식 가격의 과거 5년의 변동성을 사용하여 이 주식의 다음 분기의 가격 변동성을 추정한다. 매일 다우존스의 역사를 바라볼 경우, 과거 5년의 변동성은 다음 분기의 변동성에 얼마나 잘 들어맞는가? 우리는 다음 분기의 변동성은 이전 5년간의 변동성의 절반에서 2배 사이의 어느 곳에도 위치할 수 있음을 발견했다. 마찬가지로, 9장에서 살펴본 바와 같이, 이전에 상관관계가 있었던 변수들의 상관관계가 얼마나 자주 변하는지 살펴보지 않고서 두 변수들 간의 상관관계를 불변인 것으로 받아들이지 마라.

자신의 예측 실적을 평가하는 관행이 드물기는 하지만, 나는 그렇게 하려고 시도하는 사람들을 몇 명 발견하였다. 레이 코버트Ray Covert는 정부 및 기업체들에 예산, 추적 관리 및 경영 서비스를 제공하는 업체인 MCR, LLC에 근무하고 있다. 코버트는 대부분의 시간을 크리스탈 볼Crystal Ball 도구를 가지고 몬테카를로를 사용하여 미 항공우주국NASA에 정교한 비용 및 임무 분석 모델을 구축해 주는 데 할애하고 있다.

코버트는 또한 일상적으로 자신의 예측 결과를 실제 결과와 대조한다. 그는 몬테카를로에 기반한 자신의 비용 분석 방법은 평균적으로 임무의 비용을 약간 과소평가하지만, 비용에 대한 점 추정point estimate에 근

거한 결정론적 방법보다는 나음을 발견했다. 그의 비용 추정치가 실제 비용의 ±10% 범위 내에 있는 비율은 50%를 약간 상회한 반면그리고 일부는 ±10%를 약간 벗어났다, 표준적인 회계 방법으로부터 나온 모든 추정치들은 실제 비용을 25%에서 55% 과소평가했다.

NASA는 다른 방법들의 유효성을 추적 관리함에 있어서 또 다른 재미있는 기회를 제공했다. NASA는 100개가 넘는 행성 간 우주 탐사 임무에 대해 7장에서 정확하지 않음을 밝혔던 바로 그 5×5 "리스크 매트릭스"와 확률적 방법을 사용하여 리스크를 평가했다. 코버트는 5×5 리스크 매트릭스가 예측 결과를 실제와 비교했을 때 잘 들어맞지 않음을 발견했다. 그는 이렇게 말한다. "나는 5×5 방법을 지지하지 않습니다. 우주왕복선 재앙이나 기타 위성 발사 실패가 이 도표들 상에는 나타나지 않습니다."

코버트는 5×5 리스크 매트릭스 방법 대신에, Aerospace Corporation의 데이비드 비어든David Bearden에 의해 개발된 임무 실패 모델을 사용한다.[73] 이는 우주선의 실제 임무 실패와 매우 잘 들어맞는 모델 예측 결과를 만들어 내는, 역사적 데이터에 기초한 모델이다. 비어든은 궤적이 얼마나 빠듯하게 관리되어야 하는지, 해외의 파트너가 사용되었는지, 독특한 기구의 숫자 등과 같은 37개의 요인을 사용하여 일종의 복잡성 지수complexity index를 개발했다. 그는, 임무 실패의 실제 역사적 데이터를 보면, 모든 실패는 주어진 복잡성 정도에 비해 일정 및 예산이 매우 빠듯한 임무였음을 발견했다.

복잡성 자체만으로는 임무 실패를 제대로 예언할 수 없지만, 복잡한 임무가 빡빡한 예산 및 시간상의 제약과 결합되면, 임무 실패의 가능성이 매우 높아지기만 하는 것이 아니라, 그 가능성이 압도적으로 높아질

수도 있다. 비어든이 주어진 복잡성 정도 별로 임무의 일정 분포를 조사해 봤을 때, 거의 모든 부분적 실패 또는 완전한 실패가 이 분포의 하위 3위 내에서 발생했음을 발견했다. 주어진 복잡성 수준 하에서 일정 및 예산의 상위 50%보다 위쪽에 있었던 임무들은 어떤 부분적 실패나 완전한 실패도 발생하지 않았다. 비어든은 주어진 복잡성 하에서 시스템을 개발할 충분한 시간이나 돈이 없는 영역을 "비행 불능 지대no-fly-zone"라 부른다. 역사적 데이터를 살펴봄으로써, 대부분의 모델 설계자들은 어떠한 종류의 프로젝트나 투자에 대해서도 비행 불능 지대와 유사한 것을 찾아낼 수 있을 것이다.

일반적인 모델 설계자들에 대해 재미있는 교훈을 던져 주는 이야기가 하나 있다. NASA의 임무에 시간 및 예산 상 제약이 빠듯할 경우, 그들은 다른 무엇보다 구성 요소 테스트component test를 생략하는 경향이 있다. 그리고 테스트를 덜 하면 실패가 많아진다. 조직의 리스크 모델에 대해서도 같은 말이 적용된다. 즉, 테스트를 적게 하면, 실패가 많아진다. 문제는, 리스크 모델에 있어서는 테스트가 거의 시행되지 않기 때문에, 리스크 모델의 실패는 우주 임무의 실패보다 훨씬 가능성이 크다는 것이다.

NASA의 우주 임무의 구성 요소 테스트 삭감과 임무 실패 사이에는 직접적인 상관관계가 있다. 리스크 모델에도 동일한 관계가 적용된다.

12 리스크 커뮤니티: 리스크 관리에 있어서 조직 내외의 문제들

계산된 리스크를 취하라. 이는 무모함과는 아주 다르다.
–조지 패톤(George Patton)

예측, 특히 미래에 관한 예측은 매우 어렵다.
–닐스 보어(Niels Bohr), 노벨상 수상, 물리학자

이 책의 대부분은 주로 리스크 및 의사 결정 분석 방법에 중점을 두고 있다. 이는 확실히 왜 리스크 관리에 결함이 있으며 이를 어떻게 시정할 것인지에 답하는 열쇠이다. 점성술보다 나을 것이 없는 리스크 평가 방법을 계속 사용하면, 리스크 관리의 개선이 불가능해질 것이다. 그러나 더 나은 리스크 측정 방법을 시행한다면, 리스크 관리에 대해 훨씬 양호한 지침을 갖게 될 것이다.

그러나 개선을 이루기 위해서는, 조직들은 계량적인 방법 자체와는 무관한 장애물들을 다룰 수 있는 방법을 갖고 있어야 한다. 부서간의 참호silo를 허물고, 양호한 품질관리 절차를 가지며, 분석과 의사 결정을 잘 할 인센티브를 제공할 필요가 있다.

이 문제는 조직 내의 협력을 위한 경영진 차원에서의 해법을 필요로

하기 때문에 때로는 이사회에서조차 이를 처리하지 못할 수도 있다. 리스크 관리를 바로잡으려면, 우리에게는 "공식적인 리스크 관리 절차"가 있다거나 "리스크 담당 임원"을 임명했다고 말하는 등의 피상적인 조치를 뛰어넘는, 조직 차원의 전심전력commitment이 필요할 것이다.

조직 갖추기

샘 새비지Sam Savage 박사는 조직 관리 및 품질관리 문제가 그 자신과 내가 옹호하는 리스크 관리 평가 방법 이상으로 중요하다고 생각한다. 새비지에 의하면, "리스크 관리에서 가장 실패하고 있는 부문은 개별적인 리스크 모델들의 통합 결여 및 이들에 대한 감사 능력 결여이다." 이에 동의하는 Aon 사의 크리스토퍼 본Christopher Bohn은 이렇게 말한다. "조직들은 부서 간에 참호silo로 막혀 있습니다. 아무도 조직의 리스크를 전체적으로 보지 않고 있으며, 이에 따라 리스크 경감을 위한 자원이 효율적으로 사용되지 않고 있습니다." 이러한 문제들을 해결하지 않는다면, 정교한 리스크 분석 방법이 무의미해질 것이다.

나는 리스크 관리 및 리스크 관리 최고 책임자CRO에 대해 앞에서 명확히 했던 내용을 반복하고자 한다. 전에 언급한 바와 같이, 리스크 분석은 의사 결정 분석의 일부일 뿐이다. 그리고 분석은, 리스크 관리든 다른 어떤 분야이든 관리의 일부일 뿐이다. 5장에서 지적한 바와 같이, 리스크는 손실뿐 아니라 불확실한 효용도 포함해야 한다는 입장을 취하는 사람들이 있지만, 우리는 리스크와 효용을 함께 분석하는 것을 이미 의사 결정 분석이라 부르고 있다. 나와 같은 많은 분석가들은 이를 리스크/수익 분석이라 부르고 있는데, 여기서 리스크는 분석의 반쪽을 차지할 뿐이다. 불확실성리스크 하의 의사 결정 분석의 한 부분을 임의로 떼어내서 이에 다른 이름을 붙이는 것은 어색해 보인다. 내게는 이것이 회계 기록을 짝수와 홀수로 분리하거나 판매원을 고객 이름의 첫 글자에 따라 분류하는 것처럼 보인다.

우리는 리스크를 포함한 모든 불확실성을 조직의 목표를 체계적으로 지원하는 방식으로 분석하기를 원하고 있지 않는가? 모든 중대한 의사 결정에 있어 최상의 선택은 리스크와 효용 사이의 상쇄trade-off, 즉 리스크/수익 분석을 따르는 결정이다. 이를 담당하는 사람의 직책이 무엇이든, 누군가는 회사 내의 모든 종류의 불확실성에 대한 전반적인 평가를 담당할 책임을 져야 한다. 회계는 계량적인 확률적 불확실성을 전혀 다루지 않는다. 최고 운영 책임자COO 산하, 최고 투자 책임자CIO 산하, 마케팅, 그리고 다른 곳에서의 불확실성도 다룰 필요가 있으므로, 최고 재무 책임자CFO의 소관 업무조차도 너무 좁은 범위에만 초점을 맞춘다고 할 수 있다. 누가 전반적인 리스크 평가를 담당하든, 그에게는 다음과 같은 임무가 부여되어야 한다.

1. **회사의 리스크 회피 정도risk aversion를 문서화한다.** 누군가는 주어진 일련의 효용에 대해 해당 조직이 어느 정도의 리스크를 부담할 용의가 있는지를 명시적으로 묘사하는 효용 곡선인 투자의 경계investment boundary에 대한 수호자가 될 필요가 있다. 이 첫 번째 항목은 개념적으로는 간단하지만 매우 중요하다. 7장의 보기 7.6에서 효용과 리스크 사이의 상쇄 관계를 보여 주는 곡선인 투자의 경계를 보여 준 바 있다. 이 도표를 그리는 방법은 여러 가지가 있지만, 이를 어떻게 만들든, 이 곡선이 리스

크 용인 수준risk tolerance에 대한 회사의 공식적인 입장이다. 이는 다른 이들이 리스크 성향risk appetite이라고 부르는 것의 다른 버전이다투자의 경계는 단지 덜 모호하고, 더 계량적일 뿐이다.

2. **모델을 관리한다.** 누군가는 조직의 중요한 모든 불확실성들리스크 및 기회에 대한 시뮬레이션 모델을 최초로 개발하고 이를 계속 발전시킬 필요가 있다. 이는 다른 문제들에 대해 다른 별도의 리스크 모델을 보유하라는 얘기가 아니다. 이는 처음에는 긴급한 특정 문제들에 초점을 맞추고 시작할 수도 있지만, 궁극적으로는 내가 글로벌 확률 모델global probability model; GPM이라고 부르는 것이 되어야 할 것이다. 이에 대해서는 뒤에 더 자세히 설명한다.
3. **예측의 성과를 추적 관리하고 이를 개선한다.** 불확실성에 대한 미래의 평가가 점차 개선되게 하기 위해 누군가는 회사의 모든 예측을 기록하고, 이를 모니터해야 한다. 이를 담당하는 책임자는 개별 예측 추적 관리, 실제 실현 결과 보고 및 보다 나은 예측 인센티브 제공을 위한 시스템 설계 및 감독 책임을 지게 될 것이다.
4. **관계망을 구축하고, GPM의 범위를 확대한다.** 누군가는 자사의 리스크 모델을 사용하고 있는 다른 회사 또는 자사의 리스크 모델에서 다른 회사의 모델을 채용하고 있는 경우 그 회사와 연락을 취할 필요가 있다. 이 직원은 불확실성 평가에 관해서 CEO, 이사회, 주주 또는 감독 당국을 위한 독립적인 지침의 원천이 될 수도 있다.

이는 샘 새비지가 권고한 최고 확률 책임자chief probability officer; CPO처럼 들린다. 그러나 나는 CRO가 치부를 훨씬 더 잘 가리는 직책임을 인정할 수밖에 없다. 리스크를 담당할 사람을 두는 것은 확률 일반을 담당할 사람을 두는 경우에 비해 경영진이 "난제에 용감하게 맞서는 것"에 더 가깝다. CPO라면 회사 안에서 자신의 역할에 대해 혼란이 덜하겠지만 새비지가 말하는 바와 같이, "리스크 관리가 이미 우물을 더럽혔으며", 이제는 이를 돌이킬 수 없을 것이다. 그러니 이곳에서부터 계속 진행하자.

위의 목록들 중 첫째 항목이 중요한 출발점이라는 점은 명백하다. 회사의 투자 경계를 정의하는 것은 경영진에게 다음 사항들을 질문하는 것과 다름이 아니다.

- 수익을 어떻게 정의하기 원하는가? 이는 5년 동안의 연간 내부 수익률IRR, 5%의 할인율을 적용한 현재 가치 등과 같은 식으로 정의될 수 있다.
- 리스크를 어떻게 정의하기 원하는가? 이는 음-의 투자 수익률을 실현할 확률, 확률 1%에 해당하는 최악의 시나리오value at risk에 상응함, 또는 다양한 투자에 적용할 수 있는 다른 척도들이 될 수 있다.
- 주어진 수익에 대해 어느 정도의 리스크를 부담할 용의가 있는가? 이는 리스크 및 수익의 여러 조합에 대해 반복적으로 수행된다. 예를 들어 "모든 시나리오들에 대한 평균 수익률은 40%인데, 수익은 전혀 없이 투자의 일부 또는 전부를 잃을 확률이 5%라면, 1천만 달러를 투자하시겠습니까?"라고 질문한다. 경영진이 그렇다고 대답하면, 아니라고 대답할 때까지 리스크를 증가시킨다. 다음에는 수익을 증가시키고 이를 반복한다.

경영진에게 이러한 질문에 답하게 한 뒤에, 보기 7.6과 같은 도표가 만들어질 수 있다. 이 프로세스는 플립차트flipchart 상에서 쉽게 수행할 수 있다.

이제 위의 목록들 중 두 번째에서 네 번째 항목인 모델 관리, 예측의 추적 관리 및 개선, 조직 외적인 문제들에 대해 논의하기로 하자. 나는 또한 관심을 가져야 할 다른 방법들 및 방향에 대한 몇 가지 생각으로 이 책을 마무리하고자 한다.

글로벌 확률 모델 관리

여러 모델들을 결합하기 위해 조직의 참호들을 넘나드는 모델을 개발해야 한다는 생각은 너무 거창해 보일 수도 있다. 그러나 이는 약간의 "종자" 모델과 회사에서 이루어지는 각각의 새로운 리스크/수익 분석부터 시작할 수 있다. 또는 하향식top-down으로 조직 전체에 사용할 모델을 개발함으로써 시작할 수도 있다. 앞에서 설명한 몬테카를로 도구들이 이 모델의 기술적인 기반이 될 수 있을 것이다.

예컨대, 한 회사의 두 부문에서 매출액에 관한 불확실성을 고려하는 리스크/수익 모델을 평가할 경우, 두 부문 모두 동일한 모델을 사용하여 매출을 예측할 수 있다는 것이 이러한 주장의 기본적인 아이디어이다. 매출액에 관한 불확실성은 마케팅 부문또는 이 문제에 가장 가까운 사람으로부터 나와야 하며, 이에 대해 시뮬레이션을 할 필요가 있는 모든 모델 설계자들에 의해 반복되지 않아야 한다. 마찬가지로, 날씨, 주식 시장 및 환율들에 관한 불확실성이 대형 기술 투자, 신상품 및 공급 사슬의 리스크 및 수익에 대한 모든 모델들에 영향을 줄 경우, 이들 모델을 다루는 개별 분석가들 모두가 각자 날씨 등에 관한 모델을 따로 만들어서는 안 된다.

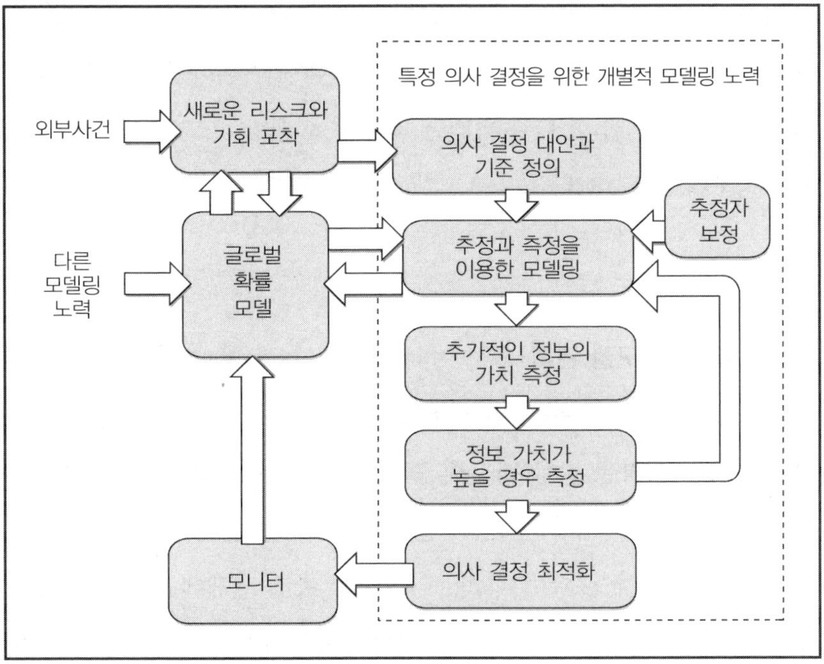

[보기 12.1] 글로벌 확률 모델의 발전

보기 12.1은 지속적인 모델링 노력과 외부의 사건들에 근거하여 GPM이 어떻게 발전할 수 있는지를 보여 준다. 이 프로세스의 우측은 사실상, 내가 1990년대에 개발했던 응용 정보 경제학Applied Information Economics; AIE의 방법이다. 이 방법은 원래 불확실성, 리스크, 무형 자산 비중이 높은 중요한 특정 의사 결정에 초점을 맞추었다. 이 그림은 개별 모델링 노력과 발전하는 GPM 사이의 쌍방향 상호 작용을 보여 준다. 새로운 의사 결정이 추가적인 모델링을 필요로 할 때마다, 그 모델은 GPM의 일부가 된다.

이 그림은 조직의 한 부문에서 하나의 모델링 노력 외에도 GPM을 업데이트하는 다른 원천들을 나타내는 상호 작용들도 보여 준다. 다른 모델링 노력들다른 조직의 노력도 가능도 GPM에 포함될 수 있다. 또한, 외부 사건들과 리스크의 새로운 원천들은 특정 의사 결정을 지원하지 않더라도 GPM에 추가될 수 있다. GPM 자체가 조직의 새로운 리스크를 식별해내는 하나의 방법이 될 수도 있다.

샘 새비지는 GPM이 요구하는 이러한 공유를 촉진하는 해법을 개발했다. 새비지는 시나리오 라이브러리Scenario library를 보관하는 기술을 개발했다. 이들은 다양한 문제들 각각에 대한 10만 개의 시나리오 데이터베이스이다. 이 데이터베이스는 휴일 매출액과 시간제 노동자 인건비의 상관관계 또는 에너지 비용과 철강 비용의 상관관계와 같이, 다른 변수들과 상관관계가 있는 변수들을 포함하고 있다. 그는 이들을 확률적 정보 패킷Stochastic Information Packets; SIPs 및 관계가 보존된 확률적 라이브러리 단위stochastic Library Units with Relationship Preserved; SLURPS라 부른다.

표준 시나리오 라이브러리를 보관하는 이러한 접근법은 몬테카를로 도구들에서는 일반적으로 시행할 수 없는 감사 추적 관리audit trail를 가능하게 해 준다. 이것들은 새비지가 인증된 분포certified distributions라 부르는 것들의 일부인데, 이 인증된 분포는 특정 사용자들을 위해 검증된 데이터이다. 이전에 존재하지 않았던 수준의 품질관리 및 표준화가 그의 목표이다. 이는 제품이 아니라 새비지가 옹호해 온 하나의 표준이다. Crystal Ball과 Risk Solver는 이미 이 표준을 지지하고 있으며, 몬테카를로 소프트웨어 회사들 사이에서 새비지의 방법에 동참하는 회사들이 점점 더 늘어나고 있다.

한 기업에서 이미 사용된 엔터프라이즈 어플리케이션은 GPM에 크게 기여할 수 있다. 머지않아 회사의 중요한 모든 어플리케이션에서 확률적 모델링을 포함할 수 있는 방법이 생겨날 지도 모른다. 오라클 사에서 크리스탈 볼 부문을 운영하는 짐 프랭클린Jim Franklin은 오라클은 자사의 중요한 모든 엔터프라이즈 어플리케이션에 몬테카를로 시뮬레이션 도구들을 통합하고 있다고 말한다. "오라클이 정태적 입력 자료를 사용하도록 하고 있는 모든 엔터프라이즈 어플리케이션에서 확률적 입력 자료를 사용할 옵션을 지니게 될 것입니다. CRM에서 매출 예측을 확률적으로 한다고 생각해 보십시오." 기획, 예산 수립 등을 위한 예측을 수행하는 엔터프라이즈 어플리케이션들이 많이 있다. 현재로서는 이 예측들이 결정론적이지만, 이들이 크리스탈 볼 시뮬레이션의 일부가 될 수도 있다.

이는 거창해 보일 수도 있지만, 몬테카를로 기반 의사 결정 프로세스를 시작하는 것보다 어렵지 않다. 나는 그다지 크지 않은 곳들을 포함하여 다양한 조직들에서 다양한 의사 결정 문제들에 관한 확률적 리스크 분석을 수행했다. 이곳에서의 유일한 차이는 각각의 모델을 유지하고 이를 다른 모델들과 합치려고 했다는 점이다. 아래의 항목들은 시뮬레이션 개발 시 명심해야 할 사항들인데, 이는 GPM 개발 시에도 중요하다.

먼저 몇 개의 모델 구성 요소들을 표준화하여 새로운 결정의 리스크와 수익을 평가할 필요가 있을 때마다 이를 다시 만들지 않도록 하라. 초기에 표준화할 수 있는 항목들의 예는 다음과 같다.

• 회사의 매출액 또는 비영리기관이나 정부 기관일 경우 다른 생산성 척도 및 이들이 다른 경제 지표와 어떤 연결 관계가 있을 가능성

• 날씨, 사고, 또는 네트워크 단절 및 정전 등과 같은 일상적인 리스크

예컨대 다음에는 제조 설비 투자와 같은 향후의 보다 큰 리스크 수익 분석에 위의 분석 내용을 사용하라. 이 분석에서 개발되었던 모델은 이제 GPM의 일부가 된다. 대부분의 중견 이상의 회사에서는 의사 결정이 빈번하게 이루어지고 있기 때문에 새로운 결정을 분석할 때마다 이 과정을 계속하라. 이는 개별적인 의사 결정과는 독립적인 하향식 설계 방법과 함께 진행될 수도 있다. 그러나 하향식 모델링에도 개별적인 리스크/수익 분석에 사용되는 것과 동일한 모델 개발 방법들이 적용되어야 한다.

모델링은 해당 분야 전문가와 상호 작용하는 과정이어야 한다. 그리고 나는 어느 정도 상호 작용하는 과정이 다른 방법보다 나음을 발견했다. 많은 분석가들이 잘못될 수 있는 모든 것을 식별해내기 위한 브레인스토밍 세션으로부터 시작한다. 나 역시 이렇게 시작하지만, 나는 브레인스토밍은 아주 빠르게 그 효용이 감소함을 발견하였다. 약 3시간이 지나면 이 과정을 중지하고 뭔가 다른 주제로 옮겨가야 한다. 이 과정이 계속되게 하기 위한 몇 가지 아이디어를 아래에 소개한다.

–리스크 목록을 만들어 내고 이들을 모델링하기 위한 아이디어

• 체계적으로 3장에 나오는 "완전성"에 관한 네 가지 관점내부적, 외부적, 역사적, 조합 상의 완전성을 점검하라.

- 당신이 미래의 어느 한 시점에 과거의 실패를 돌이켜 보고 있다고 가정하라. 나는 오하이오 주 페어본Fairborn에 있는 어플라이드 리서치 어소시에이츠Applied Research Associates의 한 부문인 클라인 어소시에이츠의 수석 과학자 개리 클라인Gary Klein으로부터 브레인스토밍에서의 속도pace를 변화시키는 한 가지 재미있는 방법을 발견했다. 그는 자신의 방법을 생전 검시premortem라 부르며, 이를 "사후 검시에 대한 가상의 반대 개념"이라고 설명한다. 팀원들에게 무엇이 잘못될 수 있을지를 물어보는 전형적인 비평 세션과는 달리, 생전 검시는 환자가 죽었다는 가정 하에서 작동되며, 따라서 무엇이 실제로 잘못되었는지를 묻는다. 팀원들의 임무는 프로젝트 실패에 대한 그럴 듯한 이유들을 만들어 내는 것이다.[74]
- 남들로부터의 리스크를 살펴보라. 경영 컨설팅 회사인 크로우 호르워스Crowe Horwath의 릭 줄리엔Rick Julien은 리스크 목록을 만드는 아이디어를 위해 다른 회사들을 살펴보라고 제안한다. 당신 회사가 속한 업종의 모든 상장 회사들에 대해 그들의 연간 재무 보고서인 Form 10-K를 살펴봐야 한다. 이 양식의 섹션 9에서, 회사들은 일반 대중에게 자신들이 알고 있는 리스크들을 공시해야 한다. 줄리엔은 이를 자기의 고객들이 그렇지 않았더라면 생각하지 않았을 리스크들을 생각하도록 하는 건설적인 통로임을 발견했다. 또한 나는 핵심 공급자들 및 심지어 고객들로부터 보고된 리스크도 살펴보라고 권고하겠다. 나는 심지어 경쟁사가 아닌, 관련 업종의 회사들다른 서비스 산업, 다른 내구 소비재 제조업 등의 Form 10-K 표본도 살펴보라고 권하고 싶다.
- 모든 사람을 포함시키라. 당신의 조직에는 모든 종류의 특수한 리스크

들에 대해 많은 전문가들이 있지만 그들 모두가 경영진은 아닐 가능성이 높다. 회사 내 모든 직급의 대표들을 조사하기 위한 어느 정도의 노력이 이루어져야 한다.

- 보험 컨설턴트들에게 잠재적인 리스크에 대해 물어보라. 그들의 권고가 협소할 때도 있지만, 그 권고는 실제적인 경향이 있다. 아온Aon과 프로티비티Protiviti 같은 리스크 관리 회사들은 문제들에 대해 상당히 광범위한 시각으로 접근하며, 리스크 분석 및 리스크 관리라는 주제에 있어서 계량적인 유능함을 보이기도 한다.
- 동료에 의한 검토peer review를 실시하라. 9장에서 언급한 존 슈일러John Schuyler는 이렇게 말한다. "내가 30년 동안 지켜보았던 것 중 최대의 개선은 동료에 의한 검토입니다. 의사 결정을 위해 경영진에게 전달되기 전에 모든 것이 이 엄격한 여과 장치filter를 거칩니다." 이는 여러 면에서 현명한 처사이다. 먼저, 모델에 관여하지 않는 누군가에게 모델에 있는 가정들을 보여 줌으로써 이를 점검하는 것은 언제나 좋은 일이다. 둘째, 스프레드시트 오류가 의사 결정 분석에서 만연하고 있는데, 스프레드시트 기반 리스크 분석 도구들도 예외는 아니다. 조사 결과에 의하면 스프레드시트 계산에서의 오류 정도는 대부분의 관리자들이 믿고 싶지 않을 정도로 막대하다.[75), 76)]
- 동태적인 온라인 출처를 사용하라. www.howtofixriskmgt.com을 방문해서 점증하는 리스크 범주의 목록들 및 이에 대한 고려 사항들을 찾아보라. 토론 그룹이 리스크 목록을 확장시킬 것이다. 이를 통해 이 책을 구입한 뒤에 어떤 일이 발생하더라도 이에 대해 업데이트할 수 있을 것이다. 나는 또한 이 사이트에 다른 좋은 출처들의 링크 및 무료 내려

받기 도구들도 포함시킬 것이다.

- 마지막으로, 모델링에 대한 구조적인 몬테카를로 접근법은 자체 SME의 지식을 가장 잘 이용할 수 있다. 모델을 구축할 때 전문가들이 현재 하고 있는 일의 일부는 없앨 필요가 있지만, 나는 최소한 모델 구축 작업의 일부는 실시간으로 전문가들 및 관리자들과 함께 수행하기를 선호한다. 나는 그렇게 하면, 분석가들에게 스스로는 생각하지 않았을 사항들을 정기적으로 보여 줌으로써 리스크잘못될 수 있는 것들에 대한 브레인스토밍이 촉진된다고 생각한다. 나는 특정 시스템을 모델링할 때 일부러 리스크들을 열거하지 않더라도 많은 리스크들을 드러내 주는 것을 발견하였다.

GPM 접근법을 지원하기 위해 발달하고 있는 또 하나의 도구로 디스트리뷰션 스트링스Distribution Strings; DISTs가 있다. 샘 새비지가 고안한 DISTs는, 가령 유가油價와 같은 특정 변수에 대한 수 천 개의 시나리오를 스프레드시트나 데이터베이스에 하나의 데이터 요소로 집어넣는다. 이 도구는 다음과 같은 세 가지 효용을 제공한다.

1. 전통적인 확률 표시와는 달리, DISTs는 모듈module 식의 리스크 모델링을 허용한다. 즉, 둘 이상의 불확실성의 합계의 DIST는 각각의 DIST의 합계이다.
2. DISTs는 시나리오 라이브러리의 데이터 요소의 숫자를 1천개 이상 줄여 준다.
3. DISTs는 크기 순에 의해 데이터에 대한 접근 속도를 높여 준다.

DIST의 개념에 대한 실제적이고 상호 교환 가능한 표준을 확보하기 위해서, 새비지는 노벨 경제학상 수상자 해리 마코위츠, SAS Institute의 공동 창업자 존 솔John Sall 등의 학자들과 소프트웨어 엔지니어들 사이에서 협력 사업을 시작했다. DIST 1.0 포맷에 대한 사양이 www.probabilitymanagement.org에 공개 소스 표준으로 올라 와 있다.

보정된 문화를 위한 인센티브

보정된 문화란 관리자들 및 해당 분야 전문가들이 예측이 문서화되고 보고되며, 양호한 예측에 대해서는 보상이 따르리라는 것을 아는 문화를 말한다. 이는 또한 보상 계획에서 리스크를 변화시키는 행동이 분기 실적을 개선시키는 것과 동등하게 고려되는 문화이다.

보정된 문화를 만들기 위해서는, 추정자들이 보정 과정을 거치게 하는 것만으로는 부족하다. 예측을 추적 관리하고, 결과를 보고하며즉, 예측대로 맞아 떨어졌는지를 보여주며, 예측의 성과에 대한 인센티브를 제공해야 한다.

인센티브를 만들어 내는 한 가지 방법으로 브라이어 스코어Brier Score 사용을 들 수 있는데, 이는 원래는 1950년대에 일기예보자를 대상으로 만들어졌다.[77] 브라이어 스코어는 추정자가 옳았던 빈도 및 그들의 추정치가 정답을 포함한 확률 모두에 의해 예측의 결과를 평가할 수 있는 방법이다. 올바른 예측의 가치는 예측자가 50% 확신하는 경우보다 90% 확신하고 있을 때 더 커야 한다. 또한 예측자가 99% 확신했는데 틀렸다면, 60% 확신했는데 틀린 경우보다 벌칙이 커야 한다.

브라이어 스코어는 조작하기가 불가능하다즉, 각각의 예측에 대해 최상의 보정된 답을 내는 것 이외의 꼼수 전략을 사용해서는 더 나은 스코어를 얻기가 불가능하다는 점에서 의사 결정 이론 연구자들이 적절한 스코어링 방법이라 부르는 것임이 입증되었다. 조작할 수 있는 예를 하나 들자면, 90% CI에 대한 간단한 보정 테스트를 들 수 있다. 문제의 90%에 대해서는 터무니없이 넓은 범위를 제시하고, 나머지 10%에 대해서는 아주 좁은 범위를 제시함으로써 완벽하게 보정된 스코어를 받을 수 있다90% 옳다는 데 대한 "완벽한" 스코어를 받을 수 있다. 그러나 브라이어 스코어에서는 그러한 행동에 불이익을 준다.

브라이어 스코어는 개별적으로 예측된 항목들에 관한 많은 예측들의 결과의 평균을 내는데, 골프처럼 스코어가 낮을수록 좋다. 사실, 완벽한 브라이어 스코어는 0이며, 이는 각각의 예측에 대해 100% 확신하고, 이들 모두가 옳았음이 판명될 경우에만 받을 수 있는 스코어이다. 최악의 평균 스코어는 1인데, 이는 각각의 예측에 대해 100% 확신했는데, 이 예측들이 모두 틀렸을 때 받는 스코어이다. 이 스코어는 다음과 같이 계산된다.

항목 브라이어 스코어하나의 예측 결과에 대한 스코어 $= (P(T)-T)^2$

여기서.

- $T=1$, 특정 예측이 사실로 판명될 경우 그리고 $T=0$, 그렇지 않을 경우
- $P(T)=$예측자에 의할 경우, T가 사실일 확률
- 평균 브라이어 스코어=특정 예측자의 모든 예측 항목들에 대한 항목 브라이어 스코어의 평균이다.

어느 전문가가 이번 달에는 공장에서 치료를 요하는 사고가 없을 것

이라고 예측한 경우를 고려해 보자. 이 예측자가 "다음 달에는 사고가 없을 것이다"라는 진술이 참이라고 90% 확신하였다면, P(T)=0.9이다. 만일 이 예측자가 80%의 확신으로 이것이 거짓이라고 믿었다면, 이 진술이 참일 가능성은 20%(P(T)=0.2)이다. 만일 앞의 결정이 내려졌고 (P(T)=0.9) 그것이 사실로 판명된 경우라면, T=1이고 항목 브라이어 스코어는 $(0.9-1)^2=0.01$이다. 몇 개의 항목 브라이어 스코어의 평균이 보기 12.2에 나와 있다.

금년에 아래의 사건이 발생할 것이다	평가될 확률 사건이 사실일 확률 = P(T)	사건이 사실이었음(T = 1) 또는 사건이 사실이 아니었음 (T = 0)	항목 브라이어 스코어 $=(P(T)-T)^2$
신상품 출시	0.95	1	0.0025
파업	0.25	0	0.0625
주요 경쟁사 합병	0.5	0	0.25
COO 은퇴	0.6	1	0.16
일리노이 공장 정리해고	0.4	1	0.36
		평균 브라이어 스코어	0.167

[보기 12.2] 예측자들을 대상으로 한 브라이어 스코어 예

보정된 문화의 인센티브를 제공하기 위해 명심해야 할 몇 가지 다른 사항들을 아래에 제시한다.

- 범위를 일련의 개별 참/거짓 예측으로 분해함으로써 범위에 대해서도 브라이어 스코어를 계산할 수 있다. 예를 들어, 신축 건물 비용의 범위

는 특정 금액을 초과할 확신 수준%, 또 다른 금액을 초과할 확신 수준% 등으로 표시될 수 있다.

- 프로젝트 완료일과 같은 예측들은 일단 해당 사건이 발생하면 쉽게 확인할 수 있다. 반면에 세심한 측정을 통해서만 확인할 수 있는 예측들도 있다. 예를 들어, 신기술로부터의 생산성 향상이 10%를 넘을 것이라는 예측은 세심한 조사를 필요로 한다. 그러한 예측을 모두 특정한다는 것은 경제적으로 타당하지 않을 수도 있다. 그러나 최소한 이러한 예측을 한 사람이 검증 받을 가능성이 있도록 하기 위해 예측에 대한 무작위 표본을 측정할 수 있다. 물론, 그들은 어느 예측이 브라이어 스코어 계산에 사용될지 모른다. 이러한 방식으로 측정되지 않는 예측들은 브라이어 스코어 산정 대상에서 제외된다.
- 예측자에게 예측의 양에 대해서도 보상해 주는 방안을 고려하고 싶을 수도 있다. 그럴 경우 항목 브라이어 스코어를 최고 스코어가 1이 되도록 전환하고 계산 시 1에서 항목 브라이어 스코어를 빼면 됨, 이의 평균을 내는 대신 합산한다. 이는 보정이 잘 될 경우 뿐 아니라 예측 수가 많을 경우에도 스코어가 높아짐을 의미한다. 이에 대해서는 특정 목록에 대한 예측에 한정할 수도 있다.
- 보다 중요한 예측에 대해서는 다른 보너스 구조를 고려하고 싶을 수도 있다. 예를 들어, 주요 프로젝트의 성공적인 완료 예측은 작은 프로젝트의 성공적인 완료보다 중요할 수 있다.
- GPM에서 추정치가 이용될 때 동일한 이슈에 대한 여러 SME들의 예측이 합산될 수 있다. JDM 연구가 봅 클레멘Bob Clemen과 로버트 윙클러Robert Winkler는 여러 사람의 예측의 단순 평균이 어느 개인의 예측보

다 더 잘 보정될 수 있음을 발견했다.[78)]

- 브라이어 스코어에 대한 대안으로 예측 시장의 사용을 고려할 수도 있다. 예측 시장은 개인들에게 특정 주장에 대한 "옵션"을 사고 팔 수 있도록 해 준다. 예를 들어, 두 경쟁자가 합병할지 여부에 대해 예측하고 싶을 경우, SME들에게 해당 사건이 발생할 경우 1달러를 지급하는 온라인 옵션 시장에 참여하라고 요청하라. 이러한 옵션에 대한 매수 호가는, 역사적으로 예측된 사건이 발생할 확률에 대한 매우 양호한 지표임을 보여 주고 있다. 예컨대, 경쟁자들의 합병에 대한 옵션이 0.65달러에 거래되고 있다면, 시장은 이 옵션이 1달러의 가치가 있을합병이 실현될 경우에만 그렇게 됨 확률이 65%라고 추정하고 있는 셈이다. 해당 사건이 발생하지 않을 경우 이 옵션은 아무런 가치가 없다. www.intrade.com과 같은 사이트는 선거에서 누가 이길 것인가와 같은 사건에 대한 옵션을 거래한다. 그러나 조직들도 자체의 내부 시장을 개설할 수 있다. 여러 회사들이 현재 이를 위한 소프트웨어를 팔고 있으며, 사용자도 점차 증가하고 있다.

그러나 보정된 문화를 조성함에 있어서 가장 큰 이슈는 예측에 대한 인센티브가 아니라, 리스크에 대한 인센티브일 것이다. 리스크를 의미 있는 방식으로 계량화할 경우, 경영진의 보너스를 단기 수익뿐만 아니라, 리스크에도 근거할 수 있게 할 수 있을 것이다. 오직 전체 회사를 파멸에 노출시킬 정도로 레버리지를 높임으로써 고수익을 내는 펀드 매니저들에 대해서는 그들의 보너스 계산 시에 GPM에서 계산된 바에 따른 높아진 리스크가 고려되어야 한다.

내가 대화해 본 본 금융시장, 은행, 또는 보험회사의 대부분의 리스크 분석가들은 시장에서 2008년에 목격했던 많은 문제들의 공통적인 원인으로 비효율적인 인센티브를 지적했다. 맥킨지 사의 리스크 전문가 앤드류 프리만Andrew Freeman은 "인센티브가 주범입니다"라고 말한다. "적절한 인센티브가 없으면 리스크 관리는 경영진이 안도감을 느끼게 해 주기 위해 그저 표시만 하면 되는 체크 박스check box로 전락합니다." 일반적으로 경영진의 인도 아래에서 리스크 익스포져가 증가되었는지, 아니면 감소되었는지에 대한 고려가 없이 보너스가 결정될 수 있다. 일단 보너스가 지급되고 나면, 임원진이 취한 리스크 익스포져의 결과 향후 재앙이 초래되더라도 지급된 보너스는 결코 몰수되지 않는다.

투자자, 이사회 및 감독 당국이 이에 대한 해법을 원할 경우, 그들은 임원진이 재직 중이고 보너스가 지급되기 전에 리스크 측정을 시작해야 할 것이다. 이 목적을 위해서 리스크는 여러 방식으로 고려될 수 있다. 한 가지 예로, 이익 및 손실에 관한 확률 분포는 의사 결정자에게 확정 금액 상당액certain monetary equivalent; CME으로 전환될 수 있다. 가령 내가 당신에게 당신은 아래의 두 가지 중에서 선택할 수 있다고 말했다고 가정하자. (1) 내가 주사위를 두 번 굴려서 나온 숫자에 1천 달러를 곱해서 그 금액, 즉 2천 달러에서 1만 2천 달러 사이의 금액을 당신에게 준다. (2) 내가 당신에게 확정된 금액을 준다. 확정 금액이 얼마일 경우에 당신에게 위의 대안들이 차이가 없어지겠는가? 만일 당신이 리스크를 회피한다면, 그 금액은 기대 수령액7천 달러보다 낮을 것이다. 당신이 만일 5천 5백 달러의 확정 금액이면 이 주사위를 굴리는 것과 동등하다고 생각한다면, 이 주사위 굴리기의 수령 가능액의 범위에 대한 당신의 CME는 5천

5백 달러이다.

어떠한 불확실한 수입 또는 손실이든지 동일한 방식으로 CME로 전환할 수 있다비록 대부분의 사람들은 가능한 이익과 가능한 손실 회피에 다른 가치를 부여하기는 하지만, 같은 원리가 적용된다. 어느 관리자가 한 부문에서 5백만 달러의 이익을 낸다고 가정하자. 그러나 GPM이 이 결정으로 인해 회사가 5십만 달러에서 4백만 달러의 손실을 입을 가능성이 25%라고 말한다. 이 관리자의 보너스 지급을 위한 근거가 될 리스크 조정 이익risk-adjusted-profit은 얼마인가?

이는 확률적으로 발생 가능한 손실에 대한 이사회 또는 고위 경영진의 CME와 관련이 있다. 또한 이사회는 보너스의 일부를, 해당 관리자의 퇴직 이후까지도 유보해 두고 이를 미래의 손익에 좌우되게 할 수도 있다. 이 관리자에게 미래의 우발 보너스를 팔 옵션이 있다면, 매입자는 위와 동일한 고려 사항을 마음에 두고 미래의 우발 보너스의 가격을 정할 것이다.

예측을 더 잘하고 미래의 리스크를 더 잘 관리할 인센티브를 부여하는 것이 중요하다. 이것이 없으면, 아무리 정교한 리스크 분석이나 모델링이라 해도 아무 소용이 없게 될 것이다.

조직 외적인 이슈: 내부를 초월하는 해법

리스크 관리에 있어서 진정으로 큰 이슈들 중 일부는 개별 회사들에 의해 해결될 수 없다. 가장 중요한 이슈들 중 일부는 표준 수립 기관, 새로운 전문가 협회로부터의 더 나은 지침 및 일부의 경우에는, 법률 개정에 의해서만 해결될 수 있다. 다음은 필연적으로 장기 이슈가 되는 몇 가지 항목들이다.

• 모델링에 있어서 전문가 협회들은 다수의 회사들에 영향을 주는 모델의 구성 요소들을 결합하고 공유해야 한다. 일부 협회들은 동일 산업에 속하는 다수의 회사들을 포괄하는 GPM 모델을 개발해서 회사들 간의 연쇄 도산cascade failure을 평가할 수 있게 할 수도 있다. 불행하게도, 감독 기관들은 별개의 리스크 분석 노력을 통합하는 일을 거의 하지 않았다. 예를 들어, 바젤Ⅱ는 이 방법의 유효성이나 다른 pillar*바젤Ⅱ는 세 개의 pillar로 구성 되어 있는 바, pillar Ⅰ, Ⅱ, Ⅲ는 각각 최소 자본 요건, 감독 당국의 검토 프로세스, 시장의 규율을 다루고 있음-역자 주*들 간의 공통 모드 장애 이슈에 대해서는 그다지 고려하지 않은 채, 서로 다른 사람들이 서로 다른 리스크 부분을 관리하고 있는 듯하다. 그러나 금융 및 은행 부문의 리스크 분석을 수행하는 일부 회사들에서는 이미 조직 간의 리스크를 모델링하고 있다. 리스크 리워드 리미티드Risk Reward Limited 사의 데니스 윌리엄 콕스Dennis William Cox는 여러 해 동안 투자 은행들 사이의 연쇄 도산을 모델링해 오고 있는 통계 경제학자이다. 그는 리먼 브라더스가 붕괴되기 8개월 전인 2008년 2월에, 자신은 투자 은행들 사이의 연쇄 도산 효과, 특히 리먼 브라더스의 익스포져에 대해 우려하고 있다고 내게 말했다. 모델링 노력에서 협력한다면, 자신의 리스크가 서로에게 영향을 주는 조직들이 자신의 리스크 및 소속 산업의 리스크에 대해 훨씬 더 실제적인 모델을 만들 수 있게 될 것이다.
• 모든 리스크 관리 전문가 중에서, 보험 계리 전문가만이 실제로 전문가이다. 보험 계리사가 되려면 표준화된 여러 시험을 통하여 숙련도를 입

증해야 한다. 이는 또한 인가 기관에 의해 시행되는 전문가 윤리 강령을 채택함을 의미한다. 어느 보험 계리사가 특정 보험회사의 보험 계리 검증 의견서statement of actuarial opinion에 서명할 때에는, 그는 자신의 면허를 거는 것이다. 의사 및 변호사와 마찬가지로 보험 계리사가 면허를 박탈당하면, 다른 곳에서 일자리를 구할 수 없다. 보험업 외부의 불확실성 모델 설계자들은 이러한 수준의 전문가 표준으로부터 많은 유익을 얻을 수 있다.

- PMI, NIST와 같은 표준 수립 기관들은 모두 앞에서 정체가 폭로된 비효과적인 방법들을 명시적으로 장려하는 잘못을 저지르고 있다. 이러한 기관들에 의해 개발된 스코어링 방법들은 모두 폐기되어야 한다. 이 기관들은 자신의 표준 개발 프로세스에 계량적인 의사 결정 배경을 지닌 사람들을 관여시키기 시작할 때까지는 리스크 분석 방법을 설계하는 사업에서 손을 떼야 한다.
- 일부 법규들은 무엇이 적절한 리스크 분석으로 간주되는지에 관해 너무 모호하다 보니 이 책의 앞에서 정체가 폭로된 어떤 접근법도 이들 요건을 충분히 충족시킬 수 있다. 사베인-옥슬리Sarbanes-Oxley는 리스크 평가에 관한 1쪽짜리 가이드라인을 작성했는데, 이 가이드라인에는 무엇이 적절한 방법으로서의 자격이 있는지가 전혀 언급되지 않았다. 재무회계 표준 위원회FASB는 어느 "우발 손실"이 보고되어야 하는지에 대한 지침 전체가 무의미할 정도로 너무도 많은 주관적 해석을 허용한다. 감독 당국들도 마찬가지로 GPM에 합류하고, 리스크에 관해 모호하지 않은 즉, 계량적인 요건을 개발해야 한다.

많은 기관들이 리스크에 대한 감독 및 관리에 대해 취하고 있는 입장을 검토해 보고 나서 받는 인상은, 어떤 식으로든 리스크 관리를 "다루고 있다"는 사실 자체에 강조점이 있는 것 같다. 즉, 그들에게는 무엇을, 어떻게 하느냐가 아니라 어쨌거나 뭔가를 하고 있다는 사실 그 자체가 중요하다. 이러한 경우에는 누군가 리스크 관리에 관해 생각하고 있던 사람이 다시 생각해 보고 나서 이에 뭔가 땜질을 했거나, 모든 접근법을 현장에서의 모든 계량적인 연구들과는 동떨어진 채 개발한 듯하다. 계량적인 리스크 모델에 관한 구체적인 요건을 포함시키는 것이 리스크 감독 및 리스크 관리가 순전히 피상적으로 되는 것을 막을 수 있는 유일한 방법이다.

잡다한 주제

리스크 관리 및 리스크 분석이라는 주제는 아주 넓다. 그래서 이 책이 내가 원래 계획했던 것보다 분량이 많아졌음에도 불구하고5만 자 정도에서 8만 자 정도로 늘어났다, 상세하게 다루지 않은 많은 이슈들이 남아 있다. 이 중에는 리스크 관리에 중심적인 주제들도 있고, 그다지 관계가 없는 주제들도 있다. 다음 중 어느 부분에 대해 추가적인 연구가 필요한지 스스로 결정하기 바란다.

- **옵션 이론과 실물 옵션 이론** 마이론 숄즈Myron Scholes와 로버트 머톤Robert Merton이 옵션 이론 연구로 1997년에 노벨상을 받은 직후에, 이 이론이 원래 적용대상으로 삼았던 금융 상품뿐만 아니라 조직 내부의 의사 결

정에도 이 방법을 적용하는것에 대하여 관심이 급증했다. 컨설턴트들은 한편으로는 기술 투자를 정당화하기 위해 옵션의 가치를 언급하면서, 다른 한편으로는 투자를 연기할 때의 옵션 가치에 대해 얘기했다. 여기에서 두 가지가 매우 중요하다. 어떤 이들은 원래의 공식, 즉 블랙-숄즈 공식을 실물 옵션real option 문제에 직접 적용하려 했다. 나는 이것이 유용하게 수행되는 것을 거의 보지 못했다. 이 공식을 문자적으로 사용하는 것은 분석가들이 특정 프로젝트나 신기술에서 무엇이 행사가격strike price이나 기초자산underlying instrument과 같은 이 공식 안의 특정 변수들로 전환되는지를 알아야 한다는 것을 의미한다. 내가 본 경우에는, 이러한 용어의 사용은 무의미하다. 행사 가격이 IT 프로젝트에 적용될 때 그것이 무엇을 의미하는가? 둘째, 미래 가치의 확률 분포를 모르고서는 블랙-숄즈 공식을 적용할 수 있는 길이 없는데, 내가 본 대부분의 경우 어떠한 종류의 확률적 분석도 하지 않았다. 리스크 관리 맥락에서 이를 정확하게 사용하고 있는 능란한 사용자들이 일부 있기는 하지만, 나는 이 이론의 적절한 적용보다는 옵션 이론이라는 용어의 사용에 더 큰 신뢰도를 부여하는 관리자들이 더 많다고 의심한다. 어떤 이들이 실물 옵션이라고 부르는 것의 유용한 적용은 대부분, 일반적으로 불확실성 하에서의 의사 결정을 다루는 의사 결정 이론의 고전적인 적용임이 판명된다. "옵션"은 의사 결정 분석이 시작된 이후 줄곧 존재해 왔다. 당신의 문제에 블랙-숄즈 공식을 문자적으로 적용해야 한다고 생각하지 마라.

- **자기 회귀적 조건부 이분산**autoregressive conditional heteroscedasticity; ARCH ARCH 및 이의 동류들은 많은 금융기관들이 금융 상품의 미래의 변동성을 평가

하기 위해 사용하는 표준 모델이다. 비록 ARCH가 2003년에 로버트 엥글Robert Engle에게 노벨상을 안겨 주기는 했지만, 이는 MPT 및 옵션 이론과 마찬가지로 현재 기껏해야 레벨 2 모델이다10장을 보라. 당신의 회사에서 이를 사용할 경우, 결과 및 업계 관련 부분의 데이터에 대해 반드시 사후 검증back-test을 실시하도록 하라. 모델의 예측과 실제 실현 결과의 비교에 대해서는 상반되는 연구들이 있다.[79)]

- **신경망**neural network**과 유전 알고리듬**genetic algorithm 이들은 다양한 문제들을 해결함에 있어서 많은 관심을 일으켰던 보다 진전된 수학적 방법이다. 당신이 이 도구들에 대해 들어 본 적이 없다면, 나는 이곳에서 이에 대해 설명할 수 없을 것이다. 당신이 이에 대해 들어 본 적이 있다면, 당신은 내가 말하려는 요점을 충분히 알고 있을 것이다. 나는 무엇에든지 멋있어 보이는 수학적 방법을 적용하는데 대해 매우 흥분하고 있는 컨설턴트와 학자들을 만나 보았다. 그러나 회의적이 되고 경험적이 되라. 측정된 성과가 수학적 아름다움보다 중요하다. 이 방법들은 개발자조차도 이해하지 못하는 복잡한 시스템 안에서 계산된다. 그들은 이 방법들이 특정 문제들에 대해 왜 효과가 있는지에 대해 정확히 알지 못한다.
- **퍼지 로직**fuzzy logic **및 퍼지 세트**fuzzy set 이는 실제 세계에서 우리가 익숙해진 부정확한 수학을 다룬다. 신경망 및 유전 알고리듬과 마찬가지로, 이는 수학의 보다 심미적인 분야 중 하나이며, 일부 분석가들은 모든 것에 이를 적용하는 데 대해 매우 흥분하고 있다. 그러나 나는 이런 사람들은 아직 의사 결정 분석 작업에도 익숙해지지 않은 경향이 있음을 발견하였다. 확률적 의사 결정 분석가들은 이미 불확실성의 모호함

fuzziness을 다루고 있다. 그들이 말하는 다른 모호함fuzziness은 불명료함ambiguity인데, 나는 이것은 언제나 피할 수 있음을 발견하고 있다.

- **비즈니스 인텔리전스**business intelligence**와 데이터 분석론**data analytics 이들은 특정 종류의 엔터프라이즈 소프트웨어만일 당신이 이에 대해 들어 보지 않았다면, 엔터프라이즈는 일반적으로 보다 비싸다는 것을 의미한다에 대한 매력적인 이름이다. 데이터 분석론 및 비즈니스 인텔리전스는 모두 더 나은 정보에 이르는 길은 기존 데이터에 대한 보다 나은 분석을 통해서라는 기본 가정에서 출발했다. 이는 도움이 될 수도 있지만, 더 나은 의사 결정 분석을 시행하는 보다 큰 프로그램의 일부일 뿐이다.
- **영향 도형**influence diagram, **오류 나무 분석**fault tree analysis**과 실패 모드 및 효과 분석**failure modes and effects analysis; FMEA 앞의 두 도구들은 확률적 리스크 모델에 사용되는 좋은 표준적 도구들이지만, 나는 이를 우리가 이미 논의했던 것들에 대한 명시적인 확장으로 간주한다. FMEA에서는 특정 시스템 내의 여러 구성 요소들의 결과를 열거하고 이에 대해 분석하므로, 이는 확률적 리스크 분석probabilistic risk analysis; PRA과 비슷하게 보인다. 그러나 나는 비효과적인 스코어링 방법과 관련된 FMEA를 사용하는 것을 보았다. 그러니 이에 대해 주의해야 한다.

계량적 모델 및 보다 나은 의사 결정에 대한 마지막 사유思惟

나는 앞에서 자신의 모델의 성과를 추적 관리하는 회사를 발견하기 어렵다고 말했다. 그러나 나는 그런 회사를 몇 개 발견했다. 계량적인 모델이 실제로 그 회사의 전반적인 성과에 어떻게 기여했는지를 보여 주는 연구 조사 결과를 발견하기는 훨씬 더 어려웠다. @Risk 몬테카를로 도구의 제조사 팔리세이드 코퍼레이션Palisade Corporation에 재직 중인 모델 설계자 톰프손 테리Thompson Terry는 최근에 보다 나은 계량적 모델링이 효과적임에 대한 일화적인anecdotal 증거를 제공했다. 그는 골드만삭스, 모간스탠리 및 도이체방크는 모두 @Risk의 사용자들인데, 그들 모두 2008년의 금융 위기에서 살아남았음을 지적했다. 그는 또한 메릴린치, 베어 스턴스 및 리먼 브라더스는 이 도구의 고객이 아니었음도 지적했다. 이는 재미는 있지만, 명백히 결정적이지는 않다.

나는 보다 진보된 계량적 방법의 사용자들에 대한 진정한 전략적 이점을 측정한 조사 결과를 하나 발견했다. 현재는 팔란티어 이코노믹 솔루션스Palantir Economic Solutions에 근무하는 피오나 맥밀란Fiona MacMillan은 석유탐사 회사들 및 그들의 계량적 방법 사용에 대한 조사에 관하여 박사 학위 논문을 썼다. 그녀는 나중에 석유 엔지니어 협회Society of Petroleum의 저널에 그에 관하여 논문을 공동으로 발표했다. 이 논문은 몇 가지의 재무적 성과 척도들과 보다 계량적인 리스크 분석 방법 사용에 있어서의 회사의 성숙도 사이에 강한 상관관계가 있음을 보여 주었다.[80] 그녀는 또한 재무성과의 개선은 보다 계량적인 방법을 채택하기 시작한 직후에 이루어졌음을 보여 줄 수 있었다.[81] 조금이라도 계량적인 방법을 사용하는 다른 회사들이 너무도 적기 때문에, 이는 이 분야에서의 증거를 구한 것과 다름없다.

맥밀란의 연구 대상이었던 회사들 중 대부분의 계량적 방법 사용자들은 아마도 내가 이 책에서 논의했던 방법들, 즉 보정, 예측에 대한 인센티브, 글로벌 리스크 모델 등은 많이 사용하지도 않았을 것이다. 그럼에도 불구하고, 위의 연구는 모든 회사들에 대해 얼마나 많은 잠재력이 있을 수 있는지를 암시한다. 그리고 이 연구가 흥미롭기는 하지만, 나는 맥밀란의 연구에 나오는 한 참가자의 말을 가장 좋아한다.

지난 몇 년 동안, 많은 회사들이 정보 기술 성장과 경쟁력을 위해 필요한 것으로 인식하고 이를 강조해왔다. 그러나 카네만Kahneman이 의사 결정의 품질관리라고 말한 것은 반드시 강조 대상이 되지는 않았다. 맥밀란은 그녀의 연구에서 많은 응답자들은 이러한 계량적 방법의 목표는 단지 리스크의 감소이지 의사 결정 일반의 최적화가 아니라고 생각한다고 느꼈다. 그러나 이 연구의 한 참가자는 리스크 관리 및 의사 결정 분석, 그리고 모든 기업 및 정부에 대한 중요한 도전 과제에 관해 매우 뛰어난 견해를 보여 주었다.

> 이제 더 이상 기술을 통해서 얻을 수 있는 지속적인 경쟁 우위는 없습니다. 경쟁 우위는 각각의 기회가 너무 많지도 않고 적지도 않은, 올바른 양의 리스크를 갖고 있는지에 관해 더 나은 판단을 내림으로써 얻어집니다.

부 록

추가 보정 테스트 및 정답

범위에 관한 보정 테스트: A

#	질문	하한선 (정답이 하한선 위에 위치할 가능성이 95%)	상한선 (정답이 상한선 아래에 위치할 가능성이 95%)
1	후버 댐(Hoover Dam)의 높이는 몇 피트인가?		
2	20달러짜리 지폐의 크기는 몇 인치인가?		
3	미국에서 알루미늄은 몇 %나 재활용되는가?		
4	엘비스 프레슬리는 언제 태어났는가?		
5	무게 기준으로 대기의 몇 %가 산소인가?		
6	뉴 올리온즈의 위도는?(힌트: 위도는 적도에서는 0이고, 북극에서는 90이다.)		
7	1913년 미국 군대의 비행기 보유 대수는?		
8	유럽 최초의 인쇄기가 발명된 연도는?		
9	2001년 미국 가정에서 소비된 모든 전기 중 주방 가전제품에 의해 사용된 전기는 몇 %인가?		
10	에베레스트 산의 높이는 몇 마일인가?		
11	이라크와 이란의 국경선은 몇 킬로미터인가?		
12	나일강의 길이는 몇 마일인가?		
13	하버드 대학의 설립년도는?		
14	보잉 747 점보제트기의 날개 길이는 몇 피트인가?		
15	로마의 한 군단(a legion)의 군인 수는?		
16	심해 지역(해양의 깊이가 6,500 피트를 넘는 곳)의 평균 기온은 화씨 몇 도인가?		
17	우주왕복선 오비터(Orbiter)의 길이는 몇 피트인가?(외부 탱크 제외)		
18	쥘 베른(jules Verne)이 해저 2만리를 출판한 연도는?		
19	필드하키의 골문 넓이는 몇 피트인가?		
20	로마의 원형 경기장은 몇 명이 관객을 수용했는가?		

범위에 관한 보정 테스트: B

#	질문	하한선 (정답이 하한선 위에 위치할 가능성이 95%)	상한선 (정답이 상한선 아래에 위치할 가능성이 95%)
1	최초의 화성 탐사선 바이킹 1호가 화성에 착륙한 해는 몇 년도인가?		
2	최연소로 우주 비행을 한 사람의 나이는 몇 살인가?		
3	시어스 타워(Sears Tower) 빌딩의 높이는 몇 미터인가?		
4	최초로 세계 일주를 한 열 기구인 브라이틀링 오비터 3호(Breitling Orbiter 3)의 최고 고도는 몇 마일인가?		
5	평균적으로 전체 소프트웨어 개발 프로젝트 노력 중 디자인에 할애되는 비율은 몇 %인가?		
6	체르노빌 원자력 발전 사고 발생 후에 영구히 소개(疏開)된 사람은 몇 명인가?		
7	가장 큰 비행선의 길이는 몇 피트인가?		
8	샌프란시스코에서 호놀룰루까지의 비행 거리는 몇 마일인가?		
9	가장 빠른 세인 팰콘이 급강하 시 시속 몇 마일의 속도를 낼 수 있는가?		
10	DNA의 이중 나선 구조가 발견된 연도는 언제인가?		
11	풋볼 경기장 넓이는 몇 야드인가?		
12	1996년에서 1997년 사이에 인터넷 호스트 성장률은 몇 %였는가?		
13	오렌지 주스 8온스에 몇 칼로리가 들어 있는가?		
14	해수면 높이에서 음벽(音壁)을 돌파하려면 시속 몇 마일의 속도를 내야 하는가?		
15	넬슨 만델라는 몇 년을 감옥에서 보냈는가?		
16	선진국에서 하루 평균 칼로리 섭취량은 얼마인가?		
17	1994년 UN 회원국 수는 몇 개였는가?		
18	아두본 협회(Adubon Society)는 미국에서 몇 년도에 설립되었는가?		
19	세계에서 가장 높은 폭포(베네주엘라의 에인젤 폭포)의 높이는 몇 피트인가?		
20	해저 몇 피트에서 타이타닉호가 발견되었는가?		

참/거짓 보정 테스트: A

#	진술문	답 (참/거짓)	당신이 옳다는 확신 수준 (동그라미로 표하시오)
1	링컨 하이웨이는 미국 최초의 포장도로이며, 그 구간은 시카고에서 샌 프란시스코까지이다.		50% 60% 70% 80% 90% 100%
2	실크 로드는 두 고대 왕국 중국과 아프가니스탄을 연결했다.		50% 60% 70% 80% 90% 100%
3	미국에는 전자레인지 보유 가정이 전화기 보유 가정보다 많다.		50% 60% 70% 80% 90% 100%
4	도리아 양식(Doric)은 지붕의 형태에 대한 건축 용어이다.		50% 60% 70% 80% 90% 100%
5	세계 여행 기구는 유럽이 2020년에도 가장 인기 있는 여행지일 것으로 예측한다.		50% 60% 70% 80% 90% 100%
6	독일은 원자 무기를 개발한 두 번째 국가였다.		50% 60% 70% 80% 90% 100%
7	하키 퍽은 골프 홀에 들어맞는다.		50% 60% 70% 80% 90% 100%
8	수 족(Sioux)은 평원 인디언 부족의 일파이다.		50% 60% 70% 80% 90% 100%
9	물리학자에게는 플라스마는 암석의 한 유형이다.		50% 60% 70% 80% 90% 100%
10	백년전쟁은 실제로는 100년 넘게 계속되었다.		50% 60% 70% 80% 90% 100%
11	지구상의 담수(淡水)의 대부분은 극지방의 만년설이다.		50% 60% 70% 80% 90% 100%
12	아카데미 상('오스카' 상)이 제정된 지 100년이 넘었다.		50% 60% 70% 80% 90% 100%
13	전 세계적으로 억만장자(billionaire)는 200명이 못 된다.		50% 60% 70% 80% 90% 100%
14	엑셀에서 ^는 "승수를 취하라"는 의미이다.		50% 60% 70% 80% 90% 100%
15	비행기 기장의 평균 연봉은 15만 달러를 넘는다.		50% 60% 70% 80% 90% 100%
16	1997년 말에, 빌 게이트의 재산은 100억 달러를 넘었다.		50% 60% 70% 80% 90% 100%
17	11세기에 대포가 유럽의 전쟁에 사용되었다.		50% 60% 70% 80% 90% 100%
18	앵커리지는 알래스카의 수도이다.		50% 60% 70% 80% 90% 100%
19	워싱턴, 제퍼슨, 링컨, 그리고 그랜트는 러시모어 산에 두부(頭部) 조각이 있는 4명의 대통령들이다.		50% 60% 70% 80% 90% 100%
20	John Wiley & Sons는 최대의 서적 출판사가 아니다.		50% 60% 70% 80% 90% 100%

참/거짓 보정 테스트: B

#	진술문	답 (참/거짓)	당신이 옳다는 확신 수준 (동그라미로 표하시오)
1	목성의 대적반(大赤班; Great Red Spot)은 지구보다 크다.		50% 60% 70% 80% 90% 100%
2	브루클린 다저스(Brooklyn Dodgers)의 이름은 "트롤리 카 다저스(trolley car dodgers)"의 약칭이었다.		50% 60% 70% 80% 90% 100%
3	극-초음속(hypersonic)은 아-음속(subsonic)보다 빠르다.		50% 60% 70% 80% 90% 100%
4	다각형은 3차원이고 다면체는 2차원이다.		50% 60% 70% 80% 90% 100%
5	1와트짜리 전기 모터는 1마력을 만들어 낸다.		50% 60% 70% 80% 90% 100%
6	시카고의 인구는 보스턴의 인구보다 많다.		50% 60% 70% 80% 90% 100%
7	2005년에, 월마트의 매출액은1천억 달러 아래로 떨어졌다.		50% 60% 70% 80% 90% 100%
8	포스트-잇 노트는 3M에 의해 발명되었다.		50% 60% 70% 80% 90% 100%
9	자신의 재산으로 노벨 평화상 기금을 댄 알프레드 노벨은 석유와 화약으로 돈을 벌었다.		50% 60% 70% 80% 90% 100%
10	BTU는 열의 측정 단위이다.		50% 60% 70% 80% 90% 100%
11	최초의 인디애나폴리스 500 마일 경주 우승자는 평균 시속 100 마일 아래로 달렸다.		50% 60% 70% 80% 90% 100%
12	마이크로소프트의 직원 수는 IBM의 직원 수보다 많다.		50% 60% 70% 80% 90% 100%
13	루마니아는 헝가리와 국경을 마주한다.		50% 60% 70% 80% 90% 100%
14	아이다호(Idaho) 주의 면적은 이라크의 면적보다 넓다.		50% 60% 70% 80% 90% 100%
15	카사블랑카는 아프리카 대륙에 있다.		50% 60% 70% 80% 90% 100%
16	인간이 만든 최초의 플라스틱은 19 세기에 발명되었다.		50% 60% 70% 80% 90% 100%
17	샤무아(chamois)는 알프스의 동물이다.		50% 60% 70% 80% 90% 100%
18	피라미드의 기저부(base)는 정사각형이다.		50% 60% 70% 80% 90% 100%
19	스톤헨지는 영국 본토에 있다.		50% 60% 70% 80% 90% 100%
20	컴퓨터 프로세서는 처리 능력이 대략 3개월마다 두 배로 증가한다.		50% 60% 70% 80% 90% 100%

#	범위에 관한 보정 테스트: A의 정답
1	738
2	63/16(6.1875)
3	45%
4	1935
5	21%
6	31
7	23
8	1450
9	26.7%
10	5.5
11	1,458
12	4,160
13	1636
14	196
15	6,000
16	398°F
17	122
18	1870
19	12
20	50,000

#	범위에 관한 보정 테스트: B의 정답
1	1976
2	26
3	443
4	6.9
5	20%
6	135,000
7	803
8	2,394
9	150
10	1953
11	53.3
12	70%
13	120
14	760
15	26
16	3,300
17	184
18	1905
19	3,212
20	2.5마일

#	참/거짓 보정 테스트: A의 정답
1	거짓
2	거짓
3	거짓
4	거짓
5	참
6	거짓
7	참
8	참
9	거짓
10	참
11	참
12	거짓
13	거짓
14	참
15	거짓
16	참
17	거짓
18	거짓
19	거짓
20	참

#	참/거짓 보정 테스트: B의 정답
1	참
2	참
3	참
4	거짓
5	거짓
6	참
7	거짓
8	참
9	참
10	참
11	참
12	거짓
13	참
14	거짓
15	참
16	참
17	참
18	참
19	참
20	거짓

각주

1장

1) 내가 "플라시보 효과(placebo effect, 위약 효과)"라는 표현을 사용할 때 주의할 점이 있다. 의학에서의 위약 효과는 환자들 사이에 효과가 없어야 하는 처방을 받고 난 뒤에 주관적이거나 일부의 경우 객관적으로 건강이 호전되는 것을 경험하는 경향을 말한다. 이는 순전히 심리적인 효과이지만, 이 호전은 혈압 강하(降下)나 콜레스테롤 감소와 같이 객관적으로 관찰할 수 있는 방식으로 발생할 수 있다. 그러나 내가 위약 효과라고 할 때에는 개선되었다는 주관적인 인상 외에는 문자적으로 아무런 개선도 되지 않음을 의미한다.
2) A. C. 하인즈 기장 "유나이티드 항공 232편: '십억 중에 한 번' 일어나는 모든 비행 통제 상실에 대처하기", 사고 예방 48호, 1991년 6월.
3) 이 폐쇄된 회합에서 이 방법을 발표한 회사의 비밀을 보호하기 위해 이에 관한 세부 사항의 일부를 변경했지만, 사용된 기본적인 방법론은 여전히 주관적인 가중 스코어였다.

2장

4) "2007년 글로벌 리스크 관리 서베이", 아온 코퍼레이션, 2007.
5) "전사적 리스크 관리: 전체 그림", 아온 코퍼레이션, 2007.

6) "2007년 미국의 리스크 기압계: 전국 최대 기업들의 최고위급 임원에 대한 조사 결과", 프로티비티, 2007.
7) "리스크 관리의 모범 관행: A Function Comes of Age", Economist Intelligence Unit, 2007.

3장

8) N. 노리아, W. 조이스, B. 로버슨, "진정으로 효과가 있는 것(What Really Works)", 하버드 비즈니스 리뷰, 2003년 7월호.
9) "그것은 학문적이다(It' s Academic), 스탠포드 GSB 리포터, 2000년 4월 24일, 14-15쪽.
10) E. 주커만, J. 조스트, "무엇이 당신으로 하여금 자신이 더 인기 있다고 생각하게 하는가? 자체 평가 유지 및 "우정의 역설" 의 주관적 측면", 소셜 사이콜로지, 2001년 계간 64(3), 207-223쪽.
11) D. M. 메식, S. 블룸, J. P. 볼디자, C. D. 사무엘슨, "왜 우리는 다른 사람들보다 더 공정한가", 실험적 사회 심리학 저널 21호, 1985년, 480-500쪽.
12) N. D. 와인스타인, "미래의 인생 사건에 관한 비현실적인 낙관주의", 성격 및 사회심리학 저널 39호, 1980년, 806-820쪽.
13) O. 스벤손, "우리 모두는 다른 동료 운전자들보다 덜 위험하고 기술이 더 좋은가?", Acta Psychologica 47호, 1981년, 143-148쪽.

4장

14) 머피의 법칙 2권: 일들이 잘못 되어가는 더 많은 이유들(Leisure Arts, 1981년)에서 아더 블로흐가 "로버트 한론" 이 한 말로 언급하고 있다. 그러나 로버트 하인라인도 Baen Books, 1951년의 문집에 있는 그의 단편 "제국의 논리" 에서 유사한 인용문을 사용했다.
15) H. 뷜만, "보험 계리인: 19 세기 중반 이래의 역할 및 한계", ASTIN Bulletin 27(2), 1997년 11월, 165-171쪽.
16) 위의 글.
17) D. 크리스토퍼슨, E. C. 보간, "몇몇 실행자들에 의한 세계 2차 대전 중의 오퍼레이셔널 리서치 회상: II", 오퍼레이셔널 리서치 협회 저널 43(6), 1992년 6월, 569-577쪽.
18) R. 러글스, H. 브로디, "세계 2차 대전 당시 경제학 정보에 대한 경험적 접근법", 미국 통계 협회 저널 42(237), 1947년 3월, 72-91쪽.
19) R. A. 니프, 핵 엔지니어링: 상업적 원자력의 이론 및 기술, Talyor & Francis, 1992년,

391쪽.

20) R. 호워드, "의사 분석: 응용 의사 결정 이론" 4차 국제 경영 과학 컨퍼런스 회보, 보스턴, Mass., 1966년.

21) F. 나이트, Risk, Uncertainty and Profit, Kessinger Publishing, 1921년.

22) H. M. 마코위츠, "포트폴리오 선택", Journal of Finance 7(1), 1952년 3월, 469-477쪽.

23) H. M. 마코위츠, "포트폴리오 이론의 기초", Journal of Finance 46(2), 1991년 6월, 77-91쪽.

24) ISO/DIS 31000 - 리스크 관리: 실행 원리 및 가이드라인, ISO 2008/9.

5장

25) F. 나이트, 리스크, 불확실성 및 이익, (뉴욕: 휴톤-미플린, 1921년), 19-20쪽.

26) A. 울프, "확률 연구", Economica 4, 1922년 1월, 87-97쪽.

27) J. 헤인즈, "경제의 한 요소로서의 리스크", 계간 경제학 저널 9(4), 1985년 7월, 409-449, MIT 출판부.

28) W. R. 솔리, "내기와 도박", 국제 윤리 저널, 1903년 7월.

29) T. 코놀리, H. R. 아크스, K. R. 해먼드, 판단과 의사 결정: 많은 학문 분야에 관심이 있는 독자(2판), 판단과 의사 결정에 관한 캠브리지 시리즈(뉴욕: 캠브리지 대학교 출판부, 1999년).

6장

30) A. H. 머피, R. L. 윙커, "일기예보는 강수 및 기온에 대해 믿을 만한 확률을 형성할 수 있는가?", National Weather Digest, 1977년 2월, 2-9쪽.

31) D. 카네만, A. 트버스키, "주관적 확률: 대표성에 관한 판단", 인지 심리학, 1972년, 3월, 430-454쪽.

32) G. S. 튠, "반응 선호: 몇 가지 관련 문헌에 대한 검토", Psychological Bulletin61, 1964년, 286-302쪽.

33) W. 펠러, 확률 이론 및 응용 개론 (뉴욕: Wiley 출판사, 1968년), 160쪽.

34) W. 존슨, "틀 짜기(framing), 확률의 왜곡과 보험 의사 결정", 리스크 및 불확실성 저널 1993년, 7월, 35쪽.

35) D. 카네만, A. 트버스키, "주관적 확률: 대표성에 대한 판단", 인지 심리학, 1972년, 4월, 430-454쪽.

36) D. 카네만, A. 트버스키, "예측의 심리학에 관하여", Psycological Review 80, 1973년

237-251쪽.
37) D. 카네만, A. 트버스키, "'소수의 법칙' 에서의 신념", Psychological Bulletin, 1971년.
38) R. 파인만, "우주왕복선의 신뢰도에 대한 개인적 관찰 의견", 부록 IIF. In:로저스 등, 1986년.
39) A. 코리아트, S. 리히텐시타인, B. 피시호프, "확신의 이유들", Journal of Experimental Psychology: 인간의 학습과 기억, 1980년, 6월, 107-118쪽.
40) P. 슬로빅, B. 피시호프, S. 리히텐시타인, "사회적 리스크 평가: 얼마나 안전해야 충분히 안전한가?", 1980년.
41) 콜롬비아호 사고 조사 위원회 보고서, I권, 121쪽.
42) R. 딜론, C. 틴슬레이, "준 실패가 리스크 하에서의 의사 결정에 어떻게 영향을 주는가: 상실된 학습 기회", Management Science, 2008년 1월.
43) "다니엘 카네만: 사상적 지도자 면담", M. 쉬라지, www.strategybusiness.com/press/article/03409?tid=230&pg=all, 2003년, 12월, 31일.
44) M. 심킨, V. 로이차우드허리, "고수 이론: 운에 의한 명성인가 아니면 공적에 의한 명성인가?", 수학적 사회학 저널 30(1), 2006년, 33-42쪽.
45) E. 브룬스위크, "기능 심리학에서의 대표적 설계 및 확률 이론", Psychological Review 62, 1955년, 193-217쪽.

7장

46) 미국 보건사회복지부, 유행성 독감 백신 할당 및 접종 대상에 대한 지침 초안, 2007년 10월 17일.
47) 국가 표준 기술 연구소, IT 시스템에 대한 리스크 관리 가이드, NIST 800-30, 2002년.
48) L. A. 콕스, "리스크 매트릭스는 무엇이 잘못되었는가?", Risk Analysis 28(2), 2008년.
49) R. M. 다위스, "의사 결정에 있어서의 부적절한 선형 모델의 견고한 아름다움", American Psychologist 34, 1979년, 571-582쪽.
50) L. J. 새비지, "통계학 기초", (Dover Prisee, 1954년).
51) J. 페레즈, "AHP의 또 다른 잠재적인 결점", TOP 14(1), 2006년 6월.
52) C. A. 바나 e 코스타, J. C. 반스니크, "AHP에서 우선순위 도출에 사용되는 고유치(Eigenvalue) 방법에 대한 비판적 분석", 유럽 경영 과학 저널 187(3), 2008년 6월 16일, 1422-1428쪽.

8장

53) 일부 분석자들은 1987년의 붕괴는 정상으로부터 "13 표준편차"나 떨어져 있었다고 한다. 정규 분포에서는 그러한 사건은 10^{39} 중 1회에 해당한다. 어떤 이들은 이는 16 또는 20 표준편차 사건이라고 하는데, 그럴 경우 이는 각각 10^{58}과 10^{89} 중 1회에 해당한다.

54) E. 겔만, "검은 백조의 두려움: 리스크 거장 나심 탈렙이 월 스트리트가 왜 재앙을 예견하지 못하는지 말하다", 포춘, 2008년 4월 3일.

55) S. 패터슨, "Mr. 변동성과 백조", 월 스트리트 저널 온라인, 2007년 7월 13일.

56) C. 세이건, 악마가 출몰하는 세계: 어둠 속의 촛불로서의 과학, Ballantine Books, 1996년.

57) L. 스미스, D. 윌리엄스, 비즈니스를 위한 통계 분석: 개념적 접근, Wadsworth Publishing Company, 1976년. 303쪽.

58) G. 바인베르크, J. 슈마커, 통계학; 직관적 접근법, 2판, Wadsworth Publishing Company, 1962년, 183-4쪽.

59) D. 라즈, 표본 조사 설계, 맥그로힐 확률 및 통계 시리즈, 1972년, 17쪽.

60) A. A. 스베쉬니코프, 확률 이론, 수학적 통계 및 무작위 기능 이론에서의 문제들, Dover Publications, 1958년.

61) C. C. 재거, O. 렌, E. A. 로사, 리스크, 불확실성 및 합리적 행동, Earthscan, 2001년.

9장

62) R. 카슨, 세인트헬렌스 산: 화산 폭발 및 복구, Sasquatch Books, 2002년, 69쪽.

63) 파리드 자카리아와의 대담, CNN, 2008년 10월 26일.

64) "우리가 석유 총 매장량을 과소평가했는가?" New Scientist, 2008년 6월 11일.

65) P. 조리온, Value at Risk, Irwin Professional Publication, 1997년.

10장

66) A. 호얼, H. 폴린, "Reliability of Subjective Evaluations in a Highly Incentive Situation", Journal of the Statistical Society 137(2), 1974년, 227-230쪽.

67) S. 리히텐시타인, L. 필립스, "Calibration on Probabilities: The State of Art to 1980", Judgment under Uncertainty: Heuristics and Biases, 1982년.

68) D. 카네만, P. 슬로빅, A. 트버스키, Judgment under uncertainty: Heuristics and

Biases, 캠브리지 대학교 출판부, 1982년.

69) P. E. 밀, Journal of Pers. Assess., 1986년, 50, 370쪽.

70) D. 맥 그레거, J. S. 암스트롱, "Judgmental Uncertainty: When Does It Work?", International Journal of Forecasting 10(4), 1994년 12월, 495-506쪽.

71) W. 샤피, Investors and Markets: Portfolio Choices, Asset Prices and Investment Advice, 프린스턴 대학교 출판부, 2007년.

11장

72) S. 울프람, A New Kind of Science, Wolfram Media, 2002년.

73) D. 비어든, C. 프리너, R. 비텐, D. 에몬스, "An Assessment of The Inherent Optimism in Early Conceptual Designs and Its Effects on Cost and Schedule Growth", SSCAG/SCAF/EACE 공동 국제 학술회의, Noordwijk, 네덜란드, 2008년 5월 15-16일.

12장

74) G. 클라인, "프로젝트의 생전 검시 수행하기", 하버드 비즈니스 리뷰, 2007년 9월호.

75) T. S. H. 테오, M. 탄, "스프레드시트 개발에 있어서의 양적 오류 및 질적 오류", Proceedings of the Thirtieth Hawaii International Conference on Systems science, 1997년.

76) R. R. 판코, R. 스프랭, "Hitting the Wall: Errors in Developing and Code Inspecting: a 'Simple' Spreadsheet Model", Decision Support Systems 22(4), 1998년 4월, 337-353쪽.

77) G. W. 브라이어, "확률로 표현된 예측의 검증", Monthly Weather Review 75, 1950년, 1-3쪽.

78) R. T. 클레멘, R. L. 윙클러, "경제적 예측을 결합하기", Journal of Business & Economic Statistics 4(1), 1986년 1월, 39-46쪽.

79) C. 스타리카, "GARCH(1,1)은 노벨상이라는 영예가 시사하는 것만큼 훌륭한 모델인가?", Econometrics, 2004년.

80) G. S. 심슨, F. E. 램, J. H. 핀치, N. C. 디니, "자산 관리 의사 결정에 있어서의 확률적 방법 및 질적 방법의 적용", 석유 엔지니어 협회, 2000년.

81) F. 램(F. Lamb. 현재는 맥밀란) 등, "계산된 리스크 취하기", Oilfield Review, 2000년 가을호.